Financial Capital in the 21st Century:
A New Theory of Speculative Capital

21世纪
金融资本论

投机资本的新理论

[德]阿希姆·塞潘斯基————著　　王彩萍　黄志宏　许金花————译
Achim Szepanski

图书在版编目 (CIP) 数据

21 世纪金融资本论：投机资本的新理论 /（德）阿希姆·塞潘斯基著；王彩萍，黄志宏，许金花译 . —北京：中央编译出版社，2023.9

书名原文：Financial Capital in the 21st Century: A New Theory of Speculative Capital

ISBN 978-7-5117-4322-0

Ⅰ . ① 2… Ⅱ . ①阿… ②王… ③黄… ④许… Ⅲ . ①金融市场—研究—世界 Ⅳ . ① F831.5

中国版本图书馆 CIP 数据核字（2022）第 236836 号

First published in English under the title Financial Capital in the 21st Century: A New Theory of Speculative Capital by Achim Szepanski, edition: 1

Copyright © Achim Szepanski, under exclusive license to Springer Nature Switzerland AG, 2022 *

This edition has been translated and published under licence from Springer Nature Switzerland AG. Springer Nature Switzerland AG takes no responsibility and shall not be made liable for the accuracy of the translation.

21 世纪金融资本论：投机资本的新理论

选题策划	张远航
责任编辑	赵可佳
责任印制	李　颖
出版发行	中央编译出版社
地　　址	北京市海淀区北四环西路 69 号（100080）
电　　话	（010）55627391（总编室）　（010）55627362（编辑室）
	（010）55627320（发行部）　（010）55627377（新技术部）
经　　销	全国新华书店
印　　刷	北京盛通印刷股份有限公司
开　　本	710 毫米 ×1000 毫米　1/16
字　　数	298 千字
印　　张	21.75
版　　次	2023 年 9 月第 1 版
印　　次	2023 年 9 月第 1 次印刷
定　　价	128.00 元

新浪微博：@ 中央编译出版社　　　微　信：中央编译出版社（ID：cctphome）

淘宝店铺：中央编译出版社直销店（http://shop108367160.taobao.com）（010）55627331

本社常年法律顾问：北京市吴栾赵阎律师事务所律师　闫军　梁勤

凡有印装质量问题，本社负责调换，电话：（010）55626985

致　谢

我非常感谢
埃里克－约翰·罗素（Eric-John Russell）
对本书所做的翻译工作。

《21世纪金融资本论：投机资本的新理论》

荐序

"阿希姆·塞潘斯基是一位左派科学家，他将特别的政治经济学与同样激烈的学识和理论知识融合在一起，从广泛的批判传统中汲取灵感，并指向一个飞速发展的未来。然而，他似乎并不满足于此，他还利用业余时间翻译和发表跨学科的当代批判性思想；对于一个人来说，他似乎承担的重任过多，也许这就是左派革命团体的所有工作——但无论怎样，左派都很幸运能够得到阿希姆·塞潘斯基的支持。"

——约书亚·克洛弗（Joshua Clover），
加利福尼亚大学戴维斯分校文学与批判理论教授

"要了解价值及定价，我们需要了解货币；要了解货币，我们需要了解其资本主义形式；要了解这种资本主义形式，我们就需要了解金融。阿希姆·塞潘斯基是少数几个从第一个和最后一个条件中重新把握整个'先决条件'的人之一：把实际金融和投机资本作为一个社会整体。这一概念受到不同激进批判派的影响，突破了传统经济学的狭隘性，成为探讨价值与货币、权力与国家的金融理论。"

——弗兰克·恩格斯特（Frank Engster），
《作为衡量标准、手段和方法的货币》（*Das Geld als Maß, Mittel und Methode*）的作者

"阿希姆·塞潘斯基关于马克思和当代政治经济学的著作,以及他对投机经济和金融经济的仔细研究(作为资本主义,甚至是新兴资本主义研究的巅峰),是罕见的对马克思原创作品的严谨研究,而且完全不依靠以列宁主义斯大林式辩证唯物主义为基础的马克思主义哲学的中间权威。塞潘斯基不仅通过他的写作,而且通过围绕Non-Copyriot聚集的知识分子群体,传播了弗朗索瓦·拉鲁埃(François Laruelle)提出的以非哲学方式看待马克思,以及其他的马克思和唯物主义解读形式。Non-Copyriot再次让柏林成为半学术性中心,最为有趣的政治哲学、经济和文化话题都在此被探讨,从而再次证明传统学术界已经失去了学术活力。"

——卡捷琳娜·科洛佐娃(Katerina Kolozova),
贝尔格莱德媒体与传播学院政治哲学教授、唯物主义研究学院联合主任
(维也纳工业大学/斯科普里国际社会科学及人文科学学会/亚利桑那州立大学)

目录

第1章 引言 1
- 参考文献 9

第2章 资本 11
- 2.1 商品、货币和资本 11
- 2.2 资本与总资本：资本的准超验性与现实化—虚拟化关联 35
- 参考文献 51

第3章 信用 55
- 3.1 信用和生息资本 55
- 参考文献 68

第4章 资本化范畴 71
- 参考文献 80

第5章 虚拟资本 82
- 5.1 虚拟资本通用术语 82
- 5.2 债券和股票 89
- 参考文献 94

第6章 投机资本 96

- 6.1 衍生品 96
- 6.2 证券化 116
- 6.3 投机资本和权力技术形式的衍生品 123
- 6.4 衍生品市场 150
- 6.5 非主流立场 154
- 6.6 投资组合理论 161
- 参考文献 163

第7章 私人银行 167

- 7.1 私人银行的职能 167
- 7.2 私人银行信贷创造 177
- 7.3 杠杆 194
- 7.4 投资银行和投资基金 198
- 参考文献 202

第8章 金融体系与国家 204

- 8.1 国家 204
- 8.2 中央银行的职能 227
- 参考文献 246

第9章 资本与全球市场 249

- 9.1 引言 249
- 9.2 资本输出 258
- 9.3 金融行业与全球市场 263
- 9.4 帝国主义 265
- 9.5 主导货币美元 272
- 9.6 全球价值链与全球无产阶级 276
- 9.7 全球无产阶级与不同区域 281
- 参考文献 286

第 10 章
技术与金融
289

参考文献......298

第 11 章
资本主义经济体金融市场的功能
300

参考文献......309

第 12 章
金融化风险主体
311

参考文献......321

第 13 章
金融体系与金融危机
322

参考文献......335

未被引用的参考文献......336

第 1 章

引言

世界经济仍处于长期停滞阶段，实际国内生产总值（GDP）增长率持续低迷。[①]资本和帝国主义国家代表反复宣扬战后经济无限增长，他们的长篇大论反而让自己陷入僵局。自 20 世纪 80 年代以来，金融化资本越来越多地驱动和决定着全球经济，如今全球经济在高水平的金融消费、投资和投机中运行。随之而来的结果是，债务突然上升，导致债务人无力偿还。迄今为止的事实证明，关于通货膨胀增加会减少货币价值，从而降低债务水平的断言无法站住脚。围绕债务的金融问题也适用于其他关键事实，例如积累率减弱、资本投资下降、资本存量更新不足、长期低利率、人口增长放缓和人口老龄化、资本积累生产力增长率下降[②]和创新放缓。最后，随着水、食物和能源等自然资源的减少，由化石资本引发的气候变化正在导致生物多样性减少、平流层臭氧消耗、海洋酸化、极端天气、饮用水供应不稳定、化学污染和土壤

[①] 长期经济停滞意味着资本供给大于需求，导致利率下降。此外，需求不足也会反过来影响商品供应，使得价格水平下降。

[②] 如果微观经济使用剩余价值增加资本，同时扩大总资本或伴随着生产力的提高，则在国内生产总值上升时，经济体出现生产增长过程。

条件变化等后果。此外，新兴市场国际贸易和资本流动增长放缓。截至目前，通过增加政府支出、降低利率以及在货币市场和资本市场提供流动性和现金来促进经济增长的想法已被现实驳倒。

在那些从2008年金融危机中复苏较好的国家里，我们再次见证了不断增长的金融业，但即使在这些国家，大部分人口的生活水平和实际工资也停滞不前或进一步下降。健康、教育和退休金等公共产品继续私有化，质量标准随之下滑，更别提后代的生活水平。世界各地的青年失业率几乎都在上升。同时，由于利率降低和政府支出增加，债务也有所增加，而私人银行（以及影子银行系统）的规模和市场力量仍然具有至关重要的经济意义。宽松货币政策或量化宽松政策推高了股票和金融资产的价格，破坏了新兴市场经济增长的稳定性。

早在新型冠状病毒（COVID-19）大流行暴发之前，中央银行已经推行宽松的货币政策，许多公司借机贷入低息贷款，公司债务由此增加。2019年，私人债务债台高筑，许多公司已经无力偿还贷款。虽然把握更有利的融资机会是为了扩大投资，但事实并非如此，信贷供给的扩大也没有带来总需求的增加。家庭购买力停滞不前。工业企业仍面临利润前景不断下降的问题，而在危机暴发前不久，其主要股市处于历史高位。大量资金在金融市场流通，推高了资产价格。在影子银行系统中，流动性缓冲再次减少。此外，高杠杆的金融交易也有所增加，支付了大量股票收益和高额股息。

20多年来，影子银行系统（全球近50%信贷交易的发生地）和短期回购协议市场①稳步增长。自上次金融危机以来，出现了新的债务结构，如贷款抵

---

① 回购是影子银行系统的重要工具。随着流动性的增加，影子银行系统制定了回购协议，以特定价格出售证券（主要是隔夜证券），附加利息和溢价（估值折扣）。买方成为证券的所有者。如果卖方无法回购证券，则买方可在市场上出售证券。因此，证券充当了抵押品。如果在回购期限内，标的证券贬值，则必须交付额外的证券（追加保证金）。（转下页）

押证券（CLO）和各种形式的贷款。

在2020年新冠疫情暴发之初，全球工业生产供需均出现急剧下降。2020年，除了大型制药公司、技术平台巨头和一些大银行赚取到巨额利润外，美国的企业利润总额下跌了约30%。全世界为控制新冠疫情而采取的措施也引发了全球金融体系的另一场危机。自2020年2月起，随着对新冠疫情所造成经济影响的分歧越来越大，股指急剧下跌，尤其是投资者开始大量买入美国政府债券。

美国政府债券的收益率下降，价格上涨，而金融参与者试图通过出售证券来筹集资金，造成高风险金融市场的资产价格暴跌。但由于当时几乎没有人愿意购买这些证券，价格随之急剧下跌。资金外流并未停止，同时资产被清算。美元挤兑增加了外汇市场交易活动，而现在甚至安全资产也在被继续出售，算法交易有所减少。即使是安全性高的政府债券最终也被出售以换取现金。市场波动性极高。

早在新冠疫情之前的几年中，央行就已经对影子银行系统进行大规模干预，并通过为各类银行进行回购交易来充当交易商。它们不再仅仅充当流动性提供者，而成为金融市场上的交易者。当新冠疫情引发金融危机后，央行再次重拳出击，实施降低关键利率、提供流动性等传统措施，但也使用了量化宽松和回购行动等大规模措施，并充当市场交易商、组织外汇掉期。

此外，央行还向非金融参与者提供信贷。英格兰银行在一级市场直接购买英国政府债券。因此，央行决定提供大量资金，而政府则另行启动了巨额投资计划（Wullweber 2021）。

（接上页）
回购交易的价格取决于证券质量。对冲回购的首选证券主要是安全性高的政府债券。回购的问题在于，这种形式的对冲会使危机加重。如果证券在危机中贬值，则会出现更高的追加保证金和更大的估值折扣。为了维持流动性，市场参与者被迫出售证券，以致证券价格下跌。

尽管全球经济因新冠疫情而陷入崩溃的危机，但资产价格经历短缺之后，2020年再次上涨。为了寻求更高的回报，金融投资者再次转向高风险的金融产品和垃圾债券，同时股票市场指数升至创纪录的最高水平。为了获得更高的回报，许多机构基金再次投资高杠杆、流动性较低的资产。央行向市场注入的资金，为金融资产价格增长提供的资金，远超过消费和投资。目前，乔·拜登（Joe Biden）为美国规划了一项庞大的投资计划。但发达经济体的政府投资仅占GDP的3%左右，而私人资本投资平均约占GDP的20%。因此，投资的复兴更多地依赖于资本家投资。经济学家认为，政府支出对实际GDP增长的"乘数效应"不超过1%。

目前，由于债务比率已经很高，低息贷款政策只会继续加深资产和信贷危机。例如，高水平的市盈率、价格膨胀的住房资产和高收益率的公司债务。居民消费价格指数还可能出现新的上涨，为滞胀创造条件，同时供应部门预计会出现保护主义、进一步移民限制和全球供应链中断等问题。

如果未来几年通货膨胀率上升，央行可能不得不提高关键利率，随后会面临大规模债务危机的风险。但如果他们维持低息贷款政策，可能会出现滞胀，同时供应部门的问题也会继续存在。但即使他们维持第二种策略，债务危机也可能随之而来，因为发达经济体的私人债务可能会变得不可持续，而且私人债务相对于政府债券的利差可能也会扩大。高负债公司会宣告破产，紧随其后的是负债家庭以及影子银行和私人银行系统中的部分参与者。

虚拟资本和投机资本（金融工具和支付承诺）从资本主义初期就开始萌芽，特别是考虑到公司原则上必须预先为资本家生产进行融资。因此，以未来生产的商品提供准保险的债务将自成一类。

所以，正如著名经济学家约瑟夫·熊彼特（Joseph Schumpeter）所假设的那样，不应将资本理解为（绝对）正值。相反，它必须被理解为一种社会经济关系，在这种关系中，有意的负（债务）恰恰是资本主义生产的有利条件，就像彼得·鲁本（Peter Ruben）所解释的那样：资本或资本化是特殊的债务产生（Ruben 1998：53）。

在许多情况下，除了大公司的自筹资金外，资本主义生产过程是利用信贷合同一次性启动。此外，资本主义企业将抵押未来商品的可能性意味着，即使在任何东西被生产并随后作为商品变现之前，企业产品（榨取产品剩余价值的权利）也可能是商品资本。因此，我们必须从一开始就认识到一种金融化的资本生产形式。这就是为什么马克思将他的著作命名为"资本论"，而不是"商品论"或"货币论"等。

由于当今以贷款、债券、股票和衍生品形式存在的有息、虚拟和投机资本增长得更快，并且至少数量在名义上远超已定价的工商业资本，因此资产增长不能仅仅依靠"实体经济"的资本积累。相反，资产增长必须被假设为内生性，也就是说，一种用于资本构成的资本固有的金融力量，且对实体经济具有积极和消极两种影响。① 如今，金融资本使用巨额贷款、虚拟资本和投

---

① 据洛霍夫（Lohoff）和特林克勒（Trenkle）表示，最迟从20世纪80年代开始，金融资本一直是扩大全球商品生产的动力，自20世纪60年代以来，这种方式已经表现出高水平的生产力，并且仰赖先进的流程自动化。二人还谈到了"诱导价值生产"（Lohoff and Trenkle 2012: 147f.），即"反向资本"。首先是因为价值生产的基础是通过资本使用劳动力来赚取剩余价值；其次是由于不断积累的虚拟资本日益推动了生产，而这对资本积累至关重要。如果没有虚拟资本的生产，运营资本（投资于"实体经济"的资本）早就已经进入大幅贬值周期。在全球经济交易的背景下，金融交易量飙升。相应的数据反映了西方发达经济体的金融深化：当今银行存款的平均价值为国内生产总值的200%（Sahr 2017: Kindle-Edition: 4902）。据全球财富报告估计，2010年金融资产（不包括衍生品）价值为231万亿美元，是全球GDP的4倍。衍生品总量从1998年的72万亿美元增长到2008年的673万亿美元，是当时全球GDP的12倍。相应地，经合组织（OECD）国家非金融行为者（国家、企业和家庭）的债务从1980年占经济产出的167%上升到2009年的314%。147%的增长分别分布在国家（49%）、企业（42%）和家庭（56%）（ibid.: Kindle-Edition: 4916）。在全球范围内，2015年债务过重，占全球GDP的286%（Pettifor 2017: Kindle-Edition: 85）。此外，自1980年以来，发达经济体金融部门的利润相对于企业利润翻了一番。这些数字听起来相当可观：截至2012年底，衍生品的总名义价值已经达到694.4万亿美元，而全球GDP价值为71.1万亿美元。"场外衍生品市场"总额为642.1万亿美元（转下页）

机资本，以及其他具有高流动性、灵活性和可通约性的多种资本等价物。因此，它们处理的是特定形式的移动，这可能与时尚和营销行业没有很大区别。与经济体抽象财富相关的虚拟资本和投机资本的增加，具体表现为企业总利润池中金融利润的比例不断上升。甚至衍生品所产生的利润也不能被视为普通意义上的虚拟利润，因为衍生品是以货币变现的。所以，它们拥有资本力量的所有特征，尤其是能够获得经济体中产生的抽象财富。尽管这些利润（股息、利息和盈利资产的变现）与工业生产和传统商品流通有关，但它们是由金融化过程自动指涉（auto-referentially）产生。然而，它们却对"实体经济"产生了切实影响。

现代金融体系是资本固有的社会关系。这包括通过将货币资本从萎缩的经济部门重投至扩张的经济部门来实现的资本倍增，以及金融体系自我指涉（self-referentially）产生利润，从而以一种全面但类似危机的方式确保资本主义权力关系。目前对于主要通过金融体系发挥作用的资本再生产过程的永久性评估、评价和计算，对国民经济和整个资本主义权力关系的组织具有重大影响。它们进一步强化霸权资本主义倾向（在一个经济周期内）进入整个对立的社会经济领域。

当前对马克思主义的解读与大卫·李嘉图（David Ricardo）、索尔斯坦·凡勃伦（Thorsten Veblen）、希法亭（Hilferding），以及约翰·梅纳德·凯恩斯（John Maynard Keynes）的几种理论方法相悖。我们的理解也与后凯恩

（接上页）
（Bank of International Settlements 2013）。尽管如此，此处评估统计数量存在一些限制，因为公示金额仅代表衍生品的名义价值（可能支付的金额；它们也可以称为虚拟金额，因为衍生品尚未变现）。2012年，衍生品的"总市值"（衍生品合约的市场价格）估计为24.7万亿美元；这个数字大约等于美国和中国这两个主要经济体的GDP总和。此外，衍生品合约通过套期保值相互抵销，因此2012年底场外衍生品的净信贷额估计为3.6万亿美元，与德国的GDP大致相当（ibid.）。

斯主义和加速主义等"异端"立场形成对比，但同时也与传统马克思主义有所反差。现代金融体系的出现在这里通常被理解为不切实际、过度膨胀和功能失调，甚至可能是对理想资本主义生产的扭曲。这是与马克思主义截然相反的观点。

今天的金融市场具有双重功能：一方面，它们可通过统计和任意权力技术评估经济参与者（企业、国家和家庭）。另一方面，它们作为未来支付承诺资本化的一个例子，现在以光速在国际上交易。虽然"实体部门"的核算相对于过去持续了很长时间，但从20世纪70年代开始，面向未来的资本化（即计算或折现未来的预期支付流和承诺）成为资本主义金融体系最关键的方法。通过这种体系，货币利润的实现要么以实物形式发生，要么至少通过融资发生。衍生品和所有其他独特的金融工具，必须被理解为获取利润的权力技术和新的投机资本形式，它们现在是在整个经济领域永久实现金融化的必要条件。它们引入了对当前具体风险形成的观点，并使风险相互通约。它们将具体风险的异质性简化为单一证券，即单一社会属性，也就是衍生品所体现的抽象风险必须始终以货币变现。

因此，对金融体系的分析不应作为独立的金融部门或特定类型的制度化进行。相反，必须假定今天所有的大型资本主义公司无一例外都在开展关键金融业务。在《当代金融资本》（*Finance Capital Today*）中，法国经济学家弗朗索瓦·切斯奈（François Chesnais）将金融描述为一个高度互联和相互依存的大型企业集团，由大型银行、保险公司、养老金和投资基金、影子银行和中央银行、跨国工商公司和实力雄厚的批发商（组织层面）组成。随后，他指出了金融作为金融（finance qua finance）的不同：虚拟资本和衍生品的扩张过程，这些资本和衍生品由大型银行、投资基金和对冲基金（程序和功能层面）在金融市场上持有、安排和交易（Chesnais 2016: 36）。近几十年来，关于数量、规模、资产负债表、业务量、相互关联程度、在资本主义再生产过程中的地位和权力地位等企业特征因素，全球金融体系和全球市场发生了重要变化。格拉特费尔德（Glattfelder）、维塔利（Vitali）和巴蒂斯通（Battiston）在分析中表明，目前有 737 家公司影响着全球约 80% 的市场，其中由 147 家企业组成的高度网络化的核心集团控制了近 40% 的市场。该网络集团几乎完全由英国和美国的银行和金融公司组成（cf. Sahr 2017: Kindle-Edition: 8621）。在鼎盛时期，美国金融业创造了 40% 的国内企业利润，占美国股票市场价格的 30%（Das 2015: Kindle-Edition: 571）。复杂金融产品的买卖双方行为会产生大量信息差，金融产品会从中受益；而信息差反过来又被利用来降低总体资本成本。此外，股票回购和资本回流的做法导致股价上涨。2008 年 1 月，美国多家大型公司使用 40% 的现金流回购了自己的股票（ibid.: 604）。

托尼·诺菲尔德（Tony Norfield）用"资本的中枢神经系统"来描述当前的金融体系，这个比喻准确表明了当今资本主义经济的这种发展。如果资本本质上是一个被称为"总资本"的怪物，那么金融体系就是它的大脑和中枢神经系统（Norfield 2016: Kindle-Edition: 168）。[①]此外，兰迪·马丁（Randy Martin）强调在此背景下，金融体系贯穿马克思《资本论》（*Capital*）所有三卷当中（Lee and Martin 2016: 190）。它在生产/流通运动中发挥作用，并在预测风险作为资本再生产重要因素的相关后果需要中发挥作用。金融体系（同时也是一个自我指涉体系）在很大程度上执行着（所有部门中的）企业的竞争、协调和监管。反过来，它们预先假定总资本是通过企业的真正竞争实现的，在马克思看来，这不是一场芭蕾舞剧，而是一场战争。金融资本不断调节并引发所有企业的竞争——因此它是资本主义经济不可分割的一部分，而不是医生为了恢复资本健康而去除的癌性溃疡。[②]

---

① 然而，在这里，人们必须避免将经济体系简单地等同于有机体，因为资本是一个内在对抗的系统，无法实现有机体与其内稳态可以获得的整合。

② 然而，马克思在《资本论》第三卷中只是粗略地把金融体系阐释为控制（转下页）

诺菲尔德认为，金融体系的运作绝不仅限于银行、投资基金公司等金融机构的多重策略。相反，它们会影响整个资本主义制度及其企业，因为工商企业必须不断地进行大量金融交易。因此，国际运营公司利用私人银行获取购买进口商品所需的货币，或将其出口交易的利润兑换成当地货币。公司在短期内向私人银行借款以确保其现金流，或取得长期贷款进行投资融资。他们在金融市场上发行债券或股票，以从投资者那里筹集资金，并使用衍生品来对冲限制其盈利能力的利率不利变动。例如，未决利息支付可以降低原材料、IT系统、建筑物、机械和劳动力的采购成本，以生产新产品并出售获利。此外，工业公司的净利润受到从货币对冲到利率风险等各种金融交易的影响。这主要发生在公司自行投资金融抵押品的情况。资本主义生产和流通的融资是资本大规模再生产的一个重要方面。

参考文献

Bank of International Settlements (2013) in: www.bis.org/statistics/extderiv.htm.

Chesnais, François (2016) *Finance Capital Today: Corporations and Banks in the Lasting Global Slump*, Leiden.

Das, Satyajit (2015) *A Banquet of Consequences. Have We Consumed Our Own Future?*, London.

Heinrich, Michael (2003) *Die Wissenschaft vom Wert. Die Marxsche Kritik der*

（接上页）
资本主义积累的例子（Marx 1998: 432ff. and 601）。尽管他在《政治经济学批判大纲》（*Grundrisse*）中已经充分意识到以下事实："在货币市场上，资本被整体地摆在那里；在那里，资本决定价格，提供工作，调节生产，一句话，它就是生产的来源。"（Marx 1986: 206）欲知更多详情，参见海因里希（Heinrich）（2003: 299ff）。

politischen Ökonomie zwischen wissenschaftlicher Revolution und klassischer Tradition, Münster.

Lee, Benjamin and Martin, Randy (eds.) (2016) *Derivatives and the Wealth of Societies*, Chicago.

Lohoff, Ernst and Trenkle, Norbert (2012) *Die große Entwertung. Warum Spekulation und Staatsverschuldung nicht die Ursache der Krise sind*, Münster.

Marx, Karl (1986) *Economic Manuscripts of 1857–58*, in: *Marx and Engels Collected Works*, Vol. 28, London.

Marx, Karl (1998) *Capital*, Vol. 3, in: *Marx and Engels Collected Works*, Vol. 37, London.

Norfield, Tony (2016) *The City: London and the Global Power of Finance*, London.

Pettifor, Ann (2017) *The Production of Money: How to Break the Power of Bankers*, London.

Ruben, Peter (1998) *Was bleibt übrig von Marx' ökonomischer Theorie?* in: *Philosophische Schriften*. Online-Edition: www.peter-ruben.de.

Sahr, Aaron (2017) *Das Versprechen des Geldes. Eine Praxistheorie des Kredits*, Hamburg.

Wullweber, Joscha (2021) *Zentralbankkapitalismus. Transformation des globalen Finanzsystems in Krisenzeiten*, Berlin.

第 2 章

资本

2.1 商品、货币和资本

我们在此只能非常简要地概述马克思认为的三个重要概念：商品、货币和资本。我们已经在《资本化》第一卷（*Kapitalisierung Bd.1*）（Szepanski 2014）中详细阐述和讨论过这些马克思主义概念及其关系。关于商品与货币之间的关系，马克思在《资本论》第一卷前三章中谈到了"商品形式"的商品。当同时谈到价值本身时，他指的是"价值形式"。在这种情况下，马克思便关注"商品价值关系中隐含的价值表现，怎样从最简单的、最不显眼的样子一直发展到炫目的货币形式"（Marx 1996: 58）。马克思的简单价值形式，即"y 数量的 A 商品相当于 x 数量的 B 商品"，表明了以下情况：（1）两种数量的实物商品相关。（2）这些数量是本质上不同的产品。（3）同时，假设这些产品在一种特定的关系中彼此相当，马克思把这种关系理解为平等关系或价值关系。后者同时也是一种价值表达，但不得被视为等式。[①] 关于等式的问

[①] 这一点上的问题在于价值表达，如果价值表达被写成等式，则需要（转下页）

题，必须说明：等号既是设定好的，又是同步执行的，因此包含一个述行性维度，它通过对抽象货币单位进行计算而产生。（4）商品 A 的价值在价值表达式 b（a）中由商品 B 的使用价值表示。（5）反过来同样可行，这样就会产生一个新的函数 a（b）（cf. Quaas 2016: 7）。

关于最后一点，事实证明对称公理十分必要，因其描述 [Darstellung] 了商品之间的等价关系。至少，商品 A 和商品 B 在价值表达中的位置实际发生了变化，但商品 A 和商品 B 都不能同时在这两个位置（相对价值形式和等价形式）上自我实现。① 因此，马克思在这里已经谈到了计量问题，从而出现了商品定义方面的以下区别：(a) 使用价值；(b) 具体产品，它被理解为数量的物质形式（商品）；(c) 分配给产品的抽象数量 [Wertgröße]；(d) 数量状态被归入的数量类型（价值）；(e) 抽象数量的数字表达（价格）(Schlaudt 2011: 260)。

根据大多数马克思主义理论家的观点，马克思在价值形式分析中，从简单价值形式扩大到一般价值形式，最后过渡到货币形式并未遇到什么困

（接上页）
某种维度上的平等，如果没有这种平等，我们就不得不面临逻辑上的矛盾，因为 20 腕尺帆布不等于 1 条裙子，5 个苹果也不等于 3 个梨。关于解释"20 腕尺帆布值 1 条裙子"这一等式的语言表达，也可以表述如下："20 腕尺帆布的价值等于 1 条裙子的价值"，然而这个公式不过只是赘述，因为马克思想要解释的东西，即价值，他已经通过修正等式预先进行了假设（cf. Ruben 1998: 21f.）。换句话说，必须通过对简单价值形式的分析来证明，商品在数量上实现了类似于最佳等同的东西。只要我们不把价值表达的差异（符号）定义带入其中，把等式和价值表达合二为一似乎真的构成了一个问题。最后，我们必须证明，这个等式只能在第三方背景下解读，因为纯粹从表征和关系因素角度，无法从概念上提取"商品价值"。汉斯 – 约阿希姆·伦格（Hans-Joachim Lenger）指出，A=A 这个命题已经表明了第三个 A，即在等式之前的差异。因此在 A=A 之前，A 已经翻倍，那么第一个 A 同时也是第三个 A，差异重复中就会出现等同性。A 不是简单地与自身相同，而是迂回地与自身相同，其中作为源头的 A，即第一个 A 已经被删除（cf. Lenger 2004: 68f.）。

① 商品 A 占据相对价值形式的位置，商品 B 占据等价形式的位置。商品 A 的价值是以商品 B 的二次使用价值为单位表示，即商品 B 已经发挥了等价物的作用。或者换句话说，它的二次使用价值被算作 [gilt] 商品 A 的价值尺度，而商品 A 的价值是以相对价值形式出现。

难。一般价值形式在逻辑上仍然位于货币形式之前,它的特点是有一个单一的一般等价物,所有商品的价值都可通过其得到表达(它们总是处于相对价值形式的位置)。货币,就其代表的一般等价物而言,是一种非常具体的价值形式,即货币形式。然而,对于马克思推导货币形式使用的价值形式方法的严密性[Darstellung],在马克思主义者中存在很大争议。在这一点上我们与米夏埃尔·海因里希(Michael Heinrich)的观点一致,即并不是必须使用货币商品反映所有商品的价值。马克思表明,在一般价值形式中,价值的专属形态[Wertgestalt]必须面对商品,但这种客观的形象化不需要采取物质商品的形态,因为这就意味着把商品表达其价值的等价物的纯粹形式特征(纯粹作为一种表达形式)与作为一般等价物被排除的商品的主要特征混为一谈(Heinrich 2003: 233)。①

为了确保经济的稳定,必须不断重复和巩固排除作为货币职能的一般等价物。然而,与此同时,必须可靠地否认黄金的货币体现。相反,原则上,我们必须假设,不是黄金赋予货币价值,而是反过来,货币赋予黄金经济价值。这也指的是货币不需要指涉货币商品的结论。马克思认为,货币的第一个"职能"正是货币作为一般等价物,是商品的(外部)度量。货币的价值尺度职能在这里是以中介意义表示(而不是以金属货币或货币商品表示),据此,抽象度量必须与尺度(价格)区分开来,而尺度(价格)被应用于不同的实体,并包含了以数字登记的度量差异和尺度差异(Mau 2019: 31–32)。货币和数字的关系在这里意味着平等(度量)和差异(尺度)之间建立起了联系。

在希腊经济学家约翰·米利奥斯(John Milios)看来,货币表达了商品之间的可通约性,而不是创造这种可通约性(Milios 2002)。然而,与此同时,货币拥有可立即交换为任何其他种类商品的潜力。因此,商品甚至在进入流

---

① 马克思认为,只有当劳动力成为商品时,货币才成为一种普遍的社会中介。

通领域之前，就已经被设定为与货币有关，并且至少具有潜在价格（但它仍然必须被售出才能实现其价格）。商品的价格是理想的货币。价格形式在货币形式中实现了产品数量的分配。在这方面，马克思与凯恩斯同样坚持货币的内生性，其意义绝不仅仅是作为一种普遍的交换媒介，调节供求，并通过降低交易成本促进市场交易。货币不是现实经济过程的面纱，而是这些过程的中心，没有货币，经济过程就无法维持下去。

然而，价值形式的问题就更加难以解决。为了证明经济形式构成的不稳定性，当它纯粹发生在价值形式层面时，马克思在《资本论》第一版中引入了第四种价值形式来说明这个问题。他写道："只有在与其他商品对立时，商品才会变成一般等价物形式；但每一种商品在与所有其他商品对立时都会变成一般等价物形式。如果每一种商品都以自己的自然形式作为一般等价物形式来面对所有其他商品，结果就是所有商品都无法在社会上有效显示价值量。"（Marx 1976）马克思在《资本论》第一版中引入的第四种价值形式，在第二版中被删掉了，表明从货币变成价值形式之前衍生货币注定会失败。在第四种价值形式中，商品占据了一般等价物的位置，并把所有其他商品排除在等价物形式之外，而一般等价物的位置可以由任何商品占据，因此，所有商品都被排除在一般等价物形式之外。所以，第四种价值形式与所有其他价值形式一样，在概念上仍不确定，既不存在一种有效的价值标准（numéraire），[①] 也不存在货币的普遍有效性或经济关系的稳定性，这纯粹是通过价值形式的发展而发生

---

① 与有两个参与者的原始交易相比，只有三个参与者的市场需要第三个参与者，即所谓的价值标准或货币。只要流通有助于调节基于劳动分工的复杂经济的再生产，就代表了现代资本主义货币（明确具有代数结构）的条件之一，所以可以调节众多交易，远非调节简单的交换行为（Strauß 2013: 336）。货币不能从孤立、随机的交换行为中得到。如果我们试图这样做，就表示已经隐含地预先假定了货币和已经参与到货币日常使用的范畴。货币本应加以解释，在这里却已经被预先假定。货币总是而且已经隐含在每个科学模型的思维形式中，即使没有被认可。

的。^① 因此，我们应该尝试找到其他办法来解决货币问题。

货币必须被理解为没有内容的事物（它是非物质的；因此，与其说它是一种事物，不如说它是一种非事物 [Un-Ding]，而且它作为一种形式总是通过表象而存在），所以所有商品及其内容都与它相对立。因此，商品不是货币，货币也不是商品（Bockelmann 2004: 180f.）。商品和货币彼此排除，互相制约。货币与商品之间的"漠不相关性"（Gleichgültigkeit）并不意味着二者毫无瓜葛，而是旨在进一步说明，通过商品与货币的关系，商品的质量种类被简化为它们之间纯粹的量的关系。商品无一例外都是与货币（价格）相关的经济量，商品彼此之间完全通过这种关系被定为相等。货币没有内容指的是，货币不能被理解为抽象财富的体现（例如，作为一种货币事物或货币商品）。相反，货币在其所有的物质化形态中仍然是非实体，即一个抽象的统一体或一种抽象的中介形式。货币的物质或物质载体并不是最重要的因素，而且可以有所不同。因此，黄金、硬币、纸币、数字、比特和字节都能轻易代表货币，这也意味着货币中没有存储任何价值量。但货币也不是完全无形，即使它只是数据载体上的数字。没有载体的货币毫无意义而言。

所以，货币作为一个社会中介，没有内容，而所有内容都是作为一组商品与之对立。所有内容在这里意味着商品是一个商集的元素，其属性或质量特点是等价性（对称性、反身性、反证性），^② 一个有点空洞的质量，这又是指商品对货币的纯粹数量指涉。尽管货币和商品是分开的，但二者始终相互关

---

① 在《资本论》中，货币的意义并不限于在价值形态分析背景下价值与货币之间的联系。正如米夏埃尔·海因里希所指出的，当马克思在价值形态分析之后，引入商品所有者来解释货币时，就出现了逻辑上的断裂，而这是十分正确的（Heinrich 2003）。

② 商品，作为商集的一部分，必须始终实现自身，而价值则是纯粹的虚拟。商品必须被出售，否则它们只是潜在商品。然而，商品在进入流通领域之前就已经被定价，也就是说，它们总是与货币有一种假定关系，尽管它们只是潜在商品，因为它们必须通过销售来实现，否则它们就只是垃圾而已。

联，因此，商品是由它与货币之间的关系来定义的，反之亦然【这种关系与其关系方（relata）不相关】。商品和货币相互关联，一方面，一方形成了另一方的存在 [Dasein]（但商品和货币必须首先被分离开来，以便将它们转化为购买和销售，即从商品转化为货币，从货币转化为商品）。然而，另一方面，商品和货币是资本再生产过程的一部分（Marx 1998: 25: 321）。但同时，商品和货币彼此互为否定，即货币就其与商品的关系而言，恰恰是非商品，正如商品就其与货币的关系而言，恰恰是非货币。

就资本而言，商品和货币始终是潜在资本，因此，商品和货币的结合是通过虚拟价值建立，而虚拟价值真实存在于商品和货币的组成部分中。[①] 这里

---

① 在这项研究中，我们假设价值是一个自相矛盾的非事物（un-ject），因为它的属性是没有属性（Fuchs 2001: 110）；福斯认为，价值是没有本质（quidditas）的实存（quoddita）。因此，价值不能归属于任何本质、主体或客体，它只能被视为一个不确定的决定因素，然而，它又与混沌，或者说双混沌相区别：即不存在和不再存在。价值不外乎是一种社会关系。我们无法在此讨论这种关系是否可以建立在抽象劳动的概念上。在西方形而上学的历史长河中，它把存在的存在作为首要的存在，这被赋予了许多名称：上帝、理性、逻各斯、主体、客观性、历史、物质、意志、无产阶级等。然而，对于（哲学）现代性而言，将所有存在追溯到某项第一原则或某个依据显然不够。例如，解构的目的是削弱理性，更确切地说，是放弃最终的理性，因此在这一点上，意识中出现了一种偶然性，而这种偶然性又可以以多元或偶然理由（事件、自由、差异）的名义承担许多不同的超验性。

价值的显现总是姗姗来迟，即使资本试图占据价值并提供未来的代表。因此，就价值而言，我们总是可以谈论经济学的"先验的无家可归"（Lenger 2004: 10），谈论它的痛苦经历，因为它永远无法确定资本化的任何计算和规划目标是否能够被保留，无论如何分化和分形。价值只能体现在未来的"时间范围"中，体现在"将是什么"中；因为只有后验才能对未来的价格变动进行明确估价。只有后验才能体现价值跳跃，才会表明价值将是什么。同时，价值的不存在总是与已经未来化和正在未来化的虚拟化—实现化动态联系在一起，因此，没有任何保证，货币将实现流通商品的任何买卖。然而，资本主义一直在宣称价值无处不在，因为所有地方每时每刻都应该在发生价值增殖。所谓的价值规律已经受到了风险和突发事件的影响，这往往会消除任何计划的一致性和连贯性，甚至在组织层面也是如此。因此，这不仅表明了经济本身的"盲点"，而且还表明了无法确定表达价值，除非围绕着不可言说进行博弈。作为一种不确定的理由，价值总是要受阻——甚至在价值能够被确定之前，它就已经臣服于不确定性。

并非不存在逻辑依据,而是非代表性和不可通约的效果重复。

商品和货币不能自主地存在,但它们之间的关系也不具备首要性;相反,它们取决于资本和价值的特殊关系。同样,价值向价格的转化也不是一个定量问题,而是一个概念性问题。

资本主义货币作为一种指代购买力的标示物具备了可信性,因为货币已经被"社会"接受为一种代数系统、思想形式和社会事实。这指的是经济行为者几乎自动遵循的规则和意义,同时,货币是如此令人渴望,它包括了他人对欲望的期待。它是抽象的购买力,是价值权力的储存。因此,货币与承诺有关,即人们势必将得到一些东西作为回报,不管是什么。恰恰是货币没有内容或具有不确定性,而不是具体的服务或商品,才构成了它的职能性和有效性。在某种意义上,它也被定性为象征性(光命名就足以表明其社会效能),在历史上,黄金并不是随意被用来代表货币的(材料的稀有性、必要的可分割性和耐久性等)。

然而当今社会,货币也作为一种支付承诺而存在,它被写入或以数字化方式呈现在商业银行的资产负债表中,作为一种接受货币支付债务(信用)的承诺。银行存款当然也不能被理解为商品,而是具体的社会关系(Sahr 2017: Kindle-Edition: 500),其中必须考虑到,货币并不像一些信用理论家所认为的那样,与信用职能合并。我们稍后将再次谈及这一点。

货币继承了一种微弱和不确定的有效权力(不确定是因为最后是资本赋予了货币权力;微弱是因为它代表了资本与其有效性的关系)。货币在社会经济关系中作为一个可靠的社会事实发挥作用(资本是一个复杂整体),它有可能整合任何交易和支付承诺。因此,货币实现了一种客观化的社会关系。①

---

① 货币在词源上来自"有效",这意味着它必须具有意义,无论它意味着什么或它指的是什么商品。每一个有效性,都表明了一种主张或一种影响;有效的东西不仅应该被遵守,而且应该被无条件地服从。这种主张既可以来自理论,也可以来自像货币这样的社会客观性,而后者则"像通过自身一样"宣称自身的主张。一种主张的逻辑有效性又来自不可能同时既肯定它又否定它。这里的有效性属于理论实践的一种形式。

由于具有客观有效性，货币含有"拥有一切"的潜力，因为它仍然独立于满足需求和欲望的具体手段。这一方面与它作为资本主义货币的有效性相对应，另一方面也与它相对于（资本主义）商品的特殊定位相一致。就前者而言，这是一个非常特殊的表征"职能"问题，因为有效性本身并不有效，而总是对其他东西有效，也就是说，货币的有效性阐释了"不存在"的表征结构，即资本和价值（Strauß 2013: 129f.）。作为经济现实的一部分，资本主义货币相当明确地实现了有效性，这表现在它的可兑换性或潜在的购买力（货币与商品的可交换性）。

有效性的基础是，货币无一例外地被所有社会行为者接受，或者，换句话说，当"货币"的含义可以在一个最基本的思维过程中被赋予某种东西时，这同时也是一种实际的计算执行（Brodbeck 2009: 334ff.）。把货币的使用作为理所当然的事（计算、测量、购买、销售、储蓄等所有述行行为），表明社会行动者已经接受了货币作为货币，这也意味着其具有有效性。货币不能与有效性分开。货币必须普遍有效，它必须无一例外地适用于所有的社会行为者或进行货币交换的众多人口。或换一种说法，它必须普遍适用于所有人，因为他们接受货币作为货币及其有效性。布罗代克（Brodbeck）将这种社会现实描述为一个总是已被指定、相当真实的圈子：因为每个人都用货币进行计算，并依赖于其他人也接受作为货币的货币，所以每个人都接受作为货币的货币（ibid.）。因此，货币的实质不过是一个在社会和集体中产生的、总是在流通当中的货币有效性的社会虚拟物，但它还是真实可信的（虚拟是因为货币本身没有内在价值[①]，而且它作为社会假想符号要求获得信任）。货币的有效性不能与其意义分开，而且，该有效性在人人参与的社会过程中

[①] 即使货币没有内在价值，货币也能承载价值。因此可以说，100欧元的所有者拥有的价值正是这100欧元所代表的价值，比如总额为100欧元的某些商品。

不断被重新创造。①

货币被记录在账户里的数字和金额中，存在于这些纯数字中。然而，与此同时，货币被赋予了一种非常特殊的权力，即可以换取任何东西的权力。作为一个量化的非实体性的东西，货币是获得任何东西的综合能力。正如鲍克曼所写："与其说它本身是价值尺度，不如说它本质上就是一种价值尺度，是纯粹的量，作为商品之间的纯粹自为存在量[……]货币，作为一种纯粹的交换手段，几乎可以与任何商品进行交换，它本身只能作为一个纯粹集合从数量上进行确定。由于货币必须代表几乎所有的商品，所以它必须以几乎所有可能的数量出现；它必须能够以一种自由扩展的方式接纳所有数值。最终结果是：每个人都使用货币交换几乎所有的商品，因此货币是一个可自由扩展数值的纯粹集合。"（Bockelmann 2020: 215）如果不使用"集合"这个范畴，而使用"数字"或"抽象单位"会更准确。

货币继承了抽象单位的再现性：它在抽象单位中被计算和测量，其模型是"1"，并按照这个抽象的计算单位被进行计量。因为货币作为一种价值尺度，不能被再次计量，这意味着货币没有内在价值。（它的价值是虚拟的，是一种社会假想，但又与资本关系一样真实。）它是市场参与者进行计算的单位，允许它与商品之间建立关系。所有的价格都必须用一种单一货币来表示，

---

① 这并不意味着货币是一个抽象的东西，因为所有商品都有一个共同的属性，必须用一般等价物来表示。相反，它是资本积累（和政治发展）过程中产生的公认和强制的价值/价格的计量单位。货币是特殊的，因为它可以代表一种资产，货币又是普遍的，因为它是一般等价物的代表。经济学家杰弗里·英厄姆（Geoffrey Ingham）（Ingham 2020）指出了三类主要的行为者，即国家、私人金融公司和家庭，三者都在争夺货币、货币影响和再分配权力。其理论的基本依据是：（a）货币作为资本积累背景下的结构性职能和系统性职能；（b）货币作为流通信贷—债务关系的公私混合体；（c）货币作为实现各种资产、衍生品和未来支付承诺回报的货币资本。英厄姆的货币理论分析是建立在三类行为者的波动关系中的，这三个群体形成了一个全方位、相互依赖的网络，货币在它们之间不断被转让。在英厄姆看来，目前的货币体系通过整合商业信贷体系和政府货币体系进行演变。

包括计算单位的同一性。而且，这不仅关系到单位作为一个现有实体，也关系到一个先于其关系方的关系，或者换句话说，许多（商品）的统一必须作为一个社会有效性的过程（资本权力）发生，这反过来又被所有货币主体所接受（Brodbeck 2009: 918ff.）。

作为抽象单位的增殖，货币可以采取无限数字形式。货币必须作为一种离散实体加以区分，而且这个实体必须具备一种多重性。因此，它的"职能"也总是作为纯粹数量。货币作为一个抽象的衡量实体，同时也总是与一些东西相关，这些东西将作为非货币或商品被计量。在用货币进行计算时，所有东西都是用一个抽象单位或相同尺度来衡量。然而，这不仅带来了现实的计数关系，而且表明了数量关系的结构，随后成为作为社会思想算术形式的数学运算。"货币"现象在其执行过程中同时也是一个抽象单位的思维形式，是一个有效的计算系统"1"。在交易中，货币主体将自己与货币单位的有效性联系起来，从而作为一个纯数字出现。所进行的计算行为反过来决定了货币作为计算单位的含义。这能够起效是由于货币是一种基于资本权力和国家权力的社会职能。

然而，对于"1"来说，正如布罗代克所表明的那样，必须可以加上"0"（ibid.）。"0"首先给了数字一个位置；它是一个引子，导致数字在一个无限的计数系统中被分类（ibid.: 921）。比如数字3，通过"0"可获得更高等级：30，300，3000，等等。"0"乘以计算单位中的社会虚拟物，可赋予数字更高的有效性等级。货币作为一种社会制度，表明了在数学运算中发现的结构；它的运动形式，正如将被证明的那样，更多是"一种虚拟的存在"（ibid.）。

所有存在于货币经济中的事物都通过货币得到一个价格。价格是商品上的货币符号/数字。货币计算的实践，也总是在计算思维（比率，而不是逻辑），因此同时也是算术和代数的基本形式实践。所有商品的平等性表现为分配给商品价格数字的同一性。价格具有商品单位/货币单位的维度。一方面，货币单位必须由同类元素组成（数字；货币单位的抽象数字或纯数量）；

然而，另一方面，人们所指的货币数量的商品必须已经用特殊的尺度（例如重量）来衡量。在这里，衡量尺度将数字和计量单位结合起来。因此，在价格中，计量是隐含的。用货币计算，把货币单位和商品单位联系起来，是一个非常基本的计量过程。在这个过程中，商品的质量作为一般规则被抽象化，所以对于计算思维，只有指涉货币单位的数值才算数，才有效。货币是一种衡量尺度，它不是由其他东西来衡量的，而被衡量的是产品和需求多重性的社会单位。用货币衡量产品，是计算的结果，首先建立了这种统一性。然而，无论人们是否假设抽象工作时间或其使用作为内在价值，这种衡量都不是对产品社会或内在性质的衡量，而是基于产生有效性的社会权力行为。

当马克思谈到货币是一种"社会关系"时，这意味着货币已经实现了高度稳定的信任和认可，同时在资本主义经济中实现了高度分配，因此它被普遍接受、渴望和认可。或者换一种说法，货币具有一种内在的深层网络特征，即全面而又脆弱、相互依存的社会经济关系，正因如此，货币才在资本经济的再生产中发挥着重要作用。产生所有这些货币关系的前提是已有大量人群从事交换活动，而没有货币就根本不可能发生这些交换活动。这些人群借助货币来自我组织。

为了被视为"超越"价值标准的资本主义货币，也就是说，过剩资本已在其中，因此与深层货币和资本市场有关，必须具有高度发达和密集的网络支付和信贷系统，以便所有的货币交易、信贷和支付承诺可以得到有效处理，尤其是未来的支付和支付承诺（资本化）指示可以实现。资本主义货币不一定要有一个百分百稳定的价值标准作为尺度（价值标准不等于价值），但价值标准也不能过于变化无常，否则其资产保护特征或信用职能就会出现问题（通货膨胀/通货紧缩）。因此，私人资本主义和国有制度化安全结构是必要的。这些都是经济—政治整体，可以将资产转化为央行货币，或具有较高抵押品的资产。按面值持有资产的承诺越有保障（不损失价值），该资产的信用等级就越高。这些资产的流动性几乎与法定货币一样。

资本体系的特点是信用融资资本投资与虚拟资本和投机资本之间的区别，需要一个相对稳定的估值标准，它与作为价值尺度的货币和货币转让能力（价值尺度得到实现的流通手段）有关，据此，许多进一步的货币"职能"（价值储存、支付或偿还信贷的手段、作为财富的货币供应提取、作为资本的货币等）只有在资本主义社会结构中才有意义，而目前还未出现（cf. Bahr 1983: 406）。[①] 但是，货币并不具备，或者说它并未实现一种可由其社会相关性之外的目的赋予的职能；相反，货币是一种社会职能。而这里的职能无非是在资本主义经济中产生社会关联的过程。这让我们也能理解货币如何能起到作用（Brodbeck 2009: 342）。

金融理论对货币职能的补充是，在货币市场和资本市场上，货币作为资产流动性或价格与其清算价值（资产货币化）之间差额的衡量尺度，即这个差额由货币来衡量。一般来说，金融市场具有流动性特性，因为资产定价不需要立即转化为货币。一旦金融崩溃，市场上根本没有足够货币来变现或清算所有资产，也就是不是所有债务都能得到偿还。当今，英国经济中大约97%的"货币"完全在金融部门流通，只有3%是纸币和法定货币（后者出借给在所谓实体部门经营的公司和个人）。如果此处简述的货币所有职能的充分性和灵活的运作性不能得到保障，资本经济就无法保持足够的效率。

此外，货币有效性始终标志着货币与商品的分离，货币可以发展，其目的是作为一种主要能力进行增殖。这种增殖能力不是通过交换本身或货币流通来给予的，而是通过资本关系来推定。我们在此探讨的不再是货币，而是作为资本的货币。另一方面，货币增殖能力也在于交换行为本身的动态结构。在逻辑层面上，我们处在一个资本本身的循环中。购买商品的人损失了货币，

[①] 货币的数量由其作为流通和支付手段的"职能"决定（Marx 1998: 443–444）。此外，就一般债务债权而言，货币是一种合法的支付手段。作为支付手段，货币是一种以抽象单位表示的一般化债权债务关系。

因此被迫再次获得货币，以便能够在市场上再次购买商品。因此，对金钱的渴望与交换行为息息相关。在这种内在性中，存在着争取更多货币、争取更多抽象单位的力量。那么，描述简单交换行为的公式，即商品—货币—商品（C–M–C），必须始终与马克思提出的公式 M–C–M' 挂钩，其增殖过程必须始终受制于私有制。①

这怎么可以暂时说得通呢？货币本质上不具备任何价值；相反，货币的"价值"不外乎是资本关系的存在，按照马克思的说法，可以用 M–C–M' 这个公式来描述。（货币作为资本的"价值"恰恰在于，就其可选择性而言，资本提供了持有货币的可能性，既可以作为现金，也可以作为担保使用，特别是用于工业投资或投机。）平等的社会关系（M–M 的同义反复）以及纯粹的数量差异（M 与 M' 纯粹的数量差异），形成了资本的"实质"，马克思在《资本论》中从概念上将其阐述为资本的价值增殖过程。价值现在被理解为虚拟物，体现在资本关系中。② 作为资本的资本（本身就是目的）只有在支配资本主义生产领域并被纳入货币流通 M–C–M'，以及主要作为货币资本在资本关系中发挥作用时，才能作为一种螺旋式循环运动发挥职能。提取生产中的

---

① 布罗代克表示："与其他形式的货币一样，它要在货币本身的使用结构中找到。货币是一种过渡性中介。只有在货币拥有者反复消费货币购买产品的情况下，它才能发挥用于服务和需求的社会化职能。因此，暂时没有货币的状态是货币使用的一部分。诚然，许多方法可以用于减少固有的不安全感。对于那些暂时有余钱的人来说，囤积货币是最常见的做法。但迟早有一天，每个人都会被迫进入市场，提供服务或产品（劳动力），并以此获得货币作为回报。因此，货币本身作为社会化动态手段的职能造成了对货币的反复争夺。如果研究一下与这个过程相关的不确定性，我们就会在其中看到一种无休止地想要获得金钱的冲动。"（Brodbeck 2009: 321）

② 马克思主义理论家经常假设资本的概念在现实中是一个概念过程和一种经济现实。人们想到了"真实抽象"这个表达，它不仅作为一种反映理论起作用，而且低估了资本/价值的独立虚拟概念维度。同时，必须假设经济量不是在概念中界定，而只是在计算的符号系统和代数中真实存在，因此它们对经济过程有着非常真实的影响。

剩余价值构成了这一运动的必要条件。① 换句话说，没有流通就不能理解剩余价值的产生，但也不能把剩余价值简化为结果。当只研究流通时，就会产生以下问题：要么等价的商品被交换，没有任何东西增加，要么非等价的东西随着时间的推移得到补偿。因为卖家以高于产品价值的价格出售产品，而作为买方，在不平等的交换中失去了他所获得的东西。为了理解资本，必须有一种既不是货币也不是商品的东西，但又两者兼而有之（作为一个过渡阶段）；也就是说，资本同时存在在流通内部和外部，而在流通外部则表明资本在生产中被加工。这就是产业资本的过程，马克思由此发现了一种不同寻常的商品，即人类劳动力，如果生产过程中消耗了劳动力，就会产生剩余价值。对马克思来说，工资—劳动关系是资本最重要的特征。资本家作为货币所有者进入市场，他们使用货币购买生产资料、原材料、能源等，并雇用劳动力。在生产过程中，这些商品被消耗掉，以生产超过投入商品价值的其他商品（产出）。

资本被假定为与自身的类重言式关系（平等），因此，只有数量差异 M-M' 才有意义，即（货币）增殖：由于在这种关系下，资本在增殖过程中具有成为自身目的的绝对能力，资本最初是过剩的。② （然而，随着总资本概念的提出，单个资本的极端性／无度性 [Maßlosigkeit] 再次受到约束，因为竞争运动限制了单个资本。）著名的公式 M-C-M' 意味着剩余商品被作为一个数量注入重言式链 M-M 中。公式 M-C-M' 中的连字符指的是一种特殊的媒介，对马克思来说，它是随着资本在生产中购买和使用特定商品，即劳动力而赋予的，实现了在生产过程中作为劳动力的交换价值（生活的再生产成本）

---

① 在马克思主义理论中，价值和货币的定义不能独立于资本；相反，它们包含在自成一体的资本概念中。因此，价值的货币理论始终就是资本的货币理论。价值和剩余价值不是本质，而是具体的社会经济关系，只能用价格和利润来表达和衡量（通过关系的因果关系）。

② 货币不等于资本；它在综合资本关系及其流通运动（货币资本、商品资本和生产资本）中发挥货币资本职能。因此，货币资本应与生息资本和虚拟资本区分开来。

和其使用价值（包括在商品中产生一种具体的、超过其再生产成本的剩余价值）之间的差异。如公式 M–C–M' 所示，随着生产出来的商品在流通中变现，货币比一开始时有所增多。① 因此，货币增多的过程需要生产，在这种情况下，资本从劳动中提取剩余价值（劳动力创造的价值超过了再生产的必要价值）。

从一开始，就应该把剩余价值作为同时性中的非同时性结果来讨论，只要劳动力的使用和交换在这里作为对称性的不对称性互相关联（Lenger 2004: 309）。对称性的存在，是因为劳动力按其交换价值支付，而商品按其交换价值出售，而出现的不对称性由劳动力的履行予以弥补，劳动力的使用价值负责生产剩余价值，因为在生产过程中，劳动力的使用产生了比其本身作为交换价值更多的价值。剩余价值正是产生自这种"是"与"非"之间的差异，作为对称性中的不对称性出现。这就是产业资本的概念。然而，即使在这里，人们仍然肯定会提到马克思主义理论，即把剩余价值完全理解为剥削

---

① 必须从概念上对资本和资本主义加以区分。从经济、政治和文化的角度来看，资本主义应被理解为是一种异质历史形态，甚至是一种资本、权力和自然网络中（再）生产的世界生态（cf. Moore 2015: 84ff.），然而，这本质上取决于资本生产和流通逻辑。除了主导的资本生产模式外，资本主义还包括非资本决定的生产模式，无论是新封建、非正式、贫民窟式、腐败、纯粹需求导向和不合法的经济，还是只与资本有部分联系或完全没有联系的合作经济（全世界只有大约 40%—50% 的劳动直接受制于资本关系；cf. Rendueles 2017）。

另一方面，我们把资本看作是一个概念符号和代数范畴，或者是一个微分系统，其生产、分配、分销和流通周期遵循特定的内在规则和"规律"，可让资本在陷入危机时保持平衡（不平衡和动荡是资本的"常态"）。这里不是一个将非历史性的规律与历史性的偶然事件对立起来的问题；而是媒介和规律存在于一个多维的影响结构中，而这个结构等级森严，这意味着某些力量，如利润动机，比其他力量更加强大。随之而来的系统秩序是在连续无序中产生的，后者是经济过程的内在因素。如果秩序不能等同于最佳状态，那么无序也不能等同于没有秩序。在安瓦尔·谢赫（Anwar Shaikh）看来，一系列广泛的经济现象可以用一小套运行原理来解释，而当前的事件则围绕着运动重心循环。这就是谢赫所说的"动荡调节的系统模式"，其特征表现为模式的重复（Shaikh 2016）。

可以说，资本及其自身的资本化模式作为"资本主义"形成的发动机（与社会关系不可分割）发挥作用，其中经济在最后决定了所有其他领域，如政治、文化、艺术、科学等。

劳动力的结果。对于马克思主义观点，出现了各种其他说法，例如，比奇勒（Bichler）和尼灿（Nitzan）在《资本即权力》（*Capital as Power*）一书中提到的经济分析，较少关注剩余价值的工业积累，而是明确提出了资本化的货币计算，即计算（贴现）未来预期利润的（经济单位）现值（cf. Bichler and Nitzan 2009: 188f.）。

资本必须被理解为一种特定的社会关系，它表现为货币增加的螺旋式运动，[①]它作为一种运动关系的唯一意义，即从货币到剩余货币，就是数量差异；也就是说，这种关系是单边的，能够实现数量上的增加。[②]

资本必须满足纯粹的数量盈余，然而，资本始终是稀缺的；或者，换一种说法，稀缺性在此只受盈余驱使，这一前提条件通常将马克思主义理论与所有其他对稀缺性的经济定义（无限的需求与有限的商品）区分开来，甚至与卢曼（Luhmann）之后更成熟的系统理论定义区分开来。在后者中，稀缺性被表现为一种经济人工制品，有了它，对某物的获取使进一步获取某物的可能性降低。相反，在资本关系中，获取使进一步获取成为可能。换句话说：资本是一个公理（和过程），它标志着 M-C-M' 关系首先含有"更多"[Mehr] 的含义，而这始终缺乏（Schwengel 1978: 294f.）。如果用语言来表达（但没有提出结构性的语言资本理论）预先假定的象征符号（货币），则指向一个无形的符号（盈余），后者在进一步含有盈余的象征符号（M'）中表示。符号/盈余，包含在（高级和已实现的）货币象征符号链中，但仍不可见，又在越来越多的象征符号中表示，这些符号代表了盈余，意味着我们面临一个非等价的变化数字 [Gleitfigur]，描述如下：

[①] 需要注意的是，根据马克思的观点，产品之所以有价格，是因为它们在资本关系框架内作为资本的准产品发挥作用。价值和剩余价值作为价格和利润存在于产品作用中。

[②] 按照拉鲁埃的"等式"n=n，我们可以把资本的同义词说成是"元一中的元一""资本中的资本"的内在特性。这绝非是排除资本在差异中运动和通过差异运动的可能性。

第 2 章 资本

M M'

M' M'' 等。

在这里，我们可以想象一个箭头，从左下角的 M' 指向右上角的 M''（即在货币的象征符号链之上，但在货币符号的驱动力之下）。

这是一种奇怪的不可通约性，这里的不可通约性超出了单纯的资产阶级剩余产品的分配。这不是等价物的交换，而是抽象的货币盈余，要被理解为资本的构成性运作。货币的剩余价值 [Geldmehrwert] 概念在这里引起了（资产阶级）剩余价值概念的特殊性，因为前者已经完全独立于任何内容。而这一事实意味着，作为一个正式的和动荡的变化过程 [Gleitprozess]，一个系统性的"缺乏"，即"缺乏"剩余价值或著名的资本无度性 [Maßlosigkeit]，对于未来有着更多欲望，从而导致缺乏，而非相反。这样一来，从一开始就排除了根据拉康（Lacan）对缺乏的定义或经济表征（关于稀缺性的阐释，无论被认为是偶然还是非偶然）形成的缺乏／稀缺性定义。资本的无度性 [Maßlosigkeit]（更多欲望）导致缺乏和不缺乏。在这个过程中，资本作为一个绝对过程，不仅假定自身为自身（既作为自动指涉系统，又同时作为波动的量的系统），而且也假定了环境，因此获得了特有的超稳定性，这与其超不稳定性（周期性运动和易发危机）无法割裂开来（ibid.: 201）。资本的超稳定性—超不稳定性过程必须被视为一种叠加，通过实用主义、战略和货币关系主体予以实现，它们绝不是单纯的观察者，而是主体间性游戏中分散的行为者。与剥削劳动力剩余价值中的唯一基础相反，我们还假设了一种机器驱动的、算法的和普遍的货币和金融剩余的可能性，它产生于对差异和数量叠加的利用，这些差异和数量叠加流向纯粹更多 [Mehr] 的增加。

货币的剩余价值一方面意味着作为数量变化的剩余价值生产的差异性重复，另一方面意味着资本的自我指涉假定（定义），然而，这不会导致一个固定结果，而只能通过永久地推动价值增值来产生明确的效果（ibid.）。马克思在这里谈到了"得不到满足的永不停息的获利过程"（Marx 1996: 23: 164）。作为资本的货币流通（作为目的本身）首先不是以单次获利为目的，而是永不停息的获利模式。作为结算，货币的剩余价值与量化重复自成一体，对于资本来说必须具有扩张性。单个资本并不只是想实现比它在生产过程中投入的更多的货币，而是它必须在与其他单个资本竞争的驱动下，以不断增长和螺旋式上升的规模，反复运作，同时与其他同类竞争者发生碰撞。因此，剩余价值是一种（看不见的）实体和过程，它"决定"了未来的增殖，而这是通过利润驱动、定价和降低成本的公司战略进行的，这些公司总是试图渗透到经济中最有利可图的领域和部门，在这些领域中，它们同时被迫推进生产力和技术变革。① 简单地总结如下：资本涉及数量倍增波动过程的结算和重复。

---

① 工业公司的投资取决于预期净利润率，不同于与当前的净利润率（cf. Shaikh 2016: 607, et seq.）。在经济繁荣阶段，预期利润率将高于当前的净利润率，反之，在经济萧条阶段，这两个比率不仅会在很长一段时间内紧紧围绕对方波动，而且倾向于相互平衡。供需比总是与平均利润率的走势相关。

在扩张性经济体系中，当需求超过供给时，名义产出的增长率就会提高，同时资本存量的增长率也会提高，如果当前利率高于"正常"利率，产出超过产能，资本就会更快地流入金融部门（ibid.）。这些过程总是发生在波动的平衡运动框架下，在短期内，供给和需求之间的关系会严重影响各种运动，但从长期来看，产能和产出之间的关系、当前利率和正常利率之间的关系以及当前利润率和预期利润率之间的关系一目了然。这一事实综合了凯恩斯关于需求（购买力的产生）可以相对自主的说法，以及马克思关于资本积累总是取决于净利润率、预期利润率总是取决于平均利润率，以及当前产能利用率围绕正常利用率波动的论述。储蓄和投资的水平（储蓄率与投资率相关，但不相等）取决于利率和产出量，而根据马克思的看法，利率是由利润率决定的（ibid.）。即使利润率的暂时上升也会提高产出和就业水平。这就是马克思主义对凯恩斯的乘数理论的回答（ibid.）。

在这些过程中，经济行为者的预期影响着现行价格（价格又影响经济基本面），而这些预期也受制于现行价格和经济基本面的变动。现行价格围绕着被视为核心的价值震荡。可以假定，未来不是基于过去的随机反映，而是非遍历的（ibid.: 446）。然而，预期绝不可能自主产生经济现实；相反，资本核心最后由一般利润率（和利润总量）的运动决定，继续作为当前经济事件的决定性调节器发挥作用，所以经济繁荣总是以经济衰退收尾，反之亦然。（转下页）

第 2 章 资本

结算意味着破坏任何作为潜在稳定结构（虚拟化）的固定结果，重复意味着作为潜在可调整流通（现实化）的承诺。结算和重复都与实现"更多"的目标特别相关。

在资本分析中，关于总资本的先验性，从一开始就必须假设商品、货币和资本（以及货币资本）具有虚拟同时性，或者说重叠性。如果把商品和货

（接上页）

在马克思的简单宏观经济模型中，积累率（资本增长率）与预期净利润率（预期利润率减去利率）有关，而储蓄率指的是投资额和储蓄额之间的差额。在短期内，如果财务差额为正，则利率提高，但从长期来看，企业的财务状况与利润率的均衡化尤其相关，正常利率与价格水平和正常利润率相关。此外，借助银行信贷，企业的支出可能会超过既定收入，因为银行可以产生新的购买力，所以投资增长快于储蓄，消费增长快于收入。然而，在谢赫看来，利润率仍然是利润驱动型资本体系的关键，尽管银行战略会严重影响预期利润率和当前利润率、供应和需求、产出和产能之间的关系（ibid.: 626ff.）。2009 年，资本存量中的净投资下降到二战结束以来的最低水平，甚至名义资本存量也呈现出下降趋势。虽然此后略有回升，但仍然低于历史平均水平，而且自 2015 年以来略有下降。

谢赫对单个资本的运动进行了总结：竞争是所有人对所有人的战争（ibid.: 333）。将竞争称为战争有着这样的含义：每个竞争性公司都必须担心未来战术、战略和投资估计，因此，人们既不能假定正常利润，也不能将利息纯粹作为成本引入。公司之间的现实竞争产生了特定的模式和样本：同一行业的不同供应商制定的价格大致相等（由客户流动性来衡量），而与新投资有关的利润率在不同行业也大致相等（由资本流动性来衡量），其目的是为了获取更高利润。这两个过程都涉及围绕一个相应的共同中心而运动，同时不仅有由价格运动形成的竞争，而且还有基于权力的竞争，这种竞争因公司作为政治—金融行为者而发生，例如，进行工业间谍活动、接管其他企业、与政府谈判建立特殊联盟、挖角等。

公司是特殊的定价组织，它们的价格必须与其所处行业价格领导者的价格保持一致。一个行业产生的额外利润会刺激行业内外采用最有效的技术方法，而新公司则倾向于压低平均价格，从而消除了行业额外利润。公司的这种竞争行为也表明，各公司的成本差异巨大。生产力最高的公司采用效率最高的技术，尽管在一个行业中总是存在一定范围的技术。相对价格的变化通常可以用相对生产力的变化来解释，后者是由技术变革推动。要想以独立于当前生产成本的价格出售商品，就必须通过技术革新提高生产力，用同样的工作量生产更多或更便宜的产品。

币理解为资本过程的整合性"职能",其中货币的起点同时也是它因剩余而增加的回报点,那么就应该把商品和货币理解为商品资本和货币资本(Marx 1998: 321)。这种重叠性始终存在于货币的主要职能中,它们与资本增加重叠并交织在一起。正如弗兰克·恩格斯特所述:"货币职能在资本中呈线性发展,但第一种货币职能(价值尺度)通过其第二种货币职能作为交换媒介发挥作用,而这两种职能可以说是通过资本运动 M–C–M' 互相重叠,并包含在资本运动当中。"(Engster 2014: 159)作为货币的货币、作为资本的货币和作为货币的资本虽然相互交织,但也有所区别。货币"本身"属于潜在资本。在某些条件下,只要货币成为一种剥削手段,它实际上就变成了资本。最后,在再生产过程中,资本经历了一个循环,在这个循环中,除了商品形式和生产资本的形式外,资本还具有货币形式,因此,它只是资本循环中的一个时刻,即作为货币的资本。

考虑到马克思像其他作者一样必须做出的限制,那么,在阅读过程中,就必须始终思考资本类别的线性表述过程,以及同时性和重叠性这些术语。更犀利地说,这三卷《资本论》几乎应该倒着阅读,因此不是从经常被理解为萌芽种子(从抽象到具体的辩证上升)的商品形式或货币形式开始读起,而是应该首先阅读总资本、资本再生产的准超验总过程。在这个过程中,单个资本首先必须理解客观上给定的东西[1],即它们必须复现由总资本赋予的剩余价值生产的先验,同时,它们必须在竞争中并通过竞争确认相互依赖和全面联网,而且是在必须至少达到平均利润率和/或实现足够利润额的唯一条

---

[1] 我们并没有为了通用目的而预设客观性的概念,而只是为了加以解释,这也不意味着绝不会中和中介和公司的战略、风险管理和阶级斗争所显示的社会工作。但我们必须假设,大多数公司和个人的战略确保了经济的再生产,并将其形式重新客观化,只有无产阶级的阶级斗争和暴动才能够真正颠覆和破坏客观经济进程。

件下。① 总资本的再生产过程作为一个真正的宏观经济范畴，与单个资本再生产过程的调节互相重叠，单个资本目前被进一步确定为只是整合运动和互补运动。但总资本本身不是真正的经济量，而是实实在在的虚拟物。②

如果资本有能力在以增长为导向的螺旋形过度运动中假设自身为目的（圆是对数螺旋的一个特例，即增长等于零的螺旋），这里的起点在某种意义上就是终点，反之亦然，那么，作为一种特殊的货币流通过程（一般资本），资本支配着生产过程，以便将其融入主要的"货币流通和分配"M-C-M'（Sotiropoulos et al. 2013: 43）。这里值得说明的是，我们并不把资本理解为一个主体或一个无意识的主体（它什么都不做）。正如尼采（Nietzsche）所说，主体问题存在于语言语法中，而且难以解决。因此，生产、分配、流通和生产性消费，就其与货币资本的一般流通结合（包括结构性和暂时性结合）而言，必然要被视为货币资本的"职能"（及其形态变化，作为阶段、因素和时刻）。

在《资本论》第二卷中，马克思假设（工业）资本有三个循环，即货币资本、生产资本（不变资本和可变资本）和商品资本循环，并用过程公式M-C（PM，LP）...P...C'-M' 描述了资本的整体、全面和一般循环。除生产时间（P）外，该循环包括两个特殊的阶段或流通部分，即准备时间（M-C）和实现时间（C'-M'）。就时间而言，马克思把资本流通的整个过程称为"周转

---

① 马克思最初坚持要同时出版《资本论》的全部三卷。直到今天，各卷的出版顺序（第二卷和第三卷分别在第一卷出版后 18 年和 27 年出版）对《资本论》的接受程度产生了不可低估的影响。当然，在第三卷出版时，第一卷已经被讨论过，并通过若干推荐大力普及，这实际上给人的印象是，第一卷已经包含了资本的所有重要范畴：商品和货币、价值和抽象劳动时间、虽存在等价物交换但劳动力受到剥削的证明、资本主义生产力的分析等。因此，马克思似乎早在《资本论》第一卷就已经阐述了这些重要的定义和范畴，这些定义和范畴尤其与资本主义生产分析有关，而后来在《资本论》第二卷和第三卷中，马克思显然只谈及了延伸问题和特殊问题。

② 各种经济形式的定义表明了资本性质，决定了资本的一般定义或一般资本的定义。

时间"[Umschlagszeit]。因此，马克思不仅把流通这一术语用于商品的销售和购买这两个阶段，而且还用于（货币）资本的整个一般过程及其周转，其中也包括生产。至于周转时间，马克思指的是特定资本的总流通时间（Marx 1997: 156）。资本的整体流通和一般流通首先是货币资本的流通，就这一结构而言，它代表并整合了特定的流通运动，或者更确切地说，资本的全面螺旋式运动，正如它也意味着就资本本身作为一个不断变化的中心而发挥作用而言，循环内存在干扰和波动（Marx 1997: 31ff.）。[1] 货币资本流通的一般公式是资本经济的主要过程，其中不断伴随和含有商品生产，以此产生利润和资本的流通。尽管货币资本也是资本整个再生产过程的一个环节，一旦资本化被假定为虚拟资本（马克思所认为的最先进的资本形式）的形成过程，那么就这一切而言，单个工业资本、资本生产过程与资本商品之间质的差异就被抹去了。马克思写道："所有的资本，根据其价值表现，都是货币资本。"（ibid.: 406）货币形式的债务资本或权益资本也是工业企业的"发动机"，企业购买商品（生产资料、建筑物、能源、原材料、软件等）和租用劳动力，以便生产出富含剩余价值的产品，并在可行时将产品变现，从而形成新的货币资本。机械、能源、产品或生产过程本身不是资本。[2] 马克思已经表明，上述公式是根据资本所有经济关系的确定表达，这当然包括生产，但生产只是作为纯粹的职能性过程，即一个生产利润的过程。资本总是把生产过程与其

---

[1] 马克思描述了这些并列循环媒介的共存，尽管他得出了以下结论："共存本身只是继承的结果。"（Marx 1997: 109）这句话暗示了资本运动的暂时性，但共存和继承应该同时确定，这点具有分析难度，我们在此不做深入讨论。

[2] 公司的资产或资本（非金融和金融）包括有形资产（资本设备和房地产）和金融资产，与之相对的是其他部门的贷款和股权，二者之差就是净资产。近年来，金融资产的增长速度超过了固定资产，特别是在非金融公司中，金融资产有时会大于有形资产（通常是金融公司的特点）。金融资产的重要性不断提升，在金融公司的资产结构中表现得最为明显，其总资产增加了 2 倍，但其债务也迅速增加，因此净资产的增长更少。

货币形态变化,或(货币)总流通联系在一起,也就是说,生产应被理解为资本总流通的一种职能、一个部分和一个阶段,其一般形式可用下列公式描述:M–C–P–C'–M'。

因此,资本逻辑对每个单个资本都具有先验性。在这个方面,每一家资本主义公司都必须被认为是与其他公司平等的,这种平等性指的是公司作为资本的结构性职能"场所",每个资本家在结构上作为借钱购买商品的商人,或者作为货币所有者(公司的投入),出售生产出来的产品获得利润,另一方面作为管理者,平衡、监督和协调生产过程,以提高效率。在一个公司里,价格的制定不仅是为了实现高于特定时期货币投入的货币产出,而且是为了至少实现市场上的平均利润率(和足够的利润额)。

如果现在从货币、商品和生产性资本长期运行的资本形态变化中提取出最重要的循环,即货币资本本身的运动,那么其中至少存在两个资本主体。资本的位置被占据了两次,即分别被货币资本家和职能资本家所占据,因此,在分析资本时(相对于货币资本家而言),首先不能脱离生息资本或信用的存在。(分化的资本—主体中嵌入的总是货币—主体的纯粹行动,即谋求更多预设的抽象货币。)

希腊马克思主义经济学家提出了下图(Sotiropoulos et al. 2013: 8):

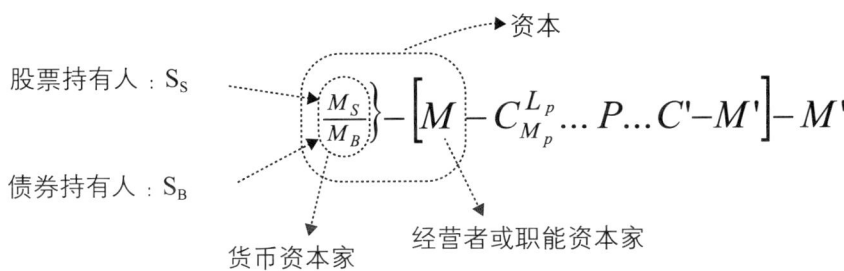

货币资本家(A)是货币资本所有者和/或贷款人,预付抽象的支付承诺、证券和债务(股票、债券、证券等)。如果发生了具体的交易和/或支付承诺被转让给职能资本家(B),那么即包括后者的或有承诺(或有,尽管提

供了证券），即未来将进行支付。因此，在一定时期内按照特定条件（如支付利息和偿还贷款）使用货币资本家（A）的货币资本（M）的权利被转让给了职能资本家（B）。如果一个公司在证券交易市场上市，那么职能资本家（B）相当于公司的管理人，而货币资本家（A）相当于合法所有者（除贷款银行外）。职能资本家（B）使用货币（M）作为货币资本来购买必要的生产资料和原材料，租用劳动力，组织生产过程，企图创造利润（ibid.）。

这就产生了以下结果：（1）资本的位置同时被金融资本家和职能资本家所占据（凯恩斯从道德角度将二者划分为在公司内部并指导生产过程的良好生产性资本家阶层，以及外部只追求货币利润的寄生性食利者阶层）。[①]（2）虚拟资本和投机资本属于资本形式。这里的价格应被理解为支付承诺的资本化结果。（3）资本化的金融模式（对未来盈余分配的承诺和要求）开辟了一个新空间，在这个空间里，任何收入和回报的流动都倾向于与虚拟资本和投

[①] 李嘉图认为，资本家是没有作用的所有者，他们通过利用资本的稀缺性在生产过程之外以年金形式提取利润。因此，食利者从生产过程中获得的自主权使他们能够自由地进入金融市场，正是通过收取租金和占有部分收入来获利，而这些收入是在"真实的"生产领域中创造的。在这个意义上，现代食利者就像一个不负责任的高利贷者，他们甚至阻碍了使用价值的生产和积累，只在流通领域（通过投机和占有）谋求和实现利润。

相应地，在马克思主义文献中，资本的公式常常被解读为资本的盈利能力可以通过两种不同的模式来保证：生产模式（M—C—M'）与寄生或投机模式（M'—M"，其中 M"=-M'）。虽然李嘉图本人没有得出这样的结论，但他的年金和劳动价值理论却对许多马克思主义文献产生了重大影响。如果食利者在资本主义经济中占主导地位，那么理论上，"社会"的生产能力则会受到压制或破坏，例如像索尔斯坦·凡勃伦所说的那样，金融家的投机性和掠夺性活动将成为经济中心。然而，必须反驳的是，金融体系中的腐败、各色丑闻和金融市场中行为者的普遍贪婪，反而是"客观机会结构"（Windolf 2017）的结果，即相当常规的过程、程序和关联却助长了行为者对金钱和机会主义的贪婪。

受李嘉图启发的理论家们认为，在金融流通中贪婪地谋取利润，最终仍要依靠产业资本生产过程和对工薪阶层的剥削。流通最终会成为一种纯粹的实现和吞并利润的手段，而利润是在过去的生产中产生或必须在将来产生以偿还债务。如今，正是这种经济状况助长了可持续使用价值生产的停滞和不稳定。这种观点与马克思的价值论和资本论截然相反。

机资本相关联，并且在这些流动中可以增殖。(4)信贷有所增加，而这些信贷不仅仅来自私人银行。此外，还有风险管理，它可以被拓展处于金融系统中心的偿付能力、利率、流动性和信贷风险，以及决策问题(ibid.)。

工业系统和金融系统有着一系列重要的相互依存关系；事实上，就货币投机而言，生产性投资和金融投机之间最初并无根本区别，因为不仅是购买股票或证券，而且资本主义生产过程中的每项投资都涉及投机环节。因此，此处加以区分的与其说是金融投机和工业生产的概念，不如说是投机工具、时间段和风险。(投机性剩余价值是特殊的没有价值的价值；它是价值的零点，可上升或下降，增加或减少，均围绕着零点反复波动。)

此外，尤其可以认为，当今所有的大型资本家都是货币资本家。这些资本家不仅是贷款给公司的银行家，而且是购买股票和债券的富人、大公司的董事，以及大规模投资基金和其他金融公司的经理。货币资本家还包括来自东欧、中国和其他新兴市场的新寡头、大型软件和技术公司的所有人以及暴发户，他们只是简单地向上攀爬，而没有在其阶层青史上留下任何有意义的笔墨(cf. Norfield 2016: Kindle-Edition: 1498)。

2.2 资本与总资本：资本的准超验性与现实化—虚拟化关联

关于资本概念的进一步解释，我们借鉴了法国哲学家弗朗索瓦·拉鲁埃的观点，他在其倡导的非哲学概念中谈到了"单边二元性"。他通常首先假设两项或多项事物及其关系总是由一项决定。这就是幂等性原则：1+1=1(Laruelle 2010)。第二项以及第一项和第二项之间的关系都是"1"的内在因素，即第二项是第一项的克隆，但同时第二项也保留了其偶然性，因为第一项并不是绝对的，而是从根本上假定第二项。这种因果关系总是指向两个或多个事件或关系之间没有关联，而不是两个或多个事物之间没有关联。

就资本的概念定义而言，这使我们能够在单边"逻辑"的背景下分析资本，即类似于"单边二元性"：如果第一项代表资本关系，第二项包括从资本衍生出来的经济事件和关系，这两项并不像马克思主义中经常假设的那样由第三项合成，例如由抽象劳动或价值合成。相反，第一项（作为"逻辑"和关系的一般资本）最后单方确定了第二项（第三项等）以及由此产生的关系、区别和各项之间的排列。第二项（代表商品、货币、生产、劳动、流通、信贷、资本形式等）以及第一项与第二项之间的关系都是第一项的固有因素。这种决定因素是资本的内在模式或"逻辑"，一般资本必须同时被定义为一种逻辑结构和一种关系。

但是，资本还有另一个重要因素，可以用"准超验性"一词来描述，它与总资本 [Gesamtkapital] 的概念有关。我们必须区分一般资本（各范畴的运动）和总资本。关于总资本，必须研究"效果—实体"之间的关联性，而无须谈及自然演变或黑格尔派的总体概念。我们在此更多的是指拉图尔对部分和整体之间关系的否认（cf. Latour 2017: 168），但没有完全采用他的理论方法。相反，这些关联影响必须与准超验的总资本概念相关。总资本不能被看作一个统一系统，而是一种决定因素，同时也是一种虚拟潜能，就后者而言，它并不遵循某种安排，甚至在亚当·斯密（Adam Smith）无形之手的意义上也是如此。关于这个概念，在数学上可以采用矢量符号，其中单子集作为矢量 x 的协调因素，被写在一个 n 维的数学空间 M' 中（cf. Quaas 2016: 215）。然而，数学符号最终仍然是一个近似值，因为资本的虚拟能力独特地改变了数学空间。

我们不能从资本概念表述的线性相继中得出结论，即在许多马克思主义者看来，马克思在《资本论》第一卷中先是用一句话作为一个巨大的商品集合体引入了资本生产模式，表明商品是一种基本形式，而第一种出现形式是主要和基本的抽象形式，所有后续概念都是从这个形式辩证发展而来。相反，正如《资本论》三卷标题已经表明的那样，决定性的概念就是资本，所有其他概念、术语和范畴都与之处于一种内在、但并非无差别和不间断的关系中，因此，各种概念和范畴之间的过渡必须始终成为问题。我们现在可以用以下方式提出初步结果：资本的单边二元性＝资本逻辑＝虚拟总资本＝资本的准超验性。

现在让我们更仔细地研究资本的准超验性概念或总资本的概念。总资本主要被理解为其超验构成，即作为一个先验假定，单个资本与之被动地联系在一起，因为单个资本必须毫无例外地遵循总资本的先验及其公设原则。同时，总资本其次还包括影响结果（单个资本通过竞争实施的积极定价和降低成本的战略），甚至包括可能总是失败的偶然经济战略的结果。总而言之，资本"在一个领域中流动"①（Nail 2018），且具有双重性：第一个决定因素（资本）和确定的第二个决定因素（单个资本）。在考虑第二个因素时，我们只谈论资本的准超验性，在此必须补充的是，对许多马克思主义作者来说，影响是作为原因（或准原因）出现的，在这一点上也存在着误判经济结构的可能性。资本的准超验决定因素不是受康德启发的主观超验主义，而是必须被专门理解为客观或客观化的（和历史的）决定因素。②这里的经济事件是给定事件或受影响事件，即它们是客观经济结构的影响（作为给予性的给予），但这始终需要对真实或经验的经济事件进行概念分析（没有给予性的给予）。总资

---

① 经济事件可以被理解为存量和流动之间的关系，其中包括生产（实物产品）和流通（资本和价值的流动）间的关系。

② 超验性不是可能性的前提条件，因为总是有实际的过程。因此，潜在前提条件是一种理想主义的抽象物。但超验性也不是经验性的前提条件，因为其条件本身不可能具有经验性。否则条件与条件性之间就没有区别了。资本的超验性不是普遍条件，但必然是历史条件。如果超验条件描述了关系的规则或秩序，这些就是运动关系，只要这里的运动既不是意识形态的，也不是经验性的。它是一个过程，在这个过程中，事物和事件本身是有序的。资本的超验性是先验地存在，但包括出现的物质结构、模式和流通。关于历史超验性的概念，参见纳伊（Nail 2018）。

本的概念在这里不是作为一个整体，甚至不是作为一个超个体发挥作用，而是作为一种假定和历史的超验性。此外，前缀"准"强调了无源头结构的可用性（和一系列偶然行动）。

应该注意的是，现实经济和理论逻辑并不完全相同，也不能如此简单地划分，因为经济学家并不是外部的思想主体，他们构建了一个叫作"经济"的理论对象。思想家及其概念也是现实经济的一部分，在现实经济中，人们必须工作，以及计算和处理货币。但是，论述 [Darstellung] 的话语——概念维度并不与经济现实百分比吻合，[1] 这反过来意味着，根据阿尔都塞（Althusser）的说法，对资本的分析必须始终基于给定理论（知识的对象而不是现实的对象），尽管经济学家在实用性维度上始终是货币日常经济的一部分。

资本的结构性决定因素负责作为总资本的效应实体的大量单个资本的形成，前提是它们被置于一个对其产生真正因果影响的经济环境中。然而，如果不考虑单个资本竞争及其调整过程，就无法理解准超验的资本总复合体（总资本）的概念。竞争在这里应被理解为构成要素，因为作为资本的一项重要接力，它为单个资本规定了非常具体的运动形式，在这个运动形式中，单个资本一方面必须作为总资本的职能实体运行，积极采用定价和降低成本的策略，另一方面，又会制定可能总是失败的偶然策略。马克思指出："一般竞争是资产阶级经济必不可少的推动力量，它并不制定规律，而是规律的执行者。[……] 因此，竞争并不解释这些规律，也不产生这些规律；它让这些规律变得明显。"（Marx 1986: 475）马克思反复表示，竞争是资本的真正职能。

---

[1] 因此，马克思主义理论家经常使用的"现实抽象"一词充其量只能是概念和现实之间不准确的比喻，即最终总是要从概念和现实的非同一性中进行思考，因为现实总是会背离概念。

总资本的概念进一步意味着,关于资本主义公司,我们必须始终谈论(单个)资本,只要是作为资本,无论是什么,都表明它始终受制于资本的"逻辑",同样也受制于总资本的最终情态。在这里起决定作用的不仅是单个资本的质量和生产形式,而且所有的单个资本始终必须遵循资本的公设和过程,据此,这种超验性只在趋势中普遍存在——"趋势"意味着虚拟化(它使资本的决定因素"相对化",类似于利润率普遍下降规律中的运动和反运动),单个资本通过出售其产品不断地实现这种虚拟化。或者,换句话说,关于总资本的概念,必须始终考虑到决定因素 / 必然性 / 假定和虚拟化 / 现实化 / 偶然性的相互联系。[①] 虚拟化包括以下事实:单个资本所生成产品的实现永远没有保证,且始终与决定因素相关联。我们也可以更加委婉地表达为:资本主义生产方式并不是绝对构成框架——它执行并假定一个构成框架。[②] 另一

---

① 在这一点上,有争议的是超验主义和抽象潜能,与阿尔都塞后来提出的哲学—政治偶然必然性的确定性相反,这不是一个具有偶然性的必然性,而是必然性"就是"偶然性。我们不会否认偶然性,而是将其置于与确定性的相互依赖和相互关联之中。

资本背后的支撑始终遵循利润逻辑,是一个正常化的量的现实。总资本是由非常具体的相互作用构成,即那些被置于一个总量中的竞争关系。总资本的这个总量包括虚拟状态和各种关系,它们是活跃的空间。资本的量的现实是非经验和虚拟的,是一种隐藏的现实。在资本逻辑中,一个空荡荡的抽象的量的结构占据主导。在资本实体中,所有的能量水平都没有被占据,是空白的,但却是量的现实和效能。在这个方面,总资本等于设想的各种公式或抽象的数字现实,其潜力被现实概率所强化。由于这个原因,施罗德(Schröder)方程必须被归一并形成平方:$\psi px(x, t)$ 的 2 次方。这个量表示在时间 t 上,单个资本获得 x 次方的概率。

② 在这一点上,罗伯特·库尔茨(Robert Kurz)在谈到资本的先验性或超验性时也采用了马克思主义观点。关于总资本的概念,库尔茨在其《没有价值的货币》(Geld ohne Wert)一书中写道:"因此,马克思在理论上提出的资本的真正范畴,从一开始和在所有层面的表述中,都只能被理解为社会整体的范畴,即总资本及其作为资本总量的总运动,它不能直接以经验为主理解,因为它在质和量上都与单个资本的经验运动不同"(Kurz 2012: 177)。马克思的总资本概念从一开始就意味着"总过程"。然而,必须纠正库尔茨的是,总资本的概念既不是一个真实的范畴 [Realabstraktion],也不是一个数量的范畴。它是一个超验的范畴和一个不能被定量表达的虚拟物。(转下页)

方面，在经济经验现实中，我们总是面临着偶然性：经济策略仍然不可预测。人们甚至不能百分之百地预测经济计划的结果以及公司和个人行为，就像经济学家试图做出预判，却总是失败一样。一个货币主体或一个公司的行为甚至会给许多其他经济行为者带来不确定性。经济学家可以预测某种产品价格下降，但他们无法预测一家公司是否会因为价格下降而开发新产品，淘汰旧产品，从而使预测落空。

资本经济的系统秩序是在连续无序中产生的：正如秩序不能等同于规律性的最佳状态，无序也不能等同于没有秩序或纯粹的混乱。按照安瓦尔·谢赫的说法，通过马克思主义经济学术语，广泛的经济现象可以用一系列关键原则来解释，这意味着当前的经济事件围绕着不断移动的重心，这些重心是特殊的资本逻辑和总资本中心（Shaikh 2016: 5）。谢赫在这里使用了相对论的术语，他把这些运动描述为波动调节的系统模式，其特征表现为短期、中期和长期模式的重复。[①] 不仅有通过从一个平衡状态改变到另一个平衡状态的

（接上页）

约翰·米利奥斯也强调了总资本的重要性。他在与迪米特里斯·P.索提奥坡罗斯（Dimitris P. Sotiropoulos）合著的《反思帝国主义》（*Rethinking Imperialism*）一书中提到了马克思的一段重要的表述："资本主义生产的内在规律体现在单个资本的外部运动中，并'作为竞争的强制规律发生作用，从而成为单个资本家意识中推动他们前进的动机'。"（Marx 1996: 433; Milios and Sotiropoulos 2009: 114）马克思进一步指出："在我们对资本的内在性质形成概念之前，不可能科学地分析竞争。"（Marx 1996: 321）米利奥斯和索提奥坡罗斯准确地得出结论，马克思在此谈到的"内在规律"只能是总资本（作为社会关系和国家总资本）的规律，据此，单个资本作为"外部运动"（竞争）的碎片或部分出现，只有在遵循资本的"内在规律"时，才能在总资本结构中占有一席之地。总资本的概念十分复杂，最早由马克思在《资本论》第三卷中提出。总资本的结构决定将单个资本转变为实体，因为公司总是位于"法定"经济环境中。在这些准因果过程中，竞争作为资本关系在差异积累中的具体表现，包括一项重要"职能"。

① 波动调节和复现模式被认为是经济体系具有决定性的重心倾向（Shaikh 2016: 5）。经济宏观分析首先是明确商品价格、利润率、工资率、利率和汇率的定义（ibid.: 1946ff.）。这些过程具有两种倾向。（1）平衡化趋势，其特点是单个资本不停谋取货币优势，得到的意外结果恰恰是消除差异，这反过来又促使人们再次追求货币优势。平均工资率取决于生产力、利润率以及工人和资本家之间的阶级斗争，而平均利润率则取决于工资、（转下页）

持续适应平均数和平衡点,而且资本运动最终处于一个不平衡的过程,而这又总是与不断变化的重心相联系。这包括系统适应干扰和极端波动的长期能力。最后同样重要的是,通过提高临界阈值、扩大处理不稳定的范围和保持正常化进程的灵活性来适应周期性危机(cf. Bröckling 2017: 128)。由此产生的经济增长不仅表现在规模上,而且还表现在密集化和关联增加上。

总资本的概念不仅包括结构性定义(一个领域内),而且还包括动态—时间(和偶然)过程。关于后者,通过具体价格波动中动态补偿运动中的竞争过程,首先产生了不同部门的平均利润率。这必须被视为一种绝对必要性,否则生产力最高的公司将不可避免地领先于生产力较低的公司,并形成永久性的垄断,这将最终消除公司之间的所有竞争。

马克思主义理论试图用资本集中化的概念来理解垄断的形成,在这种情况下,小公司要么被淘汰,要么被整合到大公司中,从而减少竞争,所以所有的生产过程都存在于一个公司(垄断)或一个公司集团(寡头垄断)的垂直整合当中。① 但是,在资本主义的历史进程中没有出现这种发展,与资本集

(接上页)

资本集约度和生产力。同时,平均数是微观经济项目和单个资本相互作用的结果,其中竞争起着决定性的作用。谢赫将这两个过程归入真正竞争的概念之下,其中利润动机起着核心作用(ibid.: 6)。(2)决定平衡运动波动路径的形成性趋势。第二套重心趋势包括系统的动荡宏观动态,内含增长和停滞过程。这里的利润动机也是主导因素,最终负责调节投资、增长、周期、就业和通胀。

利润动机的中心地位有几层含义:(1)必须确立利润与工资相关理论;(2)只要公司的所有方面都受到影响,就必须确定利润率在实际竞争中的作用,从而形成由竞争决定的价格理论,以及内源性技术变化理论;(3)预期利润率调节投资和增长,也决定着总需求和总供给之间的关系(ibid.: 6)。这里的决定性因素并非公司的实际利润率,而是一个行业部门内的调节利润率和未来投资利润率。最后,投资是由利润率和利率之间的差异驱动的,其中利率是投资基准。

① 马克思将垄断描述为一种特殊的单个资本,它在很长一段时间内系统性地实现了额外利润;垄断并不是与自由竞争对立,而是仍然位于自由竞争之中。

中不同的是，公司规模得到扩大。因此，公司的创建和拆分过程始终被认为是创新的结果，是开拓新的商业领域和外包的结果，在这个过程中，跨国公司从某些商业领域分离出来，或将全球垂直供应链中的某些环节外包出去。

目前德国公司数量的增长表明，尽管近来出现了公司收购的热潮，但据统计，按大公司或百强公司在经济总产出中所占份额衡量，经济集中化程度并没有增加，甚至在某些情况下还有所下降。百强公司平均占所有公司净增加值中的份额从2000年的20%下降到2010年的16.4%。然而，这些数字也说明，在某些资本集中的部门，集中化水平已然高企，因为仅50家公司就生产了德国工业总产值的一半。在金融机构领域，仅规模最大的10家公司的业务量就占了该部门总业务量的50%。

意大利理论家米莫·波卡罗（Mimmo Porcaro）将目前工业部门的资本积累阶段描述为一个"非中心化的集中"时期，在这个阶段中，少数公司的规模大幅增长，同时，这些公司之间的竞争加剧，削弱了全国范围内的所有其他公司（Porcaro 2015: 24）。这些趋势表现为：在20世纪90年代的发达国家，最成功的公司赚取的利润比一般公司高出3倍，而现在它们的利润已经高出8倍。每两个利润额高于平均水平的公司，都有一个来自金融或技术领域。然而，与此同时，如今的小公司由于拥有卓越的技术知识，不会再轻易地被大公司接管。

不过，如果大公司的集中度继续提高，那么当下的整合和增长会更少地借助新技术，而是更多地利用金融市场和全球供应链及其金融网络的过程，这反过来意味着竞争将不得不以非常具体的方式展开。另一方面，如今高度集中的金融网络的特点是，越来越多的大型金融公司的支付承诺和支付流在网络中流动，而金融公司的数量却在减少，因此，支付流不断地在同一批公司之间来回流动。这既大幅提高了网络的复杂性和集中化，包括金融公司本身所有者的高度集中，也产生了金融公司之间以及其他公司之间竞争的具体转变（Sahr 2017: Kindle-Edition: 6286）。

金融公司通常都认为，其业务的风险和复杂性是由所谓的"市场"来调节的，这使它们能够运用投机资本来获利。如果由于寡头垄断的形成，所有部门的竞争被削弱，不确定性降低，那么金融部门的任务就是刺激或模拟竞争本身。例如，如果许多大型股份公司的股东相同，那么竞争就会转移到公司管理上。（目前存在的网络是由三方全球主义构成，越来越难以区分经济、技术和生态层面的差异。）

个体的生产利润率最终都会趋同，在平均生产利润率的这一框架内，每个单个资本在国民经济中生产的剩余价值中占有一定的份额，不过这与它自己在一定时期内生产的剩余价值不完全相同，而是倾向于与它在总资本中的份额成比例。因此，必须始终考虑到单个资本试图利用劳动密集化和相对剩余价值生产的方法，通过技术革新提高其劳动和资本的生产率，以获得超过其竞争对手的额外利润。①

这类差异化资本流动总是以预期未来利润率为导向。这里有必要严格区分平均利润率和增量利润率（与新投资有关的利润率）。只有后者与新投资有关，并随着时间的推移根据不同部门的竞争和公司流动所调整。公司里老旧和效率较低的生产设备的盈利能力不再具有调节作用。现在真正重要的是新投资的未来利润率（增量利润率），所以会积极进行成本节约型投资，即使它们在短期内会降低公司的利润率。但不得不说的是，预测未来价格变化的尝

---

① 在外延型扩大再生产中，工人和生产资料的数量都增加了；而在内涵扩大再生产中，生产力的提高是由技术和组织进步以及劳动力技能和使用效率提高产生的。在大多数情况下，将创新引入经济的不是发明者，而是第一批模仿者。今天，工业技术的进步往往会降低与产品有关的资本支出，即资本生产力得到提高。生产资料价格下降，同时其性能有所提高。在这里，起决定性作用的不仅是通过规模经济降低电子元件的价格（密集型技术、组织改善和使用效率提高带来生产力的提高，进而导致规模经济增加），而且是利用信息技术来提高现有工艺、生产计划、监测和控制的效率，以及使用标准化模块来打造产品和工厂。

试会导致经济战略的改变，通过改变预测所依据的变量，从而改变实际价格。在资本的客观总体复杂性中，某些公司成功地提高了它们相对于其他公司的生产力，从而把一个计算出来的"价值量"（生产价格加平均利润率）分配至比过去生产方式更多的产品（产品更加便宜）。因此，凭借技术革新，效率更高的公司生产出的商品能够比其他公司卖得更加便宜（cf. Bahr 1983: 434）。[1]如今，生产率较高或利润率较高的公司在一定时期内获得了额外的利润，这仍然与总的宏观经济价值有关。然而，这个宏观经济价值不是一个纯粹的当前存量规模（按 GDP 衡量），而是一个流动的数字，属于虚拟—现实的维度（这里的虚拟也意味着最终无法衡量总资本的绝对价值量）。然而，精于算计的经济学家继续假设在某一特定时期，国民经济中产生一个固定的价值总量，并在流通中实现，而且可以明确地作为 GDP 来衡量。但在一定时期内，各公司之间的现有比例（数量、价格、价值）会因进一步的生产和可能的利润实现，以及资本作为总复合体框架内的技术革新而不断变化。只有在理想状态下，市场价值才是各个生产者用不同技术创造价值的平均值。

如果利润是资本的核心动机，那么利润率就是其最重要的衡量标准（至少对产业资本而言）。如果增长是资本再生产的一个内因，那么货币资本的流动就会出现在最有利可图的部门。也就是说，任何新资本都倾向于更快地流入利润率高于平均水平的部门，而流入利润率低于平均水平的部门的速度则

---

[1] 在马克思主义经济学中，生产力有两种定义，分别具有不同的含义。一方面，通过生产力的提高来减少社会必要的劳动时间，这比公司用一定数量的劳动生产更多商品更有意义。因此，生产力的提高既可以表现为商品生产的增加，也可以表现为社会必要劳动时间的减少。公司产出的增加意味着材料构成和计量，而社会劳动时间的减少则是指价值或价格变量。虽然在后一种情况下，生产力不是用实体来衡量的，但这个概念对我们来说似乎也不充分。我们把生产力与生产中的剩余价值联系起来，即与总收入或每工时的名义净收入联系起来。那么，生产力指数是指与工时相关收入可以购买的数量（工资、利润、养老金、利息）。

更慢。这不仅应理解为公司进入或退出市场的一个方面,而且应理解为资本流动的加速和减速过程。

在生产力较高的部门,随着时间的推移,资本快速涌入,商品供应更多,往往会再次降低价格和利润;而在生产力下降的部门,情况则刚好相反。因此,额外利润的实现也反映在额外利润的消失上,而均衡利润率的趋势则贯穿于所有部门。这是一个新过程的组成部分(不是任何经济行为者的有意过程),在这个过程中,利润率可以削弱和超过已经波动的重心,以便在某些模式中再次接近平均水平(总资本框架内的波动套利)。然而,利润率的均衡化绝不是指均衡状态,而是意味着围绕资本重心的重复、同时也是波动的套利运动,而资本重心本身是不断变化的(Shaikh 2016: 260)。因此,平均利润率不能理解为始终如一的利润率,而是利润围绕平均数不断分布的结果。[1] 这是价格形成的结果,不是生产的结果。只要公司的这些周期性运动,连同它们的上升和下降以及它们围绕变化中点的循环与资本重心有关,即由对未来生产过程利润率的计算、预测和贴现所驱动的,那么在一定时期内平衡的相关利润率就是与新投资有关的利润率(ibid.: 254)。增量利润率反过来围绕一般利润率波动,从而产生新的波动的平均利润率。谢赫在其最近出版的研究报告《资本主义:竞争与冲突危机》(*Capitalism: Competition, Conflict Crises*)

---

[1] 比奇勒和尼灿在他们的不同著作中反复强调,资本主义公司的职能、生产模式和战略不是简单地追求利润最大化,而是要战胜或超越平均水平,即各行各业企业当前的平均利润率(cf. Bichler and Nitzan 2009)。平均利润率受到一系列标准工具的影响,如发放给公司的贷款及其利率,但特别受到公司资本有机构成、积累率和剩余价值率的"匹配"影响,这些都是通过竞争保持灵活的。不断波动的平均利润率可以被认为是差异化资本积累的标尺——它是为企业指明其项目是否能够超越本行业和其他行业平均水平的准绳。正是这种通过资本主义内部和之间的竞争("击败对方")进行的资本积累形式,深深地烙印在资本社会关系中,比奇勒和尼灿将其称之为"差异性积累"(ibid.)。当然,这个基准也表明公司的经济活动是否能够在各种阶级斗争中提供足够的社会凝聚力。此外,差异性资本积累的发展趋势总是取决于国民经济的稳定增长率。

中强调，必须考虑利润额的增长率（以及增长速度），而不仅仅是利润率（ibid.: 593）。

积累是指为了扩张和剥削，将剩余价值转化为资本。公司的（预期）利润率是资本积累的核心，因为获取利润是所有资本主义投资的根本目的。因此，利润率与利润额（及其关系）必须被认为是衡量公司成功与否的决定性指标。高频证券和货币交易表明，无论利润率极低或极高，只要流动货币资本数额够大，也可以实现利润额。如果要进一步提高利润额，那么利润率越低，就需要越多的资本流入和新型融资形式。资本的集中化和全球化，以及金融部门对积累的深刻影响，在这里有着部分理论依据。

此处所说的差异性资本积累分析，只是作为一种理想状态进行简述，与我们在别处所说的"实际化—虚拟化—互相关联"（Szepanski 2014）相吻合。"互扰"一词也许比"互相关联"一词更能凸显经济过程中同时和长期发生的事情。这里的问题恰恰在于，时间性和同时性的维度（时间化问题）也必须被认为是一种不断的（时间）流逝，因此同时性似乎在时间中没有位置。对时间来说，同时性是时间本身的不可能性，但始终包含着把握时间本身的可能性（cf. Nozsicska 2009: 291f.）。时间是虚拟物，不同的运行时间被现实化，而没有消解同时性。正是在时间被实现的时候，它仍然是虚拟物，这个悖论表明虚拟物本身就存在问题。①

我们简单地把平均利润率的生产问题以其理想的典型方式（在此有必要说明）重述如下：通过经济学的数学运算（通过价格—货币过程及其数量、

---

① 关于主流经济学家对稳定市场均衡数学推导的肯定，我们必须始终将虚拟性等同于现实性，即完全消除时间因素，以便（在先前条件下）同时并即发生资本的实现过程（虚拟的现实化），这个过程始终是均衡过程。静态均衡理论是一种消除动态运动的规范性标准，这一点可尝试用同时发生的方程来证明，这意味着模型的所有重要数量在某一时期结束时与开始时相同。从所有这些均衡理论中，几乎不可能证明类似危机的现象。在这里，人们实际上必须将其作为内生特征引入（Freeman 2021）。

重要符号和方法），差异性积累把不平等的工作、不同技术的生产过程、工人的不同资历和不平等的工作时间导入平均数趋势中，而平均数本身又随时间变化。这里的趋势也意味着不断存在产生平均利润率的反向运动，这表现在单个资本通过技术创新或占有廉价原材料、能源和劳动力来寻求额外利润（cf. Moore 2015）。这个过程首先通过货币实现，但也需要一系列其他的尺度、衡量办法和重要符号/指标来建立估值、分类、差异，以及公司内部和公司之间的总体责任。经济学的数学运算（Mathem）也拥有一个可分配或可执行因素，因为它不仅记录了价值评估过程（评估标准包括效率和营利性），而且还分阶段进行某些分配。数字的客观性，即不同规模之间的比较，反过来又促进了被评估公司之间的竞争，因此在差异化、同质化和等级化之间产生了一种近乎混乱的关系。在这种关系中，经济行为者不可避免地参与到公司的临时战略中。如果资本被理解为总复合体，那么在单个资本的生产和战略中所固有的信息熵就必须受到削减，这必然会使经济学的数学运算作为一个重要符号的编码、一种形式发挥作用。经济行为者通过数学和概率论的具体系统，长期试图纠正并同时利用各种经济变量的不确定性和弹性。然而，这也意味着，最终出现了利用货币进行衡量，以此验证平均数和偏差的发生（Strauß 2013: 74f.）。经济学的数学运算使衡量成为可能，并且同时提供了一个解释矩阵，该矩阵以资本市场调节再生产成功与否的衡量指标为导向。考虑到经济学的结构（构建平均）在现实化中不能直接表达自身，必须使用重要符号（函数、表格、图表、算法等），因此必须把经济学的数学运算（ibid: 69f.）纳入资本概念中，即（概念上的）资本及其经济学的数学运算（差额计算）必须重叠。

从单个资本的角度来看，围绕虚拟化—现实化—互相关联的经济过程可以呈现如下（ibid.: 304f.）：首先，在特定时期 t_0，根据公司的利润预期生产一定数量的产品。这个过程基于商业计算（数量、成本计算、市场数据、折旧率等），且依据符号学、统计学和数学参数和变量。第二，从生产和定价开始，发生了商品数量分配的虚拟化，这应该导致商品数量的实现。第三，在

t_1 期间，产品的销售表现为三方面的现实化：（1）部分产品在给定时期内作为商品的实现数量得到了实现。（2）只有在现有预期中，t_0 时期对不确定数量的利用在 t_1 时期在数量上被实现，就好像它在 t_0 时期已经存在一样。在现实中，现实化的特点是预期和所实现价格量之间的差异。（3）需求的现实化是在大众或其他公司的购买力的有限手段与现有商品供应的对抗中发生的。在 t_1 中实现的商品数量又构成了公司在 t_2 期间调整利润预期的起点，反映在改变的投资比率上，这又影响到各自的投资和消费资本。公司在 t_1 时实现的平均利润，与 t_0 时总资本的实际剩余价值有关。因此，在 t_1 时，单个资本的最初和纯粹的虚拟剩余价值被锁定为商品数量在面对购买力时可以实现的"衡量指标"。

在资本概念性论述 [Darstellung] 的背景下，我们假定，尽管总资本具有虚拟性，但它可以被量化。由此，我们在这个层面上处理的是在任何特定时间内不断变化的现实化数量。因为单个资本的生产和销售顺序、节奏和速度不同，因此流动规模和变量决定着库存规模（ibid.: 305）。然而，该理论继续假设，在某一特定时间点上作为价值量的总资本（在同时性假设下）可以被定量地记录和固定下来。而相反，必须始终认为，"价值量"并不在总水平上定量地存在，而是在大量的商品—货币交易中（在一个时期内）被调用和提取，而且在某种程度上，总价值仿佛只是定量地存在。正如施特劳斯所写："差异价值的记载（即货币在所有登记册中的有效性，半经济价值）实现了物理量的虚拟可分配性[……] 价格的记载以货币形式实现了物理量的这种虚拟可分配性。"（ibid.: 307）生产在一个时期内也创造了一定数量的价值。正如我们所说，这些价值在最后被分配开来，所以最终的结果与生产的直接结果不同，总价值无法被量化。此外，一个时期结束时的价格和价值与开始时的价格和价值并不相同，否则这就意味着经济处于停滞状态。但事实并非如此。如果价格在一个时期的开始和结束时相同，它们就会与下一个时期开始时的价格不同。正如艾伦·弗里曼（Alan Freeman）所述："但是，当前时期的结束和下一个时期的开始是同一个时间点,所以必须同时适用两套不同的价格[……]这与所有时间方法的根本区别在于,在后者中,价格在时期内发生变化,也就是说,在生产进行时发生变化。"(Freeman 2021)这再次说明,这一分析涉及被描绘成理想状态的工业部门的经济过程。

我们可以在此补充一些不同的看法。杰森·E. 史密斯(Jason E. Smith)在其《智能机器与服务工作》(*Smart Machines and Service Work*)一书中多次提到了经济学家威廉·鲍莫尔(William Baumol)的观点。鲍莫尔认为自1960年以来,发达工业国家被划分两大经济部门:一是技术进步部门,其生产过程涉及创新、高积累率和大规模流程;二是技术停滞部门(服务部门),其技术结构往往会妨碍劳动生产率的大幅提高。此外,恰恰是第一类部门的活跃导致了第二类部门生产率的停滞不前。因为在创新部门,在一定时期内使用的机器可以通过使用更少的工人来提高产量(即使产量保持不变,那么新机器的使用势必相当于使用更少工人),因此多余的工人只能去其他部门,尤其是服务部门寻找工作(Smith 2020: Kindle-Edition: 1251)。

由此一来,更多部门会停滞不前,特别是在就业人数方面,尽管这些部门的收入比率更有弹性。由于这些部门的生产率出于一些原因仍然很低,[①] 产

---

① 由于服务业中的大量劳动密集型工作必须靠近生产地,所以受竞争压力或外包给其他国家的影响要小得多。这些工作的工资往往很低,所以公司往往没有理由用新机器来取代这些不稳定的职业,而投资新机器也需要等待多年才能获得回报。而且,这些工作中有许多(还)不能被最智能的人工智能机器取代,因为它们的操作结构(如护理工作)需要面对直观的复杂性(从触觉到情感)、情感智能和不确定性。所以这也是史密斯谈到的重点。近几十年来,高度机械化、资本密集型的生产部门与规模更大、生产率低下的服务部门之间的两极分化在发达国家已经根深蒂固。

史密斯进一步指出,在大型科技公司和新型平台公司崛起的背景下,技术工具无处不在,例如将电信、购物、视频和社交融为一体的智能手机,对金融、移动、消费等产生了深远影响,但对工业场所生产力的影响却可以忽略不计。此外,两个独立的服务部门之间存在着天壤之别:首先是商业部门,它们通常是作为中介,为工业提供产品,所以服务部门属于商业部门;而消费部门是为个人和家庭提供产品。

量的增加会导致就业的增加。最终，这种发展，即生产率增长率的差异化，会导致一种差距，即第一类部门的生产率继续上升，而第二类部门（服务部门）的生产率则趋于不变，这反过来又导致了工作岗位从活跃的部门流失到停滞不前的部门。在鲍莫尔看来，这种趋势导致经济的增长率逐渐趋向于零。索洛（Solow）的生产率悖论指出，当今社会，除了关于生产率的统计数字之外，计算机无处不在，用今天的话来说就是：经济体中创新部门的快速计算机化导致整个经济体的生产率增长率下降。

在《自动化和未来工作》（*Automation and the Future of Work*）一书中，亚伦·贝纳纳夫（Aaron Benanav）假设自20世纪70年代以来，全球北方发达国家的非工业化程度越来越高。为了支持这一论点，贝纳纳夫从产量与就业之间的关系出发，研究了生产率的发展情况。每个工人的产量越高，劳动生产率就越高。那么，对于所有部门来说，产量的增长率减去劳动生产率的增长率就是就业的增长率。根据贝纳纳夫的说法，如果汽车行业的产量增加了3%，劳动生产率提高了2%，那么就业率就会增加1%，反之亦然。创新的变化是否会破坏就业，取决于生产率增长和产量增长的相对速度。贝纳纳夫提出了一个重要的论点：如果产量的增长慢于劳动生产率的增长，那么工作岗位的数量就会下降（Benanav 2002: 19）。

虽然自20世纪70年代以来，美国的生产率增长率与产量增长率相比相对较高（导致就业率增长下降），但这并不是因为前者比过去增长得更快（这可能是自动化加速的标志），而是因为产量的增长比过去慢得多。在贝纳纳夫看来，这种产量增长率的下降，作为去工业化的标志，不能仅从技术角度来解释。自20世纪末以来，全球出现了贝纳纳夫所描述的去工业化浪潮。

我们在此对增长、生产率和技术问题不做深入探讨。在资本主义经济中持续增长至少存在三大困难。在这一点上，我们可以这样说：经济要长期保持恒定收益率，必须以恒定的速度增长。3%的增长率会使得GDP在23年后翻倍；而10%的增长率会使GDP仅在7年后就翻一番。如果回报率的提高已经成为经济的总体目标，这就意味着由经济主导的所有过程都会加速。因此，如果世界经济从今天起以每年3%的速度增长，到2100年GDP将接近1万亿美元。

第二，迄今为止的经济增长仍然主要依赖于化石燃料，而这类能源是一种不可再生资源，其成本在21世纪可能会提高。这里对可再生能源可能的整合问题不做讨论。

第三，通过信用/债务创造私人货币，但不能通过信用创造利息，这意味着系统中的债务总是超过偿还能力。例如，如果一家银行以10%的利息提供了一笔1000美元的贷款，它并没有创造货币来支付利息，即100美元。银行只是创造了1000美元，而不是1100美元。

所以问题是：利息从哪里来？唯一可能的解决办法是，利息必须来自未来的资本利用。也就是说，目前系统中永远没有足够的钱来偿还所有的债务。在这个意义上，债务作为债权人的一种权力手段，其来源在于它本身的永久性。

参考文献

Bahr, Hans-Dieter (1983) *Über den Umgang mit Maschinen*, Tübingen.

Benanav, Aaron (2002) *Automation and the Future of Work*, London.

Bichler, Shimshon and Nitzan, Jonathan (2009) *Capital as Power. A Study of Order and Creoder*, Florence.

Bockelmann, Eske (2004) *Im Takt des Geldes. Zur Genese des Modernen Denkens*, Springe.

Bockelmann, Eske (2020) *Das Geld. Was es ist, das uns beherrscht*, Berlin.

Brodbeck, Karl-Heinz (2009) *Die Herrschaft des Geldes: Geschichte und Systematik*, Darmstadt.

Bröckling, Ulrich (2017) *Gute Hirten führen sanft*, Berlin.

Engster, Frank (2014) *Das Geld als Maß, Mittel und Methode. Das Rechnen mit der Identität der Zeit*, Berlin.

Freeman, Alan (2021) *A General Theory of Value and Money (Part 1: Foundations of an Axiomatic Theory)*, in: https://www.academia.edu/49503297/A_General_Theory_of_Value_and_Money_part_1.

Fuchs, Peter (2001) *Die Metapher des Systems*, Weilerswist.

Heinrich, Michael (2003) *Die Wissenschaft vom Wert. Die Marxsche Kritik der politischen Ökonomie zwischen wissenschaftlicher Revolution und klassischer Tradition*, Münster.

Ingham, Geoffrey (2020) *Money (What Is Political Economy?)*, Cambridge.

Kurz, Robert (2012) *Geld ohne Wert. Grundrisse zu einer Transformation der Kritik der politischen Ökonomie*, Berlin.

Laruelle, François (2010) *Philosophie Non-standard: générique, quantique, philofiction*, Paris.

Latour, Bruno (2017) *Kampf um Gaia. Acht Vorträge über das neue Klimaregime*, Berlin.

Lenger, Hans-Joachim (2004) *Marx zufolge. Die unmögliche Revolution*, Bielefeld.

Marx, Karl (1976) *The Commodity* [first chapter of the first German edition of Capital], trans. A. Dragstedt, https://www.marxists.org/archive/marx/works/1867-c1/commodity.htm.

Marx, Karl (1986) *Economic Manuscripts of 1857–58, in: Marx and Engels Collected Works*, Vol. 28, London.

Marx, Karl (1996) *Capital*, Vol. 1 [1867], in: *Marx and Engels Collected Works*, Vol. 35, London.

Marx, Karl (1997) *Capital*, Vol. 2, in: *Marx and Engels Collected Works*, Vol. 36, London.

Marx, Karl (1998) *Capital*, Vol. 3, in: *Marx and Engels Collected Works*, Vol. 37, London.

Mau, Steffen (2019) *The Metric Society: On the Quantification of the Social*, trans. Sharon Howe, Cambridge.

Milios, John (2002) Theory of Value and Money: In Defence of the Endogeneity of Money, *Sixth International Conference in Economics*, Economic Research Center, METU, Ankara, September 11–14, http://content.csbs.utah.edu/~ehrbar/erc2002/pdf/i028.pdf.

Milios, John and Sotiropoulos, Dimitris (2009) *Rethinking Imperialism: A Study of Capitalist Rule*, London.

Moore, Jason W. (2015) *Capitalism in the Web of Life: Ecology and the Accumulation of Capital*, London.

Nail, Thomas (2018) *Being and Motion*, Oxford.

Norfield, Tony (2016) *The City: London and the Global Power of Finance*, London.

Nozsicska, Alfred (2009) *Die Zeichen, der Automat und die Freiheit des Subjekts*, Wien.

Porcaro, Mimmo (2015) *Tendenzen des Sozialismus im 21. Jahrhundert: Beiträge zur kritischen Transformationsforschung 4*, Hamburg.

Quaas, Georg (2016) *Die ökonomische Theorie von Karl Marx*, Marburg.

Rendueles, César (2017) *Sociophobia: Political Change in the Digital Utopia*, trans. Heather Cleary, New York.

Ruben, Peter (1998) *Was bleibt übrig von Marx' ökonomischer Theorie?*, in: *Philosophische Schriften*. Online-Edition: www.peter-ruben.de.

Sahr, Aaron (2017) *Das Versprechen des Geldes. Eine Praxistheorie des Kredits*, Hamburg.

Schlaudt, Oliver (2011) Marx als Messtheoretiker, In: Bonefeld, Werner and

Heinrich, Michael (eds.), *Kapital & Kritik*, Hamburg.

Schwengel, Hermann (1978) *Jenseits der Ideologie des Zentrums. Eine strukturale Revision der Marx'schen Gesellschaftstheorie. Reihe Metro. Bd.1.*, Marburg.

Shaikh, Anwar (2016) *Capitalism: Competition, Conflict, Crises*, New York.

Smith, Jason E. (2020) *Smart Machines and Service Work: Automation in an Age of Stagnation*, Chicago.

Sotiropoulos, Dimitris P., Milios, John and Lapatsioras, Spyros (2013) *A Political Economy of Contemporary Capitalism and its Crisis*, New York.

Strauß, Harald (2013) *Signifikationen der Arbeit. Die Geltung des Differenzianten "Wert"*, Berlin.

Szepanski, Achim (2014) *Kapitalisierung Bd.1. Marx' Non-Ökonomie*, Hamburg.

Windolf, Paul (2017) *Was ist Finanzmarkt-Kapitalismus?*, in: https://www.unitrier.de/fileadmin/fb4/prof/SOZ/APO/19-019_01.pdf.

第 3 章

信用

3.1 信用和生息资本

如果马克思在一般层面上区分信用和货币——苏珊·德·布朗霍夫（Suzanne de Brunhoff）在其《马克思论货币》（*Marx on Money*）一书中如此声称——那他这样做的目的是为了提出一种货币信用理论，而不是信用货币理论（Brunhoff 2015: 51）。因此，人们绝不应该将信用或债务与货币等同，因为前者通常出现在更新的非正统观点中，但货币以及作为资本的货币应该与作为支付手段的货币信用相关联。贷款人和借款人必须清楚用于信用的货币数量，即如果没有预先设定的货币数量，那么在资本经济中无法把信用和支付承诺的关联起来（与承诺相对的是信任）。至少马克思是这样认为的。

这里必须注意，信用不代表货币；信用协议和以银行存款或现金形式支付的信用金额是两个不同的维度，或者换句话说，货币被记为债务和信用（Huber 2021）。因此，信用从一开始也是一种法律关系：虽然货币几乎是盲目地进入资本主义经济的，但在任何情况下，国家法律都必须确保货币的安全性。然而，在信用制度中，货币被赋予了另一种相当具有决定性的、质上的新职能，因为它现在被用作以债务偿还债务的支付手段。商品不再直接换取货币，而是以信用方式交易，以兑现在商品交付后一次性付款的法定承诺（Marx 1998：397）。商品的交付和支付在这里可能会随着时间的推移而瓦解。收到商品没有立即付款的人则进入了债务关系。付款后，债务关系解除。如果有人因此将货币描述为支付手段，那么其中就包含了一项职能，即用来结清债务。

信用的逻辑和流通不同于货币（作为流通手段）。即使是简单的货币流通也可能是无限的，而信用是一个封闭回路，即信用作为支付手段，其流动和回流会终止。最后，信用关乎连接、稳定、安排和扩大支付承诺或承诺关系（而不是交换关系），由此，货币在这里被整合到登记债务关系系统中（Sahr 2017：Kindle-Edition：3755）。支付承诺意味着（由银行）承诺接受货币作为已发行的支付手段（债务），同时它也被接受用于偿还债务。信用支付承诺是事先计划（固定到期日），并要求连续支付利息和还款。

信用制度分析需要使用独立的货币信用理论。任何建立法定债务关系并允许买方延期付款的人，都相当于授予信用。信用（来自拉丁语 credere glauben；债权人）意味着债权人与债务人相对，按照债权人善意（信任）假设，如果向债务人提供贷款，债务人将尽一切努力偿还贷款并支付额外的利息。由于货币形式的不同，债务关系可能会随着时间的推移而瓦解。当今使用的货币形式，即银行存款，允许在一定限度内延长短期债务关系。这就被称为信用。任何人暂时放弃收款并允许延期付款，即意味着授予信用。债务关系不断地从买卖中产生，因此与货币概念有关。只有了解信用和债务关系是在货币交易中产生的，才能认识到历史上信用的前体形式。

我们先来考察一下马克思的信用理论。首先分析生息资本的一般形式。与商品资本、生产资本和货币资本（三种不同的产业资本再生产循环形式）不同，生息资本从一开始就作为资本自主循环。然而，在马克思看来，信用本身就是非特定的特定形式，即一般生息资本（Marx 1989：209）。马克思在

《资本论》第三卷第 21 章至第 24 章研究了生息资本的一般形式。① 然后只比较简短地分析了生息资本所涉的信用制度及其特定历史职能、形式和制度。在分析现代组织和信用职能时,马克思多次提及"信用制度"一词。信用制度根据制度条件、历史周期及模式发生变化。在组织方面,它包括今天的中央银行、商业银行以及货币市场和资本市场。

信用或信用关系的分析首先是对信用制度的整体分析。即在马克思看来,这种分析是独立于经验—历史并列关系而发生的。然而,另一方面,信用制度必须被理解为资本主义再生产过程的组成部分或特殊形式,这里是以其一般形式为前提的。资本需要一种特定形式的生息资本,这是资本特有的形式,也就是信用制度。在马克思看来,信用制度是生息资本具体的资本主义形式。由于资本再生产通过信用制度进行融资,因此也是构建于信用制度,从而必须将其作为资本主义生产方式的构成要素进行分析。马克思认为,资本信用制度的基本职能是将潜在资本(国库、累积金和储备金)转化为生息资本,为投资提供资金,加速资本在平均利润率形成过程中的流动,并实现货币资本向单个资本的有效分配(Marx 1997: 89-90)。因此,无论是就总资本还是单个资本而言,资本积累的增长始终取决于信用制度提供货币或支付承诺的条件,以及公司是否要求这些条件。在这一点上,米夏埃尔·海因里希称信用制度是资本主义积累结构控制的情况。因此,信用制度的趋势变化至关重要,与其说这关乎公司过去赚取的利润,不如说是更具决定意义的对未来利润的预期、承诺、信任程度,以及针对这些条件的风险管理。这也意味着相应的信用承诺是指对进一步或有承诺的预期的资本化处理。因此,沿着资本主义生产和流通路线发展的特定金融过程取决于信用制度,马克思又将信用

---

① 在生息资本部分,马克思强调了关于信用制度的"几个特殊点","这是资本主义生产方式的一般特征"(Marx 1998: 397)。根据海因里希的说法,信用制度的具体职能又随着货币宪法、银行体系组织、国家央行建立等而变化(Heinrich 2003: 407)。

制度与货币制度区分开来。①

于是，生息资本应被理解为现代信用制度的组成部分；它位于产业资本循环之外，但并未与之完全脱钩。按照马克思的说法，生息资本的循环可以描述为 M-M'。这里的货币不是与其他形式的货币或商品进行交换，而是通过贷款人（通过抵押）借出一笔钱给借款人，借款人将偿还这笔借款并附加利息，使得货币成为潜在资本。②

现代信用的一个相关情形是货币资本家向产业资本家提供预付款，后者拥有公司并将借来的资金用作货币资本，投资有利可图的生产过程。（但是，信用也可以用来购买股票、政府债券或公司债券，或者为消费支出提供资金。）作为贷款人并启动生产过程，金融公司向作为借款人并管理生产过程的工业公司提供信贷。即工业公司得到一笔资金，并有权在限定时间内处置这笔资金。贷款不涉及等价物的交换，而是贷款人在约定期限内向借款人借出一笔资金，借款人必须为此提供抵押并做出合同规定的承诺，保证在约定期限内全数偿还这笔款项，并额外支付利息。在合同约定的期限结束时，当投资于生产的货币资本通过商品销售以剩余价值的形式回到产业资本家手中之后，再将剩余价值的一部分（利息）返还给贷款资本家，此时贷款被视为已经偿还并终结。因此，信用是金融承诺的封闭循环。

借款人，如果作为职能资本的化身，必须实施针对未来的投资、服务和项目。但是，贷款人在分析和评估借款人的信誉后才会提供融资，也就是就

---

① 货币制度由三部分组成：私人银行和（工业）公司，以及与这二者相关的中央银行。中央银行发行纸币并保证不同形式货币的相互兑换——除纸币外，还包括在银行之间以及银行与公司之间流通的各类信用。信用制度包括银行、货币市场和资本市场。货币市场调节货币供求，这是在中央银行、国家和商业银行之间的相互联系中产生的。在资本市场上，资金以资本、股票、债券、衍生品等形式转移。

② 马克思称资本是作为特殊商品的资本，并可"转化"，即可附上价格和利息借出（Marx 1998: 337）。

可营利性而言,认为对未来的投资是合理的。借款人还必须提供抵押品:如果是公司贷款,则把公司的机器、设备和金融债权作为抵押品抵押给银行。对于贷款银行而言,公司获得利润的前景是相互投资的构成要素;或者,公司的预期利润表明公司希望实现未来利润的财务手段合情合理;再换句话说,公司已实现的利润表明,银行在贷款背景下所做的预期合情合理,并且根据预期,银行首先启动了生产过程(Decker et al. 2016)。因此,信用最终会产生投资,但反之则不然。马克思认为,在借贷和偿还的法律行为过程中,即在中介生产过程,"由作为资本的货币构成的真正循环"(Marx 1998: 348)仍然是看不见的。

金融公司向工业公司提供的贷款具有临时的资本双重性,这是由合同法规定的。当银行将货币资本借给工业公司时,资本一方面转化为银行债权(虚拟存款),并作为资本发挥作用,另一方面又转化为投资资本(对于职能资本家),这种双重性仍然与单个资本相关。换句话说,单个货币资本具有双重存在性,作为资产/负债和作为投资资本(cf. Lohoff and Trenkle 2012: 121ff.)。马克思有时会否认货币资本的双重性,只谈论职能资本的双重性,这表现在把毛利润分为利息和净利润(Marx 1997: 369)。他补充表示,(产业)资本只生产一次利润。在其他地方,他再次谈到具有双重性的资本,"作为贷款人手中的可贷资本,以及作为职能资本家手中的产业资本或商业资本"(ibid.: 362)。

通过信用关系,一笔资金(具有赚取更多资金的可能性)在给定时间内作为资本具有双重属性。因为一方面,如果借入资金被借款人用于扩大资本主义生产过程,则可以启动新的资本周期;另一方面,贷款人也可以将其信用视为即将到来的剩余价值,因为按照信用合同的规定,他们将收到附带利息的借款还款。[1]对于产业资本，这意味着通过贷款不仅可以提高盈利能力，还可以增加项目的可变性和生产过程，尽管如果利率提高，也可能遇到还款问题。这就开启了支付的连续迭代，即支付承诺的运动。它更像是螺旋式运动，而不是循环式运动。如果单个信用关系被整合到收款人可能不断变化的迭代链中，那么在每个中间环节都会产生初始资本的临时扩张。但恰恰是当在抵押贷款链中，借入资金的来源和目的地彼此分离时，贷款人和借款人不再相互了解，从而欺瞒债务人的可能性呈指数级增长，这种情况就变得岌岌可危（cf. Rotman 2000: 146）。

在许多情况下，资本主义生产过程通过信用合同启动。然而，今天的大型跨国公司也严重依赖自筹资金，即不一定依赖银行贷款或公司债券，而是通过发行新股或靠自身赚取的利润来融资进行再投资。正如经常提及的通用汽车（General Motors），它们还拥有自己的金融机构，下设不同部门，这些机构通过自己的投机项目活跃在金融市场上，它们总是更多地把资金投入金融资产而非不变资本，以及进一步扩大金融活动。

此外，它们还向客户发放消费贷款，以便购买公司的产品。2004年，通用汽车报告66%的利润来自银行利润，而只有34%来自汽车销售。因此，大型非金融公司，至少在其财务部门方面，日渐类似非银行的银行；而传统金融公司进入金融市场，不仅是为了实现传统行业利润，而且要产生股息和利息收入，以及证券交易收入。再比如，宝马汽车集团（BMW）现在30%的营业额来自金融交易。耐克公司（Nike）在2002年至2005年期间财务收入增加了12亿美元，而同期实际投资下降了12%（Sahr 2017: Kindle-Edition: 4928）。一般而言，非金融公司增加了对金融市场的支付（利息、股息和股票回购），同

---

[1] 马克思写道："随着生息资本和信用制度的发展，所有资本似乎都翻了1倍，有时甚至涨了2倍，因为同一资本，甚至可能是同一种债务债权，以不同的形式出现在不同的人手中。"（Marx 1998: 470）

时它们从自身金融交易中获得的利润也有所提高,尽管这两个过程没有因果关系(Durand 2017: Kindle-Edition: 2055)。

自 2002 年以来,在德国等主要资本主义国家,非金融公司也出现净融资盈余,这表明工商业部门的公司缺乏有利可图的投资机会。[1] 这个因素和工业部门的低利润率使得某些提高生产力的技术创新过时。因此,相较于通过商品及其售价差额得到的工业利润,公司市值的增长越来越成为公司政策的重点(这也体现在公司并购的增加),某些战略有时完全是为了影响股票市场价格而制定的。在过去的几十年里,许多大公司在全球净利润和市值中的占比呈上升趋势。市值占比高于净利润占比,表明投资者预计利润份额将继续上升。

然而,如何确定利息?利息是货币资本收益率或借款金额的增加。亚里士多德已经知道公式 M–M+ΔM。在这里,货币的增加值 ΔM 确实显示为借贷的结果。[2] 在这个公式中,ΔM 变成了利息,ΔM/M 变成了利率,即原始货币金额的"增长率"。因此,利率衡量着生息资本增加的程度。资本在这里不是作为大小而是作为尺度出现,实际上在马克思看来是一种"毫无意义的简化"(Marx 1997: 389),或者,我们可以称之为言重。资本并不像信用一样作为事物出现,正如人们通常使用"物化"一词所假设的那样。必须从一开始就考虑到,"物化"一词的决定性点不是社会关系表现为事物,而是社会关系的规则被理解为内在品质,即归因于事物(Quaas 2016: 41)。

---

[1] 净融资盈余是公司扣除税收、股息、利息和投资后的利润。自 2002 年以来,德国一直在积累此类融资盈余,而西班牙和法国等国则出现赤字。与此同时,投资组合收入(利息、股息和资本市场投资利润)与现金流(可被视为金融化指标)的比率从 1980 年的 20% 提高到 2001 年的 60%(Chesnais 2016)。

[2] 约翰·梅纳德·凯恩斯在这里发现了货币的新作用:在不断动荡的市场中,货币被作为抵押品来保证偿付能力。因此,货币利率也可以描述为放弃安全性的代价,就像凯恩斯的流动性偏好理论中所述。然而,在凯恩斯看来,利息支付的来源也是创新产生的利润。

在贷款情况下，贷款和还款的时间点不同。因此，我们可以在原始信用公式上添加时间"t"，其中 t 可以代表 1 周、1 个月或 1 年；数字"1"应表示此等时间单位：M（t）M（t+1），其中 M（t+1）–M（t）= ΔM。利息 ΔM 应在时间 t+1 到期，并连接两次货币支付的时间点，而所有权的变化也发生在每个时间连接点。在时间 t，贷款人给钱，借款人拿钱，在时间 t+1 则正好相反（Brodbeck 2009: 984ff.）。

让我们仔细探讨下马克思对信用的分析。马克思认为，净利润/公司利润和利息在（产业）公司毛利润中作为数量不同的部分存在。毛利润的一部分以利息形式出现，属于金融资本，另一部分则是净利润（公司利润），属于职能资本。毛利润数量部分的共同单位可以转化为质量部分，从而形成资本的两大部类（产业资本和金融资本）。一方面，现在的利息似乎纯粹来自货币资本的借贷（按照 M–M' 货币增殖的粗略形式，而没有考虑到利息只是职能资本产生的毛利润的一部分）；另一方面，只有净利润/公司利润似乎纯粹来自资本主义生产过程（而不是毛利润）。这里的利息是借款人因借入产业资本而必须支付给贷款人的那部分利润。因此，马克思认为，利息始终是单个产业资本实现的利润或平均利润的一部分，所以利率的上限就是平均利润率（Marx 1998: 360），而利率的下限无法确定。

在马克思看来，从性质上说，利息是剩余价值的一部分；而从数量上讲，利息与借出的货币资本有关，与产业资本无关，这种自我指涉性是由利率决定的（ibid.: 374）。尽管马克思一再提到资本主义生产过程的优先性，即工人为产业资本创造剩余价值，但他也总结说，正是因为产业毛利润的一部分变成了利息，另一部分现在才能作为唯一的公司利润出现（ibid.: 376）。货币资本家并不直接面对雇佣工人，而是直接面对职能资本家。正如马克思所写："生息资本是作为财产的资本，不同于作为职能的资本。但是，只要资本不发挥职能，它就不会剥削工人，也不会与劳动对立。"（ibid.: 377）甚至公司利润似乎也不是来自对雇佣劳工的剥削，而是作为利息的补充部分，而利息率似乎也决定着公司利润（不再主要受工资金额的影响）。此外，与独立的货币资本家相比，产业资本家实际上可以想象自身只是高素质的工人，因此与雇佣劳工没有利益冲突。它似乎完全是关于将毛利润划分为利息和公司利润，而毛利润本身仍是预设，对其来源没有任何进一步的质疑。也许有人会疑惑，公司利润似乎来自一般生产过程，或者如马克思所说，来自一般劳动过程，而不是来自资本发起的（再）生产过程。就此，马克思表明，从表面上看，与公司利润相比，利息似乎是更重要的范畴，而利润在转化为企业主工资时，只是"副产品"（ibid.: 390）。在这一点上，马克思谈到了资本拜物教。这里的利息纯粹是两类不同资本家之间关系的结果（ibid.: 388）。然而，马克思将利息定义为工业公司毛利润的一部分，但忽略了利率和信用对投资和资本积累的分配职能，因此也忽视了风险、预期以及债权人与债务人之间的承诺关系，这对利率调节具有非常重要的意义。最后，他还在很大程度上忽略了信用创建的过程，就像今天商业银行所为。稍后我们将更详细地讨论信用创建。

马克思认为，利率的高低是由金融市场当下对货币资本的供求关系调节的。它在某个时间点总是固定的，即使它随时间波动。正如安瓦尔·谢赫或萨米尔·阿明（Samir Amin）等马克思主义作家反复指出的那样，利率当然不会悬而不决（Shaikh 2016; Amin 2010: 62），因为具有特定信用需求的职能资本家与具有特定信用供应和相关利润利益的金融机构和私人银行互相对立。否则，马克思的信用理论实际上将接近于纯粹由供求关系决定的自然利率理论。

金融市场可以根据贷款协议条款分为货币市场（短期货币资本）和资本市场（长期货币资本）。[①] 这两个市场也会以虚拟和投机形式改变

---

① 货币市场中等利率和资本市场中等利率是有区别的，后者高于前者。反过来，在各个子市场中，利率根据各借款人的信誉而有所差异。利润率的经验可衡量性一直是马克思主义者难以解决的问题，而利率是针对给定期限和借款人信誉度的固定大小。统一利率的产生是纯粹的经验行为。这里没有一般规律决定利率的产生，而是通过权力平衡和各种资本部分之间的竞争将利润划分为利息和公司利润。

资本。①

贷款应付利息由公司计算为成本因素,即利息包含在预付成本中,即使公司仅使用权益资本(在这种情况下,公司必须向自身支付利息)。在资产负债表的负债端,权益资本与资产中没有对应负债的部分,而银行的大部分资产是非银行的债务,即是银行的债权。根据用于投资决策规划的机会成本模型,应付利息从一开始就被考虑在公司运营计划和资产负债表中。然而,至少在理论上,公司可以选择让其货币资本发挥生产性作用,或者按一定利率借给债务人。② 所以,在商业计算中,利息不再仅仅作为成本因素和市场价格的构成要素出现。利率现在被认为是利用新投资货币资本的另一种可能性,并在其分配职能中影响未来的资本积累。借助商业计算,公司可将利率估计为机会成本,于是在实现投资的同时,不断地审查自身是否可能错失了更多有利可图的金融投资机会。③

---

① 安瓦尔·谢赫详细分析了马克思关于利率决定因素的观点,并得出结论认为马克思持有两种不同的观点。一方面,利率至少在短期内是完全根据金融市场供求关系确定的;另一方面,马克思假设金融资本参与或至少保持受制于平均利润率生产的补偿运动,因此利率最终由利润率的运动决定,即由结构因素决定(Shaikh 2016: 449)。反过来,金融利润来自银行借入资金的利率与其借出资金的利率之间的差异(减去与资本存量相关的成本:固定资本和准备金)。利率最终将由金融公司在利润率平衡运动中的整合和投入成本来确定。但是,谢赫没有考虑到私人银行有可能在一定的框架内根据客户信誉度来确定利率,他也没有区分工业公司和银行在利润产生和实现方面所具有的两种截然不同的流程。

② 当然,在总资本水平上,这种选择并不存在,因为并非一个经济体的所有资本都可以作为货币资本存在。如果根本不为营利性生产过程借入货币资本,将会导致货币资本贬值和利息的全部损失。

③ 为了计算投资的营利性,公司使用金融数学进行投资计算,即净现值法和/或内部收益率法。在商业规划计算中,净现值通常用于估算未来的投资项目。通过设定时间 t_0,使用折现因子计算投资的净现值:1/1+ 市场利率。这可能与比奇勒/尼灿提出的市值公式有关:根据这个公式,可以按照预期利润利率(r)与当前利润(E)之间的关系,计算各投资的价值(K),因此可以得到以下公式:$K=E/r$(Bichler and Nitzan 2009: 185)。据此,资本不应被理解为(绝对)正值,而是一种关系,在这种关系中,有意的负(作为信用的债务)应被理解为资本主义生产的有利条件,就像彼得·鲁本所解释的那样:资本或资本化是特殊的债务产生(Ruben 1998: 53)。

马克思在这里已经很清楚地看到，一方面，职能资本的扩大再生产为现代信用创造了一些条件和可能性；另一方面，现代信用制度首先允许产业资本积累加速和扩张。这种螺旋式运动在公司竞争中盛行，随着时间的推移，公司被迫通过信用融资注入大量固定资本，加快其各种资本循环的周转期，以确保生产过程的连续性（Marx 1998: 478ff.）。在产业资本主义的历史上，公司固定资本（如铁路建设资本）的占比越高，对信贷的需求就变得越迫切，从而使得在多个时期利用生产能力成为一项长期必要条件。因此，大公司必须得参与信用和金融系统。因为从长远看来，现在必须预付大量货币资本，并且由于摊销期较长，固定资本贬值的风险也有所增加。这正是后来需要使用现代金融工具的原因，这些工具可以对冲包括未来生产过程在内的许多风险。当公司通过贷款为固定资本的更新或扩张提供资金并反过来通过期权对冲风险时，它们不再依赖于使用全部积累和摊销资金进行投资。[1] 这些资金不再需要补充；相反，积累在其中的货币本身可以作为信用再利用，从而长期调动闲置货币资本。因此，资本的增长本身就带来了信用的必要性和潜力，无论是用来调动非生产性资本、缩短生产等待时间，还是提前实现部分未使用的剩余价值、提高流通速度等。[2]

信用制度的利润提升运动，特别在于它加速了平均利润率的产生和资本流的调动，从而为单个资本带来了额外利润。关于通过信用制度实现利润率均等化，马克思写道："我们已经看到，单个资本家或单个资本的平均利润，

---

[1] 累积资金是在未来一定时间应投入的累积剩余价值，只要投资需要一定数量的货币。在摊销资金中，提取固定资本的返还部分。

[2] 一般来说，贷款也可以提高公司的利润率。举个简单的例子，假设平均利润率为5%，市场利率为4%。如果一家公司现在投资100万欧元，那么它可实现5万欧元的利润。如果该公司获得100万欧元的信贷（并且还是实现5万欧元的平均利润），那么它必须同时向银行支付4万欧元的利息。总利润就增加到6万欧元（5万加1万欧元）。平均利润率现在是6%，而不是5%（cf. Heinrich 2003）。

不是由每个资本直接占有的剩余劳动量决定的,而是由总资本占有的总剩余劳动量决定的。各单个资本只获得与其在总资本中的份额成比例的回报。资本的这种社会特征首先通过信用和银行制度的全面发展得到提升和全面实现。"(Marx 1998: 601–602)

但是,信用不仅调节和加速了企业的生产和流通过程,还赋予了资本主义积累和再生产一定的弹性,进而导致整个再生产过程加速,促进国民经济的增长。现代信用制度还降低了流通成本,包括货币交易成本,同时提高了货币流通速度(ibid.: 433)。此外,信用制度为投资提供了大量资金,并加速了商品、劳动力和资本在不同产业部门中的流动和流通。一般而言,现代信用制度的职能在于调节各种资本周期的不平衡和不同步。信用制度不仅重新分配已有货币数量,而且正如马克思提到的,还允许私人银行利用信用创建潜在的新资本(ibid.: 539)。只要积累过程的实际前提条件得到实现,通过信用不仅可以提高公司的积累率,还可以提高总资本的积累。如果有足够的信用,那么生产和积累可以发展到"极限水平",信用同时成为"商业生产过剩和过度投机的主要杠杆"(ibid.: 438)。然而,信用制度本身是需要最大的弹性的,但现如今却又需要特定的信用工具、新的虚拟和投机资本形式。

私人银行在发放贷款时,并不依赖于客户的储蓄和存款,因此也不一定依赖于工业企业,而是作为自主的、以利润为导向的货币资本生产者来发放贷款。发放贷款的决定性标准不是其自身经济资源的稀缺性,而是银行自身能否创建信用,同时评估债务人创造收入的潜力,以便债务人能够偿还贷款并支付利息。不同的终止付款承诺被记入私人银行的资产负债表,作为债务和信用进行平衡。因此,私人银行承诺接受它们自身的付款承诺,这些承诺与贷款一起提供,也是一种还款方式。这意味着它们承诺收回它们作为存款/负债花费的货币,也再次作为货币(还款和利息)。信用产生的存款因此与债务人的承诺绑定,以还款和支付利息的方式清算信用。通过信用,支付承诺的过程链被激活,其中信用同时提供了一种还款方式,支付承诺可以通过这种方式终止和清算，这只能意味着授予信用的做法符合对未来的预期。因此，金融制度随时都可能发生破裂、中断和危机，就像可以推迟承诺链结构的无休止延续一样，这里是对新支付承诺的产生和链接的预期，这在一定程度上具有不确定性，并且依靠已经稳定存在的支付承诺（Sahr 2017: Kindle-Edition: 754）。

除无抵押贷款外，债务人必须提供抵押品，抵押品可以是债务人借来的，也可以不是其财产（如房产）。当今，这种抵押品的调用产生了新的复杂风险；例如，假设把政府债券作为抵押品，在一定时期内转让给新投资者，新投资者在更短时间内以低于原始价格的价格出售给他人，他人再按修改后条款再次转让，依此类推。

一般来说，现在可以假设货币不必独立于信用（体现社会经济结构）而存在，例如，作为以信用为前提的财产转让。相反，由私人银行轻松创建的信用包括固有的支付承诺，即双方相信在未来的某个时间点，银行将发放借款或债务人将偿还借款，由此货币及其价格（利率）在某种意义上成为信任或承诺的衡量标准（Pettifor 2017: Kindle-Edition: 447）。贷款人不仅关心贷款的偿还，还想要在还款之外获得贷款利息。因此，利息是贷款的组成部分，因为借出的资金必须流回贷款人，即借款通过利息得到增加，如果在贷款计划的限期内，借款人提供的抵押品出现贬值，还款的不确定性就会增大。

早在20世纪40年代，经济学家大卫·杜兰特（David Durand）就曾建议，美国各类机构贷款人收集到的关于借款人申请消费信贷的数据应该简化为概率模型，通过模型决定谁将在未来可以获得信贷，谁不会获得信贷。通过记录借款人在信贷期内的偿付能力和支付方式，可以在一定程度上计算未来的风险或信用违约概率。电子联网信用卡支付系统继续推动了这一发展趋势，该系统使用日益官僚、疏远和抽象的程序来完善统计假想，并将其扩展到消费之外。最终形成了Fico评分系统，目的是得出个人贷款违约概率数值。一方面，信用评分基于借款人的个人信用记录；另一方面，它是对借款人可用数据的评估结果。因此，在比较分析的框架内，可以计算得出向个人借款的风险。此外，贷款人可以通过评估和比较不同借款人的信誉度为未来贷款提供数据，并将其与未来的潜在风险相关联。信誉度现在具有由统计数据确定的自动调整特征，其对象是总人口。对于贷款人而言，这意味着它们不完全取决于个人借款人的信誉度发放贷款，而是创建一个它们可以不断调整的资产组合，以实现所需的风险管理和回收的利率和金额。（1995年，信用评分被国家补贴的公司用于抵押贷款，如房地美公司。）这不仅可以评估与购买特定资产相关的风险，同时还可以评估与整个资产组合的购买和转换相关的风险。贷款人不仅可以获得未来价值，而且还可以在金融市场本身借入更多资金，以便以更高的利率借出。现在可以统一不同平台的风险，并在保险流程和证券化的不同阶段设计风险。如果有统一的风险量化指标，那么一级市场和二级市场就可以参与同一个计算平台。如果可以衡量单个信用违约的概率，那么人们也可以评估债务池中的风险。如今，贷款人面临的概率也是作为借款人的概率，使得贷款人自身的投资组合能够更加多样化。相反，如果借款人获得消费贷款，他就在给定风险水平下获得了作为借款人再生产所需的充足信贷。资本家面临的不再是愿意以劳动力换取工资的主体，而是新自由主义主体，后者有望在未来做出自己的选择。

参考文献

Amin, Samir (2010) *The Law of Worldwide Value*, New York.

Bichler, Shimshon and Nitzan, Jonathan (2009) *Capital as Power. A Study of Order and Creoder*, Florence.

Brodbeck, Karl-Heinz (2009) *Die Herrschaft des Geldes: Geschichte und Systematik*, Darmstadt.

Chesnais, François (2016) *Finance Capital Today: Corporations and Banks in the Lasting Global Slump*, Leiden.

De Brunhoff, Suzanne (2015) *Marx on Money*, London.

Decker, Peter, Hecker, Konrad and Patrick, Joseph (2016) *Das Finanzkapital*, Munich.

Durand, Cédric (2017) *Fictitious Capital: How Finance Is Appropriating Our Future*, London.

Heinrich, Michael (2003) *Die Wissenschaft vom Wert. Die Marxsche Kritik der politischen Ökonomie zwischen wissenschaftlicher Revolution und klassischer Tradition*, Münster.

Huber, Joseph (2021) *Modern Money Theorie – die falsche Verheißung*, in: https://vollgeld.page/mmt-falsche-verheissung#_ftn3.

Lohoff, Ernst and Trenkle, Norbert (2012) *Die große Entwertung. Warum Spekulation und Staatsverschuldung nicht die Ursache der Krise sind*, Münster.

Marx, Karl (1989) *Economic Manuscripts of 1861–63*, in: *Marx and Engels Collected Works*, Vol. 31, London.

Marx, Karl (1997) *Capital,* Vol. 2, in: *Marx and Engels Collected Works*, Vol. 36, London.

Marx, Karl (1998) *Capital*, Vol. 3, in: *Marx and Engels Collected Works*, Vol. 37, London.

Pettifor, Ann (2017) *The Production of Money: How to Break the Power of Bankers*, London.

Quaas, Georg (2016) *Die ökonomische Theorie von Karl Marx*, Marburg.

Rotman, Brian (2000) *Die Null und das Nichts. Eine Semiotik des Nullpunkts*, Berlin.

Ruben, Peter (1998) *Was bleibt übrig von Marx' ökonomischer Theorie?*, in: *Philosophische Schriften*. Online-Edition: www.peter-ruben.de.

Sahr, Aaron (2017) *Das Versprechen des Geldes. Eine Praxistheorie des Kredits*, Hamburg.

Shaikh, Anwar (2016) *Capitalism: Competition, Conflflict, Crises*, New York.

第 4 章

资本化范畴

马克思指出："虚拟资本的形成过程就是资本化。"（Marx 1998: 464）虚拟资本并非通俗意义上的虚拟，因为虚拟资本是有效资本，即可操作的资本（cf. Bourdieu 2014: 31）。在这里，皮埃尔·布尔迪厄（Pierre Bourdieu）指的是就"生产"[verfertigen] 和"制备"[zurechtmachen]，或者制造意义而言，"fingere"一词的深刻含义（ibid.: 574）。

资本化是虚拟资本方法的特征，主要通过四个参数/变量来区分：（a）当前的利润存量；（b）资本家的主观预期水平；（c）预期收益率；（d）风险系数（Bichler and Nitzan 2009: 183ff.）。比奇勒和尼灿认为，这四个资本化变量的相互作用集中代表了占主导地位的资本家权力，甚至表明资本即权力。

让我们更详细地了解下这四个参数：

（1）始于 t_0 的生产期产生的实际利润和 t_1 期间源自未来经营的事后可确定利润，利润始于生产期 t_0。t_0 时的回报仍为未知，但最迟可在 t_1 公布收入和利润时计算得出。

（2）利用资本家的主观预期水平，比较给定时间（现在的未来）的预期利润与始终只有事后才能得知的推测利润（未来的现在）。事实证明，这两个利润流最多只能相同。正如比奇勒和尼灿所述："明显地，事前预期的未来收益等于实际未来的事后成果。"(ibid.: 188)当然,事前预期回报与未来现在回报之间的关系表现为未来的实现,且是可变的。适用等式如下:

$$Kt = EE = E \times H$$

（Kt）是时间段内的资本化,（EE）代表预期未来利润,（E）代表当前利润水平,（H）代表资本家的主观预期水平（H=EE/E）(ibid.: 189)。预期水平影响资本家作为一个阶级的集体误差,并且在基于事前预期定价资产时已经发生,尽管只能事后确定预期是否实现。如果用数字来表达资本家的主观预期水平,那么它就表示资本家对未来利润的估计是否过于乐观或过于悲观:如果预期过于乐观,则假定炒作系数大于1；而如果预期过于悲观,则系数小于1。只有当资本家的预期完全准确时,系数才等于1(ibid.: 188f.)。①

---

① 比奇勒和尼灿将其提出的资本化基本公式进行了修改,如下：$K : E \times H/S \times Z$。式中分子由两部分组成；第一个是所实现的当期利润（E）。此时未来利润仍是未知,必须由资本家估算。估算结果是乐观还是悲观由系数 H 表示,如果估算准确,系数 H 则等于1,但这种情况在现实中不会自然发生（Bichler and Nitzan 2009: 209）。

代表贴现率的分母也由两部分组成：第一部分是资本家认为他们可以通过投资政府债券等无风险资产（S）赚取的正常回报率。第二个组成部分是缩放（阶梯）因子,它代表资本家在投资高风险资产（Z）时要求的预期回报。如果正常利率 S 为 0.05%,购买股票的风险是投资政府债券的2倍,则 Z 等于2,贴现率等于0.1。

不过,为了简化问题,我们不评估预期利润,而是取以美元为单位的生产总值的总增加值（GVA）,并引入两个附加条件：假设总增加值将以某平均速度增长,并且利润份额将围绕未来某平均值波动。然后将这个估值简化为系数 m,并用 GVA×m 替换 E。从而得到的新等式是：$K = GVA \times m \times H/S \times Z$。当前经济变量对未来收入的影响相对微不足道,事实上,如果我们研究资本化的第三个等式,它取决于系数 m,而系数 m 又取决于未来的平均利润份额和未来的平均利润增长率。等式中甚至不包含当前利润,尽管默示假定存在当前利润（ibid.）。(转下页)

（3）比奇勒和尼灿认为，资本化是基于所计算（折现）的预期未来现值，即经济单位经风险调整后的利润。贴现率用于估计未来负债的现值。贴现率越高，负债的现值越低。此处使用长期政府债券的货币回报作为计算标准。因此，资产价格基于对未来货币利润流的市场计算，并根据市场利率和市场参与者的预期进行贴现；或者，换句话说，资产价格是根据当前市场利率和风险溢价或折价（加权利率）对预期未来利润进行贴现的结果，而风险溢价或折价取决于证券的质量和经济状况。这也可以称为根据对未来利润的预期和承诺确定的价格，或者可以简单地称为"收益价格"。资本化是指与未来支付承诺的计算或贴现相关的定价，因此始终与未来生产过程复杂性的评估有关，后者实际上无法通过金融市场进行评估（必须考虑股票价格的变动），但始终只是虚拟。价格在市场中存在，也是通过买卖双方的行为实现，而市场是一种极其灵活的机器，可以降低复杂性。

通过计算得出的证券价格，复杂的资本主义生产过程中总是包含的或有事项被简化为一个数字（Windolf 2017: 27）。资本化公式可描述如下：

（接上页）

现在可以用公式再次修改等式：$K = GVA \times m \times H/\% \times \&$。那么，市值是两个组成部分的乘积：定期测量的 GVA，以及由估值、信念和惯例组成的其余四个组成部分的比率。人们经常争辩说，这种表现在四个组成部分波动中的不确定性并非完全出于偶然，而是如统计数据所示，是通过自我校正过程反复产生中间值。但是，可以假设只有 15% 的统计数据和观察值接近标准化指数 100。大多数估值偏离平均水平，而一些经济学家（失配论点）反过来解释说，市场有时在经济上是非长期和非理性的，比如受信息不对称、经济政策错误、市场不完善和非经济干预等因素影响时（ibid.）。这种信息不对称的情况当然存在，比如高盛公司在金融危机前隐瞒了自己的不良抵押品金额，押注金融崩溃，同时向投资者继续抛售该等抵押品。

如果估值总是相差甚远，可以说它们同时完全基于当前的权力关系，那么问题就出现了。按照比奇勒和尼灿的说法，假设股票指数直接表明阶级之间经济权力关系的各种力量和变化，那么估值如何能够立即指示权力关系？

收益价格：$E = G/r$.（ibid.）$10/5 \times 100 = 200$

利息公式：$200 \times 5/100 = 10$

收益价格是利息公式的倒数（ibid.）。最终，起点是一笔钱，利率固定，结果是利息收益/资本价值；在资本化的情况下，经利率（r）加权的利息收益是起点（G），结果是买方愿意为支付承诺支付的价格，其中包括证券（ibid.）。此处需要公示两个未知数，一是预期利润，由于生产过程和项目未来发展的偶然性和复杂性，无法准确计算；二是利率，利率随市场波动，且应以公司的资本成本为导向。

综上，资本化公式包含事前估值。这里的基本问题是对未来利润的预测，由于存在不确定性，计算结果最终可能并不准确（属于反事实或前瞻性陈述）。根据比奇勒和尼灿的说法，这些结果也并非绝对错误，因为在足够长的一段时间内，价格实际上似乎围绕平均值和数字波动。此外，可以假设利率/贴现率具有一定的恒定性和稳定性。但必须考虑到，作为技术创新的相对剩余价值的生产过程使不确定性成为资本的组织原则，这意味着公司寻求创新是利润生产的必然结果，使得资本积累首先成为动态过程，但同时也具有不确定性。更重要的是，公司新的创新和产品战略往往会失败。

资本化始终面向未来；人们贴现了未来的预期利润，而这也应该永远得到实现。爱德华·利普马（Edward LiPuma）、比奇勒和尼灿认为这种面向未来的方法几乎是一种惯例，[1] 意味着对资本家经济未来潜力的系统性信任，并

---

[1] 金融市场是一种社会想象，一种深度制度化的想象，包括信任这个想象的人士，以及富有知识的机构，再加上批准的名称、注册的公司和编纂的历史。通过不断地质疑信仰和信任，市场评论员在不知不觉中援引了一种述行性，这通常归因于宗教习俗。利普马认为，市场因此是一个社会整体、一个实际的关系结构和一种由科学构建的分析对象（LiPuma 2017: 170）。

在法律、法规和合同中载明。它还表明了资本家相信收入和利润在未来必然会继续以一定的速度增长，资产会找到越来越多的买家，即市场上总会有足够的流动性，资产会得到偿付，或者换句话说，资本主义制度将继续永远运行下去。今天，这种对金融体系运作的高度信心，尤其是基于对各自风险模型客观性的无条件肯定，对危机情况下私人银行的国家补贴（救助）的信心，对央行干预潜在积极效果的信心，以及对上述递归支付流稳定性的信心，使这些支付流在全球金融资本网络中流动（Meister 2021: 44; Sahr 2017: Kindle-Edition: 6338）。因此，当代资本家和分析师通常预计利润会出现季度性增长，因为据说短期增长比长期增长更加有效。然而，必须记住，资本家在某种程度上被迫采用这些思考和行动策略，因为资本积累以越来越短的间隔触及经济周期的某些渐近线。这里的风险是杠杆，它需要短期和有利的借贷条件才能为长期项目融资。例如，美国的房主期望从2000年起将他们的房屋用作金融资产，而投资基金对其投资组合也是如此。这两个相互交织的市场后来朝着一个方向发展，即相互强迫的不稳定性，从而忽略了收益下降的可能性。在当今金融市场上，动量交易主导着长期投资策略。请记住，在高频交易中，持有资产的时间短至10秒左右。美国机构投资组合交易者的投资期限已从1940年的7年缩短到2014年的7个月（Das 2015: 44）。这种时间范围的缩短在结构上与资本化有关。金融证券暗指对未来生产的预期，即持有人可能在任何特定时刻将其变现。但如果这种可能性适用于市场参与者的集体，流动性最终会变成一种幻想，因为资产/支付承诺的整体当然不能立即清算。尽管如此，流动性的任何清算或货币资产的变现仍然是资本化的目的（对于行为者或公司而言，而市场整体始终需要流动性），并对金融过程和其他经济过程产生非常实际的影响，因而繁荣时期的投资者在短期内将其证券变现或换成货币，使各种投资组合中的储蓄和货币资本得到灵活管理。这对于当今的保险公司、养老基金和其他基金来说非常重要。

比奇勒和尼灿将权力定义为资产所有者与工薪人群之间的不对称关系，

这种关系可以通过与股票价格和工资率相关的比率来量化（Bichler and Nitzan 2009: 217）。最后，资本主义权力的数量表达了统治者对被统治者处于经济劣势的信心，以及股份所有者对很少或没有股份的人群处于劣势的信心。在繁荣时期，资本家似乎忽略了当前的利润，而完全专注于不久的将来。当资本化权力相对较低时，重点也是提高未来利润，重新分配工资收入以利于赚取利润，推高资本家的主观预期水平，降低利润波动。但如果权力指数过高，如21世纪初那样，那么对自身优势的信心必然与现在更密切相关，因为这表明资本主义权力并非无限：权力越大，遭遇的抵抗力可能也就越强。现在，如果在这种情况下，权力达到了它的渐近线，即如果利润和收入之间分歧巨大，资本家的主观预期水平仍然很高，而收入和回报的波动率很低，那么权力就很难增加。比奇勒和尼灿认为，象征性权力机器的任何增长都需要使用资本主义的破坏性政治，使经济体系更加复杂，同时也更脆弱（ibid.）。在这种情况下，资本家们被迫更加坚定地相信这个体系正是在当下成立，而对未来的信任日渐减少。

（4）为了实施资本化，必须将每项投资中涉及的不确定性转化为风险计算，由评级机构和投资基金的专家或分析师通过永久监控和股价评估等手段分配给不同公司。实际上，这似乎是不确定性和风险之间始终存在的波动性价差，只能通过一些甚至衍生品都没有的东西来缩小，即延长时间范围，以此缓和波动性和价差问题。由于未知，公司预期的未来回报必须至少与特定的风险因素进行权衡，这反过来又需要风险概况和特殊的风险管理。我们在讨论希腊经济学家约翰·米利奥斯的分析时看到，今天的金融体系将不确定性转化为复杂的风险计算非常重要，这意味着未来波动的支付承诺价格（贷款、股票价格、证券、衍生品）基于以下假设，即未来的利润流和收入流与特定风险因素进行权衡并受风险管理影响（投资组合理论）；风险可以量化，因此可以用固定数字体现。①（具体来说，衍生品从自身创造的波动性中获利。）不仅公司的利润，而且公司的平均成本都在金融市场上得到预测。假设外生给定的利率趋势对公司成本有一定影响，这意味着在计算资本化时必须指定固定利率。因此，商品价格也受到当前市场利率的影响，进而影响贴现未来收益的利率。随着利率下降或股息和回报的未来前景改善，证券/抵押品的价格将会上涨。②

在经济现实中，各类货币资本所有者的信心程度，除了取决于资本积累的经济周期外，还取决于权力关系中的"正常化"过程，正如福柯（Foucault）所详述的那样。关于标准化权力的可量化计算，显然重要的是对公司和金融市场对未来货币资本资本化可能性的信心。就股价而言，很明显分析师必须考虑突发事件，这些突发事件也总是会影响公司未来工业生产过程的进程和阶级冲突。例如，分析师和投资者会提出以下问题：公司在不久的将来会发生罢工吗？国际供应链是否会因全球政治和军事对抗而中断？新产品是否会得到国家主管部门的批准？国内外的销售市场是否会保持稳定？换句话说，任何形式的风险概率计算和风险权衡都是假设，因为不确定性永远不会百分百转化为基于概率的风险，即使风险管理对经济有非常真实的影

---

① 概率概念的公理化假设为基本要求：（1）一个结果集；（2）事件，即结果集的一组子集；（3）以概率为衡量指标；（4）随机实验的结果在于随机变量的实现，每个随机变量都是一个函数，它为结果集的每个元素分配一个实数；（5）随机实验的预期值，就运气而言，它是数字的总和乘以它们出现的概率；（6）方差，随机变量的离散度是预期值中等偏差的衡量指标（cf. Mainzer 2014: 195）。

② 金融市场中的所有重要参与者交易证券意味着通过买卖价差赚取利润，但实际利润当然也取决于各自交易的规模，而较少取决于证券价格的波动，尽管更高的价格也可能导致更高的成交量。

响。① 风险因素，指未来支付承诺（未来利润流）可能发生的概率，与外生引

---

① 不确定性和风险之间的概念区别可以追溯到弗兰克·奈特（Frank Knight）的观点，与表面上无法计算的不确定性相比，他认为风险是可以计算的（cf. Mazzucato 2014: 81）。风险是可测量的不确定性，因为此处的结果具有已知分布，即基于统计调查（事前）的事先计算。因此，风险可以明确可计算概率，即效用最大化中介的概率，并从一开始就剔除灾难性事件。然而，奈特在这一点上的表述更准确一些，他谈到了未知、不可分类、不可保险和不可计算但在某种程度上可以评估的风险的不确定性。

不确定性包括密集的、不可测量的风险维度，它不能被测量，至少不能用通常的概率理论工具来测量，尽管人们可以利用这些工具测量可计算的风险。不确定性是风险分析的密集或影响维度。如果不能以足够的同质性构建任何一组实例来定量确定概率，则肯定存在不确定性，但至少可以做出某些预期和估计，因为假设值之间至少存在各种比率。如果金融技术有助于建立安全性，那么也有必要识别不断出现的不确定性，而这些不确定性又必须被对冲。奈特接着提出一项重要结论：如果所有的风险都能被提前得知和计算，如果公司不会遇到进入市场的壁垒，那么利润和损失确实会趋于零。因此奈特认为，最终，未来产生利润，尤其是额外利润的前提条件不是可计算的风险（可以测量的数量），而是无法测量的不确定性。对奈特来说，企业家的一项重要职能是面对不确定性，以便从中获利；竞争是在极端不确定性的条件下发生的，是利润驱动型资本主义经济的重要机器，而这是一个根本不存在的因素。至少在新古典理论的统计模型中，当不确定性转化为风险（市场噪声消失）时，交易动机接近于零。根据福柯的观点，我们可以说不确定性正在提高生产力，日益成为权力的象征和利润机器的驱动力。只要存在不确定性和限制或市场壁垒，就会有额外的利润和额外的损失。对于 M—M' 循环，一方面包含多个螺旋，另一方面至少在定性方面是重言式，而不确定性具有转换功能。我们在这里处理的是套利和投机，它们将不确定性视为不同质量强度的相关性。但是在风险管理中，可将推测转化为广泛的代数语言，即转化为区分不确定性和可计算风险的技术程序。在本杰明·李（Benjamin Lee）看来，噪声起到了不确定性的作用，因为它使市场成为可能，同时也使市场变得不完美（Lee and Martin 2016: 99）。

20 世纪 80 年代初，噪声的概念出现在金融文献中，当时把市场理解为一个通过信号和"真实"价格保持平衡的信息处理系统（Hayek）的观点逐渐开始动摇。从那时起，证券的价格不仅可以基于信息，还可以基于不太成熟的交易者产生的噪声。然而，"聪明"的交易者和经济学家很快就学会了如何从噪声中获利，这最终导致了高频交易（HFT）。

第一，阿德里亚娜·可夫（Adriana Knouf）从物质性和人机干扰的角度考察了某些形式和含义如何证明不同时空金融噪声的合理性，以及交易者的噪声交易活动如何动摇理性行事和效用优化交易者的模型；第二，在传统场内交易中，噪声如何伴随实际活动；第三，计算机化与交易关系的分析如何表明人机结合实践利用噪声获利；第四，速度问题如何急剧升级，将无风险利润比拼转变为零风险比拼（Knouf 2016）。（转下页）

入的利率和突发事件存在特殊关联。这里的预测不仅与未来经济事件及其影响有关，还与其他市场参与者如何评估经济事件的未来影响链有关。金融市场上所有重要的参与者（投机者、投资者、分析师等）被整合在一种"玻璃房"中（Windolf 2017），它无休止地反映他们的预测。因此，对价格走势的观察也在股票市场中（二阶观察）将预期与预期联系起来，这可能导致行为者的模仿行为和自我强化行为（从众本能）。然而，必须得否认系统论及其二阶观察定理，因为这些观点仍然与客观经济结构、偶然行为和阶级斗争联系在一起，市场参与者——甚至并不知情——要么借助各类表述被动地复制观点①，要么表述性地认可观点。举例而言，股票和衍生品的交易包括一种惯例的执行力，以集体启动每个中介的预设（LiPuma 2017: 199）。

股票市场上大肆吹嘘的集体模仿结构，其中自我指涉预期对应预期，仍然与经济的客观结构相关，即与虚拟资本和投机资本的剥削必要性及其调节相关。很明显，公司必须在某个时点提交资产负债表并公布过去生产期间的盈利能力，同时它们总是忙于预测未来。鉴于非常具体的转移过程、承诺关系和控制形式（例如，公司控制市场、机构投资者参与工业公司和特定会计规则等因素），虚拟资本的某些必要性成为艰难的条件，这对于今天任何公司的运营都一样。

（接上页）

  风险的计算首先是先验的，然后试图用归纳方法和统计知识来佐证，就像它隐瞒了知识一样。通过计算，不确定性通过特定的分析工具或数学抽象以及物理系统转化为可计算和可测量的风险。换句话说，我们发现了非均匀聚类和时空变化的过程。相应的风险管理使用传统的离散风险（而不是利率），这些风险由外部超验管理提供。因此，在传统的风险理论中，不确定性总是表现为与统计平均值的偏差。相关风险分析包含囊括不同风险类别的图表（在风险管理中称为投资组合多样化），并表明风险概况中数量的聚集情况。如果没有人群和数量的图表，相关统计数据就不存在。

  ① 技术分析侧重于股票的轨迹和波动性。它较少使用公司的基本面数据，而是使用内生数据，例如股票市场数据或市场价格变动的趋势和时间模式。

同时，金融市场的功能还取决于市场参与者和公司在面临不确定性波动时产生流动性流量的意愿。市场是一种真实的社会虚构，行为主体通过集体信念几乎自动地生产和再生产。通过行为主体的集体信念将真实与虚拟融合，以及对功能性整体的信任，表明市场总是包含一种述行性维度。此处的流动性在于金融领域的社会表征，通过交易一方的客观化和另一方的自担风险来说明。

参考文献

Bichler, Shimshon and Nitzan, Jonathan (2009) *Capital as Power. A Study of Order and Creoder*, Florence.

Bourdieu, Pierre (2014) *Über den Staat – Vorlesungen am College de France 1989–1992*, Berlin.

Das, Satyajit (2015) *A Banquet of Consequences. Have We Consumed Our Own Future?*, London.

Knouf, Nicholas A. (2016) *How Noise Matters to Finance*, Minneapolis.

Lee, Benjamin and Martin, Randy (eds.) (2016) *Derivatives and the Wealth of Societies*, Chicago.

LiPuma, Edward (2017) *The Social Life of Financial Derivatives: Markets, Risk, and Time*, Durham.

Mainzer, Klaus (2014) *Die Berechnung der Welt. Von der Weltformel zu Big Data*, Munich.

Marx, Karl (1998) *Capital*, Vol. 3, in: *Marx and Engels Collected Works*, Vol. 37, London.

Mazzucato, Mariana (2014) *Das Kapital des Staates. Eine andere Geschichte von Innovation und Wachstum*, Munich.

Meister, Robert (2021) *Justice Is an Option: A Democratic Theory of Finance for the Twenty-First Century*, Chicago.

Sahr, Aaron (2017) *Das Versprechen des Geldes. Eine Praxistheorie des Kredits*, Hamburg.

Windolf, Paul (2017) *Was ist Finanzmarkt-Kapitalismus?*, in: https://www.unitrier.de/fileadmin/fb4/prof/SOZ/APO/19-019_01.pdf.

第 5 章

虚拟资本

5.1 虚拟资本通用术语

虚拟资本之所以被称为虚拟资本,不是因为其职能是虚拟的或与真实的生产条件相分离,而是因为它专门为资本的生产关系提供融资,以应对未来的增殖。在马克思看来,虚拟资本是最发达的资本形式,实际上是资本最重要的存在方式(不过如今由投机资本承担)。

马克思首先在利息、生息资本和信用出现的背景下提出了虚拟资本的范畴。我们已经分析了信用和生息资本,现在将做进一步探讨。股票、债券和其他证券也被马克思称为虚拟资本,它们由金融业构建和分配,在非常特定的金融场所进行交易。债券买方有权收到债券发行人承诺的未来定期付款;债券发行人出售具有法律约束力的承诺,使得一笔资金充当债券买方的货币资本。有了证券,债务关系变成可交易的货币资本,成为买方的金融投资,而卖方就证券收到一定数额的资金,可投入有利可图的生产过程,但卖方也有义务支付证券回报。对未来货币增长的投机在证券交易中得到实现,买卖双方据此以不同的方式评估未来发展,从而达成合同(Decker et al. 2016)。在这里,资本的增加也表现为一种自主的物质存在。

在马克思看来，就政治经济学批判范畴发展而言，虚拟资本主要由股票、公司债券和政府债券组成，其购买包括以利息（债券）或股息（股份）形式参与未来收入流的合法权利（Marx 1998: 462ff.）。因此，虚拟资本代表了对未来支付一定数量货币的要求权（法定权利）。马克思指出，"对于未来生产而言，买方的货币或资本价值要么根本不代表资本，如国家债务的情况，要么受到独立于其所代表的现实资本价值的监管"（ibid.: 468）。这些是基于债券发行人未来付款承诺的可交易债权。虚拟资本的经济权力还在于有可能在任何时候以一定的价格将证券转化为货币，这与未来的资本化有关。证券是对未来"价值"的要求权。未来成为现在的现实，未来收入应该从中产生的价值尚未创造或无须创造。如果估计购买股票的风险高于平均水平，则股票的当前市场价值低于计算值；如果估计低于平均水平，则市场价值高于计算值。由于市场利率和风险评估可能会剧烈波动，价格至少在短期内可能会出现巨变，因此虚拟资本的"价值"也会随之变化，如果太多的市场参与者试图同时出售所持证券，那么可能就会出现金融危机。

当今社会，虚拟资本在一级和二级金融市场上交易，因此具有价格。虚拟资本涉及金融资产或支付承诺，在金融业的分销网络中构建和分配。无论各自证券交易的合同协议如何，买方用于投资证券的资金通常已经存在，但得到实现并确定了剩余价值要求权的证券本身却不存在。在基于承诺、期望和投机的证券有着固定且差异化价格的非场所，金融市场实现了一种准自主的资本化运动形式，可以被描述为"虚拟资本的差异积累"。正如马克思所述："积累货币资本大体上无非就是积累这些要求权。"（ibid.: 469）虚拟资本的存在实际上并没有产生马克思意义上的价值，而是真正存在的货币资本，至少马克思认为这是对未来产生价值的预期（ibid.: 468）。然而，也出现了虚拟价值的实现，因为虚拟资本现在已经代表了对未来资产的真实要求权和支付承诺。但是，就股票和债券而言，标的价格是公司的资本化价值，与预期未来收入有关。①

证券的第一项职能是出售，买方和卖方之间的协议首先确定证券的价格，该价格代表卖方的预收资本和买方的回报承诺。未来这笔钱是否会被证明是虚拟资本的风险现在转移到了证券本身。虚拟资本在买方手中是有风险的，这与支付给卖方的第一笔货币金额以及该金额流入的商业项目是分开的。在金融市场上，证券在随后的每次出售中都会获得新的估值。通过交易虚拟资本，金融资本一方面为急需货币资本的公司开辟了新的投资机会，另一方面为想在金融市场上赚取货币的投机者提供了选择。公司本身现在可以充当证券发行人，因此被归类为虚拟资本的生产者，而投机者购买可以随时以货币赎回（即流动性很强）的虚拟资本。私人银行在这两种职能中都很活跃：它们为客户和自身构建虚拟资本，并充当自己账户和他人账户的证券买方和卖方。

证券的价格当然不仅取决于买卖双方的相互协议，还决定于一系列其他经济因素，例如贴现率的变动和利率、经济周期过程和差异资本积累的运动形式。②

不同形式的虚拟资本总是已经包含一个投机时刻，投资者和投机者会比较绝非百分之百安全的预期未来收益率，这与证券的现行市场利率和其他证

---

① 就期权而言，持有人在行权之前不会收到任何股息、利息或付款，因为他没有抵押品。他所拥有的只是一份在到期日之前以特殊价格购买证券的合约，如果市场价格低于期权合约中规定的价格，则期权不会被行使。

② 大卫·哈维（David Harvey）正是在这一点上使用了资本化一词。他认为这表示虚拟资本的正式形成过程，其中来自土地、房地产、债券或股票等资产的某些收入流被赋予"虚拟"资本价值，其决定因素不仅取决于买卖双方对未来收益的预期，还取决于通常的市场贴现率和利率，这往往源自货币市场和资本市场的供求关系（当然还是基于预期）（Harvey 2012: 41f.）。关于房地产行业，应该指出的是，购买公寓通常是通过贷款融资。就房地产而言，预期转售价格是实现付款义务的最重要保证，因此被视为虚拟资本生产的参数。迄今为止，购买公寓的借款是家庭债务中最重要的一项。

券各自的风险概况有关。对投资者来说，2年内获得（证券）高回报可能相较现在已经获得的较少金额毫无价值，而且更少取决于当前和未来的利率。因此，人们试图贴现未来的回报，或将它们降低到现在的价值。

当利润预期高而利率低时，虚拟资本的价值（例如股票价值）会增加。为了说明证券价格和利率之间的关系，我们在下面的示例中假设某人拥有价值100欧元的证券，每年的利润为5欧元。如果利率为5%，那么如果按5%的利率投资100欧元，该人士将获得同等金额的回报。现在，如果利率下降到2%，且实现了2%的收益率，那么对应的证券价格应该是250欧元（年利率为2%，250欧元才能实现5欧元的收益）。如果利率上升到10%，那么对应的证券价格应为50欧元，因为利率为10%时，必须投资50欧元才能获得5欧元的收益。在实践中，计算要复杂得多，但一般来说，低市场利率会导致证券价格上涨，而高市场利率会导致证券价格下跌。因此，利率和证券价格互成反比（ibid.: 464）。当利率低时，投资者能够获得更多贷款并投资于资产，无论是衍生品、房地产、珠宝、黄金还是股票，都会进一步助长资产上涨。

现今，中央银行为保护证券交易提供了隐性担保，这相当于看跌期权，意味着资产价格不能跌破一定水平。有趣的是，这种情况下推行的零利率政策（同时国家预算赤字增加）又反过来导致股票、债券和房地产的价格上升。2008年金融危机爆发后，美国将主要利率降至零，2009年政府赤字上升至GDP的12%。虽然低收入人群将大部分储蓄存入银行并受到低利率的不利影响，但将资产投资于股票、房地产和债券的人们则从低利率中受益。如果央行对商业银行的存款收取负利率，以致后者选择不把资金交给央行而是借给客户，情况则不一定会这样。商业银行甚至不必接受来自央行的廉价资金。不过，我们稍后会回到量化宽松政策的问题。

与贷款一样，证券涉及有限时期内的翻倍增长。当投资者购买股票或债券以期赚取更多资金时，会在非常特殊的情况下发生这种情况。与购买用于私人或工业消费的工业标准商品相反，购买证券意味着对实现未来回报的支付承诺。证券的卖方也没有被排除在资本化之外，因为他处理了证券出售所带来的资金，并且可以将其用于有利可图的生产过程（Lohoff and Trenkle 2012: 131f.）。这种商业关系绝非确保单纯转移已经存在的货币资本，因为：（a）在货币资本的具体处置中，公司是推动盈利性生产过程的前提；（b）买方可以以金融市场上获得剩余价值为目的来交易股份或债券。①

虚拟资本的倍增永远不会等同于生产力、生产和物质财富的增加，而物质财富的增加首先对资本并不重要，因为货币资本流动的职能、参数、变量和配置代表着资本经济的抽象财富，在这种财富的范围内，虚拟资本的诞生产生了直接和间接的影响。这种通过创造特定证券的翻倍只是货币资本的暂时增加，根本不意味着总资本水平的增加，这是一个在现有货币资本总和再分配中耗尽的零和游戏。相反，可以在整个经济中发起不同类型的投资（而在微观经济层面的金融市场中，一个参与者的损失实际上是另一个参与者的利润）。只要证券（股票、债券等）在产业资本和金融业的流通渠道和网络中流通和交易，只要不是百分之百变现从而贬值，就会增加（非无限）虚拟资本的财富，以及它们作为生产资本的可能用途。

现在让我们仔细研究生息资本与债券和股票等虚拟资本之间的区别。在信用方面，对贷款人而言，借出的资金意味着可以合法要求获取利息和未来偿还更多货币；而至于虚拟资本，预期利润作为证券被固定下来，其中包含买方获取未来付款的合法权利，并且买方可以进一步交易证券。信用是关于货币的效力，它也可以作为借款人必须支付利息的可能利润，而虚拟资本是

---

① 洛霍夫和特林克勒总结："当货币资本所有者放弃一定数量的货币以换取证券化承诺，以期在后期收到更多货币时，就创造了一种新的附加商品，即可在金融市场交易的所有权凭证。这种商品增加了当前存在的资本主义财富，因为有了这种商品，创造了在交易行为之前并不存在的额外资本。"（Lohoff and Trenkle 2012: 128）

关于来自投资者以一笔资金购买的证券的未来收入流，证券应该产生的预期收入就像利息支付一样。在虚拟资本的情况下，借款人不再表现为缺乏资金的债务人，而是作为证券（债券）的发行人，而这反过来又代表了买方的资产增加，即参与发行人的资本权。虽然有贷款的债务人有义务支付利息和存入证券，但证券的发行人/债务人承诺，未来会向投资者兑现支付承诺。私人银行不是通过发放贷款向公司提供金融期权，而是为公司提供资金渠道（公司充当证券发行人），以便公司扩展其未来的项目和选择权。这里的信誉变成了证券交易的担保条件。反过来，投资者不再仅仅作为债权人在资本市场上行事，而是作为投机者购买证券以通过证券交易赚钱。对买方而言，证券起到投资的作用，即一笔货币资本通过证券得到物化，也可以转售。贷款的债权人坚持按时支付利息和偿还款项。而对于证券，回报的支付（以及投资金额的偿还）是投资的一部分，使用某些标准（利率、与其他证券的比较等）判断其作为投机性资本投资的稳健性。

大型股份公司在股票市场上当然不只是作为债务人出现。它们因缺乏资金而需要强大的贷款人，但作为证券发行人——如上所述，它们代表着资本翻倍增加。因此，虚拟资本是现代金融体系一个非常重要的因素，但它并不完全由金融部门控制，因为今天的工商业公司也广泛使用金融抵押品进行交易，以巩固和扩大其市场力量。市场规模对所有公司都极为重要，就市值而言，规模更大通常意味着能够以比竞争对手更低的成本提供或筹集货币资本或金融服务，或者在金融网络中处于有影响力的地位。这不仅取决于国家市场的构成，还取决于国际市场。在这两种情况下，民族国家的政治和权力仍然发挥着不可低估的作用。一个国家的领军企业能够获得本国的永久支持。例如，通过央行更容易获得本国货币，这是它们可以获得优于外国公司，尤其是金融机构的优势的重要工具。如果金融公司已经在本国占据主导地位，并且在全球市场上以其本国货币进行金融交易，那么金融公司首先可以扩大。

从马克思理论的研究现状来看，虚拟资本理论只在《资本论》第三卷中有过简单提及，更不用说投机资本理论或信用创造理论了。但是，为什么马克思将某些形式的资本称为虚拟资本呢？他给出了三个主要原因：（1）回报要求权不是指职能资本的当期利润，而是由成本与销售额之间的差额决定的。证券交易是为了获得未来的回报，因此本身就可能遭遇突发事件。马克思称这些证券为"虚拟资本"，因为它们基于对预期回报和利润的计算。如果国家应该偿还它借来的钱，并附上利息，债权人就没有对当前资本的债权，而是对国家未来的税收或其他形式的国家收入（政府债券）拥有债权。（2）由此，债权与未来有关，但既包括预期支付，也包括实际支付，两者均不被视为等价物。与已经实现的收入不同，预期回报可能无法实现；相反，它们可能完全是虚幻的。（3）以证券形式实现的货币资本流动，根据市场上贴现和利率的变动情况，创造不同的资本化水平和规模。同时，债务人作为抽象的货币增殖机，应该具有足够的货币规模和权力。债务人应该能够适当地增加债务并被视为能够可靠还款。

在总资本水平上，围绕虚拟资本的问题如下。虽然有担保的货币资本积累（有担保的财产所有权）与工商业部门或服务部门的资本积累有着对应关系，但就无担保证券而言，使用了来自未来税收（如国家证券）或进一步的虚拟资本的货币，后者又被称为未来虚拟资本（cf. Lohoff and Trenkle 2012: 235f.）。在后一种情况下，虚拟资本不必由过去对劳动力的剥削进行担保，也不必通过未来的生产剥削过程来实现，以便追溯担保。因此，一定数量的虚拟资本可以在一定程度上独立于工业资本和服务业或商业资本的差异化积累而流通。马克思很清楚金融资本的这种自发性："这些所有权凭证价值的独立变动，不仅包括政府债券，还包括股票，增加了这样一种错觉，即它们与它们可能具有的资本或要求权一起构成了现实资本。因为它们变成了商品，其价格有其自身的特征性变动，并以自己的方式确定。它们的市场价值并非由其名义价值 [Bestimmung] 确定，实际资本的价值没有任何变化（即使扩张可能会改变）。"（Marx 1998: 467）马克思指出，货币资本表明自身是对未来生产的一种要求权:"所有这些凭证实际上只不过是对未来生产的累积要求权或法定权利,其货币或资本价值要么根本不代表资本,如国家债务,要么不受其代表的实际资本价值的调节。"(ibid.: 468)马克思在这里含蓄地指出金融资本具有增加货币的能力。

5.2 债券和股票

通过发行债券和股票,公司获得了纯粹基于股权和信用的规模和权力,而这往往是它们几乎无法实现的。潜在借款人(大型公司、政府、银行)发行的债券以简单的形式向买方保证固定投资金额的固定利息,并在固定日期以名义发行价格赎回。因此,发行人出售对未来收入流的承诺和要求权,然后买方可以在到期日之前将其作为生息投资转售。债券本身不是价值。它们的价值是一种计算价值,对于固定利率证券而言,其价值基于债券的固定利率与当前市场利率之间的差额。举一个简单的例子:投资者购买了名义价值为 1000 欧元的固定利率债券,可在十年内每年获得 3% 的利息。如果第二年固定利率证券的利率上升到 5%,那么想要出售每年利息率为 3% 的证券的投资者将找不到买家,因为它的利率固定为 3%,尽管现在可以按 5% 的利率变现债券。

因此,随着市场利率的上升,这种证券的价格将低于名义价值。债券的经济质量也是利率的决定性因素,或者更准确地说,是该债券质量(以预期未来收益进行定量衡量)与金融市场上其他投资的预期未来回报(规模和安全性)之间的比较决定了其市场价值。

通过发行股票,股份公司希望将外来货币金额转换为自有资本。公司通过发行股票收到的货币是其股权资本。在这个过程中,公司的股权资本与股票、股票所暗含的未来支付以及对公司利润的参与（股息）分离开来。股票的所有权包括投票权和分红权。（然而，股息通常只起到微不足道的作用，因为只有一小部分公司利润作为股息分配给股东。）反过来，私人银行的股权资本几乎完全由金融资产组成，例如股票，这些资产并非它们自己生产的。但尽管如此，私人银行的股权资本是一种内生产物。有权势的股东对管理决策有一定的影响，特别是如果他们像投资基金一样持有公司高比例的股份或拥有投票权。如果公司随后未能达到某些预期，则股票将被出售，股价应声下跌，从而使公司更难在金融市场上发行新股或债券。

股票的市场价格是股票市场参与者（买方和卖方）众多行为的结果。当今国际股票市场上的主要机构参与者包括投资基金、养老金基金、固定利率基金和对冲基金，以及黑石集团（Blackrock）等资产管理公司[①]和发达资本主义国家的大型私人银行。不同的金融机构之间相互竞争，但为了在竞争中共同生存，这些机构有时可能会采取联合战略。例如，人们可能会想到投资基金的策略，它们不是作为单一的大股东，而是作为一个整体或集体来支配许多股份公司。通过股东价值原则，即一种以股东财产权运作的管理和控制工具，投资基金直接影响公司的管理，根据所有者的指示，确保在短期内产生尽可能高的可实现股本回报。当今股票市场上股票的高换手率也导致股份公司的所有者更换得更加迅速。

对于公司股价的变动，其预期的未来利润是决定性的，即未来的收入流应该被资本化。股价仍然与公司当前的业务相关，但尤其关乎对公司未来发展的预期和预测。因此，也可以将股票称为虚拟资本。股票市场不断提供相关信息，包括根据对一般经济趋势的预测，公司股票在未来支付中的预期收

---

① 黑石集团成立于1995年，如今管理着近5万亿美元的资产，资产规模高于世界上任何其他金融公司。黑石集团虽然仅持有德意志银行相对较少的股份（5.17%），但没有黑石集团，德意志银行就无法做出具有战略意义的重大决策。

益、公司盈利前景的比较评估或对利率变化的猜测，尽管信息始终不太完整（不可能获得完整信息的货币交易）。这些评估得出计算结果，并且具有股价支付承诺的相应交易活动每秒都在电子证券交易所进行计算。这种动态始终只与公司、生产流程和资本资产相关。因此，公司的股权资本与生产和流通过程的资本形式（生产资本和商品资本）是分开存在的。然而，今天的股价对于在证券交易所上市的公司来说，是一个非常重要的经济参数，因为它最终代表了公司的"价值"（资产、生产能力、厂房、机器、仓库、专利、市场份额和就业机会）。就未来必须盈利而言，公司的估值标准不再是资本生产力，但它仍然满足管理层和股东的需求，并且是竞争所必需的。相反，市值成为估值导向，而且通过并购其他公司可以显著提高市值。[①] 不断波动的市值（公司所有股票的价格，即股票市值乘以股票数量）量化了公司经济表现的重要领域：一方面，公司为资本市场提供的那些领域；另一方面，市场价值（除利润外）代表公司未来管理其生产能力的部分资本权力（以及公司所有者和股东主要可以支配的资本权力）。[②]

股票和债券被金融资本用作提高资本化效率和加强对经济货币储备控制的工具。这种集中意味着上市公司的价值越来越多地根据金融市场的预期来计算，即在未来可以获得什么回报，以及这些股票对于可能购买它们的投资

---

① 在过去几年中，股票价格的上涨速度远远快于企业利润。2018年第一季度，美国企业利润为19480亿美元；2021年第一季度仅为19360亿美元。同期，标普500指数上涨了50%以上，这3年的市盈率增长了近80%。

② 一种在生产创造之前交易已实现的虚拟收入（关于过量交易，参见Marazzi 2011: 74）。如果股票从200欧元上涨到220欧元，则股票资产的市场价值上涨了20欧元，而其他市场参与者并没有损失20欧元。如果现在许多股票所有者试图将其资本收益变现，那么股价将再次下跌。股票本身没有价值，但它们确实具有账面价值，因此股价变动会产生实际的经济影响。变现的股票所有者可能会少储蓄，多消费，这会增加有效需求并导致公司扩大生产。但是，也可以借入股票，可以用来购买新股的东西会导致股价上涨。

者来说有多大的利润。而且，如果他们了解股票的当前价格并进行交易，机构投资者就会转变为投机者。因为他们将支付承诺工具化，即根据金融数学公式、方程式和概率模型进行计算。然而，将概率作为明显可预测事件的可测量频率，特别是基于历史数据，是一个不合理的假设，因为过去发生过某事的事实不应假设它将来会以完全相同的方式再次发生。因此，利用像蒙特卡洛随机模拟法这样的复杂模型，人们试图计算未来所有可能的情景。例如，通过在模拟模型中判断未来的股票价格、利率和经济周期，然后识别这些因素如何影响衍生品的价格。但是这些模型并没有显示未来会发生什么（例如在物理学中），而只是说明了在实现支付承诺方面可以预期的未来（未来通常仍然不确定或一片黯淡）。

此外，金融市场上的股票价格还可以作为公司信用度和竞争力的指标，以及公司资本规模的信息。即根据资本规模，通过生产过程促进和实现足够利润的能力。因此，"实体经济"的运行成为金融市场及金融机构长期投机性计算和对比计算、评估和控制的对象。金融机构通过向公司提供金融资源来评估公司生产过程的效率，而资源金额取决于市场对公司未来盈利能力的投机预期。"实体资本"的效力因此成为金融资本经济实力的一个因变量。然而，工商业公司并没有因其与金融资本的从属关系而减少商业活动；相反，它们反过来利用外部金融资源来提高自身的效率和资本规模，从而提高信誉度。所有公司的竞争力都受到金融业工具使用的巨大影响，即在某些工具的帮助下，金融机构在工业公司的项目中发挥监管作用，使其能够盈利并运营，同时被视为增加证券成交量的条件。今天实体经济中的大公司本身又被视为证券发行者和虚拟资本的投资者，因此也参与了其他公司的商业成果。金融资本与实体资本在资本增长和资本权力增强方面存在着根本的同一性，导致所有经济过程都有被纳入金融资本化过程的趋势。但这并不意味着两个部门之间的竞争已经消失：实体部门的公司利用资本市场来提高自身竞争力，而金融资本则借助虚拟资本和投机资本工具来调节实体经济的竞争策略，以便将两个部门之间的相互依存和竞争转化为对另类投资的评估和比较,以及由此产生的买卖。如今,工业企业与金融资本之间的利益冲突似乎已经完全陷入股票市场价格风险和价格走势当中。

在这种情况下值得指出的是,股东是公司监管的重要主体,说明了从商品生产向虚拟和衍生(资本)的转变。这里出现了公司价值与其市价的等式,这意味着持续的定价,同时假设市场是对公司价值的客观和非个人的判断。虚拟资本通过对信用市场、货币市场和资本市场的巨大影响,将金融嵌入到实体经济中并渗透到生产的再生产比率中。公司的股价变动是创造股东价值的关键措施。这也缩短了投资者的时间视野,他们的短视观点相对分割了资本分配时间和生产过程时间,对生产产生了极大影响。①

持有股票的周期,通常只在季度之间,这比工业生产中的产品周转周期要短得多,这点十分重要。例如,金融化已经将房主变成了被动投资者,他们现在必须将自己的储蓄委托给机构基金经理。此外,股份收入往往超过相关产品的销售利润。因此,基金经理管理的资金数量增加了他们在公司中的影响力和权力,他们的战略现在必须与虚拟资本和投机资本战略的追求保持

---

① 在股东价值的概念中,利润从一个微分大小(利润等于超过成本的收入)转化为一个纯粹的大小关系,称为投资回报率,表示价值的增加,其价值体现在在时间 t_0 和时间 t_1 之间的短时间内进行股票交易(cf. Brodbeck 2009)。依靠所谓的夏普比率,人们将公司价值的增加与风险相关联,可以借此确定金融投资超过无风险利率的回报。回报在这里表现与风险之间的关联,其中投资者的风险作为一个有效的成本因素。反过来,回报的波动性被视为风险的衡量标准:将投资组合的预期利润(减去无风险利率)除以所谓的标准差(ibid.)。因此,纯粹以未来为导向的规模,如投资回报率或夏普比率,作为管理层决策的当前参考点,其中比率或关系规模的无穷小时间的最大化显然转移到了公司规划的中心,这同时启动了一个加速过程。因此对于今天的管理层而言,那些以实现短期回报为导向的决策始终是首选。这是从一个特定的股票市场逻辑复制而来的,它像投资组合一样评估公司的价值增长,即利润必须在 t_0 和 t_1 之间的区间内实现。这些都是通过方法和模型精确评估的,应该类似于投资组合的多元化策略(ibid.)。

一致，无论他们的产品营销状况如何（长期战略或当地与消费者的联系）。

从这个角度来看，股东价值的逻辑在于能够从公司的工业主体中提取虚拟资本和投机资本，同时从根本上进行重塑，即在公司的各个方面寻找从中可以提取收益的潜力。全世界的众多分析师们，不分昼夜地寻找隐藏的剥削来源，即公司未来可以货币化，但尚未反映在股东价格中的东西。股东价值是与公司环境相关的虚拟资本和衍生品之间的比率。在这个过程中，资本和公司之间的区别日益淡化，因为公司的方方面面都指向货币化，旨在将公司从社会组织转变为增加资本的机器。股东价值的逻辑表明了衍生品的逻辑：由虚拟资本和投机资本设计的螺旋运动中的定向和数量乘法。

从某种意义上说，股价本身现在可以理解为一种衍生品。它与标的"公司"相关，以股价为基础运行的期权作为衍生品上的衍生品，从而使金融市场本身转变为决定公司未来的处所。与捕捉公司基本业务的基本面分析不同，技术分析仅基于公司股价的轨迹和波动性。特别是对于尚未生产产品的科技公司而言，技术分析是衡量当前实施风险的一种备受青睐的工具。

参考文献

Brodbeck, Karl-Heinz (2009) *Die Herrschaft des Geldes: Geschichte und Systematik*, Darmstadt.

Decker, Peter, Hecker, Konrad and Patrick, Joseph (2016) *Das Finanzkapital*, Munich.

Harvey, David (2012) *Rebel Cities: From the Right to the City to the Urban Revolution*, London.

Lohoff, Ernst and Trenkle, Norbert (2012) *Die große Entwertung. Warum*

Spekulation und Staatsverschuldung nicht die Ursache der Krise sind, Münster.

Marazzi, Christian (2011) *Verbranntes Geld*, Zürich.

Marx, Karl (1998) *Capital*, Vol. 3, in *Marx and Engels Collected Works*, Vol. 37, London.

第6章

投机资本

6.1 衍生品

近几十年来,私人银行越来越多的利润来源于借贷之外的金融活动。商业银行通过内生信贷和外汇交易(特别是证券和衍生品交易)来创造利润。为了对冲风险或投机,私人银行自身创造了复杂的担保品,其中包括信用违约互换、利率及外汇期权和期货等衍生品。衍生品在银行资产负债表上要么以正值形式呈现在资产一边,要么以负值形式呈现在负债一边。如果衍生品的价值为负,则为负债,而作为资产的衍生品市场价值始终为正值;也就是说,它目前的价值超过了它所付出的代价。然而,衍生品并非基于纯粹的会计流程,而是需要被理解为投机资本,同时也是一种权力技术。一般来说,衍生品代表某种关系,或者更准确地说,是与关系有关的关系(衍生品相对于基础资产的波动性,例如欧元与美元之间关系的波动性)。这里有两次瞬间移动,即对关系的投机和时间的流逝。衍生品合约的设计和定义尤其取决于时间、价格波动和波动性等变量。衍生品记录了投机者对衍生品的使用,即社会引导的投机资本杠杆化。

如果一个传统经济客体(如衣服、食品和电脑等商品)的市场价格直接受到贷款的影响（而这反过来又会受到衍生品交易的巨大影响），那么人们真的能维持三类经济标的（商品、贷款、衍生品）之前的层级顺序吗？尤其是合成证券仍被称为纯衍生证券吗？如何理解经济客体之间的层级关系呢？传统交换要求实物/商品交换中货币发生即时转移，这必然被视为传统商品—货币关系经济属性的不变性和对称性要求。① 如果发生信贷业务，应忽略对标的即时付款的固定要求。任何收到商品而不即时付款的情况都会构成债务关系。债务关系因付款被解除。货币目前在承诺关系的特定时间范围内有增长的潜力。通过衍生品，这些仍对信贷加以约束的固定要求将被进一步解除，从而使标的经济属性最终被自由折叠、扭曲、歪曲或吞噬。因此，与其他经济标的或服务相比，衍生品具有更强大的经济和拓扑现实性，就其现实性而言，这也印证了德勒兹（Deleuze）所描述的潜在性、现实性和虚拟性。② 此外，衍生品的虚拟因果关系应被理解为决定性、述行性和物质性。也就是说，衍生品的影响实际上推动产生真正的实质性后果。这里必须补充的是，资本主义企业面临一系列的风险，无论是它们在市场上找不到自己产品的买家，或者它们自身生产过程所需的商品太贵，还是存在与利率和汇率发展相关的某些风

---

① 买卖交易恰恰在于所有权的改变是通过货币的使用发生的：买方想成为商品的所有者，而卖方想成为货币的所有者。因此，货币的使用是一个不断改变所有权的过程。

② 德勒兹和瓜塔里（Guattari）在"量子流"的背景下讨论了这些寄存器。量子流是一种去疆域化的金融资金流，它不识别线段和分层线，只识别奇点和量子。奇点是指名义流动资产，量子代表着通货膨胀、通货紧缩和滞胀等过程。各流动极点被视为货币创造和毁灭的浓缩过程。通过衍生品，可以同时以各种形式观察到货币资本流的某些分布和相应的节奏。德勒兹和瓜塔里认为，每个量子流都比货币资本流"更深"，货币资本流的衡量标准涉及基本价值的要素：量子流是变异的、剧烈的、创造性的、循环的，而物质流与欲望相关，并且总是比实线及其线段更深（后者决定利率和供求关系等）。德勒兹和瓜塔里则认为，有两种经济学思维方式：（a）经济核算（表示基本价值定性度量指标的摩尔量线段和实线）；（b）金融货币，今天我们称之为"金融流或单纯的财务流"（Deleuze and Guattari 1992）。

险，这不可避免地将衍生品作为对冲工具使用（而不仅仅是投机）。托尼·诺菲尔德特别强调了作为对冲工具的衍生品的功能[①]（Norfield 2011: 110）。

在本书中，我们将"资产"称为特定形式的信贷以及虚拟和投机资本。[②] 我们假设三种不同类别的金融资产之间存在渐进式差异化:(a)一般资产，(b)合成资产,(c)证券化合成资产。一般资产的类别包括各种信贷（贷款、抵押贷款等）、虚拟资本（股票和债券）和普通衍生品（远期、期权、期货），而合成资产类别包括复杂衍生品（CDS、TRS 等）（cf. Lozano 2014）。在这里，合成资产/衍生品通常被理解为一种潜在的投机性货币资本，从衍生品仍需要变现为货币的角度来讲，它存在时滞或流动性问题。债务抵押债券（CDO）或 CLO 等证券化合成资产可能包括证券、贷款和信用违约互换（CDS）。[③]

[①] 对冲是指某些经济行为体通过将风险转移给投机者来对冲其资产的价格波动，这些投机者则试图通过预测未来的价格变动和将衍生品归结为价格变化这一单一特征来获利。除此之外，衍生品交易的投机因素还包括以下情况，例如，当预计油价上涨时，不是购买一桶石油，而是以更低的金额购买一种石油衍生品，如果油价相应上涨，其回报将高于购买的一桶石油本身的回报。

[②] 继比奇勒和尼灿之后，赫苏斯·苏阿斯特·谢里左拉（Jesús Suaste Cherizola）提出了资产是权利的概念，这些资产在经济交易中进行交换（Cherizola 2021）。更具体地说，资产首先是通过复杂句群以明确的一系列权利。它们涉及所有者和一组明确所有者应享权利的术语。资产赋予的权利必须实现，这意味着必须对其进行确认。通过确认赋予了资产执行力。对于所有者来说，资产明确了其应享有的一系列权利。对于验证资产的主体来说，资产代表着一系列订单。只有当有人期望其授予的一系列权利/订单会实现时，资产才会有价值。资产是可以出售的债权，可以有价格并在市场上进行交换。市场是一个系统，在这个系统中，一系列的权利/订单都会收到一个价格，并根据一个称为货币的记账单位进行交换。并非所有权利转让都是经济交易，但所有经济交易都是权利/订单的交换（ibid.）。

[③] 如果传统客体（服装、电脑、食品等）的经济存在模式直接受一般资产（股票、信贷等）的影响，而其价值反过来又受其合成复制品（CDO、CDS）的影响，那么我们似乎很难只讨论一种衍生品。现在首先从衍生品开始：影响链从 CDS 流动到期权再到信贷。一般来说，这类客体具有最强的影响力，即现实性，其多元形式由多个变量，以及某个特定群体中最有效的属性和成分构成。三阶现实－虚拟客体尤其能够以较高的速度产生差异化的自我参照性，并且不需要通过任何外部效应来调节其自我参照的变动。（转下页）

投资者可以分为利用债务人的应收款获利而做多的投资者，和通过做空并从信用违约中获利的投资者。衍生品不仅仅涉及投资者，相反，它每次都涉及一个行为体和一个对手盘，因此一方的损失即为另一方的收益（这仅适用于单一合约）。但是，与传统保险一样，各方不必通过拥有基础资产来持有债权，以对冲 CDO 本身的波动性；相反，CDO 本身会成为收入和利润的来源。

工业生产过程投资必须保证对公司产生积极的效果。而对于衍生品投机而言，即使衍生品合约中规定的情况在未来发生，仍有可能从利润率下降、资不抵债或经济萧条等经济事件中获利，这与工业生产过程投资完全相反。衍生品合约本身具有执行力，因为它们自身构建了维持自身存在的条款（包括规范）（LiPuma 2017: 305）。卖空就是一个很好的例子：人们在预期价格下跌时借入某种证券，然后出售该证券，并随后在证券价格下跌时对其进行回购，因此通过价差可以产生利润。

投机现在可以被视为一个重要的业务类别，作为一种运作方式，它关注未来利润的生产。资产负债表被理解为一个用来处理数字人工制品的社会性的、与权力相关的生产过程。即使是资产负债管理今天也会被理解为人为投机的一部分，与未来利润的产生有着必然的联系。作为风险和投资组合的特色管理手段，投机、套利和对冲（当股票投资组合以最低的风险产生最高的利润时，它就是有效的投资组合；其目的是使利润分散，并使损失能够得到超额补偿）在今天与资本主义生产和流通的组织直接相关。

原则上，今天人们可以区分虚拟和投机资本的三种交易形式和交易策

（接上页）

合成资产是在真相和假相同时存在的情况下创造的。作为投机资本，它就是一般资产（如信贷或政府债券）的再现。但同时，它不仅仅是它本身，因为它的功能比一般资产更具可替代性，并具有更高的对称性：它可以从根本上影响甚至决定其交易，并具有一系列不同的、不断变化的显著经济特性（cf. Lozano 2014）。

略：套利、对冲和投机（cf. Malik 2014: 336f.）。套利旨在通过在至少两个甚至更多个市场同时执行某些金融交易来实现无风险利润。人们在某个证券交易所（如果股票在两个或更多个证券交易所的价格不同）以一定的价格购买某个股票，然后在另一个证券交易所以更高的价格（瞬间）再次出售，从而实现无风险利润。套利是一种使资产在剧烈波动的金融市场通过交易保持流动性的手段，但一旦出现套利机会，那些从中受益的参与者就会立即再次参与套利。

对冲使用衍生品将风险降至最低。它是一种通过持有一个与市场现有头寸相反的头寸来补偿风险的策略。一旦签订衍生品合约，可以通过持有头寸来抵消基础资产或负债价格变动造成的风险。衍生品合约到期结算时，其持有人产生的收益（或损失）可以补偿（或无法补偿）基础资产或负债价格变动造成的损失（或收益）。如今，非金融企业比金融企业更倾向于采取对冲措施，而金融企业在投机领域尤为活跃。

即使是对冲也包含一个投机动量，因为它是指基础资产未来波动的轨迹。然而，对冲操作中假设的相关性（如果 y 向上移动，那么 x 向下移动）不是市场参与者认为的模型参数，而是真实参数。因此，对冲也可能转变为投机。在这种情况下，对冲的目的不是为了降低风险，只是为了增加投机资本。因此在计算价格时，仅对风险进行数量统计，并用数字来表示。在此过程中，风险与其实现条件分离，这具有特定的含义：风险现在可以根据波动性来定义，并且可以用衍生品价格相对方差的概率来衡量。波动性本身用一种生产逻辑来衡量。衍生品现在利用其主动创造的波动性来获利。

投机是指通过购买或出售衍生品合约利用剧烈波动的基础价格与衍生品价格之间的未来价差进行获利的交易行为，即通过将衍生品合约到期时的成交价（交割价格）与现货价格（市场价格）之间的价差货币化来获利。然而这只说对了一半，因为投机（和对冲）主要通过衍生品本身的价格变动来运作，而衍生品价格的变化导致投机者资产负债表中损益（而不是基础资产）

的变化。① 衍生品波动性越高和持续时间越长，与之相关的风险就越高。在这里，回报率与波动性和时间内在相关。投机是基于对这种内生关系所带来的风险的确认。在进行衍生品交易时，投机者必须执行复杂的风险管理程序。一般来说，投机者有多种选择，可以自由选择比传统投资者更高的杠杆率，传统投资者则投资于工业生产过程或以各自的市场价格交易基础资产。正如细节中所述，投机者主要以衍生品本身的价格进行交易。因此这种投机方式可以说明，衍生品市场绝不能被理解为市场，② 衍生品交易的主要目标是购买或出售基础资产，这意味着衍生品市场不被视为投资市场，其中公司通过管理卖价与商品生产成本之间的差价来实现利润。衍生品市场总是与其自身的流动性挂钩。今天投机性交易量超过对冲交易量许多倍。③ 然而，尤其是金融企业正在不断地对投机、对冲和套利这三种不同的策略进行组合。

通常，一般资产（远期合同、期货、期权）被定义为金融合约，其价值来源于被称为"基础价格"或"基础资产"的其他资产（Esposito 2010: 152–153）。基础资产可以是金融工具或衍生品本身的价格，也可以是股票、债券、指数、利率、商品等的价格。不光是这些因素具有基础资产的功能，小麦作物或香蕉产量等外部因素也具有基础资产的功能。总体来说，潜在基础资产的数量是无限的。在任何情况下，衍生品都不等同于基础资产，因为想在某个时间点购买一吨铜的期货合约所有者不是铜的所有者，而只有在某个时间点及时执行合约时才成为铜的所有者。在此之前，衍生品合约可以出售，并且可以通过合约来实现收益或损失，这取决于铜价的发展变化。因此，

---

① Delta 对冲用于计算期权价格。采用这一操作说明只要存在足够的波动率，无论基础资产朝哪个方向移动，都可以通过期权获得利润，波动率用隐含波动率来衡量，即通过布莱克—舒尔斯公式反演算法来衡量。

② 芝加哥期权交易所（CBOE）是首批制度化的衍生品市场之一。

③ 个体参与者可能很难找到在合约中持相反头寸的合作伙伴，而所谓的做市商或投机者则会介入，以保持市场的流动性。

投机性衍生品合约的编写者似乎完全将精力放在如何利用合约到期时成交价（在合约中约定）与现货价格（基础资产市场价格）之间的价差获利。然而，我们看到的情况并非如此。

必须对衍生品加以区分。正如在场外交易（OCT）市场上一样，两个交易伙伴就衍生品进行直接谈判，因此不需要标准化形式的（远期合约）就可以将衍生品纳入复杂的承诺链（期权、期货）。衍生品在金融市场回路中流通，由于标准化而缺乏灵活性，因此只能由具有经济实力的特定行为体对它们进行分类和类型化。[1] 今天，在场外交易市场上交易的衍生品占绝大多数，它们不在交易所进行交易，因此不需要标准化形式的合约。[2]

衍生品交易需要一个充满活力和流动性的市场，这使得投机资本的流通成为可能。该市场始终表现为一个实用的、具有述行性的结构和一个由社会产生的真实的虚构。它是虚构的，因为它必须被市场参与者相信；同时它又是真实的，因为它必须不断地被重建（面对不确定的流动性）。此外，它也是理论的研究对象[3]（LiPuma 2017: 221ff.）。

---

[1] 爱德华·利普马将衍生品视为一种生成性方案，它涉及对波动性的"押注"，可以实现资本的分割和构成，创造一个由可变风险和不可通约的风险组成的混合体，并产生一个抽象数字，起到社会中介的作用（LiPuma 2017: 31）。对于衍生品来说，国内生产总值等指数微不足道。没有波动性产生，衍生品就不可能存在。事实上，波动性促进了衍生品的复制和流通；否则，衍生品将一文不值。

[2] 1999 年至 2009 年间，场外交易市场衍生品的交易量从 2.63 万亿美元增加到 21.6 万亿美元（Sahr 2017: Kindle-Edition: 4972）。

[3] 2008 年，全球期货和期权交易量为 2.4 万亿美元（Sahr 2017: Kindle-Edition 4972）。必须假设，理性行动主体的决策为新古典理论家所偏爱，它们以虚构事物作为参照物。因此，理性行动主体是指那些想实现效用最大化，但未必知道为实现自身目标而需要采取何种策略的人群。在这里，虚构事物开始发挥作用，它们包含关于世界未来状态或未来事件的想象、图像和叙事，这些都可以通过心理表征在当下进行认知。这意味着面对不确定性，行动主体的动机正是来自想象的未来事件，而行动主体借助于心理表征或虚构预期来开展活动。在经济领域，虚构事物表现为信仰、思想、意识形态、幻想、理论（转下页）

第 6 章　投机资本

远期合约是一种最简单的衍生品。它是一种场外远期交易，是指在将来某一天以某个固定价格买入或卖出某个资产、项目或商品（基础资产）的交易合约（cf. Malik 2014: 340f.；Hull 2011，第 2 章）。如果一方承诺在远期合约到期时以某一价格买入基础资产，那么该方将持有多头头寸；卖出手中头寸（基础资产的交割）时就持有空头头寸。如果基础资产的当前市场价格（现货价格）在规定的时间高于合约约定的交割价格（成交价），则多头头寸盈利，空头头寸必然亏损。交割价格由场外清算所监管，到期时会产生一定的费用。

让我们举一个简单的例子：假设 K 为基础商品在到期日（T）时的交割价格，S 为交割日的市场价格，q 为在时间 t 时交割的商品数量。想买入的人持有"多头头寸"，想卖出的人持有"空头头寸"。前者同意在某一天支付对价 $K_t q$，然后会收到具有一定价值 $S \times q$（在 t_1 之前未知）的东西。这是一

（接上页）

和话语等叙事形式。由于这些叙事方式不能完全归结于数字量化程序、数学模型，或简单归结于经验主义，虚构事物总是为蓬勃发展的创意产业提供资源。如果虚构事物不受理性计算方法的约束，它们可能不一定是真的，但它们仍然会产生真实的经济效果。虚构预期代表未来的事件，就好像它们是真实的一样，从而确保行动主体能够在面对不确定的未来时按照某种意图行动，即使未来仍然是不可预测的和未知的。

　　就连约瑟夫·熊彼特也坚持认为，创新的建构与经济学主张的预测行为是相互对立的，因为无法从现有知识中合理推断出动机。相反，正是行动主体的潜在想象力激发和引导着他们自身的部分可预测的活动。开放的想象与理性的预测之间的摆动是基于需要信任的关系，也就是说，行动主体总是试图获得关于各自合作伙伴的信息，因而解释证明可信的任何信号。即使是有助于做出最佳选择的客观程序，也必须从不确定性的角度来判断，因此这些程序总是包含虚构的方面。也就是说，预测作为一种虚构事物，使某些显然独立于结果不可预测性的决策合法化。因此，在以不确定性为特征的情况下，预测不太可能被理解为能够预测未来的工具；相反，它被理解为一种镇静剂，用于对抗不可预测环境中行动的影响。预测与市场参与者的动机存在冲突，其特征有三个：激励短期内发挥作用，具有竞争性和货币性。任何人都不会拒绝短期内有利可图的投资，即使未来存在巨大的风险，投资将失去价值。利普马将这一现象称为"跑步机效应"（LiPuma 2017: 147）。

种现金流交换。对于多头头寸（买入）来说，远期合约在到期前整个时间段（t）的价值为 F。如果 F_t 为某个时间段（t）的当前远期价格，则该值可以用以下公式来表示（Sotiropoulos et al. 2013: 77）：

$$f_t = (F_t - K) e^{-rt}$$

式中：r 为利率，t 为到期前的剩余时间。如果某个时间段（t）的价格（F）高于合约中最初设定的价格（K），则多头头寸获利，即贴现差额为 $F-K$。最终远期合约的"价值"可以是正的，也可以是负的。它表示双方的损益，包括承诺和风险的资本化以及相应的未来收入。约翰·米利奥斯将远期合约理解为一种特殊的商品（以资本为资本）（Milios 2019）。

期货合约是指，交易双方（在股票市场上）签署的在未来某个确定的日期按合约中约定的，与各项标的物当前及未来市场价格不同的价格买入或卖出一定数量的某种标的、商品或指数的合约。如果标的物的市场价格上涨，则买方获利，反之亦然。与远期合约相比，期货合约的成功与否不仅取决于各缔约方的协议，还取决于未来可能在金融市场上进行的合约交易，这意味着期货合约的价格可能会随着各自市场趋势和力量的改变而发生变化。当更多交易者持有"多头头寸"而非"空头头寸"时，价格会上涨（cf. Hull 2011，第 2、3 章）。

期权是一类衍生品合约，它是指在无须执行期权的情况下在某个时间点（到期日）以某个约定价格买入（看涨）或卖出（看跌）基础资产的权利。看涨期权的价格从零到无穷大不等，在具体操作时，人们可以（但不是必须）以未来某个价格买入商品或证券。期权主要用于对冲目的（Malik 2014: 346f.）。与远期合约和期货合约不同，买入期权时会产生费用。期权有两种基本类型：未来以某个约定价格买入某标的物的权利称为看涨期权，未来以某个约定价格卖出某标的物的权利称为看跌期权。① 当卖出手中头寸时，就持有空头头寸；而当买入头寸时，就持有多头头寸（cf. Hull 2011，第1章）。成交价与到期日之间的关系被称为凸性。期权在未来与现在之间建立了一种关系，以便于通过比较不同的风险概况使未来现金流在现在获得一个预测值。

通过看涨期权可以对基础资产价格的未来发展变化进行推测（股价上涨）。如果合约中约定的价格低于合约到期时的市场价格（欧式期权），或甚至低于合约到期日之前的市场价格（美式期权），则应赎回期权。如果期望的事件发生，期权持有人有权以约定价格买入标的物。如果期权持有人由于某些其他情况没有赎回期权，期权会到期，同时持有人将损失一小笔期权费。另一方面，如果合约中约定的价格高于市场价格，看跌期权将由持有人赎回（ibid.）。这里有两种类型的期权操作者，即写期权者和读期权者。前者通过编写期权，并将期权出售给后者以赚取费用。

总体来说，重要的是，这里不仅可以依赖股票、证券、货币等的价格变动，还要依赖影响它们的投机活动，即市场波动或更高阶矩的波动性。② 大多数期权，尤其是奇异期权，应该被归类为非常规、非线性衍生品，其中包括或有债权（根据双方之间的合约，基于未来不确定的事件清偿债务）。这意味着所谓的非线性 Delta 对冲，其中 Delta 用以衡量期权价格与基础资产价格之

---

① 买卖权平价关系是指看跌期权与看涨期权之间存在着某种固定的关系。看跌期权和看涨期权必须参考相同的基础资产，具有相同的执行价格和相同的到期日。如果行使期权，持有看涨期权以执行价格购买股票的人必须有资金购买股票。对于看跌期权持有人来说，其已经持有与看跌期权相关的股票。看涨期权的价格与购买股票所需现金之和必须等于看跌期权的价格与股价之和。买卖权平价关系用以衡量期权市场价格是否失衡。如果不满足买卖权平价关系，则存在套利机会，即能够无风险套利。

② "波动性"一词在一般意义上可以理解为事物的随机性，即被看成变化的强度。在各种模型中，当前波动性被转换为一种基于历史结果的统计度量指标，例如一年内的价格变动。我们必须把"波动性"与"风险""不确定性"这两个术语区分开来（Lee and Martin 2016: 203）。

间的变动比率，在标准模型中，该比率是恒定不变的。Delta 对冲由一名"正确"确定投资组合 Delta 值的操作员来执行，以确保期权的价格变动和关联参照头寸的价格变动接近均衡；两种价格变动的无穷小对称性意味着投资组合的 Delta 值在任何给定时间点都不是严格等于零，但至少趋近于零。Delta 值一直处在变为零的过程中。Delta 中性是通过加速来实现的，也就是说，它将以更快的速度向零移动。为了动态对冲此类二阶衍生品，必须不断对其进行重新校准。也就是说，必须找到一种财务方法，使期权脱离辖域无休止地向零移动，这只能是一个渐进的过程。连续复制始终是一个动态的过程。

互换是在场外交易市场上交易的高度复杂的期货合约。交易方约定按照某些条件交换未来现金流和货币流（现金资本流、收入或收益流），并确定未来的付款日期以及每种情况下的付款计算方式（cf. Malik 2014: 351; Hull 2011，第 5 章）。互换合约出现在 20 世纪 80 年代初，借助这类合约可以获得比较成本优势。例如，人们使用可变利率的不确定性现金流来交换固定利率的现金，从而用价格下跌的风险与贷款无法偿还的风险进行交换。

为了说明这一点，我们举一个简单的例子：一家长期或者短期（通常可能比固定利率借款约定的时间短）以固定利率借款的公司希望利用这个机会以可变利率借款；另一家主要参与浮动利率市场的公司正在固定利率市场上以可接受的利率寻找长期资金或贷款。现在通过对固定利率市场贷款和可变利率市场贷款分别产生的未来利息进行交换，在某些情况下对两家公司都有利，即两家公司在未来支付的利率低于没有互换协议时支付的利率。最终结果是双方分享利润。2009 年，利率互换市值为 12.6 万亿美元（Sahr 2017: Kindle-Edition: 4979）。

互换合约不一定必须满足传统保险市场中常见的合约要求。例如，在传统保险市场中，保单的卖方必须持有相应金额的资金以防违约。从传统保险市场的限制中解放出来的结果是，那些提供贷款和保险的金融企业（及其企业规模，资产负债表中金额）之间存在着更加密集的网络、依赖关系和纠葛。

这反过来又会导致信用互换合约价格降低，进而导致净成本下降以及信贷规模相应的扩张。

自 2000 年以来，一种称为信用违约互换的新型合成证券在金融市场上大规模扩张。在信用违约互换合约中，投保人为自己向保险人投保，以防（前者的）参考债务人出现违约，保险人则必须在约定期限内向投保人收取一定的费用。双方会就参考债务人违约或类似信用事件的风险进行协商。参考债务人破产的概率越大，保险费就越高，保险人将保险费视为一种回报。①

现在，如果信用违约互换被转售，信用违约互换持有人只需通过对时间进行管理便可成功获利：持有人在 t_0—t_2 期间作为保单持有人签署一份合约，并在时间 t_1 作为保险人签署第二份合约，该合约在 t_1—t_2 期间有效。持有人现在推测，如果信用违约互换参考政府债券，随着时间的推移，X 国的信用状况将变得更糟，因为那时费用（对于作为保险人的他来说）将会增加，这意味着他在 t_1—t_2 期间赚取的保险费可能会高于其在 t_0—t_2 期间必须支付的费用（作为保单持有人）（cf. Mühlmann 2013: 32）。在 t_0—t_2 期间，信贷违约或破产的可能性增加（其中 t_2 可以被视为一个可以改变的时间段），最终可能会破产。信用违约互换交易可用于操纵政府必须为其债券支付的利率。也就是说，如果信用保险费用上涨，这些利率将上升。假设信用风险事件（如公司或国家破产）发生的概率随着时间的推移而增加，因此，交易保险费用随着风险事件接近突变点而增加，这从根本上打破了以前的经济动态。这意味着，从灾难一发生，我们就面临着性质上是新的时间进程和结构（ibid.: 38）。这里

---

① 对于"无担保信用违约互换"来说，信用违约互换具有以下特点：(1) 信用违约互换卖方在不持有贷款的情况下存在贷款违约风险；(2) 卖方可以转售保险，因此不必拥有可以补偿买方违约的资本储备；(3) 买方不必是基础信贷的所有者，甚至不必在基础信贷中拥有任何权益。然后，买卖双方围绕任何一方都未持有的参考贷款构建互换合约，以便准确推测其还款能力。

投机者面临的风险是，如果他同时是投保人和保险人，他也必须预料到损失。

这类保险经济学涉及一个不对称的时间机器，因为不可逆的风险时间（债务人破产说明程序的不可逆性；如果发生这种情况，与参考债务人的债权人协商信用违约互换的保险人必须向债权人支付全部借款）与可逆的风险时间混合在一起，其中的风险似乎被推迟，因为如果作为一级保险人的保险公司向银行出售了一份信用违约互换，那么可以作为保单持有人终止第二份保单。如果一级保险人必须向银行支付全部借款（由于其债务人之一破产），则二级保险人将偿还相同金额的借款，从而使一级保险人的破产成为一个可逆的时间事件。投资者还可以通过买入信用违约互换来防范证券化贷款违约，信用违约互换价格越高，预计证券化贷款违约的可能性就越大，这可能发生在证券化链的任何一点上。

显然，这类信用违约互换会像病毒一样传播，因为行动主体同时扮演保险人和被保险人的角色，即在一组反向关系链中行事（ibid.: 34f.）。正如海纳·穆尔曼（Heiner Mühlmann）所写："在病毒链中，所有资金都来自一个出借人，出借人反过来又借款并为自己的借款投保，而从出借人那里借款的人又会向别人借款并为自己的借款投保。"（ibid.: 186）灾难发生前机会增加通常意味着回报增加，如果回报不佳，则可以排除失控或损失。毕竟，最终只有那些在真正的灾难（例如，某个公司/国家破产）发生前不久退出企业的行动主体才能获得利润（ibid.: 116）。因此，信用违约互换总是利用特定的时间结构及其偶然性进行交易。

信用违约互换市场实现超常增长（这在20世纪90年代几乎是不可能发生的），这点可以通过以下事实得到证明：2007年，信用违约互换合约规模达到45.5万亿美元（据《纽约时报》报道，这一神秘市场将在2008年2月17日面临一场巨大的信用考验），通过信用违约互换合约链对冲了58.2万亿美元的信贷（Sahr 2017: Kindle-Edition: 4991）。信用违约互换大幅增长的原因与CDO相同：它确保私人银行、影子银行和其他金融机构实现盈利能力的提升，尽管方式与 CDO 不同。当银行出售信用违约互换时，它们会收取费用。更重要的是，购买信用违约互换可以节省货币资本，因为信用评级较低的资产负债表等债务工具需要大量的资本储备来弥补债务人无法支付的风险。如果现在通过信用违约互换合约来降低违约风险，资本储备也可能减少，因此可能会释放新的货币基金来扩大业务。此外，信用违约互换风险甚至仍为今天对冲的对象，因此现在似乎有所减少。

这些过程导致 2008 年金融危机发生前几年美国银行发行抵押贷款增长速度加快，因此 CDO 和 CDS 交易量增加。长期的风险低估（在抵押贷款分配的情况下）也有助于这一机制的发展，而央行的低利率则为这一过程提供支持。这包括不断增加的次级贷款分配，从 2006 年起，私人银行越来越缺乏有能力偿还贷款的借款人。在这种情况下，CDS 无疑可以被描述为金融资本增长的重要催化剂。一方面，它们的职能是对冲金融风险，另一方面，在低利率正在损害某些投资带来的业务和回报时，可以通过调整银行对客户的贷款，再次提高盈利能力。

让我们进一步总结和解释说明。正如我们所看到的，衍生品不是一种事物，在本质上是一种关系，甚至是一种关系的关系。首先，我们必须提及衍生品本身相对于基础资产的波动性，以描述衍生品的特征。稍后我们将对此进行审查。反过来，衍生品的规模、时限和波动速度对于衍生品复制来说是至关重要的。从某种意义上说，根据利普马的说法，"押注"（我们的解释不同）是在这些关系的基础上进行的，并且"探戈与时间密不可分"（LiPuma 2017: 28）。因此，在衍生品合约中，两个交易对手"押注"基础资产未来会发生什么，例如利率或美元与欧元之间的汇率。这种押注在合同中明确定义的特定期限内有效。这里必须假设衍生品本身的价格也可以交易。

对于利普马而言，衍生品市场一方面是历史上确定的，另一方面是将风险归因于价值的任意资本手段（ibid.: 29）。衍生品市场在某种程度上将流通与生产分开，并产生新的相互依存和连通模式（ibid.: 60）。这主要是指衍生品不受生产结构的限制或不依赖于生产结构。说到底，衍生品是一种非决定性的要素，它可以指代世界上所有的不可预测性和不确定性。因为这里有无数基础资产，因此衍生品的认购方式几乎没有限制。衍生品涉及一种投机风气，这种风气是在预测文化和机会的模糊性之间形成的（ibid.: 229ff.）。

此外，对于利普马而言，衍生品是一种通用设计方案，它隐含着一种基于时间的押注，这种押注针对波动性、资本分割与重组，以及可变风险和不可通约的风险的混合分布。它最终产生一个抽象数字，用来代表抽象风险，它反过来又起到社会中介的作用（ibid.: 36；对于一个受衍生品驱动的经济体来说，GDP 等度量指标毫无意义）。衍生品将经济"整体性"描述为一个由基于抽象风险的全球范围内不同的自我复制合约组成的模糊集合体。（今天，衍生品的规模和原则上的无限性对国内劳动力市场的组织和经济的集体再生产条件有着巨大的影响。当投机产生的利润超过生产性劳动带来的利润时，投机就成为特权配置。以房地产市场为例，与作为金融资产的房屋相关的利润超出了该房屋作为物质品或商品的价值；事实上，利润与传统住宅的成本越来越脱钩。）与资本流动类似，衍生品市场本身需要不断发明新的奇异衍生品或合成衍生品，以识别全球资金流并将其资本化，也就是说，将其置于杠杆逻辑之下。

衍生品在特定时期内将风险货币化。现在（合约开始之日）是一个虚拟的、无空间的时刻，但关键是合约有一个与未来相关的期限。此外，衍生合约具有内在的执行力，因为它们创造了自身存在的条件，正如"承诺"一词产生了承诺一样，直到在某些条件下到期为止（ibid.: 37）。衍生品的使用价值在于其动态复制，或者换言之，衍生品存在于开始日与到期日之间的时间间隔内。在这样做的过程中，衍生品通过扩大和缩小已实现价格和未来可能价格之间的差距，不断创造新的现在和新的财富。衍生品通过波动性以及被衍生品描述为虚拟价差中心的区域的扩散来创造财富，填补了一个时期的空白。衍生品设计决定着这些利差和波动性的影响力。

这里的凸性意味着基础资产和衍生品价格的变化未必是对称的。基础资产价格的变化可能会导致衍生品价格不成比例的变化（而该价格会严重影响基础资产的价格）。因此，即使基础资产价格的微小变化也可能导致衍生品价格的大幅上涨。回想一下，在次贷危机中，与房价下跌相关的少量违约导致了CDO的巨大损失。在这种情况下，衍生品不可能仅仅变成预期的收入流或回报，因为其波动的大小和速度有助于确定回报的大小。因此，价格也涉及衍生品的预期未来波动率，它以交易时刻与其到期日之间的差异程度来衡量。因此，衍生品价格以预期波动率与到期日之间的关系为中心。

因此，波动率的定价是在某个时间间隔内进行的。也就是说，时间被压缩在衍生品起始日与到期日之间的某个期限内。尽管应该注意的是，衍生品的流通速度与传统商品的流通速度大不相同。① 时间的流逝速度是恒定的，人们为衍生品设定和安排了一定的时间间隔。这一时间间隔呈现了未来，而未来又与现在相互作用。或者换言之，它是关于未来基于插值的预测，这同时导致现在的扩张，但也会造成不稳定性（ibid.）。交易者注定要预测一个他们

---

① 今天，即使是商品也必须以更具差异化的方式加以考虑。传统马克思主义继续坚持认为，只有客体才能被视为商品，而非客体的东西最终不能以商品的形式出现。然而，合成金融中的数字合成衍生品与商品客体的概念相矛盾，人们现在可以说该客体是关系网中的一个节点，或者是与作为客体出现的社会性的联系（客体的节点是一个合成位置）。乔纳森·贝尔勒（Jonathan Beller）谈到了从单一商品客体向分散和分布式商品（数字客体）的过渡，以及从工厂生产移动向社会工厂中网络商品分布式生产的过渡（Beller 2021）。工业生产在工厂中创造商品客体并在市场上销售，而分布式（数字）生产则创造数字客体。这些数字客体实际上是虚拟和社会工厂网络中的衍生"客体"，并在注意力市场上销售。新的分布式图像客体与特许经营、平台、品牌和其他关联传播模式有着千丝万缕的联系。拥有网络的一部分，无论是作为股份、基础设施或代币，还是作为"商品"，都可以被定义为网络衍生品，因为它产生了基础资产回报（流量），这是整个网络的利益所在。因此，商品是关系网络中的一部分，它是一个节点，或者按照通常的说法，它是一个分布式客体。但考虑到今天的数字合成能力，即使是传统的商品客体也不仅是一种衍生品，还是一种与可交易交换价值相关的可组合的结构化头寸，其基本价值在市场上有所体现。

不知道的未来，在预测过程中，他们遵循金融理论的指导方针，该理论试图将未来认定为一种概率分布。这种对时间的利用和预测使衍生品在很大程度上区别于传统的商品交换。衍生品此时此刻不具有透明的价值；推动交易的唯一措施在于预测其未来价值。衍生品着眼于未来；只有在市场参与者就衍生品净值达成共识的情况下，才可以对其进行定价，因为市场参与者假定存在买卖价差，但对于衍生品的未来价值，他们的预期和投机预测有所不同。

如果现在的未来（对未来的预期）和未来的现在（被称为"实际发生的未来"）是不一致的，那么由于投机资本交易，未来的现在总会发生，并且与预期的差异、在一定程度上与预测的未来或固定的未来的差异，以及可能已经使用过的潜力会转化为现实。正如埃琳娜·埃斯波西托（Elena Esposito）所写："未来既不是现在的未来，也不是未来的现在，而是两者之间的差异，因此也包括两者本身。"（Esposito 2010: 178）根据埃斯波西托的说法，现在金融经济学的时间周期恰恰在于现在取决于未来，"未来又取决于现在，而现在又取决于未来"（ibid.: 28）。埃斯波西托认为，衍生品市场或合成金融代表着一种"创造未来的伟大工具"（ibid.: 179），它通过以人为方式参照无内容货币符号有效地执行金融体系。

6.1.1 附记1：布莱克—舒尔斯公式

布莱克—舒尔斯（Black–Scholes）公式是一种计算期权价格的述行性数学方法和模型。它之所以出名，是因为它可以通过递归式适应或动态对冲策略来推断期权的收益和损失，换言之，可以用它来抵消金融市场中的方向性风险。因此，公式的两位发明者假设未来发生的事件与过去发生的事件具有类似的分散性，这意味着风险应该在一定程度上是可预测的，因为它们可能是从过去的发展中衍生出来的。布莱克/舒尔斯确立的另一个先决条件是，理性投资者的行为就像液体中的颗粒（布朗运动），其确切位置无法预测，尽管其运动的分散性和实现可以预测。因此，债权人和债务人似乎能够在没有风险的情况下决定其首选的风险结构。在这些条件下，比较不同资产（期权和股票）的现金流量；也就是说，当前波动率与未来波动率相等。

在布莱克—舒尔斯公式中，期权价格根据微分方程来计算，微分方程包含五个变量：执行价格、期权到期日、无风险利率以及基础资产的价格和波动率。[①]

尽管方程中的未知因素是基础资产的波动率（以及时间），但它至少可以利用历史数据进行估计。因此，布莱克/舒尔斯认为，期权基础资产的预期波动率及其在期权生命周期内的未来变化是期权定价时应考虑的最关键因素，而波动率是唯一具有指数效应的参数。这里没有考虑的是，期权本身的价值也可能发生变化，并对价格产生决定性影响。衍生品将时间构造成一种资源和可量化的风险维度。期权的期限越长，波动的可能性就越高。因此，必须开发一种计算方法来衡量和预测期权的波动性。它可以通过隐含波动率来计算。因此，它最初不再是关于价格波动所支撑的价值。期权的价值现在来源于（基础资产）价格和市场变动，即波动率。波动率现在是指用质量衡量的市场"价值"，因此无法量化。经济学家通常通过资产的波动率（基础资产）对其加以量化，但也可以通过期权价格或隐含波动率来衡量未被量化的波动率。

$$\frac{\partial DT}{\partial t} + rS\frac{\partial DT}{\partial s} + \frac{1}{2}\sigma^2 S^2 \frac{\partial^2 DT}{\partial S^2} = rDT$$

---

① 罗伯特·迈斯特（Robert Meister）认为，布莱克/舒尔斯的成就是对金融资产中期权和无风险债务的基本构成进行了更为详细的分类，至少就看涨期权而言是如此。如果人们以今天设定的价格支付未来房屋期权的金额，那么在房价下跌的情况下，他可以盈利的价格出售期权，同时限制相对于原始支付金额的潜在损失，从而从未来房价上涨中获利（Meister 2021: 6）。

1. 期权合约到期前的存续期限
2. 无风险利率（r）
3. 参考价格（$S0$）
4. 参考价格波动率（σ）

风险中性是一个非数学参数，旨在确保衍生品市场不受可能导致衍生品定价差异的所有社会经济变动和事件的特殊影响。这不包括套利；也就是说，同一衍生品在法兰克福的价格可能与其在伦敦的价格存在差异，在此基础上，进一步假设该模型允许对衍生品进行完美对冲。担保品不可能有一个以上的价格（一价定律）。这条定律似乎被一条公理所证实，即在一个充足的市场上，套利是不可能的。如果由于市场异常而出现套利机会，两种不同价格之间的差距会立即缩小，尽管实际上金融市场上总是存在套利机会。这里要提到的是，设计现实的经济模型与模型现实之间存在差距，这反过来又与金融理论预设的确定性与金融行动主体在实践中面临的不确定性之间的差异有关。

在基础数学的名义下，必须假设一个理想化的完美齐性空间，以防止套利，并将其设想为纯粹的外部事物。在这种情况下，期权所实现的结果不能超过其平常力所能及的范围，即不能改变或扭曲价格。标准模型排除了以下情况：期权不仅使持有人有可能在未来某个时间点做某事，还放开了选择权。但今天，这不仅关系到收益率优化，还关系到选择权的增加。持有期权使所有者有权（而非义务）在某个时间点做某事，也有权不做某事——因此，这使他有可能做出选择，或者换言之，期权赋予其选择权。这总是包括存在于社会关系和网络中的社会需求，这些需求与未来的资金流向有关，而这在金融理论中往往被忽视。然而罗伯特·迈斯特认为，正如布莱克/舒尔斯所证明的那样，金融理论的"价值"体现在它允许对期权进行定价，定价以文本方式（通常是采用足够标准化的合约）进行，这些合约共同参照某些金融事件序列以及它们之间的共同点。这种共同点可以是两种商品在特定时间的价格差。它也可以是非可比单位（如平均价格和平均温度测量）之间的共同点。衍生品合约中的这种共指性时刻在市场上被定价和交易（Meister 2021：14）。

布莱克—舒尔斯公式说明期权在指定的到期日结算，然后向后延展以确定当前价值。它没有考虑到可能存在通货紧缩或通货膨胀的过程，它假设交易对手永远不会破产。一旦考虑流动性的因素和变化、供求关系的变化、无风险利率的扰动、套利机会等因素，该公式很快变得过于复杂，难以在实践中应用。准确地说，该公式为理性行动主体建立了①一个公平的金融数学模型。也就是说，它将市场整体视为一个数学表达式和一个自然制度，因此忽略了市场作为社会经济形态结构的一部分，而这种形态结构使资本在今天通过生活金融化进行流通。当行动主体同时将市场视为一个假想的整体时，数学化方法强化了这一假设，即将市场视为一个保持流动性的连续交易集。

隐含波动率用于比较基础资产和期权的风险概况，这一过程被称为动态复制（对已知工具和未知工具进行比较）。市场上总是有按市场价格出售的期权。如果市场以随机游走的方式运动，那么资产的价格也会以相同的进程运动；也就是说，波动率是随机的、不固定的，所以波动率参数需要一个既具有确定性又具有混沌性的算子。因此，每个试图确定未来波动率的算子都需要使用非线性函数的微分方程。通过对布莱克—舒尔斯方程进行逆运算，并引入期权市场价格来计算隐含波动率，可确定期权的未来价格变动情况。这种做法会得到不同的波动率，而不是像布莱克—舒尔斯所假设的那样，得到恒定的波动率（当波动率变化时，未来不可预见的事件不会以与过去类似的事件相同的离散度发生）。根据布莱克—舒尔斯的假设，实际上不可能存在波动率和不确定性发挥重要作用的市场。尽管如此，该模型过去和现在仍具有

---

① 由于市场上有大量的买家和卖家，为一份合约找到一个合适的交易伙伴是极其重要的，当然交易伙伴期望从中获得高回报。

极高的性能，因为其广泛使用尤其产生了用它构建的价格走势，而不是简单地对价格走势进行映射，数据不等同于开始使用时建立的模型。

基于波动率差异的期权定价理论则包括以下内容，即稍后决策的当前价值取决于人们对未来情境变化的预期。因此，购买期权应该能够使我们免受利差波动的影响，这被称为波动率的波动率（Meister 2021: 8）。

波动率本身就是波动的，这是金融理论的一个重要表述。首先，这里有两种方法可以衡量面向未来的衍生品的价格走势：通过跟踪衍生品及其价格在过去的波动情况来衡量历史波动率，或者通过了解隐含波动率，假设预期价格并将其追溯到现在（贴现）来衡量历史波动率。在这里，我们使用布莱克—舒尔斯公式来计算某个指定衍生品的杠杆率。

人们主要对波动率进行交易。与其按照给定的波动率来确定期权价格，不如按照给定的价格来确定预期波动率，这可以追溯到价格形态的真实性。选择性现在所增加的价值是预期波动率意外变化的产物。从某种意义上说，金融理论是对风险模型怀疑进行交易。它是关于我们对未来预测所产生的反常效应的反身性，实际上它涉及未来将会是什么样子。然而使用这些预测模型进行交易可能会失败，因为参与者的行为篡改了模型的假设。当金融参与者对预期波动率进行定价时，他们以含蓄的方式对模型怀疑进行交易。这意味着估值最终是基于未来的不确定性，这还包括不断更新过去的数据，以修正人们对未来波动率的假设。这关乎未来和过去在多大程度上相似的问题。但这是个风险问题，而不是不确定性问题，正是因为这一差异常常被忽视，经济学家的预测屡屡失败。

6.2 证券化

自20世纪90年代以来，除了传统衍生品（期权、期货等）之外，还引入了合成衍生品（CDO、CDS等）。债务抵押债券证券化涉及一组异质贷款/证券的集合，这些贷款/证券由不同现金流和风险组成，它们被整合成单一证券，然后将该同质资产池作为单一现金流和单一风险在金融市场上进行交易。[1]

这一同质资产池又可以划分为不同类别的风险和现金流，而这两个要素的质量随分类的不同而变化。由此产生的类别被称为"组别"，这些组别可以通过各种方式重新排列，以产生各种特定风险和与之相关的资金流。通过债务抵押债券中的每个新增组别可以形成对其他组别的新的依赖关系，这可能会触发一系列其他组别的增加、分级和分离。新的差异化过程开始执行，同时使用标点符号来记录、登记和分配各组别的损失和收益。如果这些组别用于对风险进行基本上无休止的再分化，新的分化水平会不断出现，由此构成了一系列的附着点和分离点（Lozano 2014）。"附着点"是指提示风险属于某一特定组别的点，而随着"分离点"的实现，新的风险被释放，这将从现在起影响其他风险评级较高的组别。[2]

可分割性、到期日、风险和现金流等因素是这些资产的重要属性，或者更准确地说，资产具有这些特征。在这里，资产的决定性要素不是资产的广泛现实化，而是资产的可替代和密集的虚拟化潜力，以及资产属性的可能变化。这可以导致至少在理论上无休止的无限创造，从而将风险和未来现金流置于尽可能同步的关系中，但却无法消除失调时刻。模拟空间市场今天交易的是CDS、CLO或CDO等合成证券，它既不是固定的也不是平坦的，既不是统一的也不是同质的，而是必须被视为非欧几里得空间或拓扑空间，并且仅受到资产涉及的各种参考类别的适度限制。在这种情况下，CDO衍生品应

---

[1] 2007年，传统衍生品的票面价值超过2.4万亿美元，其中大部分衍生品在美国制造，但也销往欧洲和亚洲（Sahr 2017: Kindle-Edition: 5015）。

[2] 2007年次贷危机期间，除其他因素外，与抵押贷款相关的CDS保单的价格变动导致这些贷款的巨额减记，最终导致可变利率抵押贷款利率上升，房价下跌，随后导致贷款本身大量违约。

被理解为动态组合的无序资产，其本质上具有不同的经济属性，如到期日、收益率、价格、风险和现金流，这些属性可以在其他地方进行可塑性和非线性扩展和注入。也就是说，衍生品是被创造出来的，可以突然再次被销毁。它们无限循环下去，形成非线性的集群、漩涡和差异性重复分形，以及数千个聚集、浓缩与分解平台。

证券化CDO配售是21世纪初根据"发起和配售"原则组织的（cf. Marazzi 2011: 36）。这种形式的链条始于美国的金融市场，并从那里蔓延到全球，其发展过程如下：自2001年以来，通过按照特殊规则将大型信贷机构的资产负债表证券化，已发行的贷款/房地产贷款日益从这些机构的资产负债表中消失。私人银行或由银行创建的特殊目的机构，发行由富有投资者购买的证券化本票。与这些证券相关的款项从原始贷款（本金和支付利息）中支付。这些证券从一开始就被分组。也就是说，它们代表着分期分级收款的权利。如果迄今为止节省的贷款有足够的现金流，那么风险最低的最重要的组别（这里许多特殊目的公司的债务人必然出现票据违约）将首先得到偿付（Sahr 2017: Kindle-Edition: 5028）。

因此，证券化链条从发行资产支持证券开始。在这种情况下，它是以抵押贷款支持证券的形式发行资产支持证券。这些债务证券最初由私人银行转手或出售给通常位于离岸中心的资产负债表外的特殊目的机构，然后再出售给投资者。然后，通过多次重复利用"打包"和"分级"原则（即对上文讨论的证券或投资组合进行捆绑和分级）并采用简单债务工具来创建复杂的CDO，或者在新的特殊目的机构中构建新的证券组别[1]。

---

[1] 早在20世纪90年代初，一些美国银行开始利用自己的特殊目的机构（SPV）发展抵押贷款业务。即便如此，其商业模式也不可能没有风险，因为这些特殊目的机构的资产被长期捆绑（这些主要是期限为10年、15年甚至30年的抵押贷款），而负债主要由短期公司债券构成。这些交易产生的利息收益转给了银行。

由抵押贷款和其他金融产品组成的CDO也由银行的特殊目的机构在二级市场上出售给投资基金，而投资基金又会产生新的贷款组合或不同风险水平的CDO，并将其打包转手给有实力的投资者。将有担保贷款和无担保贷款进行组合是信用评级结构工作的一部分，通过该结构对统计的独立风险进行预测，这始终会形成风险的正态分布（如高斯曲线所示），其中事件最有可能分布在中间值附近。因此，CDO包含各组别的层级结构付款要求，这些组别最终被认为对不确定的组别是安全的。即使在2008年金融危机之前，这些高风险证券也被回购，并打包成新的支付承诺。如果一家公司买入足够数量的高风险证券和违约证券，则可以通过更多的分级证券对风险进行捆绑和融资，从而创建三级CDO等。通过互换操作，某些债务池的现金流分布模式被复制和交易，从而成倍增加，这看起来只能降低风险——当然，在出售贷款时实现了利润。令人惊讶的是，大多数CDO被认为比其原物的风险更低，因此，它们使用特定评级进行估值，具体视组别而定。对投资者来说，CDO似乎是一种有利可图的投资，一种有吸引力的证券，也是一种处理货币资本的有效方式，而对债权人来说，信贷风险似乎有所降低。风险多样化（投资组合中的不同支付承诺）以及发行证券的价值与资产组合的价值不匹配的事实一再说明了这种发展趋势出现的原因。此外，证券及其信贷份额可以通过特殊公司（称为"金融担保人"）的CDS进行投保，具体取决于其商业模式。

CDO通常以低于名义价格的价格出售，以便于从一开始就对大量破产负责，同时，可能的破产数量应尽可能分散到多个主体上，正如有可能将风险稀释到无关紧要的程度一样。这不仅使投资者能够在一段时间内得到满意的服务，而且出售时产生的高额费用也确保可以更好地保障银行本身的CDO业务。然而通过将CDO打包成CDO中的CDO和三阶CDO并没有消除风险结构的非线性和历时性，反而导致了CDO的"内爆"，同时通过不断增加相互信贷债权使金融机构彼此之间的依赖性增强。

目前，金融市场正在经历新一波CLO浪潮。CLO是一种固定资产或浮动利率资产，是由抵押贷款（尤其是公司抵押贷款）覆盖的证券化资产。银行正在使用贷款创造越来越多的差异化CLO，其中可能包含来自不同行业的100到200笔企业贷款。在这种情况下，商业银行充当受托人，负责管理企业贷款（担保、支付、归档）的执行过程，并为投资者编制月度报告。CLO的贷款组合分为不同的类别（从A到权益），并由至少一家评级机构进行评估，然后作为上市资产进行交易。

与CDO一样，CLO将高质量贷款和高风险的低质量贷款打包为具有高信用评级的有吸引力的贷款组合。2017年5月，有两笔CLO交易的价格达到10亿美元，据专家估计，2017年，CLO交易额为750亿美元。尽管在这些交易中用作担保品的许多贷款都是垃圾贷款，但CLO的评级为AAA，最高占到CLO总规模的50%。由于目前预计信用违约将呈波浪式增长，数学模型也必须用于评估相关性风险，即违约同时发生的可能性。然而，大多数用于评估CLO的模型都假设相关性较低。但如果同时发生多项违约，将失去评级为AAA的预期投资。CLO仅仅是一种花样翻新的CDO。

6.2.1 附记2：评级机构

金融事件由资本、公司、国家和家庭构成，由专门机构（即知名评级机构和投资基金分析师）通过利用科学话语、测量概念、指标、评估、图表、示意图、数学模型、政治事件等在金融市场上进行解释和量化。经济事件被转换为货币符号和价格，以确定项目的信誉度和投资安全性。通过使用允许执行数据的算法和相应的信用评分程序可以对不同行动主体的信誉度进行比较和评估。

评级机构根据费用、贷款和证券支付情况给出评级（默认评级为AAA级到D级），评级应反映各自的投资风险。通过差异化分析和信息顺序来判断，其中包括对对象信誉度和风险进行评估，这对全球金融市场具有重大意义和极大的符号价值，并最终构成普遍可比性。2001年，评级机构评估了价值30万亿美元的支付承诺，这一事实证明了这种评估信用和监督借款人信誉度的做法的重要性。这清楚地表明，如果没有穆迪（Moody's）、标准普尔（Standard & Poor's）和惠誉（Fitch）等大型评级机构，贷款几乎不可能实现，这些大型机构的市场份额合计为95%（Sahr 2017: Kindle-Edition: 5414）。一方面，评级机构是私人公司；另一方面，国家长期将任务委托给它们。就评级而言，主要来自自然科学领域的量化分析师以某种特定的方式将指标和数学模型与信息技术的使用相结合，以此来压缩信息，并同时区分非盈利性投资和盈利性投资。必须始终牢记，机构投资者往往对某些信息拥有独家访问权，这首先使实现高回报成为可能。一般来说，评级包括对经济参与者的生产率、绩效和效率水平实施非常特殊的评估程序，通过标准化分数进行评估，与排名截然不同，它没有专门指定排名（Mau 2019: 56）。如今，许多信贷和衍生品合约都包含所谓的评级触发条款，当公司或合约的评级低于一定水平时，这些条款就会生效，然后必须支付保费（ibid.）。然而，评级机构不仅通过比较和评估风险和潜在回报来充当试点单位和参照物，而且其职能也是旨在促进公司之间的竞争，从而在资本积累的背景下加快竞争性流程的建设。

评级机构的任务过去和现在都是对捆绑在一起的证券进行评估（评估证券各自的风险潜力和确定利率）。就CDO而言，这意味着对风险本身进行评估。在这一点上，萨赫特别提到了评级机构穆迪的例子，2000年至2007年间，该公司对数量惊人的72461组价值达4.7万亿美元的抵押证券进行了评级（此外，该公司还获得了最高的AAA评级，这表明几乎不存在违约风险；然而，此类高评级的承诺在供给方面也相对稀缺）（Sahr 2017: Kindle-Edition: 5065）。由于风险的特定结构，CDO的价值通常比初始投资组合更高，这与平均值和算术平均值有关。也就是说，它们被认为是相对安全的，尤其是由养老基金等机构投资者购买，这些机构投资者只被允许购买高价值证券，并被视为金融市场上重要的资本生产者（它们在美国创造了10万亿美元的交易额）。CDO的收益率通常高于AAA级政府债券的收益率，CDO也被投资者视为一种相对安全的投资和优良证券。CDO足够的信誉度源于投资组合的多样化。然而，正如我们已经提到的，将不确定性转化为风险并不能消除偶然事件；相反，通过预测程序只能确定某些方向值和目标。

一般来说，评级机构的决定性作用不在于要求大幅减少私人银行、公司和国家的债务，而在于对系统性债务进行监管并使支付承诺变得重要，因为这些仍然是评级机构本身实现利润所依据的系统性金融操作的基础。这也使得人们更容易理解金融危机的发展，从评级机构的角度来看，金融危机是最有利可图的情境之一。因此很明显，这些机构的评级绝不是"客观"的评估，而是沦为强大金融组织的战略工具，政府和立法议会已将金融系统评估、评价和部分监管这一独立任务交给这些组织。然而，在金融市场上作为债权人和/或债务人的组织与大型评级机构开展的具体合作并不能被视为一种监控与控制手段。相反，它会导致信用进一步过度扩张，也就是说会降低干预的可能性，而这种干预的目的是对金融机构的信贷活动进行广泛监管。现在，有人提到旋转门效应。因为在全球市场上作为债务人的公司迫切需要接受评级，而评级机构恰恰是这些公司的客户，并且这些公司有动机获得良好的评级。一旦评级不佳，客户可以更换评级机构。即使市场处于寡头垄断或高度集中的状态，评级机构被迫将自身作为组织发挥的职能相对化。这些组织本应保持对金融机构的不确定支付承诺的信任，因此它们目前往往会强化这种顺周期趋势。我们强烈怀疑，公司的风险评估和资本保证预测已经或多或少与国家当局无关，并且现在已经完成私有化。评级机构不断向媒体提供一些有关失业、货币稳定、债务及劳动力市场灵活性、紧缩和私有化等方面的意识形态、指导方针和数据，以便于在效率、竞争力、盈利能力和问责制等方面对公司、国家和家庭进行测试。此外，很多公司完全有必要接受评级（必须为此支付费用）才能进入资本市场。

然而，评估当局不仅涉及评估机构，还涉及国家、专家体制、有影响力的游说团体及智库、金融资本行动主体和知识分子。经济量化（通过统计和预测进行），即使是之前从资本逻辑中排除的领域，都是通过在这些领域创造准市场来实现的。通过相应的会计程序、投入产出矩阵和随机指数可以缩小利润逻辑的范围，以便于将以前非盈利导向型领域的竞争定性为客观性。也就是说，通过创建始终用来设定信息和价格信号的关键数字、指标和模型来实现。这需要用到效率、绩效和盈利能力等具体参数，只有在有效的可测量数据可以转化为评级、排名和得分的情况下，才能将这些参数移植到医疗系统、教育机构和当局。

6.3 投机资本和权力技术形式的衍生品

爱德华·利普马认为，金融经济与实体经济之间的关系是一种破坏性相互依赖关系。虽然实体经济有赖于尽可能避免扰乱和波动性，但波动性（和流动性）是金融的命脉。因为随着虚拟资金和投机资金增加，其不可避免地被资本化，反过来又服务于实体经济利益。当金融市场波动性趋于平缓且可预测时，实体经济会受益。然而，如果对金融市场流动性不加以限制，跳跃性波动反过来可以推动金融市场发展。因此，衍生品也可以重新定义传统商品的价值，重新定价的依据不是商品的内在价值，而是不确定的未来价值。这反过来也会影响劳动力市场结构和生产中分配的资本。如果一种商品在成为实物之前就已经被出售并获得担保，那么衍生品正是通过将价格浮动归因于该商品而将流通准确地渗透到生产中。对受衍生品驱动的某种商品进行投机，就是对价格方向性与衍生品市场产生的价差进行投机。

爱德华·利普马和罗伯特·迈斯特经常谈到流动性的话题。宏观经济方面的流动性不仅仅是金融市场货币流动性的隐喻。相反，它关系到经济流通资本的能力和可能性；也就是说，货币资本的自由浮动流通是 21 世纪资本主义经济在国内外存在的必要条件（Meister 2021；LiPuma 2017）。

从微观经济学意义上说，我们将流动性定义为资产到期价值与资产价值之间的关系。如果流动性意味着将货币实际固定在一项金融资产中的能力，那么只有在当前以非货币形式存在时才有可能实现流动性。如果流动性实现或转化为货币，那么资产的流动性会变现。如果一项资产可以根据需要按面值进行交易，那么它就是完全流动的。流动性的衡量标准是产品的最高买价与最低卖价之间的价差。价差越小，流动性越高。因此，投资永远无法保持完美的流动性。从这个意义上说，流动性似乎是决定以货币计价的广义证券质量的重要指标。流动性用来表示资产延迟时间与变现时间之间的函数关系。因此，我们必须将流动性理解为金融体系本身的内生阶矩。最后，货币可以用来衡量资产流动性或价格与其变现价值（变现能力）之间的差距。

因此，金融体系使资本关系总体上更加有效，但它们目前强烈依赖于流动性，而流动性则通过交易资产不断增加。一个高流动性市场需要资产，这些资产可以出售给感兴趣的参与者，他们可以在追求法律框架的同时付出代价。如果金融市场上的资产价格上涨，衍生品在寻找新的盈利收入来源时会受到青睐，因为它们操作起来通常比传统资产更灵活。因此，投资者的任务是拥有流动性尽可能强、回报率高的资产。在危机时期，情况会发生变化，因为最后只有通过国家资金或银行存款才能结清贷款。在流动性危机中，所有人都想要钱，不想要衍生品或信贷。（马克思将流动性单纯视为变现问题，无论是视为投资货币回报，还是视为借贷偿还，几乎不考虑公司风险对冲的可能性，这恰恰是金融市场流动性增加的原因。）

当今资本主义经济的构成要素是投机资本的流通，此外还包括利用新的信息技术来塑造和加速货币资本流动，并最终推动技术辅助知识生产，从而使市场参与者在全天候全球投机交易中做出决策。流动性通常被用作社会关系的代名词，这种社会关系允许行动主体构建集体企业，即市场；一个总是有一个签约伙伴和一个交易对手的市场；一个同质且永久性地提供波动性的市场，这种波动性首先使市场能够继续进行必要的重新校准。往往不可预测的偶然金融事件与构建（开放）整体市场之间存在着必要的联系。衍生品市场必然依赖于流动性，即资产流通的可能性。

金融体系使资本关系总体上更加有效，但这些关系本身目前严重依赖于流动性，而流动性则通过交易资产不断增加。此外，对于衍生品而言，波动性与流动性之间的动态复制是必要的。波动性的利用能力必然取决于金融市场的流动性（LiPuma 2017）。一般来说，衍生品遵循一条艰难的路径，即增加波动性，而不会变得过度和不可控，导致流动性损失。市场参与者对于市场未来流动性的集体信心在这里至关重要。因此，衍生品继承了一种行动力，可以集体启动每个行动主体所参与的事情。但市场的流动性可能会蒸发，因为行动主体不记得他们过去的错误。风险与不确定性之间存在一定差异，这种差异本身就是不稳定的。如果金融市场能够创造流动性，从某种意义上说，市场提供资金来对冲信用风险，从而防止流动性不足，那么它们就不能提供工具来对冲流动性风险。各国只能为此提供一定的保证，同时通过发行货币、将其政府债券与资产进行交换，并通过分配新资金支付债券，以其独有的政治权力支持金融市场上的衍生品交易，从而向市场注入新的流动性，进一步满足市场对金融资源的需求。

无论如何，金融市场的发展强化了货币的金融化趋势。在这一过程中，衍生品市场必须具有足够的波动性，以吸引投机资本，但它们必须知道如何避免波动弹性对自身造成危险。实际上，它们正在制造一种使自己产生免疫力的疾病（ibid.: 54）。投机资本的逻辑在于不断强化创造差异货币化机会的动机。换句话说，它必须产生差异资本化。这种逻辑必然是一种流通模式，它以衍生形式的风险为基础，通常是指资本积累。新的资本流通机制并非基于国家发行法定货币的权力，而是基于私人资本积累。该机制在文化上是松散的，包含一种高度抽象的暴力，最终形成一种投机风气，即产生风险、货币化的主观性以及生产与流通之间关系的重建（ibid.: 66）。虽然金融流通无法取代工业生产，但它确实赋予了工业生产一种新的形态。金融和衍生品利益日益主导着资本的配置。推动金融经济发展的不是实体经济；相反，金融经济构成了实体经济。也就是说，衍生品使不同抵押品、货币与货币流通之间的资本流动平稳有序。它们必须具有监管能力，从而实际肩负国家任务和职能，并将政治融入经济。与此同时，穿越社会形态时空的社会偶然性仍然是衍生品市场和种种不确定性的重要资源，这使得衍生品市场首先能够产生可持续的市场。（社会偶然性，无论是与资金流向、货币有关，还是与利率有关，它仍然表示衍生品价格与价值之间的价差，因为参与者未来通常必然会就衍生品价格达成一致，以弥合这一价差，但他们对给定时间间隔内衍生品价值的看法不同。）

现代金融体系采用基于未来收益和收入流动预期的方法。这些收益和收入被浓缩在衍生品中，无论这些衍生品是与私人公司剩余价值的提取、国家税收有关，还是与工资份额的减除有关（Sotiropoulos et al. 2013: 179）。这里需要我们从一开始就必须考虑到，在这些资本化过程中，资产不会从属于资本主义生产过程，但在逻辑上先于资本主义生产过程。也就是说，资产的存在主要不是因为剩余价值以企业利润和市场利益的形式产生和实现，而是因为金融资本在一定程度上相信，任何形式的利润都将在未来实现，并将根据扩大再生产的标准重复实现。这种资本化也意味着，今天，阶级斗争与阶级之间的权力关系总是与货币量化联系在一起（ibid.: 156）。

对马克思来说，从商品生产中提取剩余价值所产生的一个重要结果就是，剩余价值可以转化为我们今天所说的资产。在这种情况下，资产作为一种手段，通过这种手段，一方面可以保留剩余价值，另一方面可以积累剩余价值。如果不是这样，它一开始就不会产生。这就是为什么马克思将其著作命名为《资本论》而不是《商品论》的原因。其中，资本是决定性因素。

农民可以从封建贵族那里租用土地，借钱购买种子。只有在他认为未来的收成可以作为债务担保时，才能获得信贷。因此，未来的收获甚至在转化为市场上的商品之前就已经是一种潜在的担保品。人在生产消费品的同时创造了两种金融产品：债务和抵押品。如果资本家在某些历史阶段后期占有了生产资料，这些生产资料就起到了保存和积累工人生产的剩余价值的作用。然而，生产资料的功能不仅在于充当生产剩余价值的手段，还包括充当未来债务筹资担保的金融资产，这些金融资产进而可以充当创造新金融产品的实物资源（Meister 2021: 16）。

金融产品不仅是流通工具，而且是积累真实财富的手段，这是马克思简要探讨的一个问题。然而，需要进一步证明金融资本和金融市场在资本主义再生产（首先是在商品市场的持续再生产）中的作用。今天，资本是一个体系，其积累的真实财富也取决于金融体系和金融市场流动性的可用性和配置，市场上金融资产的货币价格可以受消费品产出驱动而独立上涨，幅度远远超出消费品的增长速度。资本主义生产需要以独特的方式预先融资，资本市场的增长速度快于工业生产的物质产出。这是资本化的逻辑结果，但同时也总是受制于某些历史条件。

马克思将金融工具专门分配给流通领域，并将金融工具功能与保存过去财富的技术或物质生产手段的功能分开来分析。与此同时，金融工具使未来对生产货品的需求成为可能。在马克思看来，在谈到价值（类似于能量和物质）时，似乎常常有一种（物质）守恒原理。根据这一原理，实际积累财富的增长永远不会大于在给定时期内工业生产中产生和实现的利润（乘以利用投资率贴现后的剩余价值率）。因此，通过金融工具或以金融工具的形式增加的固定资本价值不会引起注意，或被单纯视为虚拟财富（cf. Meister 2016: 156ff.）。因此，对于局外人马克思来说，一个经济体的实际增长永远不可能大于工业产生的利润。但这对当代资本、金融体系及其金融工具不再有效，因为资产本身是目前启动和扩大对所谓实业进行投资的金融手段。

马克思关于资本再生产周期的深奥论证描述了商品和服务的生产如何始终创造投资者的需求，即对金融资源的需求，而金融资源则用于维持、积累和增加剩余价值。其中，金融资源的生产过程与商品和服务的生产过程相同。

因此，今天的商品生产必然同时与实物生产和资产价值积累有联系。

特别是关于金融体系的功能，我们现在提出以下问题：今天必须出现什么类型的新型金融资产，以确保实现并同时整体扩大资本主义再生产？资本市场与消费者和机器市场之间的变量关系如何为应对社会冲突的新动向创造条件？在《资本论》中，马克思认为，用于加速资本积累的新型金融资产必须与货币区分开来。马克思认为，资本总公式不能简单用 M–M' 来表示，也就是说，金钱能带来更多金钱。要创造真实财富，首先必须有与纯粹货币和商品交换功能不同的货币投资，因为需要对机器和劳动力进行投资。当然，马克思注意到，剩余价值是因工人领取工资而产生的价值，对资本家来说，工资有增加人们对工人所生产商品的有效需求的作用。然而，马克思几乎不认为可以通过购买生产资料来维持和积累剩余价值。生产资料不仅可以作为手段（固定资本），还可以作为证券，以对冲因部分生产货品无法变现而导致公司破产的风险。购买新的生产资料（固定资本）只是在不囤积资金的情况下保存和积累财富的权宜之策。从概念上讲，固定资本现在也被理解为一种证券，因为资本主义生产需要资助，生产产生的剩余价值必须重新投资于新的生产资料（ibid.: 20）。

创造金融工具必须被明确理解为通过保存和积累真实财富来替代储蓄。对于金融投资者而言，这意味着购买公式 M–C–M'"版本"的金融资产必须与公式 M–M' 进行比较——前者现在被理解为一种价值对冲策略。在公式 M–C–M' 中，C（商品）有两种替代品，即投资于劳动力的货币资本和投资于生产资料、行为的货币资本，这是问题的关键，通过货币资本可以使用生产资料和或多或少的流动性证券来产生新的现金。

对罗伯特·迈斯特（ibid.）来说，相对[1]剩余价值的生产方式直接将金融

---

[1] 相对剩余价值生产解释了可提升公司生产力的技术创新所带来的资本效应。（转下页）

体系的逻辑导入生产（和流通）方式。他通过分析金融体系的运作和方法对

（接上页）

生产效率相对较高的公司能够以比其他公司更低的价格销售某种商品（由于其价值降低），从而为自己实现更大的社会价值。随着再生产资料变得更廉价，劳动力商品的价值也随之降低。可变资本的份额也随着固定部分（资本有机构成提高）的减少而减少。尽管如此，该价格下降也会导致这样一个事实，即劳动力必须生产更少的价值来对自身进行再生产，从而使产品本身中剩余价值的份额再次增加。但这只对个体资本有效；对于总体资本而言，补偿效应只有在高效劳动力的绝对使用量增加时才有效。这是劳动力的一个方面，也受技术影响。

在这种情况下，汉斯 – 迪特·巴亚（Hans-Dieter Bahr）指出，马克思在《资本论》第二卷第 12 章和第 13 章中运用分析方法将（资本的）生产时间分为机器工作时间和功能时间（cf. Bahr 1983: 434）。巴亚认为，机器功能时间和工作时间是一样的，应该利用单位相对剩余价值生产方法来减少工作时间。固定资本或机械有其自身的功能时间，只要是公司购买的机器，就必须通过与减少单个产品工作时间相同的方式来减少功能时间。只要单位产品的功能时间减少（这可以通过增长的规模经济、创新能力、合理化和自动化水平来实现），如果新产品在给定的劳动投入下实现了高于原材料、生产资料、工资、利息等购买价格的销售价格（只要该销售价格是由技术引发的合理化造成的），则没有理由认为机械或当今的数字技术与人类劳动一样是剩余价值的来源。因此，如果个体资本能够通过使机器的功能时间更高效（而不仅仅是通过缩短工作时间），从而降低内部运营成本，进而成功地减少单位生产时间，那么个体资本也可以增加其在社会总生产中的份额。一家公司由于采用了新技术，产品的单位价格下降，其产品比其他公司的产品更便宜，相应地增加了市场份额，与竞争对手相比，公司在成功销售产品时获得了额外利润。由于特定技术创新的应用，生产率最高的行业的单位生产成本下降速度比其他行业更快。一旦新技术在整个行业得以实施，额外利润就会消失，社会必要的有效工作时间和功能时间整体会缩短。根据马克思的观点，平均利润率随着某种新产品面世而趋于稳定，但由于进一步的技术创新或干扰而产生的新浪潮运动，平均利润率一再受到限制。必须补充一点，只有在能够预期有足够的利润和需求的情况下，技术创新才能站稳脚跟。

然而，这只是一个理想化的过程，这意味着效率（每单位产出的最低材料投入）本质上是经济效率（每单位产出的最低成本）。经济效率意味着利润最大化。然而，从某些角度来看，这可能并不总是正确的：（a）因为个体资本使用低效技术，甚至销售低效产品，也许是有效的做法；（b）公司的计算方式通常是确定平均单位成本（给定平均产出水平下的成本），并在其基础上加上行业标准成本利润率，以便在较长时期内保持价格稳定，或使其适应需求的周期性变化，以实现固定的长期利润率；（c）当然，在一些公司中，就劳动而言，几乎没有"创造真正的价值"，但它们仍然在总资本水平上吸收和变现所谓抽象总劳动投入的一部分，因此内部生产力标准几乎无关紧要。

劳资间社会关系合理再生产的影响进行了研究（Lee and Martin 2016: 155f.）。让我们试着探讨第一种解释：一方面，在给定生产阶段产生的剩余价值（如果不是简单地囤积资金）只有在下一阶段通过扩大对生产资料和原材料的再投资来维持；另一方面，可以使这部分剩余价值增加。没有增值，就无法保全资本。在扩大生产能力方面，资本之所以投资于劳动力，因为它希望劳动力价格（工人对 GDP 的贡献）与劳动货币价值（工资）之间存在价差。然而，对于企业来说，可以通过不同的套利机会来增加利润，尤其是当它们的技术和生产力水平存在差异时。尽管如此，这些套利机会也会在均衡运动过程中消失，而均衡运动会产生平均利润率。否则，一家优势公司会无限地维持和扩大额外利润，最终成就其永恒的垄断地位。

对于马克思来说，有两个不同的论点在他对总公式 M–C–M' 的分析中发挥了作用。关于绝对剩余价值的论点首先主张，劳动力的使用使得工人创造了剩余价值，与他们创造的总价值相比，工人获得的工资份额较低，他们可以用这些工资购买自己生产的消费品。增加剩余价值的方法是增加工作强度和延长工作日。

关于相对剩余价值，有不同的论证，具体包括技术创新、生产力和资本有机构成等问题。马克思在《资本论》第一卷的相对剩余价值生产分析中特别关注了商品生产与资产生产之间关系的表示问题。就金融体系而论，相对剩余价值生产是基于其第一条准则——一价定律（Meister 2021: 20）。该定律规定，无论公司各自的成本如何，无论生产形式如何，无论原材料在何地借助于机器和劳动力转化为产成品，两个相同单位的商品都应以相同的价格出售。然而，如果该公司能够在给定的工作时间内（通过技术创新）生产出比竞争对手更多或更便宜的商品，则在生产投资方面将获得一个积极的套利机会。通过更有效地实现原材料（固定资本的一部分）转化来创造套利机会是通过投资新机器（固定资本的另一部分）来提高生产力的一部分。这里的公司超额剩余价值不是通过雇用新工人或增加劳动强度来产生的，而是通过这样一个事实产生的，即成品能够以比其他公司相同产品更低的（单位）价格出售。这种通过相对剩余价值生产进行财富积累是相当真实和重要的，因为财富来源于对固定资本的套利（而不是绝对剩余价值，它相当于工作时间增加或岗位数量增加）。此外，深奥的马克思主义论点仍与上市最终产品的变现必要性有关，这仍然依赖于消费品行业和金融行业（消费信贷），后者影响前者。马克思关于相对剩余价值生产的概念引出了实物积累的问题。最终，金融化的逻辑表现为相对剩余价值生产，最后形成资本主义积累的一般规律。该规律描述了随着过剩人口同步增长，生产力（固定资本生产力）提高的过程，由于采用了节约劳动力的技术，过剩人口不再被雇用为劳动者。

在介绍资本总公式 M–C–M' 时，有两个论点起着重要作用。除了绝对剩余价值生产之外，还有相对剩余价值生产。首先，生产资料和工人的金融化允许资本家在生产中增加物质产出。这是通过对优质机器、原材料、能源、软件等进行投资，同时通过降低劳动力成本和工人数量来实现的。由此不可避免地产生的变现问题包括如何实现商品价值并将其货币化，从而产生更多的货币资金。马克思在《资本论》第二卷中论述了这个问题，人们通常认为该问题似乎是关于生产和消费品两个行业内部及之间的再生产过程的平衡。这里，商品价格很明显可能无法变现。由此可见，资本家无法以货币形式创造或变现其他货币资金（无法变现也是金融资产固有的本质，这点与货币不同，而货币的秘密在于它不是必须被花费）。事实上，马克思没有讨论市场与流动性之间的关系，因为他把流动性问题归因于货币价值存储。

公式 M–C–M' 的中间项不能简单地理解为在生产过程中有效使用的商品。尽管如此，它也必须理解为一种定价过高的资本形式的对冲投资组合（ibid.: 24）。套期保值本身是一种市场合约，除了具有交换价值外，没有其他任何使用价值。因此，通用汽车等大公司的生产品成为公司投资组合的一部分（包括生产品债券或期权）是可以理解的。在这一点上，兰迪·马丁记录了从 M–C–M' 到 M–D–M' 的转变。其中，D 代表衍生品，它现在基本上与（生产中）有效消费品具有相同的功能，因为它也推动了资本的自由流动（Lee and Martin 2016: 176）。例如，购买一家公司生产过程所需原材料的期权可以提高自身的信誉，然而现在这种信誉受到原材料价格上涨风险的限制。同时，一系列其他参与者的运营也受到该原材料价格指数的影响，导致风险转移、复制、倍增并转移到其他空间。

马克思在《资本论》第三卷中指出，公司一直存在变现问题，并且在通过信贷投资生产资料时也存在这一问题。生产资料在生产期间可能会失去价值（这是因为其他公司有更好的创新能力），因此制造的产品不能再以历史平均价格在市场上销售，进而导致信贷可能无法再提供服务（Meister 2021: 21）。最终产品的市场价格无法变现或其销售价格低于平均价格，导致公司货币资金减少以及使用全部原材料和产能/机器产生新的更高货币资金的可能性降低。这一问题表明，投资必须做好对冲。变现问题以及为变现使用的金融资产现在不同于纯金融工具，因为这里的资产与生产品有关，而不仅仅是作为金融工具。就前一种资产而言，其效用价值超出了其纯粹的流动性。因此它们不是纯粹的金融产品，其效用价值仅在于在差异化内在运动中变现价格，从而在金融市场上产生回报。

马克思可能并不知道，所生产商品的变现都可以通过创建与生产资料和原材料有关的看跌期权和看涨期权来对冲。因此，在机器和原材料转化为成品期间，他们倾向于至少保留机器和原材料投资的价值。马克思可能仍然不知道，通过创建期权可以干预市场上波动的成品价格。看跌期权和看涨期权市场的存在——永久性定价和期权货币化持续存在的可能性——也为今天生产品和消费品基础市场创造了足够的流动性，这是消除变现风险的趋势所在。产品的"价值"现在越来越多地受到保护，同时通过交易资产市场价值（如果资产仍然具有流动性）与资产清算价值之间的价差，以金融资产的形式积累起来（ibid.: 16）。完全流动性资产也和现金一样优良，是储蓄的替代品，因此该类资产不能以市场价格立即变现的风险很小。要为不完全流动的资产融资，必须支付流动性溢价，要么进行对冲，要么购买比资产本身流动性更高的证券。反过来，资产清算价值将是出售质押证券时获得的资金，流动性溢价将反映证券原始价值超出用于对冲证券的金融资产价值的程度。

因此，公司的资本投资组合不仅包括债券和债务，还包括对冲风险的看跌期权和看涨期权。如果不对看跌期权和看涨期权的价格变动进行正确的设计，债券和债务就无法稳定地循环流动（ibid.: 7）。在这里，看涨期权被理解为获得无限潜在盈余的权利，看跌期权是限定损失的工具。两者都是衍生工具，用来表示是否值得公司去投资新股本以增加其资本存量和利润。今天的补充股本属于金融资产，股本只是增加利润的手段之一。这表明，相对剩余价值生产只是利用特定市场价差的一种方式。如果不对看涨期权和看跌期权定价过高，并在衍生品市场上对其进行交易，那么今天就不可能维持一个对冲良好的投资组合。该投资组合由债务和债券构成，而这些债务和债券应在该投资组合中始终保持流动性（ibid.）。因此，公式 M–C–M' 将商品（C）描述为一个由债务、股本、看跌期权和看涨期权构成的投资组合。与货币不同，这些在这里都是纯粹的金融产品。它们之间的关系可以用一个金融公式来表示，该公式明确描述了债务和股本平价，债务和股本平价反过来又与看跌期权和看涨期权平价有关。因此，迈斯特认为，商品（C）投资必须满足下列方程：

$$股本 + 看跌期权 = 债务 + 看涨期权 . (ibid.: 24)$$

该公式为一个简单的恒等式：如果你有一份股本和一份具备向下对冲功能的看跌期权，那么你可以重复实现一个投资回报率。这等于拥有了一份看涨期权，该期权可以兑现基于股本加当前贷款价格参与盈余分配的可能性。人们现在可以使用看跌期权或看涨期权来获得完全对冲的投资组合，从而获得至少等于无风险利率的回报。因此，公式 M–C–M' 结果的螺旋式上升或下降包含双向套利的可能性。即一方面，在工资无法投保的情况下，利用机器与劳动力估值的利差进行套利；另一方面，基于看涨期权平价的完全对冲投资组合进行套利。套期保值的依据是贷款和投资回报率。如果货币回报始终与公司获得的信贷有关，则该回报为公式 M-C-M' 中投资组合的范例。如果它也与工资投资有关，则金融体系对公司生产过程的影响比马克思想象的要复杂得多。

在衍生品市场中，资产的定价不是根据其现有价值，而是根据不确定的未来价值。当商品（如房屋）在有实体存在之前就被出售，并且（房屋上的）衍生品被取走时，后者通过赋予资产浮动价值和或有价值使生产从属于流通。然而，除消费品以外的所有商品都具有流动性，可以作为保存和积累资本的工具。传统消费品没有流动性，因为其中不包含经济上可变现的期权。工人无法投资，他必须把钱全花在消费上，因此必须继续在劳动力市场上提供劳动力，赚钱供自己消费。而医疗保险、养老金和学生贷款等金融产品如今已成为家庭生活开支的一部分，但与其将这些金融产品理解为对自身"人力资本"的投资，不如将其理解为一种支付给金融资本的税收。

让我们说得更清楚些：马克思接受工人在进入劳动力市场时信用不好但无债务。正是这些特点让工人完全依赖工资生存，这意味着工人只能用工资购买生活必需品：对马克思来说，雇佣劳动是一种社会关系，在这种关系中，工人除了被剥削之外，还被迫（在获得工资后）马上把钱花在消费品上。因此，挣来的钱（工资）不能作为保值和增值的资产。这里的问题是，当资本必须通过会减少就业的技术创新来加速实现越来越多的积累时，它如何保证工人阶级的消费呢？此外，在过去几十年中，新自由主义导致工资下降。如今，为了繁衍后代，工人们除了挣工资外，似乎还需要背负债务。因此，劳动力再生产早已不再仅仅通过工资来实现，而且还通过学生贷款、抵押贷款、医疗保健、保险、汽车、共管公寓和消费贷款等各种金融工具来实现，这些金融工具由特殊信贷公司以时而高达20%的利率分配给家庭。收入与借款之间的关系（发达国家债务目前占收入的5%—10%）受债务水平、收入增长和利率水平等因素的影响。例如，国家将学生贷款分成若干组别出售给第三方，第三方将其作为未来投资进行管理。因此，学生贷款的功能就像臭名昭著的抵押贷款一样，被认为是2008年金融危机的罪魁祸首。如今，越来越多的工资被用来购买医疗保险和房地产贷款等金融产品，而金融机构反过来利用这些产品来创造新的金融工具，作为积累更多财富的工具。然而，今天，在很多情况下，工资只是用来购买再生产资料的一部分。现在需要各种金融产品来保障私人家庭的消费和保护家庭成员免受疾病、老龄化等的影响。然而，这些潜在机会仍然存在不确定性，因此必须对它们进行套期保值，进而为它们提供资金，这是因为它们的时间路线和成本仍然取决于未来的事件。日常生活方方面面产生的收入（如手机费和家庭水电费）被投入到新金融工具中。因此，即使是毫无戒心、收入微薄的家庭，现在也通过某些链条依赖于全球金融市场的衍生品交易。兰迪·马丁将这种现象称之为日常生活的金融化（Martin 2009）。通过CDO（证券化，即把各种形式的信贷进行捆绑组合）等金融工具将各种形式的日常信贷细分为几个属性，然后在金融市场上进行多种组合交易。

特别是，这些不稳定无产者除工资外现在还依赖信贷和其他金融资金生存。另一方面，过剩人口被排斥在出售劳动力的人群之外，因而无法确保自己生存和参与非正规部门或国有部门产生的财政资源。马克思认为，根据资本主义积累规律，很明显，资本积累最终导致了全球大量的过剩人口（除产业后备军之外，产业后备军仍然与官方劳动力市场有关）。全球北方的工薪工人通常仍能从资本家那里获得足够的工资，这至少可以保证他们（由文化决定）的生存，并产生对大众消费品的有效需求，福特主义时代尤其如此。

一旦金融市场的经济事件被释义为数学/非表意符号学/语言学的特征、模型和方法，就需要对经济风险和具体风险管理进行具体设计。为此，今天看来，（货币形态）衍生品的交易和变现是必要的，目的是实现一个相对有效的（经济）风险处理结构。与此同时，也有人试图将阶级斗争及其各自的权力关系、周期和群体解释为风险，并将其量化。在这种情况下，主要评级机构和其他金融机构的分析师应被理解为变局者，他们一直试图并期望将金融市场的不确定性解释为风险：例如，有人会建议应该在未来利润流的预期值预计高于当前价格时买入股票或证券；如果股票或证券的价值低于当前价格，人们会建议卖出。因此，对公司和市场上同时发生的复杂的未来经济事件的预期被转化为二进制信息。如果将资本化作为金融资本的动机和策略，意味着对支付未来的承诺或利润流进行定价，那么分析师将对通过资本化构建和使用的风险因素进行必要的补充评估。一方面，这些预期不能低于某种正确度和准确度；但另一方面，这些预期通常表现为分析师对公司未来经济发展的乐观态度，因为前者在货币上与公司的利益结构交织在一起。由于分析师可以预测公司利润和股价，而实际上公司在编制资产负债表时通常已经了解分析师的预期，因此我们是在通过二阶观察理论处理相互强化系统。

在金融市场上，资本化——资产未来预期利润流的贴现——现在日益成为一个持续评估投资风险的过程，因此需要使用精准的金融工具，即衍生工具。由于未来的每一个收益流在很大程度上都是未知和不确定的，如果不将未知的不确定性转化为明显的已知风险，就无法进行资本化。同样，如果无法测算，即评估未来产生收益的机会，标准监管大多是借助概率理论进行的。在这里，风险通常被理解为一个维度，它指的是未来的某些社会经济事件，其实现的可能性必须受到测评以及统计和数学工具的影响。因此，可以借助统计学、概率论和特定数学模型对这些事件进行评估，对于经济学家约翰·米利奥斯来说，统计学、概率论和数学模型本身具有意识形态的特征；也就是说，风险涉及从图表、模型、统计数据、理论和非表意符号的意识形态角度对未来趋势的预测（Sotiropoulos et al. 2013: 160）。参与者不断使金融市场以社会想象整体物的形式再现，他们的所有表述行为策略都意味着企业破产和危机发生的可能性降低。这不仅需要设立专门的信托，也需要对资本关系和人们自身的经济地位产生某种误解。这种误判意味着人们相信市场是一个虚构故事的集合，因此在承认市场真实状态的过程中，虚构故事是存在的，但它的存在与人们所相信的不同。反过来，信心在制度和经济过程中变得不盲目且具体化，以至于这些过程基本上是自发的、持续的和重复的（Bourdieu 2014: 37）。

因此，资本化需要一种对经济实体、事件和支付承诺（视为感知现实）进行识别、评估和排序的特定模式，必须首先将它们相互区分，然后将其具体化为风险事件。这需要特定的技术和工具，通过这些技术和工具可以区分、比较风险，然后采取行动。换句话说，它需要特定的权力技术，而这些技术今天是由机构根据以算法确定的风险构建的衍生工具。关联风险管理包括金融资本（包括其关联话语体系、意见产业和研究部门）试图预测和评估那些利用统计、算法和概率模型连续规划的未来经济事件、支付承诺和趋势，然后采取行动，所有模型都是经济数学的一部分（Sotiropoulos et al. 2013: 161）。因此，作为一种用来计算和评估未来支付承诺的方法，资本化总包含一种用来表现、调节和预测未来经济事件的特定模式，必须对这些经济事件加以区分，以便于识别具体风险，然后最终将其作为象征抽象风险的衍生工具进行交易。如果不对风险进行规范和比较，就无法实现资本化。如今，风险的概念已经以独特的方式融入资本的逻辑中。

让我们首先用一个简单的公式来说明整个过程：虚拟或投机资本的使用产生了对未来收入流和利润流的预期（E1）（Dt + 1，Dt + 2，Dt + 3…），这些收入和利润应该会持续流回到货币资本所有者手中。就投资 D 而言【为简化起见，假设存在固定利率高达（R10）的资金收益流，该利率考虑了所有相关风险】，预期未来收入流的资本市值或价格可根据下列等式计算：(ibid.: 140)

$$Kt : \frac{(Gt+1)}{(1+r)} + \frac{(Gt+2)}{(2+r)} + \frac{(Gt+n)}{(1+r)}, \quad n \to Gt+1 = Gt+n = G$$

在确定价格（Pt）时，资本化过程包括计算未来收益流或收入流的预期价值。然而，在利用马克思主义理论解读上述公式时，必须考虑两个问题：首先，定价重要性原则已经包括共同组织和重复利用货币资本的社会权力关系的复杂表述；其次，货币利用结构（资本化）不能与支付承诺进一步相互关联或与"实体经济"的过程分离（ibid.）。今天，我们也可以假设，作为资本的主要形式，金融资本在衍生品和支付承诺交易中拥有最重要的工具。正是通过这些关系，"实体经济"才被主导和控制。在这里，我们也有必要了解对资本主义权力关系与价格形成之间关系的解读，关于金融化过程，如市值因子 $Et[Dt+i]$ 和（R）所示。

经济科学将风险理解为以概率表示的机会（在卢曼看来是对机会的适应），同时也是一项用来衡量收入流未来价格变现信心的指标（ibid.: 157）。

风险价值法是这里广泛使用的一种计算模型。假设损益呈正态分布（高斯正态分布曲线跨越一个算术平均中值，而宽度由标准差、可能事件偏离中值的概率决定），金融资产 X 的风险定义如下：考虑到置信水平 Z（在 0 和 1 之间波动）为最小的数字 S，因此损失的概率可能不超过置信水平 Z（Mainzer 2014: 207）。或者，换句话说，风险价值是一个数字，它表明在某段时间内以某种概率投资会损失多少钱。可以说，这是给定概率情景中最糟糕的情况。在 2007 年金融危机之前的评级机构实践中，损失概率往往被严重低估。[①] 最终，支付违约的风险源于过去支付承诺的价格波动。因此，一个项目的信誉度由支付承诺的历史表现决定，这是一种基于概率的价格波动模式。我们可以进一步假设，随着这些风险模型和算法的应用，社会经济现实历史中的常

---

① 弗兰克·奈特认为，必须将可预知的风险与基本上无法预知的不确定性区分开来。虽然风险管理采用统计方法，但不确定性至少没有离散型期望值。金融数学有多个依据公理定义的一致性风险度量指标。因此，单调性、次可加性、同质性和平移不变性是金融数学的必然特性（Mainzer 2014: 210）。

态和商业信心等因素会真正被植入到参与者的思维模式和实践中，因而通常会严重低估损失的风险。

高方差证券（就价格而言）被认为比低方差证券风险更高。如果政府债券A的价格波动性仅为B股价格的一半，可以用下列式子来表示：方差等于 $x + VjA = 2 + VjB - V$，其中 j 指各种主观评估指标（Sotiropoulos et al. 2013: 157）。

然而，该等式没有考虑到这一事实，即主观方差不能用来表示所有市场参与者必须接受的风险评估指标，因此只能将其视为客观指标。如果下列公式可以表达市场参与者 j 的主观预期，则可以立即验证这一点：$x - VjA = y - VjB = z - VjC...$（ibid.）。这里的预期是无限的：显然缺乏一个衡量指标来对各种市场参与者的预期进行规范管理，因此，各种具体风险及其对应价格的相关比较不能被视为抽象风险。因而，从某种意义上讲，我们已经描述过的经济客观性无法得到确认（ibid.: 158）。

因此，衍生品的所有定价过程都需要对具体风险和抽象风险进行建模和衡量，进而可以将前者与后者进行比较。这些过程发生在全球金融市场中，在金融市场中必须首先将各种市场参与者认定为风险承担者，然后由评级机构确定具体的风险概况（ibid.: 168）。因此，金融资本及其机构会基于风险来"规范"市场参与者。金融机器由此能够在市场参与者（他们处于不同的市场群体中，彼此之间存在竞争关系）之间构建、分配和分散各种具体风险，并将具体风险捆绑在一起，然后以单一风险（一种抽象风险）的形式获得单一价格和单一现金流，最终作为衍生品进行交易并兑换成货币。抽象风险包含具体形态的风险，可以调节连通性和流动性生产，这两者都是必要的（LiPuma 2017: 62）。

让我们进一步分析：除了将衍生品定义为一种特定的资本商品（资本形式的资本）之外，约翰·米利奥斯的作者团队还介绍了"风险"和"治理术"的概念。因此，衍生品在概念上不仅可以定义为商品，还可以定义为有效保证资本主义权力关系再生产的权力技术。在福柯的治理术研究（Foucault

2011）中，金融化过程被描述为权力技术，需要特定的工具、方法和策略来阐明、调节和稳定经济、政治和社会权力关系（Sotiropoulos et al. 2013: 155ff.）。因此，衍生品不仅与资本增值有关，还与各阶级和阶级派系之间盛行的资本主义权力关系的代表性再生产有关。

金融资本借助评级机构的策略和评估对各种市场参与者进行规范，并长期编制和发布全球各种市场参与者的风险概况信息。我们从一开始就在研究风险的具体构成，包括对与特定市场参与者相关的支付承诺和其他可能的金融事件、以及在对各风险承担者及其业务成功变现的潜力进行必要评估的情况下确保事件成功变现的机会进行预期、评估和比较（ibid.）。如果所有市场参与者无一例外地采用特定的风险管理来有效地在市场上运作，那么他们绝不会被归入同一风险类别和等级。虽然需要长期对市场参与者和公认的具体风险事件进行比较，但即使是处于类似风险环境的参与者，在财务上也不具备成功对某些风险进行变现的可能性（存在进入市场的障碍和不同的资本实力）（ibid.: 161）。

福柯认为，风险轮廓的构建可以被理解为一个规范化过程；这是因为市场参与者（对他们进行评估后发现风险增加了 1 倍）一方面通过构建风险轮廓来区分彼此而变得具体化，另一方面通过相互比较而变得同质化（ibid.: 157ff.）。今天，我们正在面对金融市场中极其灵活的规范化过程，每个市场参与者无一例外地被视为一个风险因素，然后被统计记录和永久评估（ibid.: 161）。然而，风险分配及评估过程绝不是基于不变的准则。相反，这里的规范化需要被理解为高度交互网络中的一个可变过程（网络特征表现为群集性、多样性、调节规则和反馈的灵活性以及层次性），通过该过程不断产生"差异常态"（Foucault）。但多样性最终必须通过具体量化缩减到几个指标，以实现新的同质化、单元化和适应性。在这一点上，我们需要提及多样性（均衡），这是在风险多样性的反转和突变过程中发生的。然而，这并不意味着差异消除；相反，多样性将差异作为其真正的基础，不断生成标准化的组织体系、统计体系和权力技术，以调节甚至吸收这些差异。因此，也可能对某些过程的不同虚构预期同时操作。这些具体的规范化形式是指异质性市场群体，因此需要通过在差异中寻求统一的灵活技术（排名、评级、评分等）加以整合。将这类风险分配到相应风险主体和风险群体的行为是一种严格量化行为，但它在一定程度上是一种由非表意符号（数字、表格、模型、统计数据、图表等）表示的偶然现象。只要涉及非线性风险分配，这些模型就是指分形、网络、适应、复杂的生物学系统，当然还有互联网，因为今天的互联网已成为或多或少都在变化的金融基础设施的重要组成部分。这些过程意味着对大量数据的利用、聚合和自动分析，从而对市场参与者可能采取的行动进行建模和预测[1]。在算法治理和大部分私有化治理的过程中，基于移动技术和自动化统计的权力技术正部署在金融经济中，通过这些技术使不太可能变成可能。

一旦公司进入金融市场销售债券或进入信贷合约和保险领域时，他们必须了解风险概况。在评级机构等主要金融公司看来，这些风险的安排、规模和分类取决于这些公司（在与其他公司竞争的情况下）对实现利润和增加未

---

[1] 算法治理属于政治经济学范畴，是一种新的真理机制，其特点是技术的述行性、数据的永久捕获。它通过数字运算来运行数据，生成双精度浮点数，这些双精度浮点数（配置文件）与生成它们的数字运算进行交互。这些过程在自动化回路中相互促进和强化，而自动化回路又受预测和资本化驱动。这涉及科学（大数据）和各种形式的决策，从日常生活到金融系统和军队，就像福柯所认为的治理一样。算法治理实现了基于统计学的权力技术，它不再仅仅指平均值和标准值。相反，我们面对的是自动化、原子化和基于概率的统计数据，它可以在没有任何媒介的情况下进行取证和数据挖掘。自动计算通过提取大数据相关系数来收集、捕获和调动市场参与者控制的新统计方法。这些不断收集数据、读取和利用数据痕迹的统计数据激发了一种规范性政治理性，这种理性坚持对大量数据进行利用、聚合和自动分析，进而对经济行动主体的行为进行防范性建模、预测和施加影响。这种面向未来的影响在真理的机制中建立了一种新的影响机制，在这种机制中，行动的权力应该会自动生成，进而使不太可能变成可能。这种从静态治理向算法治理的转变，同时也表明正在从国家公共治理（作为公共事务管理）向私有化治理转变，后者导致私人生活和公共领域受到破坏。

来市值的有效战略的执行程度。然而，这两个过程并不总是朝着同一个方向运行。此外，作为主权债务国的资本主义国家会收到一份风险概况表（由评级机构拟定），评级机构通常根据当前经济条件评估资本主义国家在不发生执政派担心的阶级对抗的前提下，利用紧缩政策成功推行新自由主义霸权的潜力。工薪阶层的风险状况是基于对他们成功维护劳动关系规则及准则的能力的评估。在这些规范化过程的框架内，金融公司不仅根据风险差异化分散金融市场的风险，而且还持续进行压力测试，尤其是针对潜在风险参与者，以确保尽可能准确地评估其风险有效性。[①] 分散投资组合和整合相对无风险的证券（如政府债券）或使用衍生品进行对冲可以实现对冲管理和控制风险。

这类规范化过程一直被理解为一种特定形式的风险生产，如今需要借助数学和算法技术，在某种程度上实现国家、公司和家庭等资本主义权力关系组织经济效率广义上的稳定增长。[②] 在这种情况下，评级机构需要认清各种价格变动所产生的剧烈波动起伏（这些波动围绕着资本积累的重心振荡），并对波动进行正确的评估和预测。在金融理论中，非线性随机微分方程可以实现这一目的，方程如下所示：

$$vXt = cXtdt + aXt - dft$$

[①] 为达到目的，这里使用凸性风险测度来计算基于 Q 理论汇总的不同模型的最坏情况预期，其中考虑了所谓的惩罚函数 $q(Q)$。这里为所有模型 Q 和所有投资组合 X 定义了预期值。由此产生的 M 类概率集是一组概率衡量指标（Mainzer 2014: 212）。

[②] 一般来说，风险计算意味着对每个市场参与者就各自风险管理的有效性及其实现的目标进行系统评估。这反过来意味着每个市场参与者都必须将风险视为一种社会现实，因而仍然扮演风险承担者的角色。权力技术的成型离不开以银行、对冲基金和保险公司及其高度专业化的研究部门、评级机构、杂志、智库等为代表的不同社会机构、知识安排、分析性论述和策略。

在上述与时间有关的随机函数中，c 表示预期收益，v 表示波动率，a 表示随机波动率（Mainzer 2014: 205）。建立该函数的目的是使人们至少了解价格剧烈变动的动态，即使无法确定性地对价格变动进行预测。

就风险计算而言，无论使用哪种数学模型或随机模型，都必须有使各种具体风险具有可比性和可测量性的工具，以保持公司和金融市场的稳定性和稳健性。如果不能在使用差分法的同时使用一般"衡量指标"来比较具体风险，那么金融化作为一种规范化的权力技术，将很难在金融市场上站稳脚跟。因此，必须将各种具体风险转化为单一维度，即转化为衍生品所象征的抽象风险，并通过货币变现（Sotiropoulos et al. 2013: 178）。这也意味着通过数学建模使抽象风险具体化。在这里，人们会想到布莱克—舒尔斯公式（经济数学），这是因为行动主体倾向于使用所有类似的模型，只求在竞争中出价高于或低于交易合作伙伴。在这里，我们看到了交叠模型之间的叠加，同时也看到了模型的迭代，行动主体分享这些模型和/或将模型分配给其他市场参与者。诸如彭博社（Bloomberg）等信息金融机器以 24/7 模式对信息进行切分，让信息更有节奏感。每项业务都关注和重视它预先假定的市场。相比之下，市场参与者通常认为，市场始终由可靠交易对手或交易合作伙伴（在一个组合合约内）组成。因此，通过构建和销售衍生品，必然会保证流动性安全。所有行动主体都认为，他们是流动链条中运转良好的一部分，尽管货币资本规模和权力有所不同。然而，在应用数学模型时的这种实用主义并不能导致对价格 100% 正确的建模；相反，这些模型构成定义它们的危机般的过程的一部分。

尽管如此，如今的衍生品代表着一种合理有效的解决方案。它至少通过抽象风险保证了具体风险的可公度性，确保金融市场上不会产生剧烈的价格波动，因为这类波动通常会导致某些周期内的泡沫和危机被充分排除在外。就权力技术和深化货币资本化而言，衍生品在金融化运作中起着决定性的作用（ibid.: 155ff.）。

米利奥斯的作者团队用一个例子解释了这些过程（ibid.: 170ff.）：参与者A购买证券S，其中该证券包含多种具体的经济风险，这些风险在证券价格的形成中起着重要的作用。在本例中，证券的具体风险被归纳为两种风险：利率风险和违约风险。参与者A与持有美国国债的参与者B建立关系，这两位参与者同意交易他们的证券。参与者A通过其未来的所有权利主张和付款出售溢价证券（包括违约风险）。作为回报，参与者A获得了一份到期日相同的长期债券。在该债券期限内，美国国债中涉及的所有付款都将完成。据此，参与者B接受证券S的违约风险。同时，参与者A可以将利率风险出售给参与者C，后者希望购买利率风险成为美国国债持有人。直到20世纪80年代，货币市场上的大多数金融交易都是基于这种交易。

在金融资本和金融市场全球扩张的过程中，衍生品交易不仅在规模上，而且在工具类型和数量上都有了大规模的扩张。为了说明这一点，让我们回到上面的例子（ibid.: 171）：三名市场参与者现在通过交换其证券未来创造（包括风险）的收入流成功吸收了更多的潜在风险。参与者不是交换证券本身的所有权，而是通过交换与这些证券相关的未来收入流，以及为这些收入流提供信贷来承担进一步的风险。参与者A继续持有证券S，并将与证券S相关的未来现金流与长期及短期国债未来现金流产生的现金流进行交换。参与者A持有证券S，而参与者B和C独立承担各自的违约及利率风险。虽然参与者B承担未来现金流的违约风险，但参与者C必须对短期利率上升产生的损失进行预估。这类协议要求通过CDS合约和IRS（利率互换）来设计和对冲抽象风险（ibid.）。

在上述例子中，对于衍生品（具体风险）来说，可以从原始证券中消除违约及利率风险后进行交易，而不受基础工具价格变动的影响。这种对具体风险的"重新包装"包括使用衍生品对抽象风险进行交易。虽然利率及违约风险可理解为对各种具体风险要素的捆绑，但以其新的衍生形式（抽象风险）来理解这些风险似乎更合适。因此，CDS和IRS可被视为将某些现货市场交易浓缩为单一衍生工具（ibid.）。

金融化风险与其社会背景和关系彼此分离，因此假设既定情境是有风险的；风险必须从抽象的社会、经济和政治条件中产生，并且可以转化为一个只是假定不受环境影响的分析和数学空间。在这一过程中，在过去40年中出现了生成性方案和分类方案（利率风险、信用风险、交易风险、直接风险、交易对手风险、流动性风险等），最终任何可以识别的变量现在至少可以构成一种具体风险。后者意味着金融将每类风险设定为一个真实对象。这就要求必须将相应类型的风险转化为抽象风险。无法比较和可变形式的具体风险被转化为单一形式的风险，即抽象风险（ibid.）。

米利奥斯的作者团队介绍了另一个例子：假设互换交易本身被视为衍生品的一种重要形式，这里引入了固定—浮动利率互换（ibid.: 175）。这种互换交易是一种基于风险交换资产未来现金流的合约。该合约约定了未来现金流（现金流、收入或收益流）的特定交换条件。资产 A 是由发达资本主义主权国家发行的收益率固定（Ra）的政府债券。同时，B 是一笔由一家资本主义企业持有的可变利率为 Rb 的贷款。固定—浮动利率互换包括两种未来货币资本流的比较（两种不同收益流的互换）：

$$X\text{-}Ra = y\text{-}Rb$$（ibid.: 176）

在这里，两种未来收益或收入流可以互换。需要注意的是，在等式中，与马克思发现的（简单）价值形式相比，这两种收入流都没有以其他价值形式表现自身的价值。这是因为收入流有既定的价值表现形式，再者，未来的收入流原则上是通过货币交换的。因此，未来的收入流 Ra 和 Rb 在货币层面上已经可以通约。但我们该如何理解对 x/y 比率进行定量比较所需的经济关系呢？只有当经济关系（即案例 A 中的国家治理关系和案例 B 中的私人剩余价值生产关系）的表现形式令金融资本及其分析师满意时，这两种收入流才能通过货币交换。这里假设存在一个完全流动的有效市场。该市场可以使人们从政治事件和经济危机等生成性环境中产生抽象，并对明显不可通约的风险（即不同的具体风险）进行捆绑、比较和定价（抽象风险）。因此，这里需要用到衍生品。上述等式基于一个基本条件：已对失去场景的经济结构和阶级冲突（被认定为抽象风险）进行比较。具体风险及其相应的概率确保可以客观审视以衍生品形式存在的抽象风险，基本上不受市场参与者主观评估的影响（ibid.: 177）。如果衍生品可以比对和整合具体风险以及合并抽象风险，则衍生品必然被视为具体风险与抽象风险资本化的比较。资本化包括对抽象风险波动率函数进行推测。[①]

我们可以将抽象风险理解为一种单一风险，因为从具体风险整体对比和风险计量的角度来看，抽象风险被视为一种风险，它可以通过衍生品交易以货币形式变现。因此，抽象风险或其衍生品组合总是包括以货币计量的风险（ibid.: 178）。因此，只要衍生品在某个时间点出售，并且价格在有效期内发生变化，时间和波动性即为抽象风险的构成要素。除波动性或价格波动以外，时间也是设计和定义衍生品合约的重要变量之一。通过设计预先设定衍生品合约的交易时间段。金融经济学将金融市场的时间性归结为一个抽象的正规时间，这个时间被认为是可逆的、确定性的，属于效用最大化的跨历史性逻辑。然而，这与金融市场参与者当前的做法形成了鲜明对比，他们不断改写和忽视数学模型的时间性。

具体风险与抽象风险之间存在差别并不意味着存在两种风险，而是意味

---

① 为此，交易者必须对历史数据进行校准，并将其输入模型。他为方程 $y_i = f(x_i)$ 设置了一系列数据点 (x_i, y_i) 1,..., n，以求出给定 x 值对应的 $f(x)$ 函数值。为达到目的，必须找出 f 的数学函数形式。因此，单一衍生品（固定 – 浮动利率互换）是不同证券或衍生品的实体集合。最后，假设资本化的循环逻辑是确定的，适用于所有市场参与者。毫无例外，这些都会相互融入金融领域，衍生品合约应被视为一项法律义务，交易对手对此不承担任何风险。

着单一风险综合体中存在两个不可分割的风险维度。因此，抽象风险也意指具体风险的定量维度；应将多种不同类型的风险降低到单一水平。

$$x - IRS = y - CDS = z - [F \times 终值] = ... （ibid.: 178）$$

米利奥斯认为，衍生品以一种特定的方式将多种已知风险并入商品化风险。他认为，在这种情况下，有两个方面至关重要：一方面，与希尔弗丁观点不同，米利奥斯认为，衍生品不应被归类为货币[①]，而被归类为（虚拟）资本商品（资本形式的资本）；作为商品，它们总是被兑换成货币。对米利奥斯来说，衍生品表现为一种特殊商品，其价格等于 C-M。这种关系的整合就是虚拟资本循环，即 M-M'。在这里，米利奥斯直接引用马克思的观点。他认为，货币的次要效用价值在利润变现时呈现为资本，因此资本必然被视为一种特殊商品。正如马克思所写："或者结果都一样，资本形式的资本是一种商品。"（Marx 1998: 337）

然而，我们确实对这一点表示关切。马克思将商品与货币的交换定义为等价交换（如果不考虑特殊"商品"劳动力的交换，尽管马克思有各种说法，但归根结底这不是等价交换）。但衍生品交易不是等价交换，因为管理层的目标显然是通过让货币变现来实现利润。米利奥斯曾经写道，衍生品作为资本关系的复制品参与利润产生时，似乎不应当从特定商品（而非货币）形式的衍生品开始，而应当从特定资本形式的衍生品（即投机资本）开始。与商品不同，衍生品此时此刻没有透明的价格。恰恰相反，其价格与未来的一个偶然时间有关。衍生品可以定价过高，因为其缔约方通过商定一个现时价格就

[①] 迪克·布莱恩（Dick Bryan）和迈克尔·拉弗蒂（Michael Rafferty）将衍生品货币性问题化。它们应该成为一种新的全球货币形式，扮演"与19世纪黄金扮演角色类似的角色"：充当"金融体系的锚"（Bryan and Rafferty 2006: 133）。

买卖价差达成交易。但在对衍生品未来价格的投机预测方面，他们与众不同。

为了说明这一点，让我们在另一个例子中假设证券 A 包含可变利息贷款，证券 B 包含固定利息贷款。如果这里的互换实现了所产生的两种未来收入流之间的比较，那么这不是两种商品（或商品与货币之间）交换价值之间的比较，而是两种未来货币资本流的比较或交换。在最好的情况下，如果双方都能实现未来的收入流，对双方来说都是有利可图的。因此，衍生品必须被理解为一种特定形式的投机性货币资本，它不仅是目前最有利可图的货币资本形式，同时也是一种强大的工具。通过这个工具，可以相对有效地观察和塑造当前资本主义再生产过程的条件、结构和轨迹，而不会长期消除资本经济中危机四伏的过程。衍生品代表上述波动 M-D-M' 的实体/关系。作为关系中的实体，衍生品确实可以被理解为一种非常特殊的商品（资本形式的商品），但尤其是在交易过程中，它们具备获得高质量投机资本的潜力。这里的资本是一种使衍生品存在成为可能的虚拟结构。资本通过使其现实化的衍生品而存在。资本积累意味着增加衍生品的价值。衍生品定价是通过对（在某一时刻买入或卖出时）单一风险评估结果与市场整体行情之间的变动进行连续重新校准来实现的。

作为一种特殊的投机资本，衍生品是一种用来管理差异化游牧机会主义货币资本结构的资本形式，它以自我参照的方式在自己的市场中流通。这里的资本具有工具的价值，它与作为比较对象的衍生品建立联系，创造一个全球流动的市场，并与衍生品保持同步以增加杠杆（LiPuma 2017: 29）。衍生品代表一种对未来预期的工具，借助该工具生成未来预期。该动态工具有一个收益生成自我参考维度和一个相对维度：后者包括通过在基础市场上实现衍生品的波动率，进而增加衍生品的价差。如果没有波动性，就不可能有衍生品；如果衍生品不流通，那么它们就一文不值。在流通中，基于社会经济条件的偶发事件被归入无场景的风险，进而变得自然化，即被分解成社会外部的分散型独立流动风险。

第6章 投机资本

在这种情况下，衍生品不能被理解为一种特殊商品；相反，正如利普马所说，它们应该被理解为非商品化商品。它们的确是指商品形态，因为每种衍生品都是特殊的，并以货币形式变现，但它们也无一例外地作为投机资本流通的社会中介（ibid.）。投机资本的作用就是产生高波动性、高风险的市场。在这个过程中，投机资本的流通实现了一定程度的自主性，其表现为衍生工具的发明、风险抽象化、不确定性转化为可量化风险以及投机资本自身的增殖。这些过程增强了形势复杂性和资本连通性，使金融机构变得越来越相互依赖，尽管这一事实在很大程度上仍然无法觉察到。

投机资本通过衍生品这一连通手段达到自身的最终目的，衍生品是利润及其自身复制品的来源。由此产生的金融文化及经济产生了新的社会形态，如抽象风险、通过数学模型和自我参照的新合约安排对衍生品进行定价等新技术。自我参照性、时间压缩和风险货币化等因素产生了衍生品市场，其时间结构与基础资产市场或机构（包括金融机构）的时间性没有必然关系。

最后，衍生品不仅不同于传统商品，也不同于其他形式的资本。例如，它们与债券存在很大差异。与债券一样，衍生品累计收益不会随时间的推移而消失。债券利润会随着时间的推移而累积，而衍生品的价值则会随着时间的推移或临近到期日而下降。衍生品的价格与基础资产有关，但它会对基础资产本身无法定价的要素进行定价，例如与整个市场风险相关的基础资产特定风险。衍生品价格的形成与清算所失误、加速通货膨胀或收益率曲线下降有关。就时间性而言，信贷必须产生衍生品并对衍生品产生形成预期；反过来，衍生品不仅是一种信贷对冲工具，也是一种衍生品本身或机构的流动性对冲工具。最后，考虑到衍生品的规模和波动性，衍生品必须具有流动性或可以交易。

6.4 衍生品市场

衍生品市场本身是怎样出现问题的？如何分析参与者执行的或有交易（交易完成情况可以通过以某些变现方式产生交易的市场存在的总体假设条件进行预测）？衍生品的动态再校准需要一种社会化主观性，即市场参与者相信存在一个被称为市场的整体，即使它仅被视为一个抽象的空间，也可以通过预测分析来激发市场参与者的动机，甚至贯穿整个交易主体。衍生品市场没有传统可以遵循，它们是历史上独一无二的发明，其存在离不开流动性（LiPuma 2017: 176）。

这里有一个迫切的问题，即经济决定论为何至少目前要求市场有规律性和合理性。但从某些方面讲，合理性（"正常"价格变动）会被某些时期不断加剧的非理性波动反复取代，有时剧烈的波动会导致流动性蒸发，使市场出现系统性失灵，并产生各种后果。这里需要指出的是，市场不是一类对象，而是一组社会关系。如果像主流经济理论一样忽视了这一点，那么市场就会持续存在一种非自反性自然化。这是因为关系范畴被视为对象范畴，这是一种本体论错误。区别关系范畴和对象范畴的一个重要特征是社会及历史决定论的存在（ibid.）。

因此，把市场作为一种社会关系来分析，比仅仅把它作为一个想象的整体来分析要研究更多的东西。为创造一个集合体（即社会想象的整体），需要准先验形式的客观化和制度化过程同时发生，在这两个过程中，也会构建金融习性。如果衍生品市场包括通过合约等实体对关系进行流通的特定工具，则决定这种关系的市场本身必然是一个决定性因素。

投机资本的逻辑一方面创造了市场作为一个总体框架和特定关系集合的一般形式，另一方面塑造了特定市场所必需的连通性。通过这种连通性，即使失败，参与者的行为也可以随着这些市场的产生而复制市场的理念。

从具体社会关系的角度来看,衍生品市场应被理解为参与者呈现和客观化其参与的结构的过程。现在的问题是,哪些无形的方面复制了整个市场。市场的再生产也一直是行动的意外后果,其有效性(和失效)反过来又以市场的存在为前提。衍生品市场不仅包括一种可以在创造衍生品的过程中观察到的表面的述行性,而且还具有一种深刻的述行性结构,在这种结构中,行为建立在一种社会想象的基础上,进而可以根据市场整体化的先决条件来稳定和复制市场(ibid.)。

金融学保留了"特异"一词,以防止参与者为实现风险超高的利润最大化,而不惜在超出自己对市场局限性的认知范围的情况下出售衍生品。这通常看起来像超现实跑步机原则一样,在修复衍生品市场的方向性动态。这不仅表现在加杠杆的方向上,还表现在增加复杂性上。这是因为投机性资本产品的营销需要不断扩展到市场边界之外。在这方面,拥有大量货币资本并具有相应知识和高度连通性的大公司具有明显的优势。

最后,这里还有一种述行性,通过这种方式,每个市场参与者会采用与其他人类似的方式来想象市场。在金融体系中使用的技术,从高频交易到算法和数学模型,其效果是掩盖了用于复制市场的潜在社会因素,同时增加了市场参与者对其行为做出量化判断的敏感性。技术将参与者联系在一起,使他们理解市场是其社会生活的中心。总的来说,这是一种匿名的社会化现象,同时也涉及一种存在的述行性,一种特定社会化行为的归因,即关于市场和市场参与者行为的相互预期的信念、愿望和战略判断的集合,尤其是对于自我表述只需要对屏幕上交易进行电子跟踪的交易对手。市场参与者认为,这些结构是互补且循环的,因为其他人会以与他们相同的方式来表达自己的行为,无论其他人匿名程度如何。出现这种情况的原因是,屏幕上显示的交易大多由计算机生成。然而,人们只需假设交易程序反映了参与者的意图。然而,交易程序及程序员的想法有一个通用的标准实用价值,以确保交易者可以用它来创造和赚取利润。

衍生品市场必须设计和运用自己的形成原则。对此，利普马表示，金融事件的述行性是一种定规。如果它至少再现了市场形式或结构的完整性，并且保持流动性，那么无论流通的演变涉及何种波动，它都是成功的。现在必须澄清的是，买卖社会关系中的定规是如何述行性地客观化衍生品市场的。这种述行性必然具有前瞻性和不可追溯性：在发送买卖价格时具有前瞻性（利用流动性），但在执行交易时具有可追溯性（利用交易对手和新的价格变动）。因此，市场及其决定必然被视为一个开放的整体，它既作为一种关系存在，又作为一种自反性参与者的实践存在。因此，衍生品市场是为参与者的特定实践模式而设计的特定社会空间，即通过富有认知的社会指导激励过程（竞争、自尊、利润、风险）的连通性而组合在一起的行为，激励过程反过来也会驱动这些行为。

人们经常注意到，市场参与者不仅将市场具体化和个性化，而且还通过一系列隐喻来描述市场走势。但这里至关重要的是，一个抽象的非社会性机构与交易员的日常空间之间存在差异。在这里，交易达到效用最大化目标，并假设社会整体被称为市场。这是关于具体金融关系在其所有社会特性中如何产生和再现一个社会想象的整体方面的问题。这是一个理性行动主体能够实现效用最大化的市场。但这样的市场从来都不存在，因为行动主体必须具备制度性协调的智能理念和处置方案，才能在市场中生存。市场是一个个有机系统；它们必然不同于个体的总和，规模比个体的总和更大。人们仅仅通过分析参与者的行为无法捕捉到市场的系统性特征。虽然参与者的个人行为并非无关紧要，但正是因为他们（重新）产生了一种差异化的社会现实维度，才能预先假定市场有一个特定的社会经济结构。

金融市场当然也是一种社会想象，但它是一种深度制度化的想象，这涉及对这种想象信任的人，以及对知识、核准名称、已注册公司和编纂历史进行登记的机构。因此，对于利普马来说，市场是一个社会整体，它不仅是一个实际关联的概念，也是一种由科学建构的分析对象（ibid.）。

（市场）整体性只不过是一个真实的社会虚构：之所以是虚构的，是因为它是偶然的、社会创造的；之所以真实，是因为它以真实世界的事件为依据。在这一点上，述行性并不局限于定规或某些语言学事件，而是隐含在所有社会形式和结构的资本的再生产中。作为衍生品生产原则（基于资本分离和重组）的衍生品逻辑的兴起，决定了交易员采用的生成方案（奇异衍生品的设计），而这反过来又有助于以一种述行的方式再现衍生品市场。

如果一个金融事件中的定规能够以一种述行的方式再现市场形式或结构的完整性，从而保持市场的流动性，那么无论流通的演变涉及何种波动，它都是成功的。这里的问题是，当未来波动性的风险/不确定性以及实施的策略存在时，如何再现形式形态。述行性重新客观化了形式的形成，它现在是一种经过改造的形式，在意识形态上表现为维护市场的完整性和身份。只要金融流通使所有社会形式都具有流动性，这些形式就必然不断地自身进行再客观化。述行性和客观化的统一导致了整体性的重新概念化，即从自成体系的形式转变为被永久性再客观化的形式。

这种不断的再客观化过程有其自身的社会后果，即形式的形成具有位置性、透视性和临时性等特点。就其融资而言，衍生品市场具有临时性，行动主体和流动性也在不断变化；就其市场定义与其他市场的关系而言，它具有位置性。之所以具有透视性，是因为它的完整性取决于他们自己在金融空间中的个人定位。这里的客观化形式充当了真实及虚构空间，在这些空间内，资金流通过它们重新客观化的述行性而产生和变得不稳定。尽管流通力会造成不稳定的影响，但行动主体也有必要保持其对形式完整性的集体信念。

利普马反复强调市场和衍生品的功能问题。如果衍生品要起到投机作用，那么就需要一个充满活力的市场。衍生品只有在存在可以流通的市场时才有价值。最后，市场的功能也取决于市场参与者在面对不确定波动时生成流动性的意愿。市场是一个真实的社会虚构，行动主体通过他们对市场的集体信念准自动地生成和复制市场。通过行动主体的集体信念以及行动主体对功能性整体的信任可以将真实与虚构进行融合，这本身说明市场具有述行性。这里的流动性在于金融领域的社会性表征，表现为交易一方的客观化和另一方的风险假设。

为了理解社会性，有必要考虑用来模拟市场的经济模型与其合理用途之间的巨大差距。金融经济学必须使用的悖论之一是投资，因此依赖于一套确定风险所必需的金融模型（可以系统地锁定社会不安全因素的模型），悖论之二是一种述行性，它是模型成功和市场延续的先决条件。被孤立的行动主体的行为同时也是集体的。假设行动主体意识到不可预测的抽象风险，只有在行动主体接受某些与多元理性（利润最大化、竞争动态、自尊、投机精神，甚至某种民族主义）相关的处置方案时，才可以交易衍生品和对其未来价值进行投机。这些处置方案（对衍生品过去与未来的每笔买卖进行斡旋）基于方案组织（行动主体习惯的组成要素）与可能性结构（金融领域在每个可想象的时间点的组成要素）之间的关系。

6.5 非主流立场

有关衍生品的分析，现在让我们看一下艾利·阿亚奇（Elie Ayache）和苏海·马立克（Suhail Malik）的非主流立场[①]。我们将首先介绍马立克所持立场

---

① 塞潘斯基（2014，2016）详细讨论了阿亚奇和马立克的理念。《资本化》第二卷发展了德勒兹的衍生品理论。合成资产是以模拟形式表达的纯粹差异化的产物。这里所面临的风险是一种真实的幻觉[Trugbild]，它不再与传统经济对象有任何相似之处。因此，合成模型本身的内在"复制品"很快就会破坏物理对象与创造价值的意象之间的任何对称和纯粹的例证关系。此时，合成资产图表必须被视为合成资产秩序和节奏的萌芽，充其量只能理解为一种幻觉结构。它不是一种图像结构，而是合成资产本身的经济属性与游离分布之间的一种拓扑关系，这与纯物流配送的概念形成对比。在合成资产图表中，离散元素只不过是资产本身的经济属性（现金流、到期日、价格、风险、波动性等），它们是相互关联的。

的主要特征。对于马立克来说,在差异化资本积累的背景下,基础资产的价格变动和衍生品的随机定价将被理解为相互依赖的支付承诺资本化过程。衍生品价格的随机(原则上)永久性变动(主要是指衍生品本身,其次是指基础资产)不过总是包括有限性因子,只要衍生品的到期收益造成衍生品合约价值减少(Malik 2014: 410)。然而,同时,合约到期也意味着截至合约到期可能出现某种变化,这是衍生品差异化定价本身所固有的特征。因此,必须主要从衍生品本身内在特性的角度来看待衍生品定价,而不应从基础资产外在特性的角度来看待衍生品定价。在这里,连续的偶然性通常占据主导地位,这表现在可能对衍生品合约的不断修订。需要注意的是,有限性和偶然性因子始终与资本的价格变动和结构联系在一起,因此,资本主义经济的货币形成方式确保衍生品的价格变动和衍生品未来的货币流具有动态性,而资本追逐利润的本性仍然是资本主义经济的绝对构成要素。

因此,衍生品价格的变异性还取决于合约的变异有限性(收益、进度、期限确定等),同时,这仍然与衍生品价格变动的不确定的市场变异性有关。衍生品价格随时间化微分逻辑而变化:在衍生品合约到期日结束之时发现市场价格与合约中的定价不一致,这意味着如果市场价格(现货价格)与定价(成交价)之间没有时间上的不一致性,就根本不可能有衍生品,但这仅限于普通商品的买卖。衍生品可以永久性地扩大和缩小成交价格与或许即将到来的未来价格之间的差距。例如,无论谁购买原料衍生品,都不是自己购买原料,而是对价格一直波动的投机资本进行交易。这意味着价格主要是指衍生品本身的价格,而不是与基础资产相关的衍生品的价格。(马立克还将期权和期货纳入衍生品。)这种双向变异性主要是衍生品本身内在的价格变动,马立克称之为"衍生品合约的可塑性"(ibid.: 406ff.)。该术语尤其采用了内生衍生品定价(存在于其或有事项中)。在这里,可塑性被理解为衍生品价格变动不确定性的构成条件:从事期货市场对冲交易或投机的交易者可以随时卖出或解除合约,或者至少通过在合约期内达成与原始合约相反的交易(对冲)

来对合约进行修订或重新校准。然后，交易者同时通过相关交易持有多头和空头头寸。在这种被称为"轧平头寸"的双向操作中，交易者既不需要交付基础资产，也不需要参考基础决策，便可实现损益。在这里，交易者站在重组主客体的立场，一方面表现为主观机会主义，这包括不断从一个立场切换到另一个立场；另一方面表现为衍生品定价本身的客观相对性（后者占据主导）。最后，必须考虑到，正是因为有人可以在同一资产上持有多个头寸，才使得金融市场上交易的名义规模大大超出了其当前的信用敞口。2014年，衍生品合约的虚拟、未实现或未偿面值约为700万亿美元，而实际售价约为30万亿美元，其中全球国内生产总值约为78万亿美元（cf. Das 2015: 35）。

马立克认为可以发现以下四个问题，它们对衍生品差异化定价的经济结构至关重要（Malik 2014: 404）：

1. 衍生品合约包含与外部指示物（基础资产）价格变动相关的条件。

2. 尽管未来的不确定性起着决定性作用，但衍生品构成涉及复杂的内在时间约束和现值分割模式。因此必须始终对风险进行评估，进而不断对与衍生品相关的所有定价决策进行修订。

3. 衍生品定价能够产生一种新的期权性风险模式。因此，衍生品定价本质上涉及各自衍生品市场的经营。这发生在反述行性的行为中，虽然明确了基础资产定价外生性参照物的奇异条件，但这些行为首先涉及衍生品本身的内在价格变动。

4. 衍生品定价难免存在偶然性因素。因此，衍生品定价的内生性扩展到所有定价过程——马立克将第四个维度称为资本化的"先验财务性"。

此外，衍生品的差价变动与平常的博彩不同，因为衍生品的内生性操作（至少在相应合约到期日之前）具有不确定的可塑性，这意味着使用了外生性参照物（基础资产），而外生性博彩活动则与博彩本身保持独立。衍生品定价不仅发生在一个不确定的过程中，而且还塑造了这个过程，它决定了基础资产的价格变动并对变动进行了整合。衍生品市场上的最终定价是指衍生品本身的定价。这一过程应被描述为由"Infrawager"构成的内在过程（ibid.: 417f.），这意味着衍生品定价的模式主要不取决于外部确定的条件，而是取决于其自身参数、系数和变量的内部变动。马立克认为，Infrawager 的真实性通过衍生品定价表现出来，并存在于双重偶然性中：抽象化偶然性（衍生品合约的变异性和基础资产的普遍可互换性）和修订的偶然性（差价变动本身的不确定可塑性，即价格可能的持续变化）（ibid.: 420）。这一现象可以拓展到衍生品市场，这通常被理解为两方之间的零和博弈，这个博弈的两方是指外部事件。衍生品定价的或有条件始终与衍生品市场中金融资本的制度性—物质权力实践以及量化资本化的货币体系结构紧密相关。

因此，马立克认为衍生品定价具有内在性和偶然性，因此需要为未知的未来预期和满足该预期的支付承诺设定一个投机维度。从这方面来讲，衍生品被视为第三个偶然性因素，即设定的偶然性。设定的偶然性表明，价格变动的去标识化不仅与基础资产有关，而且还存在于在衍生品价格形成过程中。它首先包含了衍生品价格本身的去标识化，即这里的每一个价格都是可能的，但也有可能是不同的。从这方面来讲，衍生品的波动性是决定性因素，因为离差或价差使衍生品本身产生想象空间。衍生品价格变动的时间转换决不能仅仅理解为从当下到未来纯粹时间延伸意义上的预期，相反，它包含了当下衍生品本身的内生性分割。通过将当下与未来联系起来看，这既是对当下的延伸，也是对当下的颠覆。同时，价格变动又是未来偶然性的一部分。然而，如果无法通过将衍生品兑换成货币来使衍生品变现，未来偶然性就无法发生。到期日是衍生品价格与基础资产价格可转换的时间点，这种以货币形式实现的趋同可以称为衍生品合约估值。一旦进行估值，就意味着衍生品定价过程彻底结束。它阐明了在合约期结束时消除成交价格与现货价格之间价差的过程。

正是由于其外生的参考性，用货币形式表示的基础资产起初充当决定性条件（相对于内生衍生品价格而言），以便能够记录衍生品合约卖出事实。然而，衍生品及基础资产的估值最终由衍生品本身定价决定，并且该定价在衍生品（隐含）波动过程中被不断更改。反过来，基础资产的价格变化也会造成衍生品价格变化过大（衍生品的凸性）。衍生品价格与基础资产价格之间呈非线性关系。归根结底，在金融市场中，正是价格在任何可能的时间点上使价值虚拟化，这体现在衍生品定价过程中。也就是说，价格体现了衍生品定价的真实性（以非显现的方式呈现）。人们必须考虑到，衍生品的价格只不过是买入价与卖出价之间的价差。因此，对于衍生品，我们不能再假设，价格是由价值"锚定"的。这进一步意味着，正是由于 Infrawager 价格的内生性结构，金融市场上的价值主要不是由生产率、交易、稀缺性、需求、效用、效用价值和抽象劳动力等因素决定的。

马立克仿效德里达（Derrida）将这种现象称为衍生品价格优先原则，即"Arkhéderivative"（ibid.: 445ff.），条件是这里存在三重偶然性：衍生品合约的变异性（抽象化偶然性）、衍生品价格的变异性（修订的偶然性）和定价的绝对波动性（设定的偶然性）。马立克认为，绝对波动性尤其代表着当今资本的权力。

法国理论家兼交易员艾利·阿亚奇也声称，鉴于衍生品交易会产生差异（始终与未来相关），衍生品交易的偶然性同时代表着当前也会产生差异。在最低限度的定义（相对偶然性）中，"偶然性"一词意味着事物当下呈现某种状态或可能呈现某种状态（过去或将来），但也有可能以另一种方式存在（cf. Luhmann 2015: 152）。与此相反，阿亚奇将偶然性的概念理解为绝对的、无条件的和独立的，而不是像事物本身那样具有可交换性。可以说，就事物本身而言，这是决定性特征，但在这里，事物也可能总是不同的。金融市场上的衍生品交易员在面临根本不确定性的情况下，他们总是需要根据衍生品价格变动提供的多种可能性来确定交易价格。当交易者卖出衍生品合约或阿亚奇所说的或有债权时，他们会创造各种偶然性。在这里，未来制造的差异造成了现在的差异，因为价格本身就是一种差异。

通过这样操作，衍生品交易者主要不是观察衍生品基础资产价格变动的时间序列，而是观察衍生品价格本身的变动。因此，衍生品交易及其价格波动实际上与以往相关的统计方法存在很大不同，因为衍生品交易者对基础资产及其价格的统计并不太感兴趣。相反，衍生品价格波动产生了一个操作平台（称为"市场"），在这个平台上产生了价格，通过这个平台将衍生品价格变动与衍生品基础资产波动分开处理。

阿亚奇面临的一个重要问题是如何确定符合交易员策略的衍生品价格。根据阿亚奇的观点，任何动态交易策略都应等同于对衍生品进行一致性定价（cf. Ayache 2010a）。更复杂的是，各衍生品的价格是由一连串动态关联的衍生品及其价格变动（与衍生品相关的衍生品）决定的，同时也会发生变动。这里的"市场"一词指的是一个模拟空间，该空间起初能使或有债权和支付承诺的转换成为可能。通过这一媒介，或有债权在其固定期限内产生变动，直到衍生品实现不确定的价值和无法产生未来价值。阿亚奇认为，市场指的是一个更多基于空间而非时间的平台，它是一个用来记录价格的平台，大量无意义的、可量化的符号在这个平台上流通，确保可以永久性相互交流。因此，合成衍生品即时生成的市场价格分布在一个使交易员脱离对基础资产进行观察的平台之上。

但是对于阿亚奇来说，或有债权指什么呢？它是一种可以替代可能性与现实性之间必要转换条件的东西，这种转换借助于具有真实、实质性地位的书面合约，对于随机指标至关重要；它同时也是一种偶然性公式，它面向未来，不断超越现实（Ayache 2010b: 45）。货币用于实现或有债权，尽管它总是与或有债权平行存在；它本身是一种物质现实，衍生品的流动或有权益可根据其进行赎回，这可能发生在合约有效期内或合约到期日。衍生品的价格是在不确定的反现实化/反虚拟化过程中产生的；该价格是或有债权永久转移的结果（cf. Ayache 2010a）。

股票价格与成交价格之间的价差也必然存在偶然性，即尽管基础资产总是实际确定的，但由于其价格的永久变化，衍生品保持了事实上的价值不稳定性。换句话说，它也可能不同（它是一个价格）。阿亚奇得出的结论是，衍生品的价值与价格挂钩。他的理论最初是关于定价功能的。对于衍生品来说，最终没有必要使用价值理论。价格的实现仍然取决于市场上各种时间表和时间段框架内的或有债权计划。阿亚奇称之为价值"最后一刻"的不稳定性（即波动性），这是价格具有生产性的原因（cf. Ayache 2010b）。绝对波动性（纯粹是虚拟的）始终保持在时间顺序之外，因此阿亚奇认为空间代表着价格波动的持续虚拟化维度。绝对波动性仍然与"价格"一词紧密相连，因为偶然性实现了价格差异性的转化，即波动性可以使非决定论得到证实。价格这个概念一方面存在一个虚拟成分，另一方面也指衍生品定价的经验—现实层面。象征预期和未来方向的价格面对市场现状同时保持不变（cf. Ayache 2005: 13）。

货币属于物质资源，具有重要价值，而大多数交易者使用的概率论模型没有什么价值。货币恰恰能够在金融事件发生时以独特的方式识别合成衍生品固有的差异。通常，或有金融债权或价格中固有的差异是根据基础资产的价格来定义的。因此根据"One"规则，偶然事件被并入一系列可识别的可能情形中。其中"One"代表所有可能产生差异的情形。然而，如果这些情形指的是市场价格，则衍生品的或有价格也应理解为与基础价格保持一定独立性的情形。当然，相对于其基础资产来说，衍生品具有到期日，但衍生品合约是在到期日之前创建的。在合约到期之前很长一段时间，衍生品的价格不仅与基础资产有关，还与衍生品价格本身的波动性等有关（波动性之中的波动性）。定价规则而在于对与新定价相关的衍生品风险评估模型不断进行重新校准。

相反，随机指标继续假设交易者可以沿通道从某一天移动到下一天，也就是说，存在一定的可能性。然而，"今天可能发生的情况会在明天出现"这一不太可能的假设只能得到过时的随机定价，同时需要根据"One"规则（概率）构建一些可能的未来情形，以此来计算衍生品当前的价格，作为对未来情形/价格预期的贴现。然而，对于阿亚奇来说，这已经证明随机波动率度量指标存在局限性，而衍生品的决定性参数必须在动态"复制"的背景下不断重新设计和确定，以确保已知价格或通过风险模型计划或确定的价格不会重复出现，因为该度量指标涉及一个永远不会出现的未来（不确定性）。因此，今天基于概率的情形与明天待报告的情形之间没有持续和严格的过渡。相反，我们不一会儿就停止工作了，工作量确实令人恼火，今天出现的情形与明天的情形之间不再有任何联系。间隔时间指的是任何事情都可能发生或都不会发生的中间空白期。对于阿亚奇来说，只要这些债权是未来发生的债权，且债务是过去的债务，金融市场中的或有债权则代表着债务调换。在当前套期保值过程中，经纪人不会将某些工具重新放到已知的当前模型中，他们更感兴趣的则是通过利用在特定随机模型中使用的参数来创建与模型相反的"套期保值比率"，从而将套期保值升级到下一个等级，而第二个期权的价格不同于第一个期权的价格，它将根据自身情况进行套期保值。其次，还应考虑到，每次检测到期权价格偏离当前模型预测的价格时，这应被理解为通过采用偏离的期权价格作为下一个随机因素的套期保值工具，将当前模型升级到下一个随机水平的信号。

6.6　投资组合理论

投资组合理论试图为合并资产/财务状况或构建考虑风险、利润和流动性的最优投资组合提供指导。特别是在不降低预期收益的情况下，考虑到不能将资产与预期收益完全关联，因此应将投资组合的风险降到最低。如果将不同类型的风险资产组成一个投资组合，重要的是降低投资组合的整体风险，资产间预期收益的协方差越小，整个投资组合的风险越低（因为总方差越小）（对于复杂的整体，cf. Asher 2016）。例如，一家汽车公司的股份与其供应商的股份具有很强的关联性。如果协方差很大，投资收益率曲线将平行移动。影响第一家公司的不可预见事件也将影响第二家公司。

投资者总是试图选择一个在给定风险水平下承诺给予最高投资收益率的投资组合。我们在这里可以发现,马科维茨(Markowitz)著名的投资组合理论之所以有意义,是因为风险具有可比性。由于风险之间存在许多往往看不见的相互作用,如果对这些作用进行正确评估和比较,应该可以降低整个投资组合的风险。因此,这里根据债券、股票和衍生品对投资组合多样化的战略重要性对债券、股票和衍生品做出选择。所以说,不应考查单一资产投资的特定回报,而应考查各项资产投资为产生最大回报而在整个投资组合中的参与情况,因此,必须计算风险和回报。

1966 年,诺贝尔奖获得者威廉·夏普(William Sharpe)研究了风险之间的最佳关系,他希望发表一份执行性声明,以便对投资组合的风险水平进行比较和衡量。以威廉·夏普名字命名的夏普比率越高,投资组合在应对风险方面的表现就越好。夏普比率的计算方法如下:用投资组合预期收益率减去无风险利率(例如,10 年期美国政府债券的利率),然后用结果除以投资组合收益率的标准差(用于衡量投资组合的波动性)。公式如下所示:$(Rp \cdot Rf)/\sigma$(Rp= 投资组合预期收益率,Rf= 无风险利率,σ= 投资组合标准差)。

因此,这里的第一个问题是,投资组合回报率是否高于美国政府债券的利率,然后才能用结果除以标准差(σp)。如果 A 和 B 两名投资组合经理过去 2 年的回报率为 10%,A 的夏普比率为 1.11,B 的夏普比率为 0.88,那么这意味着在利润相同的情况下,A 比 B 承担更小的风险。这是一个投资组合回报率相对于给定时期的平均回报率上升或下降了多少的问题。如果回报率非常不稳定,投资组合将面临更高的风险。现在,我们不是简单地检查每项资产相对于投资组合中其他资产的协方差,而是看某项资产相对于整个市场的价格如何变动,以此来创建一个完全多元化的投资组合,从而达到预期的投资风险和回报水平(ibid.)。

金融担保品当下具有套期保值的功能,这就构建了一个充分分散的投资组合。因此,资产被理解为投资组合"套期保值"的物质载体,资产是实物化的投机资本。例如，可以假设，认购的衍生品不仅对于相关各方具有重要作用，而且也对于市场上活跃的所有参与者的投机活动起着重要作用。资产相互对冲所导致的价格波动反映了人们对期货预期收益（其实是整个市场）的无数愿景（ibid.: 42f.）。金融证券或资产则指的是它们所代表的相互承诺，或它们所包含的风险量。"套期保值"取决于重复出现的风险数量。投资者不仅依赖预期回报，还必须考虑回报的不确定性或差异性。这里，理想事件通常是指不希望发生的事件。在投资组合中，我们不仅要考虑单项资产的预期回报，还要考虑相应回报的差异，即每笔回报与投资组合中其他资产的所有其他回报之间的协方差（ibid.: 44）。而这又与在特定情况下影响资产回报率的最重要指标相关（这些指标可以是价格指数、GDP或股市指数）。例如，我们应该问问自己，新添加到投资组合中的资产是否增加了新的风险（该资产的波动率大于主导资产的波动率），或是否降低了投资组合的风险（该资产的波动率小于主导资产的波动率）。投资者在其投资组合中持有多种想尽快出售的股票、债券和衍生品。当然，这不应取决于资产的长期前景，而应取决于各自投资组合中资产相对于市场上交易的所有资产的波动率水平。

参考文献

Asher, Ivan (2016) *Portfolio Society: On the Capitalist Mode of Prediction*, New York.

Ayache, Elie (2005) *The "Non-Greek" Non-foundation of Derivative Pricing*, in: http://www.ito33.com/sites/default/fifiles/articles/0509_ayache.pdf.

Ayache, Elie (2010a) *The Blank Swan: The End of Probability*, London.

Ayache, Elie (2010b) *The Turning*, in: http://www.ito33.com/sites/default/ fifiles/articles/1007_ayache.pdf.

Bahr, Hans-Dieter (1983) *Über den Umgang mit Maschinen*, Tübingen.

Beller, Jonathan (2021) *The World Computer: Derivative Conditions of Racial Capitalism*, Durham.

Bourdieu, Pierre (2014) *Über den Staat – Vorlesungen am College de France 1989–1992*, Berlin.

Bryan, Dick and Rafferty, Michael (2006) *Capitalism with Derivatives: A Political Economy of Financial Derivatives, Capital and Class*, London.

Cherizola, Jesus Suaste (2021) *From Commodities to Assets. Capital as Power and the Ontology of Finance*, in: https://capitalaspower.com/2021/05/cherizola-from-commodities-to-assets/.

Das, Satyajit (2015) *A Banquet of Consequences. Have We Consumed Our Own Future?*, London.

Deleuze, Gilles and Guattari, Félix (1992) *Tausend Plateaus. Kapitalismus und Schizophrenie*, Berlin.

Esposito, Elena (2010) *Die Zukunft der Futures. Die Zeit des Geldes in Finanzwelt und Gesellschaft*, Heidelberg.

Foucault, Michel (2011) *The Birth of Biopolitics: Lectures at the College De France, 1978–1979*, New York.

Hull, John C. (2011) *Options, Futures and Other Derivatives*, Upper Saddle River, NJ.

Lee, Benjamin and Martin, Randy (eds.) (2016) *Derivatives and the Wealth of Societies*, Chicago.

LiPuma, Edward (2017) *The Social Life of Financial Derivatives: Markets, Risk, and Time*, Durham.

Lozano, Benjamin (2014) *Of Synthetic Finance: 3 Essays of Speculative Materialism*, in: http://speculativematerialism.files.wordpress.com/2012/12/

ofsynthetic-finance-complete-text.pdf.

Luhmann, Niklas (2015) *Wirtschaft der Gesellschaft*, Frankfurt/M.

Mainzer, Klaus (2014) *Die Berechnung der Welt. Von der Weltformel zu Big Data*, Munich.

Malik, Suhail (2014) *Ontology of Finance. Price, Power and the Arkhéderivative*, in: MacKay, Robin (ed.), *Collapse Vol. VIII: Casino Real*, Falmouth: 303–480.

Marazzi, Christian (2011) *Verbranntes Geld*, Zürich, Berlin.

Martin, Randy (2009) *The Twin Tower of Financialization: Entanglements of Political and Cultural Economies*, in: *The Global South* 3(1): 108–125.

Marx, Karl (1998) *Capital*, Vol. 3, in *Marx and Engels Collected Works*, Vol. 37, London.

Mau, Steffen (2019) *The Metric Society: On the Quantification of the Social*, trans. Sharon Howe, Cambridge.

Meister, Robert (2016) *Liquidity*, in: Lee, Benjamin and Martin, Randy (eds.), *Derivatives and the Wealth of Societies*, Chicago: 2702–3299.

Meister, Robert (2021) *Justice Is an Option: A Democratic Theory of Finance for the Twenty-First Century*, Chicago.

Milios, John (2019) *Value, Fictitious Capital and Finance: The Timeliness of Karl Marx's Capital*, in: http://users.ntua.gr/jmilios/8124-Article_Text-22400-1-10-20200311.pdf.

Mühlmann, Heiner (2013) *Europa im Weltwirtschaftskrieg. Philosophie der Blasenwirtschaft*, Paderborn.

Norfield, Tony (2011) *Derivatives and Capitalist Markets: The Speculative Heart of Capital*, Leiden.

Sahr, Aaron (2017) *Das Versprechen des Geldes. Eine Praxistheorie des Kredits*, Hamburg.

Sotiropoulos, Dimitris P., Milios, John and Lapatsioras, Spyros (2013) *A Political Economy of Contemporary Capitalism and Its Crisis*, New York.

Szepanski, Achim (2014) *Kapitalisierung Bd.2. Non-Ökonomie des gegenwärtigen Kapitalismus*, Hamburg.

Szepanski, Achim (2016) *Der Non-Marxismus – Finance, Maschinen, Dividuum*, Hamburg.

第 7 章

私人银行

7.1 私人银行的职能

金融资本利用借贷、虚拟和投机资本以及其他多种资本等价物（通常具有很高的流动性、移动性和可通约性）作为工具，协调国内外支付系统，组织外汇交易，并为短期（现金流）和长期投资提供资金。而商业资本则相反，它更多关注传统商品的买卖。这里不妨看一下沃尔玛（Walmart）、历德（Lidl）和奥乐齐（Aldi）等大型企业。维萨（Visa）、美国运通公司（American Express）和万事达（MasterCard）等信用卡公司则专注于无现金货币流通的管理，这在当今各种商业交易中都是必不可少的。这些公司主要处理家庭与企业之间的支付。商业资本通常用商品交换货币，而金融资本则对不同形式的货币，尤其是与未来有关的不同形式的货币进行中介化和资本化。

由于货币资本具有信贷创造功能，私人银行在增加虚拟资本总额，进而在稳定和扩大个人资本和总资本积累方面做出了决定性的贡献。请务必记住，私人银行信贷创造扩张也是投机资本的一个重要来源，而投机资本反过来又会刺激衍生品市场的发展，而且可能（但不一定）也会推动实体经济的发展。各行各业的公司都绝对需要金融系统的各种服务。商业银行是以利润为导向的组织，现在相对独立于传统公司的有限资本控股和中央银行的控制。由于私人银行对货币资本流进行编码、借贷、合并和集中，生息、虚拟和投机资本在这里就是一种真实的、具体的物质存在。各行各业的公司都需要金融系统提供的各种服务。然而，今天，所有大型公司，无论属于哪个行业，都参与金融交易以巩固其经济实力。

在最初阶段，私人银行的业务主要集中在购买黄金、汇票、股票和债券方面，同时也配套发行透支信贷、信贷和贷款。从历史上来看，这种业务通常首先以汇票的形式出现；在汇票业务中，使用汇票作为支付手段的人在最后一名现金汇票持有人的汇票到期日之前负有责任（Lohoff and Trenkle 2012: 164f.）[①]。在这种早期形式的关联商业信贷中，货币交易员通过买进汇票逐步实施干预，从而提前实现未来承诺的货币支付。在这个过程中，他们使用基于汇票固定利率和票据剩余期限计算的部分货币金额来换取这类服务。

商业银行通过以债务人的身份向家庭、国家和公司筹集和借入资金，并以债权人的身份出借资金或发放贷款，集中了大量的货币和货币资本。商业银行从事有利可图的金融服务和投机交易。商业银行最重要的操作方式起初只是为了在经济体系中借入尽可能多的资金，并以高于借贷利率的利率进行借贷。正如马克思对银行的描述："银行的利润通常是通过以低于贷款利率的利率借款获得的。"（Marx 1998: 400）在非正统金融理论中，这被称为"货币分配模型"（Sahr 2017: Kindle-Edition: 3208）。因此，银行的盈利机制相当简单，即它们以高于借款或存款利率的利率（贷款利率）放贷。更确切地说，银行的收入或利润只包括支付交易费用和因融资与投资服务差价而产生的利率差（Seiffert 2016: 31）。差额为正（扣除成本后）代表银行有利润。但这里

[①] 借款人可以在到期日前通过贴现汇票将应收汇票出售给银行，从而获得减去贴息的等值。

请务必注意，随着信用的创造，即支付承诺的创造（货币的创造功能），私人银行的实际业务活动开始了。①

商业银行在一定程度上使公司摆脱了资金短缺的困扰，也就是说，摆脱了经济规模壁垒。同时，商业银行加强了公司之间的竞争，因为商业银行作为货币资本的综合债权人和债务人，在公司之间建立起一种相互依存的关系，这意味着公司相互之间必须进行信贷竞争，以保持在市场上使用信贷的竞争力（Decker et al. 2016: 21f.）。通过控制信贷的创造和分配，私人银行将只关心资本持续增长的工商企业置于相互依存的关系之中，同时银行控制着货币周期，并对经济中货币短缺和充裕现象进行管理。因此，在银行主导的金融体系中存在着相互依存的结构。此外，无论债务人的业务成功与否，私人银行都有绝对的还款权和贷款利息。也就是说，这比那些身为银行借款人或债务人的公司的资本增长重要。私人银行只有在预期公司通过贷款产生的利润高于公司支付的利息时，才会与公司签订贷款协议。然而，如果公司的利润低于利息，或者公司出现高额亏损，那么公司和私人银行不会分配较小的利润或亏损，而银行在不考虑公司实际经济发展的情况下会进一步要求支付合同约定的利息（连本带息偿还）。

如果债务人（公司）没有资金储备，债权人（银行）将扣押以贷款担保形式转移的资金，而且/或者公司将破产。银行不会只满足于获得一定的利润份额，而且还会无情地要求公司承担先前合同约定的、法定担保的（固定）贷款利息（连本带息偿还）。因此，通常与公司协商固定利率的私人银行并非只对风险导向性强、盈利能力超强的公司感兴趣，因为一旦公司破产，银行

---

① 如今，银行通过发放贷款进行的支付交易在很大程度上被数字化，并在会计核算方面将费用扣除（即通过借记单和贷记单）。应该指出的是，无现金支付交易不仅有助于加快货币交易的速度，而且还加强了私人银行获取存放在其账户中的资金以及在资本经济中流通并服务于其投机性贷款业务的资金的能力。

也会遭受损失，而银行只能以非常有限的方式分享或根本不能分享公司的额外利润。私人银行会在一定程度上评估和计算获得贷款公司（并要求公司为这些交易提供担保品）的交易成功的希望，但它们也从这些公司利用贷款开展的业务中剥离出来。虽然公司的业务被认为是对于借款人是有利的，但利率是按借款总额的百分比计算的，似乎只能眼睁睁看着利息在增长。

让我们首先总结一下商业银行最重要的任务、部门和职能：集中储蓄和投资服务（存款）、支付服务（管理客户的现金和非现金支付）、融资服务、信贷创造、与证券发行和使用相关的投资活动、为工商企业交易虚拟资本和衍生品以及组织外汇交易（即期、远期和互换交易），以及基于自身利益的风险转化（储户与借款人之间）和服务（租赁、保理、经纪和咨询业务）。今天，私人银行最重要的业务活动是信贷创造，如果没有信贷创造，就不可能维持资本扩大再生产周期以及证券和衍生品交易的投资活动，也不可能将总体经济交易成本降到最低。对于私人银行，可以确定其自身业务活动的一些重要参数：竞争因素（银行寡头垄断）、现金支付量、准备金管理、信贷创造潜力、投资活动、证券和衍生品交易、风险计算、银行间交易支付管理以及中央银行支付管理（cf. Baecker 2008: 140f.）。

现在让我们检查一下银行存款交易：我们在这里将银行存款交易划分为以下三个层面（cf. Seiffert 2016: 23f.）[①]：

1. 客户层面（家庭、公司和政府）。这一层面的交易是指私人银行与其

[①] 在这一点上，现金可以忽略不计，因为它在货币总量中所占的份额较低，约为10%。随着最近一些国家取消了现金（在一些非洲国家和瑞典已经强制执行，但在欧洲其他国家，对提取现金也不断有进一步的限制），统治阶级除了使非法活动变得更加困难（这通常是唯一公开声明的论点）之外，还打算强制执行负利率，以此来增加信用卡公司和私人银行的利润，控制总支付交易量，最后确保在拯救这些银行的同时锁定存款（Häring 2016: 60f.）。与此同时，各州越来越多地禁止现金支付，尽管他们自己宣称现金是唯一的合法货币。

客户之间以及银行客户之间进行的交易，存款通过数字技术以字母数字符号的形式记录在账户上，以便于在银行客户的账户之间流通，银行客户将余额用作消费货币或货币资本。如今，客户存款通常是通过在计算机键盘上输入数字这一生成信用的书写过程（按键资本主义）（Sahr 2017: Kindle-Edition:8462）来创造的。

2. 商业银行层面。虽然银行的内部货币交易是作为其自身客户之间的纯粹书写过程进行的，但其外部交易涉及不同私人银行客户之间的联系，以及参与银行账户之间的现金流清算。这影响到第二个层面，即银行间信贷市场。从商业银行 A 的客户账户到商业银行 B 的客户账户的转账代表着前者的款项转出和后者的款项转入，从而使款项在银行间信贷账户上相互抵销。商业银行 A 为了向其客户账户转移银行存款而在每家商业银行开立了一个银行间信贷账户，而每家商业银行为了向商业银行 A 转账而在后者开立了一个银行间信贷账户。商业银行相互接受的双边资金可以称为"银行间货币"（Seiffert 2016: 26）。

商业银行在货币市场上扮演着贷款人和借款人的角色，这取决于某一天发生的支付义务和资金流入。这些资金是指从一天延长至下一天的贷款（隔夜资金），尽管这些贷款交易的利润率相当低（贷款期限短，但数量高）。考虑到其流动性管理，银行为履行支付义务必须保留很少的准备金，因为它们可以相对容易地在货币市场上获得资金[①]（cf. Zeise 2011: 100f.）。这里应该注意到，在银行间交易中，不仅银行间信贷账户被理顺，私人银行也通过这些账户相互发放大额贷款，进行证券交易或从事双边外汇交易。银行间业务的重要性在暗示，当下银行的流动性风险（再融资）伴随着利率风险，进而使得银行的再融资也依赖于其他债权银行的利息债权。货币和资本市场波动越

---

① 货币资本积累开创了一个特定的期限结构，必须始终在差异化资本积累过程中的资本可用性方面对此加以考虑，并在银行的所有投资决策中加以阐述，在计算和投机时有不同的选择，并且盈利能力和流动性可用程度有所不同。

大，风险越高。拒绝短期新的再融资可能会给银行带来灾难性的后果。如今，无担保银行间贷款市场急剧下滑，而有担保回购交易市场正在升温。

3.在第三个层面上，商业银行与中央银行之间发生货币交易。商业银行有义务在中央银行开立账户，并通过中央银行收到中央银行的资金。如果两家私人银行的银行间信贷账户之间存在重大差异，信贷银行可以要求另一家银行用中央银行的资金结算债务，以确保私人银行的中央银行账户间存在支付流，同时保证银行间信贷账户进行过修正。如果私人银行可支配的中央银行资金太少，则必须向中央银行贷款。

在这种情况下，银行面临以下任务：（1）将贷款发放定位于财务清偿能力和支付承诺的风险评估；（2）积极管理风险计算（风险价格评估）；（3）协调不同期限的存款和贷款，即通过部分可展期的日常短期低息存款获得高息长期贷款，从而保证批量转换（贷款供需平衡）和期限转换（金融投资与贷款之间的临时平衡），拒绝短期再融资会增加私人银行流动性不足的风险；（4）评估并在必要时要求客户提供担保品（其中，当下各种支付承诺也可以被视为担保品），以确保实现对未来支付的预期，但私人银行也经常向公司和家庭发放无担保贷款；（5）广泛应对风险或通过套期保值来应对风险补偿；（6）从事虚拟/投机资本的信贷创造和有利可图的交易；（7）一般来说，在某些经济形势下只能以高昂的代价获得按时延期付款的能力。

在今天的大型私人银行中，这些职能是商业及投资银行业务整合的一部分。就后者而言，各银行维持广泛的全球影子银行系统[①]，以便在合成证券内

---

① 影子银行是指相对独立地开展信贷业务并追求类似银行的商业模式，但自身未取得银行牌照的金融公司。因此，它们不受银行监管约束，因而可以承担更高的风险，以获得比商业银行更高的利润。投资基金、货币市场基金和对冲基金被认为是影子银行。大多数影子银行的法定住所都设在离岸中心和避税港。根据欧洲系统性风险委员会（ESRB）2016年7月的一份报告，仅欧盟的影子银行就在2015年第四季度投入了价值37万亿欧元的资本。这约占金融系统总资产的36%。（转下页）

第 7 章 私人银行

部实施基本上看不见的交易，这意味着国家和各银行业监管机构不会在更大范围内对衍生品交易实施监管。因此，大型私人银行自身以表外特殊目的机构的形式维持着众多影子银行，以逃避国家银行业监管和利润税，或向股东、银行业监管机构和公众隐瞒负债和亏损。影子银行应被理解为游离于常规商业银行会计核算之外两极化体系。它们之所以游离于国家及跨国监管机构的监管范围之外，是因为全球供应链（其中不断出现复杂的衍生品和证券化链条）对资本的重要性日益增加。据估计，2011 年，影子银行与全球三分之一的金融机构保持着关系（Sahr 2017: Kindle-Edition: 5120）。

商业银行依赖于对未来使用所谓银行存款货币的预期。银行存款货币具有现金等支付功能，因此其支付手段的有效性不受给定存款水平的限制，而更多取决于客户的偿付能力及人们对未来国内外经济积极发展的信心水平。商业银行信用管理扩展到借款人收购、借款人信誉或其信用评级（其担保品）的审查，以及支付交易的顺利处理和通过收取利息来积累利润。信贷创造的潜力反过来又与风险管理有关。在这种情况下，资产负债表应记录私人银行可以顺利地将自己的支付承诺与他人的支付承诺联系起来这一事实；私人银行通过出借给他人的债务来证明自己债务的合理性。事实上，资产负债表中负债部分的债权人应该了解，为资产负债表中资产部分选择借款人将产生足够的现金流来偿还债权人的债务，这反过来又需要不断流入赎回资金来偿还贷款（ibid.: 5607）。银行的主要目标是使具有不同支付条件的不同支付流保持同步。问题在于，私人银行的大部分资产都由短期无法实现的长期债权

（接上页）

影子银行不像商业银行那样创造银行存款，贷款主要通过回购交易发放。影子银行的参与者用自己借来的资金购买证券。在这样做的过程中，他们利用了价差。因此，他们将经济中可用的资金在参与者之间转移。影子银行发放的贷款不被视为国家货币。他们从货币市场基金中获得资金，但不像私人银行那样从自己的资产负债表交易中获得资金。它们在回购交易时仍然承诺根据要求按照面值进行交易。

（债券、贷款等）组成，而其负债大部分都是短期负债。

私人银行的财务潜力始终取决于与支付金额要求相关的潜在可用资金的数量。这就要求通过流动性管理，努力永久确保自身的信誉，其作用在于体现并实现偿付能力。因此，必须及时识别流动性风险，并尽量避免风险。因为如果银行实际遇到支付困局，就无法排除银行间交易的限制，此时必须动用更多担保品来恢复其自身的偿付能力。因此，银行会对担保品进行组织管理，以确保其自身的偿付能力：现金存量和储备（中央银行的信贷余额，用于与其他银行的结算过程或向国家付款），这些资产很容易被其他银行接纳为支付手段、以及可随时转换为货币的流动资产。同时，近几十年来，银行债务与自身支付手段（即特别具有流动性的证券，如政府债券和央行货币）的比率急剧上升，因此使用的风险证券越来越多。总的来说，抵押品及质押品业务已经呈现多元化，同时成倍增长。例如，2007年，使用一笔质押品担保了三笔不同的贷款（ibid.: 5538）。债权人现在也越来越多地使用政府债券等相对安全的债务工具来担保债务，这可能很快导致所谓的抵押品链条、保险链条和证券链条的规模越来越大。

衡量私人银行偿付能力的一个重要标准是信贷创造能力，这也包括长期研究客户是否有足够的货币能力来获得信贷（评估客户在信誉方面的经济表现；家庭、国家和公司的财务状况），以便于银行作为债权人可以做出选择和信贷配给，并对客户所谓的安全风险意愿进行集中管理。就私人银行而言，其清偿债务的能力与其说是源于权益资本，不如说是源于投资的质量，这也意味着源于债务人的信誉和财力。因此，当下私人银行的战略往往从选择具体债务人转向管理债务的一般条件（这里有人会考虑某些风险模型的适用性、评级及市场价格的波动性）。另一方面，与其他银行相比，私人银行本身也被迫以信息生产者和流动性组织的形式存在，以便被公认为信誉良好的债务人。

最后，私人银行（预期）资产和（承诺）负债交易的设计需要对资产负债表结构进行管理，并借此将短期负债的到期日和风险与长期资产的到期日和风险进行同步比较。这种资产负债表管理方式类似于一个特定的生产过程，其结果通常是一个输入数值。这里输入的价格总额如今越来越多地根据数学模型进行开发，这些数学模型包括对未来的预测（从市场到模型），同时考虑到会计程序的社会可塑性。

如今，私人银行也依赖于索取工薪阶层的收入生存。通过这样操作，近几十年来，在阶级斗争极为弱化的阶段，它们不断开发出新的方法和策略。通过教育、住房和卫生的私有化、社会体系的简化，以及各种税收改革，各国已经确保私人银行能够获得掌握工薪阶层购买力的新途径。如今，通过保险、抵押贷款、学生及消费贷款，以及其他形式的信贷，客户可以越来越多地获得教育、医疗、住房、公寓、住房和长期消费品，因此这确保私人银行也可以和保险公司一样通过吸收工资收入直接或至少间接地产生利润。退休金的逐步私有化是将工资收入纳入金融业的另一种方式（cf. Lapavitsas 2009）。如今，信贷是雇佣劳动者再生产的一个重要来源。

即使在 2008 年金融危机之后，私人银行仍继续通过向长期受自身偿付能力限制的家庭发放消费贷款来实现部分利润。通过消费贷款，所占一篮子商品的份额减少了，这部分将从实际工资中支付。因此，正是金融资本的信贷和创新导致了实际工资的大幅下降（cf. Sotiropoulos et al. 2013: 57）。抵押贷款进一步增加了削减实际工资的可能性，但不应仅从债务的角度来看待这些问题，因为通过抵押贷款，一个家庭不仅可以借钱，而且至少可能拥有一项资产。从这个角度来看，未来的工资现在也是家庭金融化投资组合中的一项资产。即使只是一小笔工资，也会变成一种虚拟资本。因此，如今家庭的部分货币资源受到资本化运动和相应市场风险的影响，在运动过程中，劳动力与部分资本之间可能出现明显的利益一致性，这以家庭资产增加为前提。

现在让我们来谈谈借款人如何使用商业银行发放的贷款的问题：

1. 这些贷款用于为工商企业投资提供资金，以购买机器、能源和原材料，雇用工人，而且有可能从技术角度改进生产流程，从而帮助企业在未来提高生产率，并确保企业在一定时间内比上期销售更多或更高质量的产品和服务。这增加了经济总供给和总需求，而另一方面，未实现的投资项目可能导致通货膨胀，因为剩余产品与支出不匹配。抵押贷款只有用于建造新房，才能被视为富有成效。

2. 货币用于为购买现有商品和服务提供资金。因此在某些情况下，只要货币供应量增加而不生产额外的商品，就会产生通货膨胀效应。尽管需求增加，但供应保持不变（消费信贷或公司购买政府债务）。

3. 购买证券、房地产和衍生品往往会导致金融市场上的资产膨胀。可以假设，自1990年以来，商业银行约四分之三的存款用于购买各种金融资产，这将形成自我强化效应。因为市场上的证券（和房地产）价格上涨越多，银行就越容易发放新的信贷，用于购买证券。银行由此推动了证券价格的进一步上涨，这反过来又导致了新贷款的产生。这又会导致物价和房地产价格不断上涨，而金融市场持续的价格上涨将会导致泡沫。2016年，用于购买华尔街证券的贷款创下新高，达到5510亿美元。

贷款的三种可能用途自然也会导致不同经济部门之间的相互依赖：一家公司因为预计会筹集到更多的消费贷款而扩大产能，或者因为预计其实际投资会增加而通过信贷购买更多的股票。货币供应量增加可能会导致证券交易所股票和房地产市场价格上涨。但反过来，房地产价格也可能最先上涨，然后担保品跟随上涨，从而产生新的借贷。这里形成一种反向因果关系，因为这里的房地产价格先于贷款成本上涨。

如果信贷创造促使人们购买证券或衍生品，那么多数左派和非正统经济学家则认为，这预计会被视为纯粹的非生产性货币用途。虽然信贷创造确实会造成金融市场上的资产通胀和投机泡沫，但信用（以及虚拟和投机资本交易）会对资本产生生产力效应。事实上，如果我们放弃大公司的自筹资金，信用比工业资本投资更重要，或者说可以实现工业资本投资，而这最终取决于个人信用。

目前，私人银行将其大部分贷款作为抵押贷款发放。据瑞士经济学家马歇斯·本斯瓦格（Mathias Binswanger）（根据1990年以来对英国、美国、瑞士等17个发达国家进行的一项被广为引用的抵押贷款研究）称，这一份额平均可以占到银行贷款量的60%（Binswanger 2015: Kindle-Edition: 3297），这一方面是由于房主数量的增加，另一方面是由于对日益昂贵的住房的需求增长，特别是在发达国家的城市中心。[①] 然而，大型工商企业不一定再依赖于银行发放的贷款甚至发行的公司债券来获得财务资金用于投资；他们宁可自己发行新股或通过投资回报来获取融资。

根据托尼·诺菲尔德的数据，2011年，英国只有15%的贷款流向了非金融公司，其中三分之二的贷款不是资本投资，而是短期贷款，主要用于服务公司的短期现金流（Norfield 2016: Kindle-Edition: 2643）。然而，长期贷款对公司来说在结构上仍然很重要，尽管私人银行资产中只有一小部分贷款被分配用于生产性投资。

7.2　私人银行信贷创造

现在让我们谈谈商业银行的信贷创造。早在400年前，英国金匠就开始创造纸币，他们通过代客户保管金币并签发一种保管凭证（在凭证上写上储存的黄金数量），然后将其作为准货币出借。因为金币所有者直接认领金币几乎没有意义，这些金匠可以被理解为私人银行的先驱，他们可以向某些接

---

① 自2007年最近一次房地产泡沫破裂以来，大多数工业化国家的房价和地价现在再次大幅上涨，剔除通货膨胀率后，现在大多明显高于2007年。最近，房地产价格飙升，甚至出现了一些大幅上涨的情况。2021年4月，美国房价中值（不包括新建筑）同比上涨19%。

收者签发凭证，这些凭证起到纸币的作用，但没有任何实质性价值，不过其"价值"高于储存的金币。以盈利为导向的私人银行在随后的一段时期总是试图不断提高纸币数量与金币数量之间的比例。但这与银行业的关键经营模式还不完全相符：一段时间以来，商业银行一直在通过贷款创造所谓的银行存款，这些存款以数字形式记录在银行账户中。商业银行不会把客户以前存入的钱借给客户，而是通过向客户发放贷款来自己创造银行存款。本斯瓦格甚至声称，"从无到有创造货币"的发明比工业革命更重要。我们对此的回答是，首先，银行确实通过创造信用来创造银行存款，但不是像约瑟夫·熊彼特所设想的那样，从零开始。相反，他们之所以创造信用，一方面是为了或实现未来资本的增加，另一方面它与借款人有关。在这方面，人们可以说信用是在资本设定的结构性约束下发明的。这里应该再次指出，信用不是货币；相反，信用协议和以银行存款或现金形式支付的信用保证金额是两个不同的维度，或者换言之，货币以借贷的形式进行记录。

信贷创造不应被理解为单方行为，例如，造物主"从无到有"创造了货币；信贷要求作为贷款人的私人银行与作为借款人的客户之间产生特定的相互作用。商业银行只有找到合适的借款人才能创造信贷，借款人的数量取决于当前的经济状况。在发放信贷时，银行会非常准确地评估借款人的信誉和偿付能力（借款人是否有能力偿还贷款和支付利息）；他们要求提供抵押品，在某些情况下还审查客户的信贷用途。这意味着借款人在贷款时必须提供抵押品；我们以抵押贷款为例进行说明，在房地产（涉及一定的贷款金额）被抵押的情况下，只有在借款人全额支付贷款（包括利息）后，房地产才能成为借款人的财产。发放贷款的依据是借款人之前提供的服务，即建成的房屋，银行以一定的价格对房屋进行估价。然而，如果借款人将其金融资产作为抵押品，就会立即出现估值问题，进而变得复杂。例如，无担保债券可以为债权人A和债务人B之间的贷款提供担保，然后可以从债权人A转移给债权人C，再从债权人C转移给债权人D。这显然会形成一个长长的证券化链条和机制，从而极大地提升了金融机构的融资潜力。2007年，国际货币基金组织（IMF）经济学家表示，总计10万亿美元的支付承诺是由这类证券化链条创造的。例如，假如某证券是一种政府债券，本金和一年期利息分别为1000欧元和10欧元，通过期限为1个月的回购协议以更低的本金和利息转让给一位新投资者，而这位新投资者又以更低的价格向第三方出售14天期债券，然后，第三方又将7天期债券以更低的价格转让给第四方——很明显，证券常常会失去其功能。如果支付承诺无法兑现，政府债券将无法继续使用，因为它已经被稀释。链条中每一个环节现在都会构成整个链条失效的新危险，因此，风险并未实现预期的最小化，实际上反而成倍增加；也就是说，首次开始出现复杂性风险。

  人们普遍错误地认为，商业银行是纯粹的金融中介机构，它们以一定的利率向客户借款，然后只会以较高的利率出借这些款项；或者说，它们就像一家物流公司，将货币资本转移到不同的地方。然而，私人银行应该被理解为未来支付承诺的创造者，借此它们最先为各种经济进程打开潜力。私人银行的信贷支出并不是基于某些负债（客户和储户的存款），相反银行基于这些负债发放信贷。这意味着商业银行不是纯粹的货币经纪人。如果从另一个角度来看，私人银行提供的信贷越多，经济体就会产生越多的储蓄，从这种程度上讲，经济参与者的储蓄最终会存入它们的银行账户。届时，一个国家的所有私人银行将无法提供比客户愿意提供的储蓄更多的贷款。正如本斯瓦格所写："那么银行就好比是医院里的血库。就像血库一样，银行必须不时地告诉客户：'不幸的是，我们目前没有更多的储蓄，但我们可以把您留在等候名单上，一旦再次收到储蓄，我们会通知您。'"[1]（Binswanger 2015: Kindle-

---

[1] 如果商业银行真的只会出借它们以前从储户收到的存款，那么这笔资金就必须呈现在资产负债表中的资产部分。但其中大部分资金可以呈现在资产负债表中的负债部分，尤其是银行客户的资产部分。一个经济体中的所有资金都需要呈现在银行资产负债表中的负债部分，也就是说代表着债务。

Edition: 330）然而，受益于私人银行的信贷创造，在一个经济体之前没有相应储蓄的情况下，新投资、高就业率、消费支出及额外的政府支出都可以靠借款来维持。相反，储蓄本身应被理解为一种信贷创造效应，构成包含某项负债或资产的债权。因此，信贷不仅仅是经济活动的结果，相反，它创造了某些经济活动，成为投资、创新、就业和收入的催化剂。然而，如果私人银行在一个经济体的商品和服务供应方面消费过多的信贷，则可能导致通货膨胀，而限制信贷额则会导致通货紧缩。通货紧缩会增加债务的成本和价值，从而使资产持有人、贷款人和金融机构受益。在一个过度负债的经济体中，信贷减少会导致货币供应减少，从而增加货币的"实际价值"，进而提升货币的重要性，而负债和债务可能不再以货币的形式实现。

因此，商业银行不需要使用客户的储蓄来贷款；相反，它们的"生产力"在于管理指向未来的支付承诺或创造贷款。它们也会根据自己的计算、风险评估和预测结果，以及（如果可能）以利润为导向的投资和公司的生产流程，利用贷款来融资和启动投资。通过这种方式，尽管它不仅仅涉及资金再分配，但商业银行本身就是经济体资本积累过程中一个实现资本增长的必不可少的因素。因此，它们也可以刺激和推动"实际资本"的增长。然而，如果额外的投资必须依靠更多的储蓄来提供资金，这将不利于经济增长，因为高储蓄将导致需求和投资相应下降，从而对增长产生反作用。储蓄和消费呈相反的关系，而消费又与生产过程中产生的收入成正比。最后，是生产融资确保了储蓄与投资的平衡。①

这是凯恩斯对萨伊定律的回答。单纯通过储蓄为投资融资将是一场零和

---

① 储蓄取决于投资，而投资又取决于利润率。积累率（资本增长率）与预期净利润率（预期利润率减去利息）有关，而储蓄率与投资和储蓄之间的相对金融缺口有关。短期内，如果缺口为正，利率将上升；但长期内，公司的融资需求将始终与平均利润率和相应的价格水平有关。

博弈，只会导致金融资源的重新分配。然而，要实现经济增长，投资必须大于储蓄，而私人银行贷款可以刺激额外投资。凯恩斯清楚地认识到，储蓄并不是大于投资。相反，如果私人银行以平衡的（即相对低的）利率发放额外信贷，从而创造新的需求，进而使投资增速快于储蓄，消费增速快于收入，则高投资就可以创造高储蓄。[①]

让我们仔细看一下信贷创造的过程。[②] 当一家商业银行判定客户信誉良好（必须持有担保品，最好有未来资本变现的潜力）时，它会提供贷款，并将一定金额的资金存入客户账户。如果这些存款是因发放贷款而产生的，则称为"银行存款"或"账面资金"，这些款项会通过按键以数字形式登记在账户上（我们在这里称之为"按键资本主义"）。如今，大多数情况下只处理电子支付业务。[③] 因此，在使用数字货币时，银行存款以符号形式借出，并且需要以数字形式在现金账户上对款项进行登记，同时借款人也始终拥有对法定现金的所有权，条件是借款人根据合同规定的承诺，在一定时期内偿还贷款和一定的利息。商业银行在发放贷款时，必须将资金直接交给客户（这是银行的

[①] 投资通过贷款进行融资，并回流到银行客户的账户，银行客户不一定在同一年将其作为收入进行支出，然后在国民账户中将其定义为储蓄。通过对统计数据进行事后观测（比如通过观测 GDP 或国民账户）无法推断出因果关系，因为这里没有考虑融资类型。此外，我们必须牢记，投资融资必然导致工资和消费的增长；否则，新产品根本无法销售。一个经济体的总产出必然增加。

[②] 目前高达 90% 的资产为私人银行存款。因此，正如现代货币理论所说，货币供应的最大部分，即银行存款，具有内生性，不能被视为税收抵免。国家是所谓货币的唯一来源这一事实仅适用于"法定货币"，即由中央银行（作为国家组织）单方面决定创造的货币。

的确，如果没有政府货币，就无法创造银行存款。利用政府货币创造银行存款的能力由公司和银行自主决定。银行与公司之间的这种货币创造循环关系确保信贷使货币供应内生化，即确保信贷与政府货币创造脱钩。

[③] 霍斯特·赛费特（Horst Seiffert）称之为"创造金钱的记录过程"（Seiffert 2016: 31）。当信用票据被记入账户（活期存款）时，货币供应量就会增加，而今天的货币供应量在很大程度上由银行账户中的存款组成。

义务），同时银行也拥有了一项资产。因为它可以在一定时期内收取利息，而客户银行账户上也有了一笔资产/信贷，也需要承担偿还贷款和利息的义务。这些资产负债表中的关系对于债权人与债务人之间的关系至关重要。债务人账户上因贷款而产生的贷方余额可称为"虚拟存款"，因为它们不取决于目前由私人银行自由支配的通货。然而，法国经济学家弗朗索瓦·切斯奈将银行存款称为虚拟资本的说法是不正确的（Chesnais 2016: 84）。虚拟资本是一种在金融市场上交易的证券，其价格是利率和证券购买者预期的函数。这将资产与保留在私人银行资产负债表上的银行贷款区分开来。只有当可交易证券持有人使用银行存款或银行贷款时，它们才会转化为虚拟资本。[①]

随着贷款发放，商业银行在资产负债表中的资产部分拥有了对客户的信贷债权。这需要在负债部分通过将客户存款登记为对银行的负债加以匹配，这一点很关键，但负债不能利用银行的另一笔付款来平衡。相反，如果贷款银行在资产负债表的两边扩大其资产（债务人的还款承诺）和负债（对债务人的负债），那么货币只能由贷款银行创造。因此，银行的其他账户或外部账户不会因授予的信贷金额而减少；相反，银行总是可以使用自己的支付承诺来偿还贷款。在整个贷款期限内，银行对审批贷款金额的还款承诺仍然代表一种承诺，只有当客户以现金形式提取部分金额时，银行才需要减少其现金储备（cf. Seiffert 2016: 89f.）。银行将贷款记录在其资产负债表中的资产部分，并将数额相同的贷方票据记录在资产负债表中的负债部分或借款人的现金账户上。因此，虽然在银行资产负债表中的负债部分，负债显示为贷款创造的存款，但在资产负债表中的资产部分，资产总额增加量大致与贷款金

---

① 如果借款人不以现金形式提取金额，则贷款具有无现金支付交易的功能。这包括通过商业银行内部转账或商业银行（银行间市场）之间的支付交易以银行存款的形式在银行账户中相互结算款项。如果借款人直接使用其账户作为支付手段，而不提取现金，中央银行将无法完成这一过程。

额相等（减去准备金）。在技术术语中，这被称为"资产负债表扩张"（cf. Schreyer 2016: 33f.）。负债在银行资产负债表中仅显示为"客户存款"。因此，当对金额进行登记时，关于从另一个账户中扣除该金额是否会导致资产负债表中其他变量减少的问题——无论是准备金（部分准备金理论）还是其他资金（银行作为金融中介机构），都可以给出否定回答。

对于商业银行的客户来说，会遇到下列情况：尽管他现在因自由订单而产生贷记金额，也就是说，他作为企业家至少可以利用货币的使用价值来创造更多的货币，但同时也存在适当的银行债务。因此，银行（贷款人）和客户（借款人）都扮演着债权人和债务人的角色。虽然客户收到一笔新的信贷余额，同时承诺结清债务（银行的债权人和债务人），但私人银行也充当债务人（它们欠客户款项）和债权人。之所以充当债权人，是因为它们通过银行存款来创造自身的支付承诺，从而收取利息。在信贷行为中，商业银行和客户相互证明各自的信誉（Sahr 2017: Kindle-Edition: 3729）。我们现在已经达成了涉及永久性创造、关联和安排支付承诺或承诺关系的链条结构。

银行存款创造意味着贷款限额最初完全在于商业银行的风险管理。实证分析也证实了这一点。经济学家理查德·沃纳（Richard A.Werner）研究了商业银行在向借款人提供资金时是否会将资金从（银行内部或外部）其他账户转移给借款人（Werner 2017）。他得出的结论是，商业银行不会将提供的资金从其他内部或外部账户转移给借款人，因此必须摒弃部分准备金理论和金融中介理论。相反，银行创造了一种新的银行存款，只需在借款人账户上登记为存款就可以完成，即使客户或其他客户没有办理存款。贷款金额分两次记入资产负债表或账户，显示为债务人的还款承诺和商业银行对客户的债务。[①] 然后，新贷款可以作为抵押品重新进入信贷创造过程，从而创造更多的

---

① 另一方面，银行不能将客户 Y 的存款作为贷款转移给客户 X。因为银行存款仅代表银行的负债，该负债记录在银行资产负债表中的负债部分，而不是一项可以出借的资产。

新贷款。① 此外，如果使用以前不存在的账面货币购买证券，则证券购买（银行将其记为资产）应被归入"账面货币创造"科目之下，视为未发生的购买行为。

当客户偿还贷款时，货币供应速度再次按相应的金额逐一递减，所以客户存入的资金将从银行余额中扣除，而另一个账户不会同时增加该金额。客户负债减少的金额与银行债权相等。在贷款期限内，通常很少或根本没有向客户支付的现金。因此在贷款协议结束之前，贷款仍然代表银行的支付承诺，一旦偿还贷款，协议会再次被解除。这里对信贷创造施加了限制，这是商业银行为了满足现金提款而必须持有的现金储备（尽管很小）。然而，如果商业银行遭遇信心危机，许多客户可能同时要求提取大量现金，而商业银行无法支付这些现金，因为它没有现成的现金库存，但它并非资不抵债，如果它仍然拥有可以在较短时间内出售的资产（和应收款项）或收到付款，那么它只

---

① 在产生银行贷款的情况下，银行存款是通过与资产负债表扩张相对应的分录创造的。贷款金额记录在银行企业账户中的资产和负债部分。在资产负债表中，负债表示一笔钱的来源，而资产则表示其用途。因此，在负债部分，显示银行的负债（发行的债券、账户余额、权益）；在资产部分，显示发放的贷款。银行需要使用权益资本在一定程度上弥补贷款。资产（借入资本）的来源是银行债务，包括其自有资本，具体是指银行自身产生的且无须偿还的"债务"（负债部分）。尽管利息不是在发放贷款时产生的，但从相互竞争的参与者那里可以提取相应的金额。只有当借款人还款日和利息到期时，利息才会出现在资产负债表上。在一个经济体中，永远没有足够的钱来支付所有的利息。

银行资产负债表指向了一种同步效应，由此负债部分的债权人会觉得资产部分的债务人将产生足够的现金流来为债权人提供服务（Sahr 2017: Kindle-Edition: 5608）。资产负债表显示，他人的债务或作为资产的信贷在动态和相互依存的关系网络中与自己的债务或作为债务的信贷保持平衡。但是，新的、稳定的甚至失败的关系正在使平衡趋势不断发生变化，在有些时候，资产负债表必须通过新的债务来平衡。所有这些都是基于这样一种假设，即行动主体作为风险承担者取代了债务人和债权人。银行资产负债表的问题，作为企业活动的镜像，除其他外，还体现于以下事实：它们与未在资产负债表中登记的支付承诺链或资产负债表外支付承诺链相关联；自我强化的随机流协议在资产负债表中体现；最后，必须考虑到今天用于保护大型银行本身的政治保障的存在（ibid.: 5801）。

是缺乏流动性。商业银行也可以求助于中央银行，通过在那里存放被接受为抵押品的证券来筹集现金。然而，商业银行的大部分资产是不容易被中央银行接受为抵押品的债权，因为房地产、债券和贷款等相对缺乏流动性的投资不会像货币一样快速流动。此外，在危机情况下，商业银行大规模出售证券和房地产会导致金融市场价格暴跌。

在贷款期限内，商业银行实现利润，在技术术语中被称为"铸币税"。因此，商业银行的利润是通过向借款人的账户发放贷款和以书面形式授予信贷而产生的，并收取利息。创造信贷本身无法产生利润，只有在银行索要利息时才会产生利润。[1] 因此，银行只需审查借款人的信誉，即借款人还款和付息的可能性。生产成本从铸币税总额（利息）中扣除，特别是扣除与货币流通相关的行政和基础设施成本（欧洲中央银行建筑物、软件、IT 基础设施和工资，另外还有纸币的印刷成本）（Häring 2016: 138）。[2]

---

[1] 银行通过发放贷款来创造货币这一事实引出了两个问题：第一，发放信贷会产生多少利息？第二，谁从利息中实质性受益？澳大利亚经济学家蒂姆·迪·穆齐奥（Tim Di Muzio）得出以下结论：1969 年，利息占美国 GDP 的份额约为 1260 亿美元，略低于国民收入的 9%。到 1982 年，利息支付总额超过 1 万亿美元，约占国民收入的 30%。自 20 世纪 80 年代初以来，利息占国民财富的比重在 15% 至 31% 之间波动，但自 1980 年以来，利息占 GDP 的比重平均仅为 25% 多。为了对这种相当真实的财富转移的规模进行说明，请务必记住，美国每年支付的利息金额已经超过了 1978 年以来缴纳的联邦所得税金额（Di Muzio 2015; Di Muzio and Robbins 2016）。

穆齐奥进一步假设，今天的每一笔经济交易，无论是购买商品、支付租金或偿还抵押贷款，还是劳务支付，都必须包括未偿债务的利息。现在进一步出现的问题是，谁主要从信贷扩张和商业银行日益资本化中受益？在这里，穆齐奥对拨付资产的分配情况进行了研究，研究结果显示，收入排名前 1% 的人持有的计息资产比例（53.2%）明显高于后 90% 的人，而其持有的债务比例（6.7%）明显低于后 90% 的人（分别为 9.2% 和 72.4%）（Di Muzio 2015）。因此，通过以"公共"债务的形式先后向政府和个人发放信贷，私人银行创造了一个金融体系，该体系能够为它们自己和私人投资者提供稳定的资本化收入流，这反过来又限制了用于保护它们的各种利益的权力和影响力。

[2] 预计欧元区银行的铸币税总额目前约为每年 3000 亿欧元（Häring 2016: 139）。扣除员工和 IT 基础设施的管理成本后，净利润约为 1500 亿欧元。

让我们通过一个例子首先从银行间市场的角度对信贷创造进行说明。如果商业银行 A 向客户 A 授予一笔信贷，并将款项贷记客户 A 的账户，假如客户 A 在商业银行 B 向客户 B 的账户发起一笔无现金支付交易，即商业银行 A 有一笔出账，而商业银行 B 有一笔进账。这两种支付流每天都通过商业银行在银行间专用信贷账户上进行清算，在中期内，这些账户的差额是平衡的。然而，如果银行之间发放贷款的做法差别很大，例如一家银行拥有的客户债权比另一家多，那么这将导致银行之间的支付流不相等，进而影响其银行间信贷账户以及各自的利润。现在这不再是银行对客户的内部登记债权/负债，而是至少两家银行之间的登记债权/负债，这对现金流的变化至关重要（Seiffert 2016: 46f.）。必须补充一点，商业银行只接受对方的无现金支付，因为这些款项是通过央行余额来支付的，而央行余额又与现金一样便利。

如果现金从商业银行 A 流向商业银行 B，则意味着前者对后者负有债务；而对于商业银行 B 来说，款额代表信贷余额。但同时，商业银行 A 的账户也有进账，商业银行的债务和信贷有平衡的趋势，这涉及支付交易——总体来说，它发生在所有商业银行提供相同金额的信贷，并且所有借款人向各自的商业银行转移相同金额的信贷的情况下。然而，考虑到在银行日常经营中账户余额不断波动，这些差额将在较长时间内趋于平衡。商业银行之间也会对账户余额中允许的差额（信贷限额）进行协商，并将其记录在银行间信贷账户中。银行之间也会相互发放低利率短期银行间贷款。[①] 在反复存在支付差额的情况下，商业银行有义务平衡不同金额的款项。然而，这使得一种新

---

① 利率范围在 0.5% 到 1.5% 之间变动，以伦敦银行同业拆放利率（Libor）或欧洲银行间欧元同业拆借利率（Eurobor）等关键利率为基础，但最终由商业银行自由协商。银行间信贷账户中持有的金额称为往来账户余额；它们相应地记入银行的复式簿记中。数据收集和记录的融合最初仅限于市场上的金融交易，现在有越来越多的指标，因此这就需要一款集成商用软件。20 世纪 70 年代以来，复式记账法已在有关系数据库和程序的公司推广使用。

型账户（即央行账户）有机会发挥作用，而每个商业银行都有法定义务在各自国家的央行持有此类账户。因此，商业银行必须有一定数额的信贷（央行货币/货币供应量 M0），这些信贷通过抵押证券和信用从央行获得。

一旦借款人偿还完贷款，需要通过填单来确认银行存款的减少。为此，借款人应在其账户栏中提供相应的资金金额，然后由银行扣除。这当然也会在各商业银行之间产生支付流。如果参与银行偿还了相同金额的贷款，从而在银行之间提前转移相同金额的资金，则银行间贷款账户上的信贷和债务相互抵销。一家银行的内部转账比例越大，该银行就越独立于其他商业银行。[①] 如果商业银行 A 发放的贷款比商业银行 B 多，那么第一个问题就出现了。如果商业银行 A 的借款人用信贷付款（即导致向商业银行 B 转账的费用清单），则参与商业银行的银行间信贷账户会出现收支不平衡。商业银行 A 可能必须用央行货币来平衡这一差额，这将降低其央行账户的余额。商业银行有义务在央行账户中持有一定数量的资金（尽管这些账户从属于它们自己的信贷创造）。这就迫使商业银行存入担保品（证券、贵金属、资产），并在获得贷款后向央行支付利息，但利率相当低。

因此，如果一家商业银行通过放贷创造了过多的银行存款，同时通过汇款系统产生的银行存款流出量不断高于银行存款流入量，该商业银行则被迫利用流入其他银行央行账户的资金，获得央行定期（抵押）贷款。商业银行现在可以提高其贷款利率，这将减少贷款金额，但可能会带来更高的利息收入。然而，银行之间的竞争不允许这种情况长期发生；或者，银行增加其客

---

① 作为一种趋势，商业银行必须在其银行间信贷账户中实现收支平衡。如果收支平衡，银行几乎可以免费提取部分款项。银行被整合到复杂而密集的网络中，尤其是那些具有相应规模的银行，由于它们具有更大的本地、国内和国际互联网络，与网络较少的小型银行相比更具有竞争优势。因此，银行彼此紧密交织在一起，根据经济发展，依赖于增加或减少贷款、证券交易及取款而生存（由于银行间贷款账户的国际收支不平衡）。

户数量，以实现银行间存款流量的平衡。银行拥有的客户越多，银行存款在银行内部流通的可能性就越大，便不需要在银行间贷款账户或央行账户中进行交易。

这已经为"银行在显然可以'莫名其妙'动用存款的情况下为何还要为客户担心"这个问题找到了第一个答案。银行起初对尽量多的客户感兴趣，因为其他银行的客户会将大笔资金转移给这些客户，这就为银行提供了准备金，但它们必须对此支付利息。对于在银行间市场进行的商业银行间转账来说，它们依赖于央行的准备金。[①] 商业银行在央行开立的账户成为商业银行之间的清算系统，即商业银行之间的资金流在那里结算。然而，双方某一天转账的差额只能通过准备金结算。客户资金的损失使人们产生了对准备金的新需求，而银行无法免费获得准备金，因为它必须通过向央行出借证券或向其他银行借款为准备金提供服务。因此，客户资金外流和客户开户数量不足对银行的盈利能力产生了极大的负面影响。然而，由于央行目前的利率为零，并且商业银行也有一定的储备金，私人银行对客户资金的兴趣会大幅下降。此外，权益资本与准备金之间也存在差异，这表现在缺少准备金会导致银行流动性受限，而如今央行通常会立即解决这一问题。同时，权益资本耗损会导致银行破产。

商业银行自己创造的银行存款在它们之间流通。如果一家银行的客户支付款项差额为正，则另一家银行收入与支出之间的差额必须为负。金额超支也会给两家参与银行带来利润（提款）。赛费特将这些过程归入"银行存款受结构限制的合作性创造"（Seiffert 2016: 46ff.）一词。相比之下，我们在这里谈论的不是银行存款的合作性创造，而是竞争诱导的信贷创造，它不断激发

[①] 只有央行才能通过贷款给商业银行来创造准备金或央行资金。这些反过来又是银行间业务和商业银行购买政府债券所需要的。

私人银行在国际交织的复杂网络链框架内去改革新型金融工具的冲动。由于每家商业银行每天都会收到和放出大量款项，银行之间的收支会随着时间的推移而趋于平衡。这是银行间竞争的一部分。可以假设，银行在一定程度上以相同的模式来运营。例如，通过使用大量资金购买证券和衍生品，这反过来会增加银行的借贷和提款。正是这一点导致了银行收支流的新的失衡。通过竞争（除此之外，需要记录在银行间信贷账户上）使收支平衡发生变化，而这反过来又被新的失衡所抵消。这些变化的作用不同于产生平均利润率的平衡变化，其中涉及工商企业、分支机构和部门。此外，商业银行的利润生产过程不同于工商企业。如果商业银行能够通过创造信贷等方式产生回报，那么它们一开始就不依赖于收入与成本间的差额管理所产生的"传统利润"。私人银行的最终目标是，在上述流程的框架内，在一定时期内吸收所有商业银行因发放贷款等而产生的尽可能高的所有可能的利润份额。然而，商业银行不应过分追求额外利润，否则将危及自身。商业银行之间的竞争，在货币和资本市场上表现得非常明显，始终具有纪律性和准先验性。参与这些过程的不仅有大型传统金融机构，而且也有跨国汽车公司的银行以及西门子等其他公司的银行。然而，必须注意的是，银行之间也存在合作关系。例如，它们之间相互提供贷款，从而接受对方作为类似金额的债务人和债权人（循环信贷），以确保双方尽可能实现更多的收支流。如今，这些相互授予的信贷甚至可以作为抵押品存入央行。

让我们重新表述这个问题：如果银行 A 在申请了 10 万欧元的信贷后，将信贷转入客户 A 的账户以及银行 B 的客户 B 的账户，那么银行 B 可以分配一个新的信贷，因为它可以获得由央行拨付的 10 万欧元信贷余额。银行 A 在这里失去了创造信贷的潜力，银行 B 也获得了信贷。这时，人们开始怀疑银行只关心持有尽可能多的存款。那么，与德国商业银行或德意志银行等大型银行相比，小型储蓄银行确实具有相对优势。但首先，银行之间存在着已经被描述过的补偿动态：如果一家银行长期发放过多的贷款，导致银行存款流出超过流入，那么它必须越来越多地在货币市场上充当借款人。这会导致其他银行对其偿付能力进行慎重评估，甚至丧失信心，然后停止向该银行贷款。在这种情况下，金融资本总额的概念和相应的竞争过程仍然至关重要。① 除此之外，由于本身拥有高度发达的国内外网络系统，大银行只会拥有更多有偿付能力的信贷客户。

那么，为银行创造银行存款（和实现利润）有哪些限制呢？第一个限制是，银行不会在发放贷款时直接收取因创造信贷而产生的利润，而是在贷款期限内收取，即在借款人定期支付利息并偿还贷款时。如果借款人不再具有偿付能力，尽管我们注意到，借款人至少已将货币投入流通领域一段时间，但贷款银行仍会蒙受损失（央行资金及贷款资金等值损失）。就银行资本总额而言，亏损意味着银行负债超过了其信贷债权。②

就这点而言，我们进一步区分了信贷创造过程本身产生的限制（受公司间竞争的影响）与银行资产负债表中因信贷创造生成的现金流记录而产生的限制（ibid. 2016: 51ff.）。第一种模式的局限性包括与经济体经济周期相对应的借款人数量、对银行存款需求的货币潜力，以及金融市场上可用证券及固定资产的成交量。尽管私人银行通过影响利率、贷款和货币供应的过程，对工业投资、其他经济活动和就业产生了巨大的影响，但它们仍然依赖于借款

---

① 银行还通过从非银行机构购买资产（证券、外汇、黄金和土地）来创造银行存款。例如，如果一家银行购买一家公司的债券，它会向该公司支付一笔钱，就像它向该公司借款一样。只要银行购买的资产多于出售的资产，它们也会创造银行存款。因此，银行将证券货币化；也就是说，货币是在其他人没有发生损失的情况下创造出来的。政府债券具有双向货币化的性质，商业银行可以将其出售给央行。一旦政府债券售出，商业银行会收到准备金，从而确保商业银行将政府证券货币化。

② 由于银行只预留了一小部分已实现利润来增加权益资本，因此银行在危机情况下破产的风险也相应增加了（然而，大部分利润是以奖金和股息的形式分配的）。最后，如果对银行的信心持续丧失，就有发生银行业危机的危险（Häring 2016: 160）。

人的经济实力,其中包括借款人偿还债务和存放担保品的能力,这也是关乎一个国家乃至世界经济发展的问题。如果私人银行对其资产负债表中负债的监管不太关注,就无法排除危险情况甚至有可能破产。商业银行间收支差异过大会导致其他限制。如果与其他商业银行相比,一家商业银行发放的贷款太多或贷款成本太高和/或购买的固定资产和房地产金额太高,那么它必须对银行间贷款账户上的债务进行预估,因为现在款项流出大于流入。此外,必须考虑到,商业银行的规模及其相应的国内外网络关系强度对信贷创造有着相当大的影响。

对于商业银行必须强制执行的会计和监管规则,假设受到以下限制(ibid.: 94ff.):(1)流动性要求、权益资本要求和最低准备金要求。法定准备金是指商业银行在其央行账户上必须持有的金额。欧洲央行为欧元区设定的最低准备金率为1%,其依据是期限最长不超过2年的客户存款金额和银行发行的期限最长不超过2年的债务证券(ibid.)。银行自行确定与现金余额相关的最低技术准备金。然而,如今最低准备金要求基本上能够通过银行以任何方式持有的现金余额来满足。还应注意的是,在创造信贷之前,不必对准备金余额进行证明,而只需在创造信贷之后进行证明。私人银行可以在银行间市场或从央行(对今天来说很容易)获得准备金。为了顺利创造信贷和避免破产,央行不再允许自身拒绝向商业银行支付准备金,因为一旦出现资金短缺或流动性不足的问题,这些商业银行会被迫迅速出售其资产,这反过来会对证券和衍生品的市场价格产生负面影响,从而对其他公司(不仅仅是金融公司)的资产负债表产生负面影响。因此,央行的最低准备金政策必须遵循私人银行的商业惯例,并最终根据这些惯例来调整自己的政策。商业银行必须持有的准备金不再构成对其贷款的真正限制,故货币乘数(银行为发放信贷而以存款形式持有的资金比例)不再发挥重要作用。如今,准备金主要作为私人银行的一种资源,用于维持银行间清算过程(当天结束时银行间市场资产和负债平衡)正常运行。

（2）另一个限制是《巴塞尔协议 III》目前确定的某些资本要求。根据这些协议，银行必须对资产负债表中资产部分的资金进行违约风险评估，而且资产部分的项目必须与一定数额的权益相匹配（视金额而定）(ibid.)。这是为了调节银行贷款业务可能产生的损失，以确保银行至少能够继续履行其义务。当下，商业银行必须规避信贷、市场及运营风险。对于前者，通过利用证券、贷款和有形资产产生的资产乘以风险权重 0.20（其他风险根据前者的比率推断），然后用结果总和乘以 8%（ibid.）来计算。然而，今天的商业银行不断地成功发明了新的衍生品及贷款形式，这些衍生品和贷款的风险甚至还没有体现在《巴塞尔协议 III》的规定中。

银行的股东权益比率计算如下：首先，确定权益资本（核心资本或股本，即认缴资本加上留存收益及准备金、补充资本和三级基金）与风险加权资产之间的比率（ibid.）。这里的法律定义的股东权益比率称为"核心资本比率"，它确定了银行权益与资本总额（资产负债表中资产总额）的比率。自 2015 年起，德国商业银行的核心资本比率为 6%，预计自 2019 年起将该比率提高 1 个百分点。此外，假设补充资本占 2%，因此，通常股东权益比率将达到 8%。此外还讨论了银行是否应逐步建立周期资本保全缓冲，根据经济发展情况，可以在衰退期减少缓冲。我们在这里再次强调，银行可以继续使用自己的风险评估结果，也可以在评估风险时使用自己的内部银行模型或评级机构的评级结果，这意味着尽管名义资本资产比率保持不变，但其资产总额会继续增长。为了防止这些做法，有必要对杠杆率或最大杠杆率进行限制，以避免无限制地导入资产。

我们还必须考虑到，除了房地产、IT 基础设施、软件等，银行的权益资本主要由金融资产组成（即支付承诺），因此必须从一开始就将其理解为银行业的一种内生性产品，目前不能仅通过法规对权益资本进行监管，可以通过发行股票和留存收益来增加权益资本。原则上，私人银行可以创造自己的资产和所持权益。此外，为了扩大财务回旋余地，银行可以随时在场外交易市场上获得贷款，在这些市场上，合同是以两个法人间支付承诺的形式签订的，基本上不受国家当局的监管要求约束。本书其他地方讨论的证券化也属于这类融资。最后，就其贷款政策的弹性而言，私人银行不仅必须考虑权益资本稀缺性这一因素，还必须对那些能够在一定时期内支付一定金额资金的债务人的信誉进行预测，从而为银行实现利润，进而证明为发放贷款而承担的风险是合理的。

（3）某些流动性要求构成进一步的限制，因此需要始终牢记，必须对偿还贷款的概率进行预测。①

这个问题后面还有一个问题：在当前似乎由私人银行和其他金融机构主导的金融体系中，我们为什么需要央行呢？第一，商业银行需要准备金，因为客户对现金有持续性的需求（随着银行存款额的增加，对现金的需求也随之增加）；为了接收现金，商业银行离不开央行，而央行拥有生产现金的合法垄断权。第二，商业银行必须持有准备金的最低水平，至少在有些国家是如此（然而，欧洲央行已经大幅降低了最低准备金率，作为其"量化宽松"政策的一部分）。私人银行创造的银行存款越多，它们必须在央行筹集的准备金就越多。第三，准备金主要用于通过央行清算系统结算的银行间交易。尽管个别银行也可以相互借入准备金，但整个商业银行系统只有在央行提供准备金的情况下才能扩大其准备金存量。② 第四，央行有责任稳定货币的价值，

---

① 如果商业银行本已较低的现金持有量因任何原因而减少，则以活期存款形式在其基础上逐步建立的信贷必然减少数倍（用比率1:10乘以现金流出量的10倍）。这可能会导致银行系统出现信贷紧缩。如果一家银行的所有活期账户持有人同时以现金形式提取其信贷余额，那么结果可能是，他们的资金中只有一小部分在银行可用。该银行将不得不申请破产，而其他银行也将面临客户流失的危险。

② 现金和准备金仅由央行创造。央行货币包括现金和准备金（商业银行在央行的账户），以及流通中现金。相应的货币总量M0仅为货币总量M1、M2和M3的一小部分。它属于央行的负债部分，因为它代表着央行对商业银行和非银行机构的负债。如今，不再需要使用现金来兑换黄金。（转下页）

这始终与国家向公民充分征税的能力有关。

7.3 杠杆

如果今天的私人银行在为经济体各个分支机构和部门分配货币资本的过程中发挥主导和推动作用，那么应该注意到，金融资本与工商资本在盈利机制和经济实力方面存在一些重要区别。这里绝对没有一个单一的过程能够使金融公司的回报率与工商企业的利润率保持均衡，或者换言之，私人银行的利润与工业资本的投资和利润没有严格的法律关系。这并不是说私人银行的利润根本无法计算，或者它们与工业企业的利润没有关系，而是私人银行间利润率的均衡变动的过程与工业部门不同，并且在（工业）平均利润率产生的过程中，也没有对银行利润进行合并。这一点已通过详细审查私人银行不同形式的投资和投机活动加以证明。发展金融资本对于购买技术、机械、能源、原材料、建筑物和雇用工人的工业企业来说是非常必要的，但对于金融

（接上页）

货币仍被接纳为一种支付手段，尽管它不在贵金属或实际价值的范围内，但人们相信，贷款将在未来得到偿还。信贷关系作为支付承诺，只有在得到广大民众信任的情况下才能发挥作用。由于信任不仅是一种引导内涵的实践，同时也具有述行性和不确定性（当然包括惯例）在社会过程中产生并受到限制。

作为借款人的公司向作为贷款人的银行展示的未来利润前景是相互投资的起点，而公司实现的利润（实现向银行支付利息，这是主要的）证明了对债务的预期是合理的。简言之，预期利润决定着利润生成的方式。

因此，资产负债表中负债部分的纸币是否以黄金、商业汇票或政府债务作为支撑已不再重要；重要的是相信银行发放的贷款将被有效或有利可图地使用，从而实现经济持续增长。然后，国家还可以偿还债务，因为经济增长带来了更高的税收收入。公司也可以偿还贷款，因为它们的业务是有利可图的。如果银行发放的贷款能够提高经济体的生产能力，那么这些钱将被未来用这些钱生产的产品所覆盖。

企业为自身创造利润并不具有同样重要的意义。私人银行的回报主要不是基于交易屏幕、建筑物、软件和劳动力的使用。工业资本中的固定资本和流动资本与私人银行创造实际利润的信贷创造和资本过程关系不大,因为与工业企业不同,它们可以自己创造银行存款,并产生虚拟/投机资本作为利润,因此其杠杆率比工业企业高得多。金融业的盈利机会主要是通过增加杠杆来创造的,因此风险成为资本时间结构的一个重要参考因素。

让我们从总体上看一下杠杆的问题:商业银行和其他金融机构以及工商企业都使用杠杆。然而,与私人银行相比,后者利用外部资本的可能性要小得多:它们自己无法创造贷款,因此更专注于传统商品和服务的生产、分销和销售。因此,工商企业的杠杆率通常比私人银行低得多。例如,2001—2010年间,美国工业企业的杠杆率小于1倍(Norfield 2016: Kindle-Edition: 2396)。[①] 然而,私人银行的杠杆具有很强的灵活性;它最初是由被认为是该行业的"正常"因素决定的。各种实证研究表明,20倍的杠杆率是标准水平,尽管杠杆率也可以上升到50倍和60倍(2008年金融危机之前在某种程度上是如此)(ibid.: 6226f.)。与工商企业平均利润率的变动和水平相比,这种高杠杆率产生了完全不同的利润发展和资本积累动态。

有利可图的交易出现在银行资产负债表中的资产部分。但是,如果银行想要进行交易,必须首先提供货币资金,货币资金由权益资本或债务资本组成,权益资本只占负债的一小部分(这部分不是从其他所有者那里借来的,而是由银行所有者自己持有的;这被理解为公司对其所有者的债务)。这就是

---

① 在很多情况下,有些公司被划分到制造企业行列,而它们更可能被视为金融企业。以苹果为例,苹果市值为7500亿美元。苹果公司拥有270亿美元的资产,这些资产都是股权、生产设施和设备,而金融抵押品的价值为1700亿美元。位于内华达州的苹果子公司 Braeburn 现在掌管着世界上最大的投资基金。此外,苹果自1998年以来一直在大规模回购股票,以提高股价和股息。衍生品交易额为1200亿美元(合约上的名义金额)(cf. Norfield 2016)。

杠杆效应发挥作用的地方。杠杆被理解为通过管理债务融资成本与回报（债务资本和权益资本回报）之间的差额实现的杠杆效应。或者，换句话说，杠杆率表示权益资本与投资债务融资之间的实际比率。当债务资本利息率低于总资本回报率时，通过使用债务资本恰恰可以提高资本回报率。如果总资本回报率 rGK 高于借入资本的利率 rFK，则随着负债率 V（权益资本与借入资本之间的关系）的增加，已动用权益资本的回报率 rEK（权益资本回报率）上升。如果借入资本的利率为常数，我们得到以下公式：rEK = rGK +V·(rGK-rFK)。

让我们用一个例子对杠杆知识点进行说明。我们假设一家银行拥有 500 万欧元的权益资本，并在货币市场上再借入 9500 万欧元的资金，这家银行的总资产便为 1 亿欧元。在这种情况下，杠杆率（总资产与权益资本的比率）为 20 倍。当银行借入资金的成本低于其总资产的成本时，这笔业务对银行来说是有利的。如果银行对借入资金支付 4% 的利息，则利息支付额为 380 万欧元，如果银行获得总资产 5% 的回报，则收入为 500 万欧元。最初看起来利润率只有 1%，产生了 120 万欧元的净收入，这一数额与 500 万欧元的权益资本相抵销。据此可以得出回报与权益资本的比率为 24%（120 万欧元除以 500 万欧元）。然而，如果加上各自的财务运营成本，利润会更低。

现在，如果该银行的业务通过进一步放贷扩张，它可以极大地提升利润。如果该银行贷款 1.95 亿欧元（权益资本为 500 万欧元），那么其总资产达 2 亿欧元。如果借入资金的利率仍为 4%，那么银行将不得不支付与贷款金额 1.95 亿欧元相对应的 780 万欧元的利息，但如果 2 亿欧元的回报率仍为 5%，银行也将产生 1000 万欧元的收入。这样就可以产生 220 万欧元的净收入。该银行 500 万欧元权益资本的杠杆率达到 44%。当然，与资产回报率相关的风险现在也在增加。（如果平均回报率降至 3.9% 以下，那么银行预计会出现高额亏损。）

直到 2008 年，各大银行在金融市场上大幅增加了借贷和自有贷款，以产生更高的投资和实现更高的利润。这将它们的杠杆率从 20 倍左右提高到 50

倍甚至更多。尤其是德意志银行，其平均杠杆率有时高达 60 倍。2007 年，德国银行的资产占国家 GDP 的 270%。私人银行的高杠杆率是金融市场繁荣的一个重要因素，但随着回报率一直升高的幻觉迅速消退，这也加剧了金融崩溃。在 2008 年金融危机时，美国、英国和欧洲其他国家的各大银行都出现了利润快速下滑的情况，于是它们通过出售或注销部分资产和提高权益资本比率来降低杠杆率。2011 年，杠杆率再次接近长期平均水平。然而，与此同时，在央行低利率政策的支持下，银行利润已在一定程度上恢复。此外，政府提供的显性和隐性担保使许多私人银行能够在金融市场上以远低于其金融实力实际允许的利率借入资金。① 借贷利率之间的差值也再次扩大，增加了银行的利息收入。私人银行可以通过增加发放的贷款量来弥补低息差。它们还可以通过创造信贷和增加金融交易次数实现加速增长，但当整个经济体的经济增长乏力，而在低利率环境下公司回报也很低时，就会出现仅靠杠杆无法弥补的金融问题。

债务危机的高昂代价促使一些政府提议对金融行业监管进行改革。但是，由于金融行业对于一些帝国主义国家（特别是美国和英国）发展经济实力发

---

① 2008 年，全球衍生品市场的名义价值为 683 万亿美元。自 2008 年以来，美联储多次为这些市场提供中性融资担保。它不仅保护了银行业，也保护了影子银行系统，甚至扩展到美国以外的地区。2003 年，影子银行系统提供的贷款占全球信贷总额的 43%，其总负债为 25 万亿美元，是传统银行业的 2 倍。美联储对全球货币市场的套期保值交易金额为 3.6 万亿美元，对全球衍生品市场的套期保值交易金额为 2.6 万亿美元（Meister 2021: 124）。

信贷市场总债务与国内生产总值之间的比率体现了政府套期保值的政治性。2016 年，美国信贷市场总债务达到 63.5 万亿美元，国内生产总值为 18.6 万亿美元，因此这一比率为 340%。

在金融危机期间，向优质担保品转移增加了对政府发行的流动性的需求，而私人发行的资产突然变得不怎么被人接受。在信贷和私人金融工具短缺的情况下，政府担保的流动性也可能短缺，而现在需求更大。这似乎是一种错觉，认为新创造的金融工具与政府债券一样具有流动性。然而，在这里，区分流动性和货币性非常重要。这意味着任何期限的证券都可以具有很高的流动性和稳定的价格，但只有还款期限最短的欠条（IOU）才能真正快速满足货币需求。只有这些工具的流动性才和政府发行的货币一样高。

挥着主导作用，因此似乎难以扭转当前的局面。我们不能轻易对利率自由化步伐、衍生品生产条件及其贸易进行调整。可以预期，国家越是依赖央行政策（其在于无条件避免系统性风险）的效率以及自身在预算政策中的财政能力，就越有可能反对非常具体的金融市场监管形式。总的来说，可以假设今天的债务不仅可以循环使用，而且呈螺旋式增长。因为即使在微观层面，我们也可以看到，新创建的支付承诺可以再次用作其他贷款的担保品，从而使借贷链得到内生性扩展。这时会发生信誉转移。

除其他外，商业银行的杠杆率受到法定权益资本法规的限制。这些法规要求商业银行不得专门将外资用于其业务，并要求它们必须始终提供一定数额权益资本的证明，这目前符合《巴塞尔协议III》的规定。银行权益资本除了房地产、软件、计算机等，主要由金融资产（如股票等支付承诺）组成，因此该类资本应被理解为银行业自身的一种内生性产品。这种说法尤其正确，因为必要的权益资本也涉及风险的计算，这取决于银行本身或评级机构。贷款的发放取决于风险价值，即银行自身对贷款相关风险的具体评估。如今，通过外包给离岸中心的影子银行系统，可以进一步降低对资本的要求。通过证券化实践和场外交易市场的借贷，可以进一步规避对资本的要求。留存利润或新股发行也会导致权益资本的比例较高。与此同时，私人银行的资产负债表监管也在不断放松。由于它们有义务将一小部分存款作为准备金持有，而且还可以创造银行存款，因此可以凭此启动货币资本的增值能力，并对其有限制作用。如果杠杆率增加，银行也有增加投资损失的风险（去杠杆化意味着债务减少，借贷也减少）。

7.4　投资银行和投资基金

作为国际金融市场的重要参与者，我们不仅要考虑大型商业银行，还要考虑投资、养老金和对冲基金、保险公司、评级机构以及黑石集团等资产管理公司。投资基金和投资银行是主要从事衍生品制造和交易、资产管理以及债务（债券、商业票据）分配，或为某些公司提供建议和支持的金融公司。自20世纪90年代以来，来自不同公司、机构投资者和富有个人的投资基金（至少政治上无担保的）存款迅速增加。投资基金通过收集分布广泛的储户资金、股本（最终可能收集任何可资本化的资金），然后高度自主地处置这些资金，以便利用有利可图的方式为自己和客户进行战略性投资。这些活跃于全球资本市场的公司确保资金实力雄厚的投资者能够从在这些市场实现的几乎所有回报中受益。

反过来，投资银行主要通过回购协议或回购交易和短期"商业票据"（两者都被称为"批发融资"），以及从机构投资者那里筹集的长期债务来为自己融资。在回购交易中，先出售证券，同时（通常在短时间内）就回购达成协议。投资银行发行的商业票据为短期或长期债务工具。在这里，流动资金供应一方面涉及两个独立的合法购买行为，另一方面，它实际上是一个由互联互通创造的对冲结构。这意味着，今天存在着由不同成分的承诺者和被承诺者的众多不同的无担保及担保承诺组成的紧密交织的关系网络，它们贯穿于不同的法律空间、披露指南及法规之内。

与其他行业的公司相比，投资基金在行业内的分散程度相对较高，即没有寡头垄断结构，彼此之间为投资者和客户的存款进行着激烈的竞争（Windolf 2017）。如今，美国的投资基金拥有前100家大型公司的大部分股份，但没有一家投资基金担任任何公司的大股东。然而，投资基金，特别是作为一个整体，对大型工业企业及其管理具有战略影响力，这一点不应被低估。被视为机构投资者的投资基金、养老金及私募股权基金目前通常持有大公司的全部或至少大部分股权（Porcaro 2015: 26）。因此，所在行业普遍存在的竞争压力直接转移至股份公司身上，这些公司持有大部分股份只是为了对公司管理层在股本回报水平（和资本市场回报）方面提出某些要求。目的是让管理者认识到，公司的目标是使股本的短期回报最大化，并确保这一目标得以相应实现。

因此，通过股东价值观念，各投资基金当下对公司管理有着直接的影响，这些公司应能在短期内实现尽可能高的股本回报率这关系到公司资本增殖最大化，而且上市股票市值的增长及相关的资本市场回报日益成为企业政策首先需要考虑的事情。关于公司估值，投资基金所做的分析基于一些始终关注公司资本市场回报的重要因素，如公司间市场相关性的变化、公司规模，以及用于体现公司市值与账面价值之间差额的价值因素。

公司的业务组织、技术创新与生产过程管理战略越来越倾向于短期利润最大化。因此通过金融投资者的干预，金融资本的逻辑正在更大规模地流向微观经济参数、工业企业的内部控制结构及其管理战略。投资基金之间为获得最大利润而展开的竞争也会导致公司个别部门的分裂、出售或被收购。最终的结果是，尽管整个公司都是盈利的，但无法满足投资者的特定回报预期。这会导致一系列组织变革：一方面，管理者正在转变为持有本公司股份的股东；另一方面，技术管理不仅受到大型金融投资者和首席财务官（CFO）的影响，而且越来越受其支配。在这种情况下，公司通过将本该在市场上创造优异业绩的战略与提高公司自身效率的方法相结合，从而记录所有资金、服务和商品的流向，尽可能多地对这些流向进行比较和评估，以产生足够的信息，并从利润最大化角度对成本和效率进行量化，即将其具体化化为数字，以便于向银行、投资者和国家说明。在此过程中，公司的管理结构也在发生变化，与公司财务管理（金融控股）相比，技术管理及其战略重要性也在降低。金融企业的内部具体组织形式现在已渗透到所有大型工商企业，因此金融资本完全独立于实体资本的说法被证明是非常模糊的。相反，随着金融资本占据主导地位，资本企业的各个领域和部门越来越紧密地相互关联或交织在一起。金融业一再假定的全球"自由现金流"正在对大公司的自融资策略施加压力，尽管这些公司正在通过建立自己的银行、发行新股和债券来应对这些新挑战。金融部门的自主性仍然是相对的，它体现在金融工具的创新、将不确定性转化为量化风险以及投机资本的扩散。由此，系统的复杂性增加，机构之间的连通性增强。

由于在大多数情况下，单一投资基金在公司股权中所占份额相对较低，因此投资基金的战略通常非常灵活，同时流动性也非常强。也就是说，如果它们在一家公司的股票价值未能实现快速增长，它们可以相对快速地在股票市场上大批卖出手中的股票。投资基金的利润目标明显高于普通工业企业；在某些阶段，它们的利润率可以上升到25%。尽管投资基金对公司的战略有着巨大的影响，但它们也被视为不稳定的股份所有者，因为它们在平均持有1.5年后卖出其持有的公司股份（Windolf 2017）。股市中股票的高换手率导致了一个事实，即股份公司的所有者变化越来越快。

投资基金因投资策略和组织形式的不同而有所不同，这首先体现在那些采取特别激进的增长战略并承担高风险的组织，以及那些只承担中等风险并以确保安全"收益"为导向的组织中，尽管今天的大多数投资基金公司都是同时将不同投资策略纳入各自业务的异质性企业集团。投资基金分析师还将储蓄型投资者按照风险类别进行划分，目的是尽可能广泛地分散投资者的风险，同时集中并不断尝试扩大所有者对股份公司的控制。投资基金本身必须被视为试图将投资者风险偏好与具体投资策略相结合的变革者。

一方面，投资基金扮演交易员的角色，通过选择"退出"选项，服务于其公司策略。另一方面，当选择"声音"选项时，它们则扮演公司所有者的角色（ibid.）。在退出策略下，投资基金可以通过卖出大宗股票来威胁股份公司，还可以实施进一步的限制措施，同时它们至少可以在自己与股份公司的关系方面以集体所有者的角色最有效地发挥作用。如果采用退出策略，投资基金必须具有特别高的流动性，这通常不是问题，因为它们只持有一家公司的一小部分股份（通常少于10%），而且通常持有股份不会超过一到两年。作为一个集体，一个投资基金组合可以对股份公司的管理产生非常强大的影。

例如，它可以威胁实施敌意收购，有选择性地渗入监事会，或直接影响公司的运营流程。①

参考文献

Baecker, Dirk (2008) *Womit handeln Banken? Eine Untersuchung zur Risikoverarbeitung*, in: *Der Wirtschaft*, Frankfurt/M.

Binswanger, Mathias (2015) *Geld aus dem Nichts. Wie Banken Wachstum ermöglichen und Krisen verursachen*, Weinheim.

Chesnais, François (2016) *Finance Capital Today: Corporations and Banks in the Lasting Global Slump*, Leiden.

Decker, Peter, Hecker, Konrad and Patrick, Joseph (2016) *Das Finanzkapital*, Munich.

Di Muzio, Tim (2015) *The Plutonomy of the 1%: Dominant Ownership and Conspicuous Consumption in the New Gilded Age*, in: https://journals.sagepub.com/doi/10.1177/0305829814557345.

Di Muzio, Tim and Robbins, Richard H. (2016) *Debt as Power: Theory for a Global Age*, Manchester.

Häring, Norbert (2016) *Die Abschaffung des Bargelds und die Folgen. Der Weg in die totale Kontrolle*, Cologne.

---

① 从 2000 年起，投资和养老基金开始更多地参与与传统商品相关的衍生品交易。这是它们对其他金融投资（债券、股票）回报率低的反应，而不是为了操纵或押注商品价格。回报率低是整个经济体系盈利能力下降的表现。如果利润率低，利率也低。

Lapavitsas, Costas (2009) *Financialisation or the Search for Profits in the Sphere of Circulation, Soas Research on Money and Finance working Paper*, in: www.soas.ac.uk/rmf.

Lohoff, Ernst and Trenkle, Norbert (2012) *Die große Entwertung. Warum Spekulation und Staatsverschuldung nicht die Ursache der Krise sind*, Münster.

Marx, Karl (1998) *Capital*, Vol. 3, in *Marx and Engels Collected Works*, Vol. 37, London.

Meister, Robert (2021) *Justice Is an Option: A Democratic Theory of Finance for the Twenty-First Century*, Chicago.

Norfield, Tony (2016) *The City: London and the Global Power of Finance*, London.

Porcaro, Mimmo (2015) *Tendenzen des Sozialismus im 21. Jahrhundert: Beiträge zur kritischen Transformationsforschung 4*, Hamburg.

Sahr, Aaron (2017) *Das Versprechen des Geldes. Eine Praxistheorie des Kredits*, Hamburg.

Schreyer, Paul (2016) *Wer regiert das Geld? Banken, Banken, Demokratie und Täuschung*, Frankfurt/M.

Seiffert, Horst (2016) *Geldschöpfung. Die verborgene Macht der Banken*, Nauen.

Sotiropoulos, Dimitris P., Milios, John and Lapatsioras, Spyros (2013) *A Political Economy of Contemporary Capitalism and its Crisis*, New York.

Werner, Richard A. (2017) *Can banks individually create money out of nothing? The theories and the empirical evidence*, in: http://www.sciencedirect.

Windolf, Paul (2017) *Was ist Finanzmarkt-Kapitalismus?*, in: https://www.unitrier.de/fileadmin/fb4/prof/SOZ/APO/19-019_01.pdf.

Zeise, Lucas (2011) *Geld – der vertrackte Kern des Kapitalismus. Versuch über die politische Ökonomie des Finanzsektors*, Cologne.

第 8 章

金融体系与国家

8.1 国家

现代主权民族国家的要素通常被认为是：(a) 政府、国家当局、税务及行政部门；(b) 领土、民族和人民。[①] 皮埃尔·布尔迪厄写道，A 国通过成立 B 国而产生，并补充道："将国家建设成一个相对自治的地域，通过将物质力量和象征性力量集中在一起发挥威力，成为斗争的赌注，这与作为国家基础的统一社会空间的建设密不可分。"（Bourdieu 2014: 123f.）国家绝不是一国人民集体意志的表达。相反，国家机构决定着领土边界、教育、官方语言以及"中立"立法。后者到最后尤其受资本主义国家拥有的使用武力垄断权的保障。国家是在长期的集中化过程中诞生的，这一过程始于军权的行使和税收制度的建立，进而导致人身暴力以及产生的税收资本被占有。换言之，集中化过程同时也是使人民与权力分离的过程（ibid.: 199）。资本主义国家的出现

---

① 我们这里的任务不是发展马克思主义的国家理论。有关更详细的讨论，参见（Szepanski 2018）。

也与公共债务密切相关,特别是与战争资金募集密切相关。因此,国家对军权和警察权使用的垄断是在历史征用权的基础上形成的。然而,如果没有国家对象征性资本的占用,这种垄断就不可能发生。可以说,国家是在一场长期政变中建立起来的,这场政变一劳永逸地确立了一个单一的合法主导立场,并为所有其他立场确立了标准。因此,人们总会徒劳地寻找一个能够使国家合法当局合法化的当权者。

对布尔迪厄来说,国家是由对立事物组成的力量场域的具体化。国家的命名权配置在其所有场域和机构中,它决定着表达政治诉求、经济再生产(尤其是产权保障)以及设置官僚机构的条件。

继阿尔都塞的著作之后,尼科斯·普兰查斯(Nicos Poulantzas)甚至比布尔迪厄更具体地将国家描述为阶级权力关系的物质化浓缩,它是一个复杂的公共及私人"场域",在这里,各种组织、机构和制度(尤其是统治阶级的组织、机构和制度)在国家和地区层面上运作(Poulantzas 2001: 153)。从这个意义上讲,布尔迪厄和普兰查斯认为,国家既不是一个自主的主体,也不仅仅是统治阶级的工具,它不是一个纯粹的中立场域,而是统治阶级的力量场域。今天,国家更是产权条件和资本再生产的可靠保障者,它主要通过紧缩政策来积极推进有利于资本的阶级斗争,同时为资本(和人口)积累设定某些功能性条件,调节公共货币体系,并最终保障私人资本的所有权。尽管国家主要通过设置一个成员之间和睦相处的权力集团来维护统治阶级的利益,而普兰查斯认为,国家不是一个整体,而是一个战略场域,但它不仅仅是一个资本的执行机构。[①]

---

① 毛里齐奥·拉扎拉托(Maurizio Lazzarato)在《资本恨所有人》(*Capital Hates Everyone*)一书中指出,自20世纪中叶以来,国家越来越支持占主导地位的资本主义战争机器的组成要素和功能(Lazzarato 2021: 43)。金融和物流的跨国运作尤其会削弱国家与资本的关系。(转下页)

标准化和整合过程是当地市场向全国市场转变的特征。在这个过程中，国家并没有统一已有的市场，而是通过设立边界和法律将一个全新的、同质的国家市场制度化。因此，具体来说，国家是由资本主义经济构成的，也就是说，它创造、转变和产生了真正的权力关系。它并没有从否定的方面为经济确定某些规则，例如，对于国家概念，阿尔都塞和葛兰西（Gramsci）仍然认为，国家最终沦为镇压性国家机器和制造信仰的意识形态国家机器，甚至没有考虑经济国家机器的功能和积极性。普兰查斯指出了这一点，并将主导地位归因于经济国家机构（Poulantzas 2001: 30）。例如，有人会想到财政部（和税务局）在该国的重要职能，如今，财政部的管理人员中往往有大银行的代表。

银行利润及资本充足性成为财政部政策中的重要变量，财政部希望以监管者的角色基于宏观经济关系开发用于提供收益率未来可能变化趋势信息的

（接上页）

在《全球警察状况》（*The Global Police State*）一书中，威廉·罗宾逊（William I. Robinson）也持同样的观点。他认为，当今资本的主要代理人是一个从工业化世界的主要资本主义集团中脱颖而出的新的跨国资产阶级，它强调全球市场的重要性，因此在全球范围内代表着资本霸权势力。它们是推动全球经济发展的跨国公司和金融公司的所有者和管理者。这些公司通过跨越国界的网络实现了市场国际化，并且在很大程度上独立于其原有国家和地域之外运营。虽然它在发展之初是"大西洋统治阶级"，但几乎每个大陆的资本派系现在都达到了跨国阶级的地位（Robinson 2020）。

但在市场原教旨主义者的所有新自由主义理论之外，资本仍然依赖资本主义国家；相反，国家在结构上依赖于资本。一方面，跨国资本及其代理人将世界各国工具化；另一方面，每个国家现在都依赖于跨国资本的循环。在这种背景下，国家必须为这种资本积累提供良好的区位条件，也就是说，为服务于资本的无产阶级创造利润环境和压制性规则。然而国家不是跨国政治当局，尽管新的跨国民族主义阶级不断试图将全球经济的结构性力量转变为一个超国家政治当局。它是一种不拥有全球政府的跨国国家机器，至少可以理解为一个由跨国和超国家组织组成的松散网络，这些组织与民族国家密切合作，以获得跨国积累的条件。这是一个制度网络，民族国家不会因此而消失。因为它们必须为全球资本积累创造国内条件，并且它们不应在这一过程中失去作为一个国家的政治合法性（ibid.）。

模型。财政部行使的执行权是国家机器的重要组成部分，其他部门和机构从属于财政部。经济国家机器的一般特点是，它专门为抵消经济利润率下滑的趋势发明了一系列规则、方案和法律。

近年来，国家战略网络（一个由政府人员、官僚机构、特务机构、军队和金融行业组成的密集网络）通过将执政集团纳入其中发生了进一步转变，并且是在"深层国家"和"永久政府"的类别下进行讨论。因此，国家的政治潜能进一步受到限制，但并没有完全消除，该潜能还在于面对资本和工薪阶层这两个第三种力量。对于国家所在地的公司的职能，在一定程度上，独立的国家部门（作为一种非正式职能系统，cf. Gerstenberger 2017: 609）仍然是绝对必要的；国家通过提供研究、科学、通信、环保、能源、供水、区域规划、卫生以及公共机构交通网络建设和维护等全套基础设施服务来维持整个国民经济的再生产条件。国家部门还包括教育机构、媒体，尤其包括对人口计数、统计和分类机制进行客观化和量化的设备和实例。运作模式在各个社会领域都具有霸权效力，这点事实上被人们视为常识，它将日常生活（其实是世界）设想为一种常态，一种通常没有暴力的正常的日常生活，人们似乎可以轻易信任这种生活。为此，今天，国家通过使文字日益密集融入社会经济领域，从而利用其命名权将治理纳入特定的概念结构，并将其开放到永久性干预的程度。这里的文字是指一种用数字、算法、数学方程式、表格、图形、图表、指数、计划、符号、情感等表示的非表意符号①（cf. Szepanski

---

① 瓜塔里将非表意符号（算法、数学方程式、图表、指数、计划、符号、情感等）与编码和符号学分开（Guattari 2018）。非表意符号在机器复合体中起着实物齿轮的作用。数学模型、算法、计算机语言和图表不仅参与主体化过程，还参与对象的创造，它们通过使计算机等技术机器运转与物质流直接互动，同时作为货币符号激活货币资本流。

德勒兹和瓜塔里也谈到了与经济数学相关的非表意符号，而经济数学最重要的运算符仍然是货币。在这里，人类和非人类行动者在有节奏的货币资本流动的物质实践和连通过程中起着运动部分的作用。货币、股票指数与失业统计数据、算法与科学图表、（转下页）

2016），它尤其在信息技术、经济学、科学和艺术领域发挥着重要作用。

通过这种方式，社会过程的自然化建构始终在运转，它对社会现实进行浓缩和具体化，因为它能够被转化为数学关系、几何图形和非表意符号，其述行性潜力在于提供、分配和（如有必要）强行推行代表特定合理性和分类的标准化视角和观点。如今，参与者被置于一个社会空间中，在这个空间中，数据、信息和其他指标被排列在一个特定的集合中，以确保这些度量指标（不论是贫困数据记录，还是 GDP 和财富数据记录）不仅涉及社会经济领域的表征，而且还会产生试图使民众习惯、想象力和经验定型的述行性影响。国家制定的社会衡量标准今天终于达到了虚无主义全知全能的程度（痴迷于将一切都计算在内，cf. Mau 2017: 23ff.），并且最终总是与阶级斗争的群体、周期性和强度联系在一起。

除了对税收体系进行制度化之外，国家还构成了经济资本，因为它有权发行法定货币，设定汇率和启动自己的经济政策。它也有助于创造一个国家经济空间或国家市场，并能够以特定的方式构建这个空间或市场。国家通过

（接上页）
公式与模型、函数与计算机语言——它们都产生超越表意的东西（语言、文字），它们既不是话语，也不是故事，而是以数学的方式（即经济记号过程的代数或随机模式）对机器及其网络的生产力进行操作和增殖。在今天主要以图解的方式产生金融、重组或机器剩余价值的资本差异化机器复合体中，行动者不再被看作是纯粹主观的，符号学也不再被理解为代表性的。

通过德勒兹和瓜塔里，我们可以看出，资本经济领域中的非表意符号不是以语言为中心的部署（比如说，它服务于意识形态复制），而是更抽象的模式，包括二进制码或概率码。一方面，（资本的）"算法"并没有直接向下求特定的平均值（平均利润率），而是利用数学和代码符号进行精密计算，求出平均利润率；另一方面，资本化方法是利用非表意符号来运作的，非表意符号并不代表任何东西，而是通过生产、测算和塑造符号来预测某物。作为权力的象征（即资本化形式），数学和符号学永久性地开启了未来的游戏。这仍然是一个以资本要求和国家限制为导向的游戏，其中的某些技术创新如果不能准确满足某些经济条件也会被放弃。

发行政府债券直接参与国家虚拟资本的积累，而国家在国家工业资本积累方面的职能与建立和保障剩余价值生产的框架条件和基础设施更为密切。今天，资本集中一致的决策权结构采取资本与国家政府纠葛的形式，这点是相当明显的，但乍一看并不那么容易识别。然而，某些国家机器和职能完全转移给私人资本的行动者，私人资本的行动者因此转变为法律生产者（Porcaro 2015: 59f.）。民族国家的主权不仅因新自由主义的私有化浪潮而减少，还因其参与全球化进程而改变，全球化进程表现为国家间各种形式的合作，例如一些已经私有化的特殊双边协定、贸易协定甚至军事联盟。为了稳定国际金融体系，帝国主义国家之间以及它们与新兴国家和发展中国家之间始终需要签订双边合同（自由贸易协定等）。但在这方面，私有化也是大势所趋。2013 年，各国签署了约 3200 份双边贸易和投资协定，其中 90% 是所谓的投资者—国家争端解决（ISDS）机制，这允许跨国公司通过秘密法院诉讼程序起诉某些签署国，要求损害赔偿。德国签署了 140 多份此类协定，所有协定都包含 ISDS 条款（ISW-Report 2014, No. 97: Economic-Nato TTIP STOP!, 4）。①

---

① 在《资本法典》（*The Code of Capital*）中，卡塔琳娜·皮斯托（Katharina Pistor）论证了资本代理人如何通过影响法律而不必接管国家机器，把国家权力握在自己手中。

以下四个属性确保特定商品或特定类别的商品转化为资本。为了将纯财产转化为资本，这些财产必须有法律担保：（1）优先于竞争性财产权利主张。（2）持久性保护，优先权的属性可以保护资本所有者免受他人的厄运，但厄运也会光临到他身上。（3）普遍性，私人合同可以在缔约方之间确立优先权和持久性保护。然而，只要只是缔约方受约束，就存在第三方可能要求对产品进行索赔的风险。普遍性确保索赔和应享权利不仅在缔约方之间有效（例如在买卖双方之间有效），而且允许国家对所有人的相应索赔进行辩护。（4）可转换性，如果找不到私人买家，该属性使所有者有权将其商品转换为国家货币。作为唯一的支付手段，政府货币的（名义）购买力是确定的，因此可转换性确保即使私人需求缺失，资本也不会完全丧失价值。该属性的一个例子是央行愿意接受某些证券并使用央行货币进行交换（Pistor 2020）。

国家及其公司之间的国际竞争始终是为本国的资本投资创造有吸引力的场所，这不仅涉及一项关乎生产性工业资本积累和集中的经济政策，而且还涉及虚拟资本的供应和其他融资手段。国际法、国家和国际机构的非正式会议继续受到国家主权的强烈影响，尽管西方政府早就承认部分放弃在某些被称为"离岸中心"的领土范围内行使主权，国际化定位的金融业尤其从中获利。

现在让我们来谈谈国家与金融资本之间的关系。今天，国家通过一系列法律和规则来主张金融业运营的合法性和正当性，尤其是当金融业将法定货币作为其自身流动性储备的组成部分使用时。在金融危机时期，国家不仅对私人银行的偿付能力承担责任，而且还利用巨额资金（紧急援助）对其进行救助，如今这一事实对上面的主张进行了延伸。在这样做的过程中，各国（尤其是欧元区国家）通过向银行借款获得了拯救银行所需的资金，而银行在某种程度上继续基于政府债券来编制资产负债表。随着主张由商业银行来创造信贷，国家将其在经济中的重要职能移交给金融资本。它原则上主张资本主义经济的货币资产应尽可能用于资本增殖，私人银行应将虚拟和投机资本投入流通领域以获利。对于国家来说，作为预算的经济管理者，国家资本积累实际上是一种用于满足基础设施、公共产品、国家机器及其职能、机构及运营资金需求的条件和资源。

国家首先通过让公民成为债务人（即通过向他们征税）来平衡支出。同时，国家利用自己创造的债务偿还手段（即金钱）来支付支出。法定货币依靠国家权力发行，无论其本身的物质价值如何，也是一种使私人财产获得经济生产力的权力合法化的手段。这里应该值得注意的是，任何货币债务都可以用法定货币偿还。但这只是一个方面：仅以法定货币表示的价格变量的确定主要是由商品、货币和资本本身的流通变化所引起的。与商品价格相关的法定货币单位的"价值"取决于资本积累，以及资本带来的商品和服务的不断变化的金额，而这些商品和服务的价格/交换价值反过来又以法定单位表示。因此可以说，资本主义货币更多地基于历史发展的经济过程和资本经济惯例，而不是依据国家法律创造的货币。① 因此，货币至今仍然没有一个有效的法律定义（Häring 2016: 115）。无论数量多少或以何种形式，国家都无法依照法律规定将资金投入流通领域，这可以通过以下事实加以确认，即私人银行存款的创造迄今为止不受任何适当的法律监管。事实上，国家承认商业银行存款是一种准有效的货币形式，但不是官方法定货币，尽管根据惯例或诚信原则，它们作为法定货币发挥作用。② 由于国家保证银行存款可以与国家货币平等交易，并可用于纳税，因此银行存款几乎与国家货币一样具有流动性。但必须找到工具来保障私人银行、存款保险、资本需求和再融资便利等业务的可转换性。

在虚拟资本交易时，国家同时作为债券发行人和证券购买人参与其中。作为政府债券的发行人，国家是资本市场上相对安全的未来支付承诺的最重要的提供者之一。如果今天的地方当局、政府和其他国家机构能够在资本市场上满足自己的大部分融资需求，那么它们就会将虚拟资本定期投入流通领域。国家机器融资主要通过征税和发行政府债券实现，是国家可持续战略以及国会、行政部门、政党和各资本派系之间辩论和争论的主题，而金融体系需要国家及其构建的法律保障，并通过立法、执法和保证法律有效性的相应

---

① 参见约翰·米利奥斯的威尼斯资本主义兴起研究（Milios 2018）。
另一方面，现代货币理论假设，最终只有国家才有能力创造货币。然而，毫无疑问，与现代货币理论相反，不存在国家是否可以通过发行货币来确定以价格形式存在的购买力程度，或者货币是否可以作为资本发挥作用的问题。这是由资本主义公司之间的私人资本主义竞争决定的。无论是货币作为一种增殖手段在资本循环中证明了自己，还是被完全接受为货币，这最终取决于私人资本经济。反过来，这意味着对于融资而言，国家虽然提供货币，但必须从私人部门的交易中赚钱。

② 2013 年，欧元区的流通中现金总量为 0.9 万亿欧元，而客户在银行的存款和银行担保约为 10 万亿欧元。

机制得以实施。

对商业银行的经营模式进行一定程度的监管并同时进行法律保护是国家主权组织任务的一部分。即国家向商业银行颁发法律许可证，许可银行根据金融资本逻辑的规则和成功标准使用一定金额的国民经济体货币和货币资本，并同时创造信贷。通常这些规定涉及公司法的某些问题、资本流动和所有权的控制，以及进入市场的条件。[①] 因此，国家使商业银行的经济权力合法化，但并不产生这种权力。今天如果没有商业银行和其他金融机构，偿付能力和未来支付承诺的使用以及整个资本经济的功能化将是难以想象的。然而，为了保障资本运作，国家必须颁布某些监管规定，这些规定涉及资本资产比率、最低准备金、国家监管机构对大额贷款的登记、以及活期存款、定期存款和储蓄存款保险等。

私有财产法确认了与资本未来增长相关的支付承诺和实物金融资产具有同等地位。这一确认也适用于执行支付交易和信贷的商业银行货币符号，借此同时对信贷与资本之间的同一性进行确认。但这一确认并不能保证资本增殖得以实现：国家必须使资本积累、资本化、相对价格变动等重要参数的执行让位于竞争背景下资本分歧的习惯和策略。通过这种方式，国家货币将永远与"资本主义"货币的功能、货币的计量功能、信贷与货币资本、私人金融体系以及银行的流动性联系在一起，以解决彼此之间的负债。相反，对于商业银行来说，法定货币是一种不可或缺的储备货币。它起着货币的作用，同时也是银行创造信贷所需的安全保障，即使只是在很小的程度上发挥作用。对于私人银行，法定货币具有一级流动性，代表着它们做出支付承诺所需的无条件即时偿付能力。商业银行利用央行有息贷款或以证券为抵押出借的法

[①] 所有者是一个有权启动保护私人财产的社会程序的人，而占有者只能控制一种对象。但所有者也可以控制其他人的行为。经济理论必须始终关注所有权，通过以下事实可以明显看出这一点：在大多数交易中，尤其是金融交易中，没有可占有的对象。

定货币进行（部分）负债再融资，这需要用到流动资金。它们还将商业银行之间的货币交易管理权移交给央行，或者说通过贷款为商业银行的信贷业务再融资，央行将国有货币法定保障置于金融资本服务之后。因此，央行通过提供法定货币来满足商业银行的流动性需求，使得商业银行同时创造的银行存款被普遍接受。法定货币作为私人信贷机构的准备金，其"价值"由此受到影响。对法定货币的权力数量也产生于私人银行本身的交易。通过将法定货币纳入信贷体系来发放信贷也呈现一种趋势，即资本（产业）积累仍然落后于流动信贷资金和虚拟及投机资本的增长。

对于国家（预算管理者）来说，国家资本经济的增长是其自身融资的基本条件，因此可以向有资金的公司购买需要的商品和服务作为回报。为了给基础设施和管理任务融资，国家并不像资本公司那样首先通过信贷获得资金，而是通过征税的方式获得资金。所以所有公民的税收都是定期征收的，有固定的到期日且强制性征收（Bourdieu 2014: 202）。然而，获取资金过程中的暴力很快就消失在客观要件的背后，而档案、会计、价格和特定技术对于客观要件是必要的，这使得国家在大多数人眼中看起来似乎是一个中立的服务、商品和基础设施供应商，而这些对一个经济体至关重要。同时，国家必然仍依赖于私人资本在其地域内的成功和生产性应用。即一方面资本积累充分增长，另一方面劳动与资本之间的阶级斗争充分平息甚至停止。通过特别宣称促进资本积累的必要性，国家安排了自己的日常预算。在预算中，它不仅对收入和支出进行平衡，而且将收入方面的目标定位于本国公司高效的经济成功，而支出方面则用于满足本国公司资本积累所绝对必需的物质和社会基础设施需求。

国家的货币需求主要由税收和政府债券提供的融资来满足（原则上也可以由央行直接融资）；国家通过提高或降低某些类型的税收，减少公共支出，实施私有化和发行新的政府债券，进而采取一种灵活的再分配政策。税收制度是一种特殊的支配与剥削关系。国家在其对使用武力的垄断权的支持下，可以通过命令和强制向全体民众征税，从而将公民变为债务人，为其支出提供部分资金。税收制度化是内战的结果，在内战中，国家实施身体暴力，进而对民众征税，并在此过程中始终将身体暴力合法化，或以符号暴力加以掩盖（ibid.: 203）。这里的军事、税收管理与统计数据之间存在一种循环因果关系（ibid.）。

正如现代货币理论所坚持的那样，纳税并不代表对政府的金钱回报，但应被理解为政府的资金流入，这些资金至少部分用于为当前的政府支出提供资助。由税收资助的政府支出和政府债券的发行不构成货币创造；相反，扩大政府对货币的需求可能需要私人银行部门扩大货币创造。当然在某些条件下，央行也会创造货币，尽管创造程度稍低于私人部门。

如果国家征收税款，那么通常是自愿缴纳的，尽管隐含强制性，而税收完全属于国家。德国的法律条文对此说得很清楚："税收是货币收益，不代表特殊服务的对价。"（Abgabenordnung §3,1）只有国家能够通过税收为自己融资，因此这些最初被视为可从公司利润和私人家庭工资中扣除的项目。因此，税收是经济与政治，或者货币与法律之间的枢纽。只要税收不直接起到资本积累的作用，它们就不受资本的直接控制，而资本的部分回收则是通过政府债券交易来实现。

资本主义税收国家作为一个独立的经济主体，不像资本主义公司一样直接参与价值创造，它保障了形式上自由平等的所有者的权利。但通过建立资本主义生产的框架条件，它特别支持统治阶级和阶级派系的财产权利，因此充其量只能加速经济增长。国家宣布的目标是继续促进国家经济增长（在其领土范围内的经济表现；国家作为资本所在地），今天用 GDP（政治）比率表示：GDP 是一个经济体在一定时期内生产的商品和服务的价格相加的结果

（只要它们不被用作生产其他商品和服务的中间投入要素）。① 它可以用以下公式来表示：GDP = AP/h × AZ × ET（Et 代表就业人员，AZ 代表工作时间，Ap/h 代表每工作小时的劳动生产率）(Leibiger 2016: 39f.)。如果生产率和工作时间增加，失业率下降，人口劳动参与率提高，则 GDP 就会增长。GDP 增长率对现价 GDP 相对于上一参考周期 GDP 价格的变化进行了量化；它以百分比计量，并经过价格调整（不包含通货膨胀）。今天，GDP 数字对政府和执政集团的政治行动有着非常强大的影响。尽管它是一个重要的政治数字，但其意义相当有限，这一点在这里无法探讨。

税收水平始终与资本积累的周期性阶段和各自国家的资本实力水平相关，各国根据公司和公民的经济绩效有区别地确定税收水平。公民的部分收入以及公司产生的收入和利润通过直接税和间接税收集。财政和经济部门不断审查某些项目的增长效应，并设定政府支出的优先顺序，以至于国家预算在某些领域总会出现削减和短缺预期，这些领域符合资本生产率要求（仅被归类为"消费品"），而资金则不断被调动用于被视为"投资"的政府支出。如果实现国家增长所需的投资对私人资本来说风险太大（如中长期研究支出和基础研究），短期内两者都无利可图，则国家必须自行承担融资及相关风险（cf. Mazzucato 2014）。今天，国家正在摆脱一系列通过新自由主义私有化直接资本化的基础设施服务。在资本的新自由主义阶段，出现了一股强大的公共财产和公共任务私有化浪潮，资本所有者和高收入者的税收减少，以及劳动力市场的放松管制，从而导致实际工资和劳动力成本停滞或减少。此外，大型

---

① GDP 计算结果只是经济体中经济交易的总和。这也意味着，实际上对社会主体有害的事情（如车祸、疾病、原油泄漏等）被计入 GDP。此外，经济增长很少告诉我们金融交易的潜在收益和危害是如何在阶级之间分配的。经验很难证明作为新自由主义逻辑基石的增长是否符合其主张。回望 1950 年，当时世界经济增长了 6 倍多。假如以这样的增长速度，承诺的社会、经济和生态改善其实早就应该实现了。

管理咨询公司正在形成、领导和规划一个复杂的部分私有化与公私合作体系，这有助于虚拟资本的进一步积累。基础设施私有化与减税和降低劳动力成本的新自由主义政策之间肯定存在一定的联系。同时，新自由主义政府政策对金融体系具有特定的影响。事实上，公共财产的私有化也产生了生产证券的动机，因为接管国家职能的公司发行股票为自己融资，因此这种收入再分配加强了对虚拟资本的需求。

国家通过向公司和私人家庭征税筹集资金，从而为国民经济的持续存在奠定物质基础，其中包括基础设施、教育、卫生和研究。通过补贴、廉价贷款和保险服务，国家支持"结构和区域政策"项目名下的特定投资，其中所需的预付资本对私人公司来说金额太大，资本周转时间太长。国家通常不直接进行生产性投资，但其支出有时可以被视为（至少是间接地视为）是生产性的，因为它们为私人资本增长和生产率提高创造了条件和潜力。一方面，基础设施的扩张为某些资本派系提供了有利可图的业务，并促进了就业，尤其是在建筑行业。另一方面，国家还为某些资本派系提供有利的服务和公共物品。运输与通信系统、能源和基础设施（建筑环境）是一般生产条件的一部分，由国家或其委托给某些私人公司生产，并由后者集体和/或临时使用。公司通过支付租金或使用费可以临时使用基础设施。大卫·哈维将提供此类基础设施资本称为"独立形式的固定资本"或"资本二级循环"，因此，这类资本的开发通常类似于生息资本（cf. Wiegand 2013: 42）。如果国家提供这些系统和基础设施，更多资金、机器和工人将在更长时间内被占用，经济生产力通常会提高，有效需求会得到刺激，一些单一企业也会在某些情况下产生剩余价值（在产生使用费的情况下），尽管税收和关税形式的国家支出是从经济收入中支付的。这反过来又在一定程度上抵消了对经济的积极影响，因为国家对利润和收入征税，从而使资本负担了扣除额。然而，如果没有金融资本，就不可能永久发行政府债券，而通过发行政府债券可以开启新的资本循环，即可以在更大程度上使用政府债券对物质性和社会基础设施进行长期投资。因此，在资本二级循环中进行的投资通过金融体系进行调整，是资本大循环的一部分。哈维认为，物质性基础设施（资本二级循环）和社会基础设施（资本三级循环；教育、研究、卫生等）投资至少具有潜在的生产性，但这主要不是因为这些政府支出被公司用来创造剩余价值，而是因为它们提高了整体经济的生产率，从而改善了初级产业资本流通的条件（ibid.）。此外，国家投资仍然通过发行政府债券及其在金融市场上的交易融入金融资本流通领域。然而，在这里，金融资本被视为货币资本，也发挥着国家购买力的作用，通常不服务于国家剩余价值的直接生产；相反，它有助于创造增值生产的一般条件，从而确定资本积累与国家债务之间的关系。通过各种政策，国家还创造了新市场，与通常的假设相反，新市场不会自发产生。相反，水、教育和医疗市场必须首先通过国家提供的物质、技术和法律结构来创造。要做到这一点，国家还必须改写或捍卫财产权，颁布一系列法律和抵制阶级斗争。

政府的预算、经济、货币和结构政策是否促进了国家资本积累和/或基本上只是提高了政府的债务水平是金融市场通过设定政府债券利率等方式进行评估的。无论如何，各国及其政府关于金融市场的经济政策必须至少旨在证明其自身在金融市场上的信誉（包括通过央行政策），以及支持本国的金融企业。因此，通过发放许可证来开发国内原材料以加强国民经济资源管理，通过资助重要的科研项目来支持国家金融体系和提高国内企业的生产率，国民经济应该能够在国际竞争中生存下来，并在全球市场上取得相应的成功。金融企业的信誉度主要取决于其金融资产的质量；如果涉及贷款，则取决于其债务人的信誉度，而债务人的信誉度又取决于经济和周期性过程。在这些过程中，风险模型、价格变动与金融业评级始终是完整统一的。国家信誉度也取决于金融业，这也产生了一个矛盾的事实，即在国家对私人银行实施救助的情况下，国家从这些银行借入资金，而这些银行的信誉度在一定程度上正是基于政府债券交易评判的。因此，国家信誉度与金融企业信誉度密切相关。现在，政府的救助承诺隐含着对私人银行的补贴。为了衡量这种补贴，银行的融资成本（它们应偿还债务的利率）与它们在没有国家隐性担保的情况下所产生的成本有关。英国央行发现，2002年至2007年间，英国政府对那些在全球范围内运营的私人银行的年度补贴金额平均为700亿英镑（Sahr 2017: Kindle-Edition: 5699）。只有在紧急情况下获得国家支持的预期（这已经相当于对私人银行的非正式和隐性补贴）才能极大地推进金融产品交易。

这里需要考虑的是政府债务的一个功能，它不是为政府支出提供资金，而是通过提供足够的担保品来吸收私人资产的估值，至少保证交易强度高于政府债券的私人生产的担保品的无风险利率。这一过程以2008年的救助行动告终（Meister 2021: 11）。总的来说，决定性因素是国家和私有经济如何通过历史上发展起来的证券结构弹性应对货币和流动性需求。

无论泡沫多么严重（例如，参考2008年金融危机），大国政府都可以通过提供流动性重振金融市场。对于金融理论家来说，这种救助主要不是为了确保资产持有人能够维持财富，而是为了防止经济危机通过金融部门蔓延，避免对信贷市场产生破坏性影响。更重要的是，随着市场下跌，生产性资产的市场配置会产生负面影响，对它们的任何投资都必须按其清算价值进行定价。它的最终目的是为了防止现有财富无法积累。如果救助做得太晚或根本不做，这只会增加未来救助的成本（ibid.）。迈斯特提到国家与金融体系之间的一种结构性条件关系。

如果大部分私人信贷市场的私人违约风险都是受政府支持的，那么政府债务与私人债务之间的利率差远不能反映存在正式和假定政府担保。事实上，私人贷款者将为政府早就为之投保的债务支付不必要的保险费。作为最大的贷款者，华尔街的银行受到政府救助确定性的鼓舞，从而向最大的借款人——华尔街的对冲基金收取更少的费用，以降低自身在"大到不能倒"政策方面所承担的风险。据估计，2008年，18家最大的银行持有30万亿美元的风险投资，这在某种程度上引发了这场金融危机。这项政策意味着，贷款者可以发行预计不会产生损失的卖空看跌期权。

第 8 章 金融体系与国家

通过发行交易由私人银行共同组织的政府债券,国家获得额外资金用于资助消费者支出、基础设施、教育、补贴等。这远远超出了国家通过税务局从家庭和公司收集的资金总额。当国家在预料到未来税收收入的情况下连续发行政府债券,并将其转化为资本市场上的流动性金融资源时,国家将利用金融资本的能力从未来的货币资本流中创造当前的投资资源。只有通过这种方式,国家才能获得必要的资金来为其任务提供资助,而不会对企业和工薪阶层过度征税。同时,通过税收和政府债券为国家融资的做法为金融债权人创造了重要的商机,并且他们一直有意将国家债务作为自己的资产登记入账。① 主要帝国主义国家不断增加的债务现已成为世界金融体系必不可少的一部分。

国家增加债务的可能性有多大?首先,政府可以通过出售证券向私人银行借款,但这反过来又受到私人银行想要持有的政府债务金额的限制。由于这些投资的回报率通常低于其他金融资产(当经济形势良好时),故银行对其

---

① 德国政府债券必须用央行资金支付,商业银行通过保管证券作为其发行货币的担保品从德国央行获得这笔资金(cf. Schreyer 2016: 72ff.)。该担保品的标准是灵活的。德国央行每周周二发行短期贷款(一周到期),商业银行周三可以使用短期贷款在联邦金融监管局购买政府债券,联邦金融监管局负责组织在线拍卖(2016年,拍卖了约2000亿欧元债券)。为了参与拍卖,商业银行必须是"外滩发行拍卖集团"(Bund Issue Auction Group)的成员。2016年,该集团共有37家公司,均为银行。购买政府债券无须对权益资本进行托管,因为它们被视为基本上是无风险的证券(前提是国家未来至少可以通过向民众和企业征税来支付政府债券的利息)。

反过来,国家不直接向债权人(银行及其服务的投资者)支付利息,而是向明讯银行(Clearstream)的账户支付利息,该银行是一家可以转移利息的全球金融服务提供商。这些过程基本上是匿名进行的,也就是说,这些每年收到约300亿欧元利息的投资者群体并不为公众所知(ibid.)。可以假设,大部分利息不仅最终流向银行,还流向投资者群体,这些群体由国际保险公司和金融集团组成,国家将其视为安全的投资来源。金融资本明确要求永久发行政府债券,因为对于当下在全球范围内拼命追求回报的资本来说,它们是相对安全的投资标的。与此同时,政府不应过度负债,因为这样一来,政府债券的潜在风险将大大增加。

投资组合中政府债务的金额做了限制。因此，这也取决于商业银行希望在其资产负债表上持有多少政府债务，以及它们认为政府的信誉度如何。尽管如此，现代货币理论的一些支持者声称，政府债券不能成为政府的资金来源，因为银行只能将之前从政府或其央行获得的资金（通过最低准备金）借给政府。然而，私人银行原则上可以在不必"收到"政府资金的情况下顺利向政府放贷，从而扩大资产负债表并创造新的资金，这也不需要央行参与。私人银行可以购买债券，从而交换资产，这是一种只有在特殊情况下才能创造货币的额外机制。

另一种借贷方式是向资本市场或养老金、对冲、主权及共同基金等机构投资者出售证券。这些机构投资者可能会购买政府债券，但该交易只是将从储户手中获得的新资金重新分配给政府。政府融资的前两种选择（商业银行和央行向政府放贷，以及机构投资者重新分配流入经济的资金）导致政府债务上升，这通常包括相应的政府紧缩政策：增加税收、削减公共支出、公共资产私有化等。

由于向商业银行和机构投资者借款受到限制，因此这里有第三种方式可以创造新资金，这可能是金融和经济危机严重时期的一个重要政策选择：央行可以直接购买政府债务。虽然前两种选择在理论上受到限制，但第三种购买政府债券的选择至少在原则上是不受限制的。例如，正如我们今天看到的那样，央行可以在危机时期购买尽可能多的政府债务来支持经济。

在这一过程中，央行不会"印刷"货币，因为绝大多数新创造的货币都是数字货币，即央行通过在计算机上编制分录来贷记政府账户。央行所要做的就是接受政府的本票，并将资金存入政府账户作为回报，由于需要对资产负债表进行必要的操作，政府账户由央行持有。然而在这样做的过程中，必须保持资产负债表平衡：将资金记入贷方（扩大央行的负债部分）相当于资产部分对作为债务人的政府的债权。

正如现代货币理论的理论家，现在人们可以说，一开始就清楚这些债权永远不会被回收。但这就引出一个问题：当债务较高时，债权人会信任政府多久。发达国家的央行在理论上可以印刷无限量的货币，但如果国内出现通货膨胀，导致货币的外部价值下降或对货币的信心下降，则实际会对货币数量有所限制。当然，央行希望在政府支出新创造的货币时继续对通货膨胀进行监测。然而，今天，这种形式的直接融资是不可行的，至少对欧洲央行来说是不可行的（直到最近，各国央行都把重点放在了价格稳定和应对通胀——保护资产上；2020年，美联储也把重点放在了应对失业上）。现代货币理论的代表人物指出，货币是由央行按照必要数量提供给国家的，例如日本、美国、加拿大等。但需要特别指出的是，银行存款大部分是由商业银行创造的。[1] 正如我们所说，虽然大多数央行都被禁止直接向政府提供融资，但在疫情期间，英格兰银行直接购买了英国政府发行的高达50%的政府债券。货币政策和财政政策界限在此模糊不清。此时，还需要提及另一个问题：虽然财政政策通常仍然以减少政府支出和借贷为基础，但它应该旨在稳定甚至加强金融系统，尤其是影子银行系统。如果没有新发行的政府债券以及永久性政府债务，这些都是行不通的。在疫情期间，通过直接为应对疫情的工具提供融资和制定新的经济刺激计划，英格兰银行和拜登政府摆脱了紧缩政策。约瑟夫·斯蒂格利茨（Joseph Stieglitz）等经济学家长期以来一直呼吁国家摒弃紧缩政策，转向积极的经济政策。归根结底，这事关推行的一种政府模式，

---

[1] 现代货币理论主张，主权国家只有一种融资来源，即央行为其账户提供的资金。但是，如果今天90%的资金是由私人银行系统创造的，并且它购买政府债券，那么国家怎么能完全由央行提供资金呢？按理说它不能。理论上，它甚至可以独立于其央行进行融资，至少在一定程度上是这样；再想想日本，那里的央行只持有大约50%的政府债务。

根据现代货币理论，政府在发行政府债券或抵押债券时创造了货币。然而，一般来说，当政府发行证券时，它首先会增加对货币的需求，这可能导致私人银行（银行存款）和央行（准备金，在较小程度上兑换成现金）创造更多的货币。然而，现代货币理论的代表人物并不认为政府机构作为参与者像私人企业一样对货币产生需求，而是坚持认为只有政府在发行债券时才能创造货币。

该模式承认并支持资本的逻辑,并旨在通过新的货币政策工具追求积极的危机政策。

在经济层面上,政府债券只能在国家能够用自己的资产(即通过未来的税收收入)偿还借款的情况下才被视为有"价值"。然而,归根结底,只要各国为偿还旧债务(利息)找到发行新政府债券的新债权人,一旦这些债权人向它们提供更多的资金,它们就可以向现有债权人至少支付旧债务的利息,那么今天的国债就被视为是有保障的。这一后续融资程序包含连续发行政府债券,从而使各国在"净新债务"科目下获得额外的预算资金。[1] 这里的资本化对象不是那些未来的税收收入,而是国家未来借贷的资金流入。[2] 同时,税收继续作为国家有权借入更多资金的证明。但是如果这种债务现状延续下去,到 2040 年,大多数资本主义国家将不得不至少使用税收收入来支付其政府债券的利息(Stelter 2013: Kindle-Edition: 689)。对于债权人来说,国家债务部分由国家创造的物质性基础设施和社会基础设施的潜在价值来抵偿,因为这类基础设施的私有化总会在可能的范围内实现。但其通常会陷入以下困境:如果新发行的政府债券越来越倾向于只用于偿还旧政府债务的利息,那么国家产生的额外资金越来越少,这些资金可以用来资助和刺激资本积累。如果国家仍然不断发行更多的政府债券(这本身不是问题,因为政府债务与何时偿还无关),以此来为所有基础设施措施及其管理提供资金,则债权人可能会

---

[1] 当国家的新增贷款量高于贷款偿还量时,新增债务净额为正值;如果新增贷款量低于贷款偿还量,则新增债务净额为负值。债务比率则是指政府债务水平与 GDP 之间的比率。如果实际国内生产总值的增长率高于政府债券的实际利率,这一比率就会降低,而初级预算赤字则无法抵消这一积极影响。

[2] 德国联邦政府的债务约为 1.1 万亿欧元,每年支付约 300 亿欧元的利息。在过去 40 年中,该国债务增加了 10 倍,债务至今尚未偿还。相反,即将到期的政府债券不断被新发行的债券所取代。虽然德国政府债券的利率很低(或为零),但利息支出在预算中的比例已从 40 年前的 3% 增加到今天的 9%(Schreyer 2016: 70)。

逐渐失去对其偿还能力的信心，只会以更高的利率购买政府债券，这当然会极大地限制国家的支付能力。诚然，只要各国负债以本国货币计值，原则上就不会破产，但它们必须注意支出增长（考虑到通货膨胀率）不能超过经济的增长潜力。

在金融市场中，一个国家的债券经济"质量"可以通过评价预算状况、国家财务信誉，以及证明有支撑借贷的未来收入保障等进行长期评估（评级机构负责评估一个国家的信誉度，它们使用复杂的程序来判定）。因此，投资者期望国家在购买政府债券时支持国民经济增长，这反过来又保证了国家增加税收收入。这里的标准是指预测政府证券数量增加与经济增长之间的关系，经济增长也让缴税变得可行，投资者认为这已经足够，进而国家可以获得更多的政府债券投资回报。所以，国家在经济上不仅依赖于向企业和家庭征收的税款，而且还需要完全独立地处理其政府债券，然而这最终取决于私人投资者的投机预测。因此，国家参与金融业运营，以确保在相对不受纳税周期影响的情况下获得融资，但它也必须遵守金融业对借贷施加的限制。国家使用私人银行贷记为债权的债务进行支付，这些债务在金融市场上作为证券/虚拟资本进行交易。通过发行债券，国家使得其未来的稳健性、政治效益和金融需求在金融市场接受长期评估。这通常是由投资者来完成，投资者需要将政府债券与金融市场上交易的所有可能的替代型证券进行比较。这种比较以及政府债券在金融市场上的供求关系反映了国家经济表现和国民资本总额，调节着政府债券的利率水平，同时也为政府债券的持续评估提供了新的指标。未来全国范围内资本积累增长的前景越低，与此相关的政府债务增长越多，利率就越高。原则上，与国家有联系、实际上没有破产能力的央行可以为私人银行提供合法资金，为其再融资，并且其自身也在二级市场上越来越多地从私人金融公司回购政府债券。事实证明，这对政府债券估值和国家整体信誉度产生积极影响。

一个经济体未来的经济增长与大量政府债务相关，原则上是基于投机行为。如果投资者的评估结果显示政府债务增长与未来经济增长的差距过大（例如，因为通货膨胀率正在上升，政府借贷无论如何都在继续增加），那么首先政府债券的利率会上升，之后甚至连票据销售也可能会下降。然而，一国是否必须与债务危机做斗争，并不取决于政府债务的绝对水平，因为该国作为资本所在地的成功也取决于它能否通过债务从虚拟资本的形成周期中获利。如果一国经济增长在国家各种措施、项目和政策的支持下仍旧停滞不前，或者如果税收收入在经济衰退期间下降，则该国的财政需求也会增加。通过将政府债务作为虚拟资本以及将信贷作为支付手段，政府债务水平与一国企业经济增长之间的关系必须不断保持平衡。[①]

正如人们今天很容易看到的那样，不仅国债的绝对水平对国家融资至关重要，而且利息成本也可能会导致国家濒临破产。该利息费用基于债务的绝对金额和各自的利率。虽然各国政府在一定程度上仍可以自行调节国债数额，但政府债券利率是在国际金融市场上产生的。如果某些国家及其银行现在被认为发生危机的概率高，那么两者的资本市场风险就会增加，政府债券利率也会上升。

政府债券到期时也会在证券交易所进行交易，但不一定以其名义价值进行交易。例如，如果一个国家的信誉度下降，它就必须为新贷款支付更高的利率。因此，只有在收益率相同的情况下，才会购买旧的政府债券。举例说明，如果新发行的 20 万欧元债券的利率从 2% 上涨到 4%，与旧债券的利率相比，整整翻了一番，那么债券持有人现在每年可以收到 8000 欧元，是旧债券的整 2 倍。然而，旧债券不能再以 20 万欧元的票面价值出售，它只能以 10 万欧元的价格进行交易，与新债券相比，它同样被认为是有利可图的。政

[①] 由于违约风险相对较低，政府债券的收益率通常保持在较低水平；证券的安全性使证券成为任何投资组合中的重要项目，并有助于金融资本的运营和提升其潜力。政府债券相对（但并非绝对）安全，因此更容易出售。

府债券价格的下跌似乎明确表明发行国不再具有令人满意的信用评级（信誉度），因此其政府债券的利率正在上升，而对贷款人来说，这一过程可能对自身非常有利。这就是为什么在债务偿还和再融资谈判过程中会发生危机的原因之一，因为这样一来，长期利率可能进一步上调。因此，贷款人也对高公共债务和高利率感兴趣。这种反倾向现象产生于这样一个事实，即超过一定水平的公共债务和利率、国家偿还贷款或支付利息的可能性似乎越来越小。正是由于这一点，贷款人对国家臭名昭著的紧缩措施有着浓厚的兴趣，这些措施包括确保货币稳定、减少国债、巩固国家预算、减少国家社会支出和增加税收收入。但前提是，后者不会影响到资本所有者。

国家货币符号作为一种法定的支付手段，各国在确保货币之间能够互换或兑换的情况下，通过协议实现货币国际化。通过这种方式，国家之间形成了一种积极的相互依存关系。在这种关系中，它们同时承认私人资本的权力，并声称作为自主国家，它们认可对方的资本主义法律。外币兑换本币以及本币兑换外币的承诺必须以实际价值实现。这就要求各国央行（和商业银行）在今天的商业交易中协商好各自的担保，并由央行确认外币资金质量，并使用自己的支付方式作为跨境有效货币，以充当本币兑换外币以及外币兑换本币的流动性储备金。各国不会因为货币等价（这是在国内市场上产生的）才使本国货币成为可兑换货币，而是根据货币之间的相似性确定具有约束力的等价物，从而为金融业提供重建全球市场所需的安全性，以交换当前的准国际贷款资金（Decker et al. 2016: 120）。通过使本国货币成为可兑换货币，各国自视为国际信贷体系的担保人以及国际金融资本增长的参与者，同时在国家信贷体系质量方面自视为他国的竞争对手。

通过政府债券，跨国金融资本获得在一国税收收入中占一定份额的虚拟资本。这也对私人银行的流动性管理产生积极影响，因为这些是收益率相对安全的交易，而且政府债券通常随时都有流动性（但未来可能会发生变化）。因此，通过发行债券，政府总是支持商业银行和其他金融机构的政策，而央行从商业银行收回政府债务，并给予它们法定货币作为回报。① 这在一定程度上可以阻止各国通过央行现金柜台的直接追索权来补偿其债务。这也关系到通过保持一级市场上发行的政府债券的多样化和增加二级市场上债券的交易量，仿效新自由主义政策积极构建金融市场的问题，而政府债券利率指数仍然是组合证券定价的一个决定性参考因素。反过来，政府可以通过购买其他国家的政府债券来持有外币，以便对冲本国货币。

然而，欧洲当前的发展表明，国家贷款也必须办理注销手续这一事实对金融机构构成了威胁，而目前国家对银行业的进一步救助将严重损害其信誉（cf. Lohoff and Trenkle 2012: 269）。由于其系统关联性、规模和融入密集的金融组织网络，2008年面临破产的很多银行在金融危机后以"太大而不能倒"的口号得到了国家的救助，同时也出现了大型银行临时国有化的现象。在私人银行系统关联性分析方面，国际清算银行（BIS）审查了该指标的规模、跨境活动、关系网络、金融机构基础设施及其复杂性。2008年金融危机后，美国在银行救助方面花费了约3.6万亿美元，英国、爱尔兰和德国分别为7180亿美元、6130亿美元和3340亿美元（cf. Kallert 2017 165）。② 因此，私人银

---

① 正如现代货币理论所假设的，今天，发行政府债券和债务的重要意义主要不是在于凯恩斯反周期财政和货币政策的动机，而在于货币市场所需的安全担保品供应的生产，而金融市场又是建立在这些担保品基础上的。这也可能意味着政府成为影子银行系统担保品的生产工厂。在这种情况下，国债对基于市场的金融的作用与央行对基于银行的金融的作用一样，创造了基础资产，进而带动影子市场上负债的增长。政府最终成为影子央行。尽管国家已将银行和企业私有化，并将宏观经济治理权交给独立的中央银行，但其在金融领域的作用有所增强。主权债务作为现代金融体系的基石，成为用于对冲收入市场头寸的资产的定价基准，并为通过影子银行系统创造信贷提供保险（Meister 2021: 51）。

② 蒂姆·迪·穆齐奥提到全球咨询公司麦肯锡（McKinsey）2015年的一份报告，该报告对增长率进行了计算，这些数据对于一些开始偿还其主权债务的选定国家来说至关重要（消费者、企业、市政和金融部门等其他债务人不在研究范围内）（Di Muzio 2015）。该研究得出的（一组欧洲国家、美国和日本）平均增长率表明，实际平均增长率为1.67%，而各国只有达到3.46%的平均增长率才能开始偿还其主权债务。由于主权债务占（转下页）

行损失的社会化导致公共债务急剧上升。①

8.2 中央银行的职能

通过对商业银行使用法定货币（以及保证其自由创造银行存款）施加规则，并赋予自己某些权利来满足其自身的流动性需求，国家确保其依法创造的货币与商业银行通过信贷所做的支付承诺一致，进而使得其国家权力与资本的经济权力一致。商业银行能够创造被公认为法定货币的银行存款，而只有国家才能通过其央行创造法定货币。除了央行之外，只有商业银行才能创造货币。尽管国家以确定其对法定货币的主权为前提，但它实际上最终使法定货币从属于资本，后者管理着准自主性信贷、虚拟资本和投机资本。在这一点上，必须将依法授权使用货币并发行法定货币的国家，与商业银行创造货币的资本过程加以区别。商业银行的货币是一种公认的支付承诺，必要时可以通过政治胁迫强制执行。中央机构（中央银行、政府）可以直接判定货

（接上页）

全球债务总额的比例不到三分之一，我们必须假设，偿还所有未偿债务需要每年增长率接近15%。然而，从国际货币基金组织到皮凯蒂（Piketty），几乎所有的国内和全球增长判断都预测，随着全球债务的上升，增长率将进一步放缓。

① 根据凯恩斯主义观点，反周期预算政策演算包括在经济衰退期产生政府债务，进而通过政府基础设施支出来刺激资本积累和有效需求，而国家在经济繁荣期则通过增加税收来偿还债务。当国家不仅用新的借款来偿还旧债务，而且还用它们来偿还新的利息时，这一机制似乎就中止了，因为纳税人最初很少或根本没有承受这类国家债务政策带来的负担。国家债务的债权人不仅可以从贷方科目的国家旧债务中受益，还可以从新债务中受益。从长远来看，国家不必仅以国民经济的产出作为税收来偿还债务欠款，相反会一直获得新的贷款，这一事实是私人货币增殖机器顺利运转的基础。同时，国家必须向私人银行和国际金融机构发出积极的信号，其中包括设立低薪部门、削减福利开支、为曾经成功的公司提供补贴等措施。

币有效性的想法是不正确的，最终会陷入一种工具性的思维，因为国家或央行在这里被视为具有定义价值的准神圣权。但对于货币的有效性，它始终需要一个共识，即所有经济参与者对资本主义经济货币的普遍接受，以及私人资本主义者的货币计算权力。

央行借给商业银行的货币最初只是个符号，后者负责组织部分支付行为。随着货币进入流通领域，其功能不仅在于实现商品的价格（价格以货币形式实现商品虚拟分配），它还始终与商业银行的经济实力有关，而这个经济实力是建立在创造信贷和银行存款的基础之上。如果央行用其资金支持商业银行的流动性管理，则无法消除后者信贷业务的不确定性，而这种不确定性还主要基于银行面向未来的业务与过去信贷公司对成功的依赖性之间的关系，未来信贷公司的成功仍具有不确定性。

与商业银行的经济实力相比，中央银行的实力并非源于其商业成功，而是源于其特指的国家最高权力。央行由国家提供担保。在资本主义诞生之初，国家与央行之间存在一种互惠的关系：国家负责央行资产的安全，央行为国家提供资金。在这里，需要提到央行的三项职能：影响货币和信贷条件（国家货币政策）、监管商业银行（国家金融体系的稳定性），以及向国家和私人部门提供国内外金融服务（支付系统的稳定性）。因此，央行可以维持金融体系的稳定，尤其是在发生危机时可以为国家提供流动性，并且必须保持对货币的信心（我们还必须指出，如今的央行也积极干预影子银行系统，为其提供流动性，并成为金融市场上的交易者）。

在国家货币体系的垂直层次结构中，央行似乎在以法定货币形式发行现金（纸币和硬币）时占据主导地位，这些现金由央行（在其资产负债表上记为负债）兑换成商业银行的证券。因此，当央行通过向商业银行发放贷款发行法定货币时，它也会累积商业银行的支付承诺，从而形成虚拟资本。因此，央行货币被正式理解为一种负债，这种负债是在与私人商业银行的（证券）交易中实现的。可用现金在央行资产负债表中起着给付义务的作用，它是央行的一种债务，是为了换取商业银行的还款承诺，而商业银行的还款承诺又由第三方的债务欠款担保。纸币或硬币通过进入央行的资产负债表而成为货币，并在商业银行希望将其持有的部分准备金作为现金存入央行时发行。① 现金可以用来偿还几乎所有的债务。

然而可以假设，央行余额最终会起到私人信贷创造效应的作用，即它们首先是在商业银行信贷决策的基础上生产和再生产的。这符合这样一个事实，即今天的私人商业银行可以生产 90% 的各种形式的货币，而央行只发行 10% 的货币作为法定货币。正确的说法是，如果没有政府资金，就无法创造银行存款。但企业和银行会自主决定它们想从政府资金中创造多少银行存款。银行与企业（或更笼统地说，非银行机构）之间的第二个货币创造周期确保信贷使货币供给内生化，即使其与政府货币创造脱钩。然而，央行让金融参与者（尤其是在金融危机时期）能够获得更能抵御危机的流动性和安全担保。在疫情期间，影子银行系统中的非金融参与者也获得了大量贷款。

在国家货币部门，央行货币早就取代了黄金，即只要货币债权是央行的债权（即央行货币债权），那么它就具有自指功能（Weber 2015: 220）。所有这一切并不意味着央行起着"最终贷款人"的作用，因为它仍然被充分融入私人货币资本流动、商业银行信贷创造过程以及差异化资本积累过程中。换言之，央行发行纸币（现金）作为法定货币，并在用货币兑换商业银行证券时，证明其信用符号等同于法定货币，从而使法定货币也成为私人银行信贷业务的一个相对因变量。在 20 世纪下半叶，央行竞争力的一个重要领域（包括准自主货币和货币政策）日益转移到金融资本。因此，央行不再确切了解私人银行不断再创造的当前流通的货币数量，以及金融市场上不断出现的债

---

① 只要向央行提交货币的人只能再次收到央行的货币（央行只欠一张新的银行汇票），那么央行的货币就不是债务。

权人与债务人之间的新型关系（尽管他们试图通过关键利率和最低准备金等工具在一定程度上控制这一过程）会产生多大的流通风险。①

央行法定货币发行不仅仅是像人们常说的那样"从无到有"创造货币的过程，而是与商业银行建立了一种信贷关系，商业银行据此承诺在未来"偿还"借入的资金和央行的利息。这里所谓的货币创造不是单方面的行为，而法定货币创造是央行与商业银行之间相互作用的结果，即央行主要通过与商业银行确立一种关系来"创造"货币。因此，央行根据其颁布和永久修改的规则，与商业银行证券交换法定货币，从而作为其流动性管理的准备金；而商业银行通过使用准备金自参考式地组织其支付承诺，创造流动性和偿付能力，从而提升信誉度。国家和央行根本无法消除商业银行在其金融业务中所承担的风险，一旦存在风险，最终商业银行客户的储蓄存款也无法幸免。②

历史上，国家对本币的监管始于央行成立之前，但后来这些监管措施成为管理国家货币体系的重要工具，无论是在发行国家货币还是在管理政府债

---

① 金融资本的国内和跨国运营（商业、投资和影子银行）很大一部分是独立于国家监管之外进行的，因此，政府干预仍然取决于衍生货币资本的价格变动。然而，正是在经济危机时期，处境危险的金融资本再次呼吁使用证券来应对"中央银行"危机。央行不断将最低准备金形成、流动性保护和利率政策等业务与私人金融资本战略联系起来。此外，正是通过将央行确立为"国家第四产业"，从法律上脱离行政和立法部门监管，以及使央行实践向准自主性治理转变，来确认央行目标与金融资本积累的动态和必要性的一致性（Vogl 2017: Kindle-Edition: 275ff.）。但尽管如此，央行仍然是国家的一部分，为一类独立的行政部门（就股份所有权而言，央行通常是公私混合的机构）。然而，"量化宽松"（QE）政策、央行利率下降以及新回购政策尤其有力地促进和加速了货币市场的扩张性发展，而迄今为止报告的产业资本投资动态没有任何显著改善（关于相关统计数据，见Krüger 2015: 459）。

② 法定货币的计量单位不是一种具有物理上定义的重量单位的货币性商品，而是构建的购物篮的价格，它可以将之前的价格与同等金额货币的当前购买力进行比较。

券基金方面。① 央行不仅向商业银行提供货币，而且还迫使它们使用这些货币。今天，商业银行必须在央行的某些账户中保持一定的余额，通过这些账户结算付款，并接受监管，考虑到银行之间的相互不信任和建立信任的标准，这些构成央行特定监管制度的一部分。因此，商业银行也可以独家获得央行

---

① 在世界范围内，尤其是在主要工业化国家和欧元区，几乎所有的央行都不是国家的直接分支机构，而是一种独立的机构，它们自行决定政府赤字货币化的程度，即在二级市场上（从银行）购买政府债务并将其纳入资产负债表。欧元区（与其他货币区一样）明确禁止在一级市场上购买或接管政府债券（即直接从政府购买）。但无论如何，央行都是国家的一部分。

正如现代货币理论认为的那样，如果国家/财政部与央行之间存在一种完全同一性，那么政府债务和央行持有的政府发行的证券应该是相互对应的。事实并非如此。正如经济学家约瑟夫·休伯（Joseph Huber）所写："美联储持有的公共证券不等于国债，政府和银行在美联储持有的准备金余额也不等于国债。2019年初，美联储的所有准备金余额约为1.6万亿美元；美联储持有的政府发行的证券价值为2.2万亿美元；但政府债务为22.5万亿美元。而银行的超额准备金是政府在美联储的交易余额的3—4倍。"（Huber 2021）

现代货币理论（MMT）假设，最终只有国家有能力创造货币。正如现代货币理论的主要支持者之一兰德尔·雷（Randall Wray）所写："货币是而且一直是国家的产物。"（Wray 2000: 12）货币通过调动财政资源和劳动力为国家服务，而国家既不需要信贷，也不必征税；相反，国家本身通过央行发行货币。因此，政府通过法律确定一个国家的官方货币，并且只接受特定单位纳税。如果央行影响到政府账户，即提供用于公共支出的资金，那么国家就拥有这笔资金。

因此，政府将货币视为一种信贷创造物，这种信贷创造物可以流通（作为流通或借贷的手段），并通过税收回流到自己手中。但必须指出的是，如果这笔资金代表税收抵免，那么同时也必须存在一种纳税义务，以便于组织接受国家发行的货币。

"主权货币"政府几乎可以无限期地发行货币。因此，各国原则上可以无限期地承担债务，这在技术上是可行的。但是，一个国家一旦有了外债，就不能无限借贷，否则可能会破产，如阿根廷或希腊。即使一个国家只有本币债务，这并不意味着它可以无限期地创造货币，因为它必须偿还债务。

此外，毫无疑问，通过发行货币，国家无法确定私人购买力（以价格形式表示）的扩张程度，也无法确定货币是否可以作为资本发挥作用，因为这取决于资本主义企业之间的私人资本主义竞争。货币作为一种增殖手段能否在资本循环中证明自己，或者它能否被接受为货币，最终是由私人资本主义经济决定的。这反过来意味着，国家虽然提供货币，但必须通过私人部门的交易为自己融资。

信贷，但它们必须符合某些标准，才能获得国家颁发的经营金融业务许可证，尤其是在收集和管理公众存款时。例如，授权开展银行业务须符合某些准入标准（在德国，零售交易员不得设立银行），对于商业银行的业务经营来说，这里有一套全面的规则。国家要求商业银行用一定比例的权益资本来支持其发放贷款；它要求超过一定金额和一定比例的权益资本的贷款必须向国家监管部门报告，并执行银行风险和流动性管理规则。此外，商业银行必须根据其负债情况持有一定比例的法定货币最低准备金，作为其央行账户余额和库存现金。因此，从私人银行的角度来讲，这些资金不具备流动性（即它们不适合用作贷款或衍生品交易），而且要求最低准备金保持在较低水平。此外，也不能排除商业银行破产及严格按照破产法处理破产案件的情况。法定存款保护基金可以防止或至少减少私人资产损失，从而确认商业银行作为国民经济金融资产一般管理机构的职能。

央行对商业银行信贷政策的影响，源于法律对商业银行为支持自己发放附担保品贷款而获得现金和准备金之条件的定义。作为回报，商业银行必须（用央行资金）支付利息，利息从它们在央行的账户中扣除。商业银行也通过接收抵押贷款或向央行出售证券等资产，从央行获得额外准备金。商业银行只能在短期内以固定利率（买入价与卖出价之间的价差）提取准备金。通过设定准备金利率，央行试图影响商业银行的贷款，但它们无法控制这一过程。央行可以通过短期贷款以较高的利率提供额外准备金，但事实上，今天商业银行的准备金不再定量提供。也就是说，它们可以不断从央行获得新的准备金，因为央行必须小心维护资本主义支付系统，它们不可能也不会轻易限制私人银行贷款，否则可能存在金融崩溃、私人银行流动性或偿付能力的风险。

通过降低主要利率可以增加市场上的流动性，而通过提高关键利率可以减少市场上的流动性。美联储通过公开市场操作来执行其利率政策，并通过买卖政府债券来调节央行货币的数量和价格。虽然没有成功，但美联储长期以来一直试图通过改变利率（以及通过最低准备金政策）来影响私人银行的贷款活动。较高的关键利率通常会减少商业银行的贷款活动，而执行较低的关键利率旨在迫使商业银行对外借款。如果利率较高，商业银行也会将更高的利率转嫁给客户。然而，央行过去几年的低利率政策并没有自动带来更低的（实际）利率，也没有为商业银行创造更多贷款，因为商业银行会不断评估和测算借款人/客户的贷款风险和信誉度（它们对风险进行特定的管理），进而限制贷款，尤其是在经济衰退阶段（有时保持较高的实际利率）。[①] 这里的货币政策表现为央行利率和商业银行实际利率的不对称性。商业银行面临的问题（尤其是在经济危机时期）不是缺乏现金获取途径，而是缺乏有利可图的投资机会，而此时家庭和企业对信贷的需求可能很低。在经济衰退期间受到低利润率影响的企业通常几乎不需要贷款。因此，商业银行创造信贷的潜力有限，因为陷入衰退的企业更有可能减少债务，而不是获得新贷款，或者因为商业银行本身由于对潜在借款人缺乏利润预期而限制贷款。因此，商业银行的信贷创造最初仍然与私人资本积累过程和利润率变动联系在一起。[②]

---

① 关键利率是指商业银行可以向央行借款的价格，因此，央行至少间接地控制贷款。在此我们不深入讨论任何其他细节，但要提及的是，今天的商业银行常在货币市场和影子银行系统中获得资金。

② 央行也创造货币，尽管其创造的货币数量比私人银行少。例如，2015年至2018年间，欧洲央行通过在二级市场上购买私人投资者和机构的证券，利用纾困方案创造了约2.6万亿欧元的货币。欧洲央行只能向私人企业发放资金，而不能向政府机构发放资金，这意味着央行不可能直接为政府预算提供资金。加拿大、美国和日本的情况有所不同。

现代货币理论学家在这一点上认为，政府债务等同于货币创造，央行承担着合作政府机构的角色。私人银行在这里只是作为央行和政府的辅助机构出现，这显然淡化了商业银行在货币创造中的重要作用。

事实上，在一个双重银行体系中，央行寻求确保经济的流动性，并监控货币和信贷系统，同时为经济提供充足的流动性，但货币也必须稀缺才能被接受。如果在一国货币区内，人们对充当货币的资金信心减弱，那么无论该国"印"了多少钱，它都会作为潜在资本流向另一个货币区，在那里资本似乎可以增殖。但只要经济增长得到保证，未来的税收使政府债券成为一种安全的投资，央行就可以将政府债券存储在账簿上，减低账面价值或用未来的利润抵销。

关键利率政策，其目的是对货币流通进行监管，而不是对金融参与者进行监管，如今已经失去了很大的效果，并日益被央行资产负债表政策、货币创造与销毁行为所取代。

如果没有美联储的政策，美国政府债券的利率将大大提高。通过降低利率（0 或 0.25%）并将其冻结在较低水平，央行的控制效果会降低（利率低于 0 意味着商业银行必须为其借入的流动性支付费用）。如此低的利率是危机的一种表现，这就是央行必须发明其他形式的货币政策的原因所在。低利率政策和从本国货币区购买政府证券也可能导致进一步的货币问题（通货膨胀）。只要金融部门吸收新创造的货币，创造的信贷只会提高虚拟资本的价格，而不是工业品的价格。只有当私人创造的虚拟资本减少，且央行直接向实体经济注入新资金时，后者的通胀潜力才得以实现。

2008 年金融危机后，央行对商业银行信贷创造的影响在一段时间内有所下降。商业银行通常更有可能从央行获得缺失的准备金，央行进而不断降低利率，从而简化了商业银行进一步申购准备金的程序，尽管它们的贷款业务在某些时期没有增加。当利率为零时，央行不再将利率作为诱使商业银行发放更多贷款的工具[1]。（在 2008 年金融危机期间，不仅私人银行对经济的信心有所下降，而且彼此之间的信任度也有所下降；银行不再相互出借准备金，

---

[1] 央行货币的数量通过政府债券的买卖而受到影响，因而也会影响银行为结清余额而借入央行货币的价格。虽然央行可以保持低利率，但它只能在有限的范围内保持低利率，因为央行只对短期利率有直接影响；长期利率（与投资活动相关）由许多央行和政府无法控制的因素决定。

相比之下，现代货币理论学家认为，央行可以在很大程度上控制这些因素，并应将利率保持在尽可能接近零的水平。奇怪的是，他们谈论的是"那个"利率，但实际上有很多利率。长期政府债券的利率几乎总是高于短期政府债券的利率，因为未来是不确定的，因此在债券到期之前可能会发生不可预测的事情。如果没有更高的利率来补偿更高的违约风险或更长的到期日，就不可能有人愿意购买特殊证券或愿意放贷。利率和预期收益率是货币和资本市场可调动投资量的重要因素。

因此尽管央行降息，银行间市场的风险溢价仍在继续上升。这几乎使银行间市场陷入停滞。）

金融市场流动性的变化有时急剧上升（包括短期内不断出现流动性问题的可能性）、衍生工具倍增、风险管理范围扩大，以及商业银行的信贷创造导致央行的货币供应量全面控制（M1 到 M3）方案如今已经过时。[①] 央行至少可以通过买卖政府债券来影响货币供应量。在 2008 年金融危机后的一段时间内，美联储的政府债券购买计划不再受期限和数量的限制。2012 年，美联储持有 27% 的美国国债（Stelter 2013: Kindle-Edition: 2473）。在这里，货币供应更像是一种信贷供应，如今这种信贷供应具有弹性且动态变化。央行的政策必然不可避免地以金融市场的价格变动为方向，金融企业本身也试图对货币和财政政策施加更大的影响。如果欧洲央行只能在二级市场购买在欧洲发行的政府证券，欧盟成员国及其财政政策将与金融市场的价格走势保持更密切的联系，这反过来将加剧欧盟国家之间的债务竞争（Varoufakis 2011: 185f.）。另一方面，央行在货币政策方面也有新工具，并且至少在理论上可以针对担保品（购买承诺和支付承诺）无限期延长信贷，这种认识包括投机资本体系可以再次暂时保持稳定，特别是在经济危机时期。但央行的政治稳定理论也可能导致新的不稳定。央行加大回购力度会导致流动性增加，回购范围整体扩大。这反过来需要为回购交易提供更多担保品，从而导致担保品价格上涨。因此，央行的政治理论再次刺激了整个金融体系，并可能引发资产价格呈现螺旋式运动和出现泡沫。

"量化宽松"一词描述了央行采取的措施。例如，在利率已经为零且扩张性货币政策将继续存在的情况下，永久购买由商业银行持有的期限几乎都

[①] 货币存量 M1 包括现金和银行货币，即可以直接和普遍使用的支付手段。M2 还包括期限最长为 3 个月的固定利息储蓄存款和期限最长为 2 年的定期存款，M3 还包括可在中短期内转换为 M1 余额的近期投资。

是长期的证券和政府债券。这将减少金融市场上政府债券的供应，从而导致价格上涨，同时利润和利率会下降。量化宽松是央行公开市场政策的一部分，即央行通过购买证券（政府债券）和回购交易向私人机构提供资金。这时央行创造了货币。如果央行从私人投资者手中购买本国政府债券，那么其资产负债表的右边会反映政府债券，而左边会反映对第三方的负债。按照这种想法，这些证券的卖家现在应该把他们收到的钱再投资，以刺激实体经济；或者他们应该发放更多的信贷。但在过去几年中，长期政府债券的卖家更多地使用现金来重新平衡其投资组合。由于各国央行对政府债券的需求不断增加，债券收益率下降。因此，私人投资者投资组合的再平衡包括对股票、公司债券和房地产等资产的更高需求。在2008年金融危机后的美国，现金专门大量涌入高收益公司债券，导致公司债务膨胀，进而形成了一批僵尸企业，这些企业可能只能付得起其未偿债务的利息。因此，假设量化宽松政策可以重新刺激金融市场投机。量化宽松政策不会自动实现更高的实际经济增长，但它确实会加速股票和其他资产价格的上涨，并且通常在经济衰退时期作为投机性资本的货币激励体系发挥作用，投机性资本利用流入的资金从事风险越来越高的业务。然而，商业银行也不想向央行出售任何证券，因为它们目前没有资金需求。此外，央行很难控制商业银行的信贷创造、非银行机构的信贷需求、市场利率，以及商业银行的货币储备。在疫情暴发之前，许多央行都结束了量化宽松计划。但由于疫情期间的限制和封控，私人投资者对资金需求增加，这些央行很快在2020年重新启动量化宽松计划，并出售安全的政府债券。

央行将维持低利率作为一种（失败的）刺激经济增长的尝试，迫使企业和家庭承担更多债务。这就造成了债务陷阱和日益加剧的不稳定性。由于可以获得有利的融资条件，我们现在还可以看到一大批僵尸企业。这些企业会形成过剩产能，从而造成通货紧缩压力。特别是在新冠疫情期间，成千上万家小公司几乎破产，靠廉价信贷维持业务，但即使它们能够以低利率获得贷款,也无法开始大规模投资。这些僵尸企业的数量与日俱增。2020年,超过200家美国大型公司被判定为僵尸企业,债务为1.36万亿美元。银行通过发放被称为"常青贷款"的廉价贷款,来支持那些几乎没有机会进入市场的公司。例如,德意志银行的分析师抱怨称,欧洲央行的货币政策"为信用评级最低的借款人带来了不成比例的好处",并阻止了创造性破坏的过程。2020年,在疫情期间,除了大科技公司、大金融公司和现在的大医药公司外,企业盈利能力和利润急剧下降。工资也随之下降。这些结果是通货紧缩的最初表现[①](低央行利率通常会降低国家预算惩戒,导致资产膨胀,无利可图的企业和僵

---

① 过去30年的严重通缩冲击主要是由于优越的人口趋势,以及中国和东欧加入全球经济体系导致的全球劳动力供给大幅增加。中国以及亚洲和东欧其他经济体的城市化,外加数百万低工资工人融入全球经济体系,压低了全球市场价格。发达国家的固定资本投资有所下降。这些国家的国内需求也有所减弱,同时全球供给有所增加。这种组合对通货膨胀施加下行压力,从而对名义利率和实际利率施加下行压力。

今天,全球不确定会发生通货膨胀还是通货紧缩。如果日益增长的老龄化具有通货膨胀效应(退休人员不是生产者,而是消费者),那么较高的通货膨胀也可能是由央行越来越多地资助的高额政府赤字造成的。前财政部部长拉里·萨默斯(Larry Summers)和前国际货币基金组织首席经济学家奥利维尔·布兰查德(Olivier Blanchard)都曾警告称,美国国会推出的19亿美元一揽子支出计划,加上去年的9000亿美元刺激计划,有可能引发通货膨胀。货币通货膨胀首先出现在货币和资本市场,例如会导致股票市场的繁荣。工业品价格暂时仍停滞不前,同时股价上涨,利率下降。资本价格的上涨超过了实际资本价格的上涨幅度,并且没有伴随着工业品价格的下跌,这可能已经发出通胀风险信号。相反,大多数主流经济学家表示,如果债务水平上升也没关系,因为现在利率确实很低,并且随着经济复苏,政府收入将增加,紧急支出将暂停,所有参与者都可以控制偿债成本。但是,即使利率发生轻微变化,未来净利率在经济中所占份额的变动也会更加剧烈。政府的平均还款期限现在正在缩短,因此政府可能很快就会进入债务扩张领域,以支付成本和偿还现有债务。

宽松的货币政策组合有助于积累消费者因疫情而无法支出的储蓄,失业率的日益下降也可能导致通胀压力上升。当前的通胀压力也可能源于短期供给的限制,这在重启暂时低迷的经济时是不可避免的,但会有足够的产能重新支撑供给。目前,我们至少看到一些商品的价格大幅上涨,这是全球贸易供应链因封控部分走向崩溃和回报缓慢的结果。

尸银行长期生存，最终导致储户不满①）。

在新冠疫情期间，英格兰银行直接购买了政府债券。2020 年，各国央行迅速发放紧急贷款，为私人投资者提供短期流动性。美联储启动购买公司债券的 2.3 万亿美元贷款计划。各国央行向全球金融体系注入了约 9 万亿美元的新资金。如今，各国央行在金融手段方面火力大开。值得注意的是，即使是影子银行系统的参与者（例如，大型投资基金的参与者），现在也可以用收到的央行资金兑换成证券。他们还可以利用央行清算证券，这是以前为商业银行保留的特权。因此，只要对稳定的货币标准有信心，央行就可以创造巨额资金。但这反过来又取决于国民经济的实力，通常取决于资本积累。

2020 年，美联储向持有现金的金融参与者出售政府债券，并向对冲基金和证券交易商提供现金。因此，美联储能够维护作为担保品持有的证券的最低价格，并保证流动性供给的最高价格。美联储以约 1 万亿美元的价格购买美国国债和各种证券，并在回购交易中充当货币和资本市场上债权人和借款人的对应方。它还通过公开市场业务拓展来增加流动性供给。美联储还为影子银行系统重启了隔夜回购便利工具（该工具在 2008 年经济危机后几年结束）。通过回购市场对冲操作（在这里，政府债券是基本工具），担保品不应失去额外的价值，同时应节约流通中的货币量。回购交易在过去几年中大幅增长，并被赋予新的意义。

---

① 自 2015 年以来，欧洲央行已将私人银行存款利率下调至 –0.4%，关键利率下调至零，并启动了一项每月 800 亿欧元的大规模债券购买计划，随后将规模降为每月 600 亿欧元。在二级市场上，欧洲央行可以无限制地购买正在参与 EMSF 和 ESM 的欧盟国家的政府债券。然而迄今为止，通货膨胀的强劲增长和较高的企业增长率都没有实现。随着超高的市盈率（公司市值与 GDP 的比率）和托宾 Q 值（公司的资产市值）的进一步增长，股票市场价格进一步暴涨。由于日本、中国以及亚洲和欧洲部分地区央行的低利率政策，房地产行业目前也明显过热。此外，必须考虑到低利率政策对储蓄者、养老金计划和人寿保险公司造成的负面后果。

回购在这种情况下意味着商业银行向央行出售证券,并在一段时间(通常是短期)后回购证券,因此,商业银行在一段时间内拥有额外的现金。相关回购的利息金额是指证券的销售价格与回购价格之间的差额,这两个价格都由央行设定(cf. Binswanger 2015: Kindle-Edition: 759f.)。因此,回购协议是以一定价格卖出证券,并约定于一段时间后以约定的价格再购回该证券的交易协议。借款人必须支付证券的风险溢价,这取决于债券质量。回购协议包括按面值进行交易的承诺。在经济危机时期,回购利率、风险溢价和追加保证金增加,回购交易会付出很高的代价。

在欧洲,回购市场旨在连接货币区的各种证券市场,并促进欧洲央行的货币政策决策。欧洲央行每天结算的回购交易金额对央行可用资金的数额有影响。因此,欧洲国内金融市场的确立保持了一定的灵活性,其中证券和外汇在这里进行交易。回购市场为私人和政府金融机构提供了广泛的投资和金融机会。回购交易对担保品的高度需求使政府能够将其债券投放到金融市场上。反过来,央行将回购市场作为其货币政策的工具。

通过在2008年和2020年经济危机之前颁布的官方政策,美联储承担了短期流动性风险,但未必承担了银行破产风险。商业银行部门的流动性风险是通过支付承诺产生金融流动性而产生的。央行在这一框架内采取行动,并在必要时提供流动性。仅仅关注流动性风险已不足以让影子银行系统在经济危机期间稳定流动性。2013年,政府债券隔夜逆回购便利工具已经转变为银行和影子银行的永久性便利工具。因此,银行对安全政府债券的需求得到了满足,而对央行资金的需求还没有借助永久性便利工具得到满足。当银行对金融机构的流动性和偿付能力产生分歧时,金融体系就会变得不稳定。如果证券价格在特定时期内过度下跌,并对回购交易产生负面影响(回购利率上升),则影子银行系统中的机构没有足够的资金来偿还债务。通常,这些资金通过私人银行提供,而银行之间的竞争使回购利率保持在较低水平。甚至可能发生的情况是,美联储持有足够的证券,尽管大银行也有足够的准备金,但是不愿意放贷（比如 2019 年底）。回购交易的重要性正在增加。当美联储卖出一小部分证券（以减少其余额），但没有继续实施回购交易时，2019 年 9 月份回购利率大幅上升，这反映出影子银行系统中的私人金融参与者对流动性的短期需求增加。这表明现在有必要再次让影子银行系统不仅能够获得安全的证券，而且能够获得货币基金。一场新的危机使回购市场遭受冲击，隔夜交易的回购利率急剧上升到一个即使是在 2008 年经济危机期间都没有达到的水平，当时的市场几近崩溃。当回购利率达到 10% 时，美联储不得不设定一个上限，并被迫向商业银行和影子银行重启回购便利工具。这些措施也对于在新冠疫情期间稳定金融体系至关重要。为了防止回购市场崩溃，美联储每天向货币市场额外注资 750 亿美元，一段时间后，局势终于缓和。

央行现在必须通过发行购买承诺（而不是支付承诺）来创造市场流动性，进而对破产风险加以防范。央行现在通过买卖资产在金融市场上扮演着交易商的角色，进而通过创造货币来遏制下行趋势。央行为回购交易中的金融参与者创造买卖价差（即金融产品的买卖价差），以对冲交易框架。不确定性应重新转化为可测算的风险。回购基金的价格现在越来越取决于基于市场不断波动的担保品估值（而不是通过利率政策来确定）。这是通过回购交易在影子银行系统中进行的，回购交易的目的是稳定私人银行的关键利率政策。因此，对于央行和国家政策来说，资本的逻辑仍然会被接受；尽管没有制定硬性法规，但在经济危机时期，央行必须调整这一逻辑。货币资本的流通现在甚至越来越受到央行的保护。我们可以在这里看到以自由放任为核心的新自由主义的新设框架。

量化宽松政策仍然以通过交换政府债券提供流动性为导向，而央行必须以做市商的角色在货币和资本市场上进一步直接干预危机，进而保证几乎所有证券的供求。此前，纾困、紧急流动性援助和存款保险被用来保护国家银行业。另一方面，影子银行系统只有自己的私人安全机制，这通常被认为已经足够。但在影子银行系统中最重要的经纪人之一雷曼兄弟（Lehman

Brothers）倒台之后，以及在 2008 年经济危机期间，美联储为影子银行系统创造了额外的担保品结构和新型工具，以便获得资金和政府债券。

央行现在可能已经强化了其作为中央流通点的地位，同时仍然首先保证虚拟和投机资本的流通。例如，衍生品价格在市场上波动，不是固定不变的，但可接受的框架只能由央行设定。这项政策确保即使在危机模式下也能保证资本的逻辑。金融体系的稳定现在也离不开整个银行体系中的证券，为此，必须有一个流动性的证券抵押品市场，而这反过来又需要一个正常运转的回购市场。影子银行在提供流动性方面正变得越来越重要，而央行正越来越多地履行保障流动性的职能。在这里，私人资本和央行都获得了更强大的权力关系。

早在 2008 年，美联储为恢复市场流动性就扮演了做市商和经纪交易商的角色。美联储提供贷款或用短期国库券交换所有可用证券，而不管其信贷质量如何。如今，央行通过一种隐性担保对证券交易进行套期保值，这相当于看跌期权，其中资产的看跌期权价格不能低于一定水平。美联储通过在货币和资本市场上为贷款人和借款人建立新的便利工具，充当了一个交易对手的角色。它购买了大量的抵押贷款支持证券，为影子银行系统提供流动性和抵押品。这有助于重启证券化市场和支持货币市场基金。美联储自身的回购交易也有助于这一私人部门复苏。因此，部分货币市场被纳入美联储的资产负债表。早在 2009 年，商业银行的准备金就已经饱和，这导致央行积极的（回购交易）货币政策难以执行，央行由此进一步失去了对商业银行货币创造的影响。此外，央行继续向商业银行发放廉价贷款，后者用这些贷款来购买高息证券或以高息向私人部门发放贷款，使它们能够对公司进行资产重组，并理顺公司的资产负债表。同时，根据《巴塞尔协议 III》，购买政府债券不必有权益资本支持。2020 年，疫情蔓延使情况再次发生变化。

根据互换额度（货币互换协议），早在 2008 年，美联储就向其他大型央行提供临时互惠货币安排，以保证美元的流动性。美联储同意保持美元供给，以指定汇率与另一家央行进行交易。作为回报，美联储获得了利率溢价，因此只有在市场缺乏流动性时才使用互换额度。其他央行从美联储获得的美元额度被转给流动性不足的国内银行（这些银行还必须承担互换额度的成本）。2008年10月3日，美联储允许欧洲央行、英格兰银行、日本银行和瑞士国家银行获得无限制的美元流动性。3年内，互换便利工具下的展延信贷额增长至惊人的10万亿美元（cf. Tooze 2018: 252）。2020年，由于收入不足，许多公司难以偿还其美元债务，美联储甚至将其现有的货币互换额度扩大到先前的参与央行，以确保美元的流动性。美联储使外国央行暂时有机会使用其美国国债与美联储达成回购交易，这使美联储再次成为全世界的央行。

近年来，央行的长期再融资交易量和资产负债表总额均有所增加，其购买交易部分用劣质抵押品作担保。银行将滞销证券存放在由国家成立的坏账银行，并启动大规模债券购买计划。随着私人银行资产负债表中不良资产和信贷的清理，这些银行的状况再次得到改善。但并非所有银行都使用美联储的便利工具，因为它们在金融市场上的信誉会受到影响。在2008年金融危机期间，大量烂透的抵押贷款支持证券（MSB）被存放在央行。央行资产负债表反映的通货膨胀主要是由拯救现有金融体系的措施推动的，而央行资产的质量却显著恶化。[①] 尽管与GDP相比，央行资产并未达到创历史纪录的水平，但央行发行货币（现金和准备金）的担保标准从未如此不稳定。过去，央行货币最初以黄金作为支撑，后来以有担保债务（政府债券）作为支撑，但今天甚至没有以有担保债务作为支撑，因为央行资产包括风险股票、抵押贷款和商业银行的非流通信贷债权。

如果债务超出了企业、国家和家庭的长期偿还能力，那么债务始终是一

---

① 2007年至2012年间，美联储将其资产负债表总额从9000亿美元增至3.0万亿美元（Stelter 2013: Kindle-Edition: 2465）。

个问题。[1]因此，如果人们想在这一点上效仿凯恩斯，则商业银行应该保持足够低的实际利率，以支持持续还款。无论还款来源是来自收入、利润还是税收，并且还应该对贷款进行政治控制，因为过高的（实际）利率会导致工作强化和工作时间的延长，从而导致利润率和税负压力过大。尽管央行实行低利率政策，货币和货币资本供给过剩，但私人银行的实际利率在过去几十年中并没有像主流经济学所构想的那样下降，反而有所上升。央行和商业银行的利率不必保持同步。只有少数机构可以从欧洲央行以零利率借款，而商业银行则制定自己的贷款利率。它们总是评估债务人的风险，计算它们的回报，并在贷款时遵守竞争对手的政策。还需要注意的是，债务人确实有权影响货币供给和货币政策。

让我们总结一下：在取代黄金的货币体系中，法定货币是在商业银行与央行之间的信贷关系中创造的。央行在向代表支付请求权的商业银行发放贷款时获得虚拟资本。自2008年金融危机以来，这种关系发生了变化。以稳定为导向的货币政策（根据该政策，商业银行只能凭一级抵押品出借央行资金）已被普遍摒弃：如今，货币贬值概率很高的虚拟资本代替一级货币债权在央行累积。事实上，央行为提供额外准备金从商业银行甚至影子银行购买什么已不再重要。这看起来对未来经济增长抱有希望就足够了，这样在某个时候债务可能会得到偿还。

---

[1] 私人银行向借款人发放贷款时会创造存款，但不会创造利息，因此系统中的未偿债务总是比潜在的待偿还债务多。解决这一结构性缺口的唯一方式至少暂时包括通过机构进一步发放比发放给早期机构的贷款的到期时间更长的贷款。未偿债务的这一结构性特征长期加剧了对更大收益率差异的竞争，因此债务可以首先得到偿还。

此外，市场上商品和服务的总价格与可用购买力之间可能存在差异，这反过来确保在经济不陷入衰退的情况下，扩大贷款成为必要选择。这进而加强了商业银行的权力，因为政府、大多数企业和家庭没有信贷就难以生存。

第三个层面涉及世界经济的增长率，这对于偿还未偿债务，或至少维持以债务为基础的资金流是必要的。

关于央行的低利率政策，其支持者认为这将鼓励企业和消费者借贷。在2008年金融危机之后，这种情况显然没有发生。相反，该政策增加了对衍生品、证券、股票、房地产等的需求，同时也推高了资产价格。众所周知，自2008年全球金融危机以来，美联储和其他央行注入的巨额信贷资金并没有导致任何主要经济体的消费价格上涨，反而导致了金融资产价格上涨。在美联储和其他央行的慷慨援助下，银行和金融机构并没有过度转贷这些资金（要么是因为大公司不需要贷款，要么是因为小公司贷款风险太大）。相反，公司和银行更多地在股票、衍生品和债券市场投机，面对低利率环境，借入更多资金，支付更多的股东股息，并通过回购自己的股票来提振股价。

低利率通常会扭转储蓄与债务激励之间的关系：那些存钱的人得到的钱很少。例如，那些通过贷款进行投机的人可以获得"廉价资金"，至少可以选择高回报的投资（Stelter 2013: Kindle-Edition: 834）。[1] 正如我们已经看到的那样，利率与证券价格呈反向变动关系。低利率政策导致的资产价格上涨使那些已经拥有足够资产的人变得更富有，因此这些政策倾向于那些将资产投资于证券、股票、房地产和衍生品的人。这反过来也有利于金融业，因为金融业不仅通过交易资产来收取费用、奖金和佣金，还可以创造信贷并实现回报。[2]

当然，还必须考虑到商业银行零利率政策的负面影响，因为它减少了借

---

[1] 美国的储蓄率从20世纪80年代初的11%下降到2015年的1%。借入资本主要用于投机，甚至用于消费。

[2] 2015年，欧元区发行的大多数长期企业贷款用于购买现有房地产、证券和衍生品（2.4万亿欧元）（Häring 2016: Kindle-Edition; 144）。抵押贷款总额达3.9万亿欧元，消费贷款总额达1.2万亿欧元，私人家庭负债累累，其中1.2万亿欧元流向其他金融机构；2万亿欧元贷款流向欧元区以外的国家，1.1万亿欧元贷款流向其他使用欧元的外籍人士（ibid.）。关于抵押贷款，可以说，随着房地产价格的上涨，私房屋主的资产也在上涨，这反过来又成为新贷款（例如，消费贷款）的抵押品。央行的低利率政策尤其有助于增强原材料和资本市场，而货币流通速度会下降。这些都是通货紧缩的过程。

贷利率与存款利率之间的利差。此外，商业银行如今必须向欧洲央行支付资金存放费。由于欧洲央行购买了被认为稳定的政府债券，利率也在下降，尤其是德国政府债券。因此，对于 80% 的德国政府债券来说，国家不再向商业银行支付利息。为了获得政府债券，商业银行反而需要支付一定的费用。[①]

反过来，由于过度积累危机，工业企业不得不应对低利润率和有效需求不足的现状。当企业利润再次上升时，由于利率较低，它们通常会购买本公司足够的股票以提升股价。只有当未来投资的利润率预计会增长且需求预计会同时上升时，才能进行新的生产投资。

在短期内，美联储开始提高关键利率，可能是为了在下一次危机中再次降低利率。其出台的措施涉及短期利率、央行资产负债表的变化（政府债券的出售），以及调整度量。如果央行提高短期利率，其他用于投资和投机的借款利率也可能上升。

这种为在货币政策中重新获得一些回旋空间的努力可能是货币政策的一个因素，尽管这反过来会对金融市场和实体经济产生负面影响。如果央行终止低利率政策，实际利率也将进一步上升，很多工业企业、家庭和国家，包括一些工业化国家，可能会破产。此外，国家不能任意举债，因为它在二级市场上不断接受评估。即使取消债务也不能解决问题。例如，欧洲央行通过购买政府和公司债券来增加私人银行的流动性，以推动其创造信贷的能力，从而创造银行存款。即使债券被注销，这笔钱仍在流通。目前，各国央行再次停止加息。

---

① 2008 年金融危机后，德国尤其受益于更多虚拟资本的产生。因为中国或巴西等国在全球流动的虚拟资本的帮助下进行了大规模投资，其所需资本品的订单中有相当一部分流向了德国企业。由于德国资本市场没有受到以往金融危机的严重影响，寻求投资的金融资本也更倾向于德国。此外，德国企业可以相对容易且廉价地获得金融资本，而德国政府可以以实际负利率出售政府债券。受这两个因素驱动，意味着德国国家债务预算仍然低于其他国家，并且在此过程中，政府利息支出也会下降。

目前仍不清楚美联储缩减资产负债表对更为紧缩性的货币政策产生何种意义。与此同时，债务继续增长，特别是由于资产价格急剧上涨，加上债务不断增加，有可能会受到外部冲击。如果这些价格迅速下跌，很可能会导致金融崩溃，或者至少会导致市场崩溃。为此，需要创造更多的资金来应对这一危机。更高的利率还可能导致美元走强，并导致资本从新兴市场流入美国金融市场，使后者更容易发生危机。

参考文献

Binswanger, Mathias (2015) *Geld aus dem Nichts. Wie Banken Wachstum ermöglichen und Krisen verursachen*, Weinheim.

Bourdieu, Pierre (2014) *Über den Staat – Vorlesungen am College de France 1989–1992*, Berlin.

Decker, Peter, Hecker, Konrad and Patrick, Joseph (2016) *Das Finanzkapital*, Munich.

Di Muzio, Tim (2015) *The Plutonomy of the 1%: Dominant Ownership and Conspicuous Consumption in the New Gilded Age*, in: https://journals.sagepub.com/doi/10.1177/0305829814557345.

Gerstenberger, Heide (2017) *Markt und Gewalt. Die Funktionsweise des historischen Kapitalismus*, Münster.

Guattari, Félix (2018) *Planetarischer Kapitalismus*, Berlin.

Häring, Norbert (2016) *Die Abschaffung des Bargelds und die Folgen. Der Weg in die totale Kontrolle*, Cologne.

Huber, Joseph (2021) *Modern Money Theorie – die falsche Verheißung*, in: https://

vollgeld.page/mmt-falsche-verheissung#_ftn3.

ISW-Report (2014) Nr. 97: *Wirtschafts-Nato TTIP STOP!*.

Kallert, Andreas (2017) *Die Bankenrettungen während der Finanzkrise 2000–2009 in Deutschland*, Münster.

Krüger, Stephan (2015) *Entwicklung des deutschen Kapitalismus 1950–2013. Beschäftigung, Zyklus, Mehrwert, Kredit, Weltmarkt*, Hamburg.

Lazzarato, Maurizio (2021) *Capital Hates Everyone. Fascism or Revolution*, Cambridge.

Leibiger, Jürgen (2016) *Wirtschaftswachstum. Mechanismen, Widersprüche und Grenzen*, Cologne

Lohoff, Ernst and Trenkle, Norbert (2012) *Die große Entwertung. Warum Spekulation und Staatsverschuldung nicht die Ursache der Krise sind*, Münster.

Mau, Steffen (2017) *Das metrische Wir. Über die Quantifizierung des Sozialen*, Berlin.

Mazzucato, Mariana (2014) *Das Kapital des Staates. Eine andere Geschichte von Innovation und Wachstum*, München.

Meister, Robert (2021) *Justice Is an Option: A Democratic Theory of Finance for the Twenty-First Century*, Chicago.

Milios, John (2018) *The Origins of Capitalism as a Social System: The Prevalence of an Aleatory Encounter*, London.

Pistor, Katharina (2020) *The Code of Capital: How the Law Creates Wealth and Inequality*, Princeton.

Porcaro, Mimmo (2015) *Tendenzen des Sozialismus im 21. Jahrhundert: Beiträge zur kritischen Transformationsforschung 4*, Hamburg.

Poulantzas, Nicos (2001) *State, Power, Socialism*, London.

Robinson, William I. (2020) *The Global Police State*, London.

Sahr, Aaron (2017) *Das Versprechen des Geldes. Eine Praxistheorie des Kredits*, Hamburg.

Schreyer, Paul (2016) *Wer regiert das Geld? Banken, Banken, Demokratie und Täuschung*, Frankfurt/M.

Stelter, Daniel (2013) *Die Billionen-Schuldenbombe. Wie die Krise began und warum sie noch lange nicht zu Ende ist*, Weinheim.

Szepanski, Achim (2016) *Der Non-Marxismus – Finance, Maschinen, Dividuum*, Hamburg.

Szepanski, Achim (2018) *Imperialismus, Staatsfaschisierung und die Kriegsmaschinen des Kapitals*, Hamburg.

Tooze, Adam (2018) *Crashed: Wie zehn Jahre Finanzkrise die Welt verändert haben*, Munich.

Varoufakis, Yanis (2011) *The Global Minotaur: America, The True Origins of the Financial Crisis and the Future of the Global Economy*, London.

Vogl, Joseph (2017) *The Ascendency of Finance*, Cambridge.

Weber, Beat (2015) *Geldreform als Weg aus der Krise? Ein kritischer Überblick auf Bitcoin, Regionalgeld, Vollgeld und die Modern Money Theory*, in: *Prokla 179. Illusion und Macht des Geldes*: 217–237.

Wiegand, Felix (2013) *David Harveys urbane Politische Ökonomie. Ausgrabungen der Zukunft marxistischer Stadtforschung*, Münster.

Wray, Randall l. (2000) *Modern Money Theory: A Primer on Macroeconomics for Sovereign Monetary Systems*, New York.

第9章

资本与全球市场

9.1 引言

虽然国内市场与全球市场之间有着重要的相似之处,但前者并不仅仅是后者的一个子范畴。在对全球市场进行周密的分析时,必须始终将全球市场与国民经济联系在一起,这表明全球市场不仅仅是国家和企业的集合体。它是一个复杂的结构,一个由国际关系、商品和货币资本流及基于不同民族国家和不同资本权力体系的货币因果联系构成的国际关系链。虽然全球市场的复杂结构展现出一定的自主权,但缺乏一个统一的经济结构。世界经济不仅仅是其国家组成部分的总和,它本身是一种分层次差异化结构。在这种结构中,当今主要帝国主义国家的企业资本输出增长具备一定的支撑,资本流通和金融业的空间有所扩大,在复杂的信息传输网络框架内,主导国家与从属国之间建立了复杂的关系。此外,通过将周边国家发展成市场或低成本生产基地,扩大了国际信贷关系,形成了跨国公司,扩大了衍生品的国际贸易规模,周边国家通过资本主义中心国家的发展动态逐渐融入资本主义世界经济。此外,还存在一个由跨国组织和超国家组织组成的松散网络,这些组织与民族国家密切合作,以获得资本跨国积累的条件。这是一个制度网络,其中的民族国家不会消失，因为它们必须为全球资本积累创造条件，而且它们不能失去作为一个国家的政治合法性。

自20世纪70年代以来，金融市场扩张以及美国、西欧和日本向周边国家大规模输出资本，有助于这些发达资本主义国家实现部分非工业化和获得廉价消费品输入，并使得周边国家实现出口导向工业化。特别是中国通过其出口导向型增长模式产生的外汇储备，流入了美国政府债券和其他金融资产，从而使金融市场扩张不断深化。全球南方国家及其增长型战略仍然依赖于外国资本的持续流入和外国销售市场。如果资本退出或对原材料或消费品的需求下降，这些国家将面临经济问题，因为这些刺激内需以避开外国市场的战略只能在长期内奏效。中国和其他新兴经济体目前无法欣然接受新自由主义战略的衰落，因为它们在经济上已融入新自由主义世界秩序。今天，全球市场早已形成。然而，中国加入世贸组织是到目前为止世界一体化的最后一步。

国际分工的深化以及国家和企业在经济层面的一体化始终需要相应的政治监管。民族国家仍然是一个重要的监管机构，但随着资本的日益国际化，跨国国际监管机构正在被建立，同时政府之间也在达成非正式协议。应注意的是，这里正在经历与议会民主制仍然相关的政治进程的转变，通过这些进程形成了基本上已经逃避民主控制的超国家机构和专家主导的机构，比如世界贸易组织（WTO）、国际货币基金组织、世界银行、欧盟和欧洲中央银行。因此，周期性利润变动，特别是平均利润率的产生和利润率下降的趋势及其反趋势，不再单独在国民经济层面上讨论。无论如何，国际资本和价格变动不会导致全球市场利润率的平均化。相反，各国在生产率和利润率发展方面的差异在全球市场上以特定的方式发生变化。

金融体系是世界经济中的一个重要经济因素，其中不同领域、行业和国家的企业（作为竞争对手）交织在一个层级性组织网络中。全球金融市场已分化为复杂的多维系统，该系统不仅包括货币、债券、股票或外汇市场，还包括资本和衍生品市场以及所有类型的抵押品市场（cf. Sotiropoulos, Milios and Lapatsioras 2013: 118ff.）。国际金融体系的一个新的重要特征是影子银行系统的迅速发展。同时，必须考虑到，自1933年《格拉斯—斯蒂格尔法案》废除以来，所有商业银行不再将商业银行和投资银行的业务分离。

从所有这些观点来看，金融体系现在在国际层面，或者更确切地说是在跨国层面上实现了以下目标[①]：（1）克服国民属地化和国民限制造成的边界障碍和摩擦；（2）向外国企业开放国民经济；（3）摆脱低效的传统工业生产模式，通过融入全球供应链使传统工业生产现在变得"更轻松"；（4）促进国际竞争（ibid.）。国际金融体系的作用是稳定和加强大型企业和帝国主义国家在世界体系中的主导地位，反之，一国在全球市场上的地位，以及该国货币在国际贸易中的使用和军事力量的壮大可以在国际层面上使该国企业更有能力增强其实力和控制经济资源。

只有极少数国家拥有国际化运作的银行和金融体系。这些国家必定拥有发达的对外贸易和广泛的国际投资业务，这意味着它们与其他国家建立了密切的金融经济关系。

9.1.1 商品出口

目前，全球市场进出口量仅略有增长。2015年，全球出口增长1.4%，进口增长1.6%（UNCTAD, Trade and Development Report 2016: 5）。

在全球市场上，不同国家货币的存在反映在没有单一的国际货币。虽然在国家层面上，商品价格是以国家货币单位表示的，但在国际层面上正在发

[①] 威廉·罗宾逊认为，1945年至1973年间，世界经济仍然呈现国际化趋势（大型企业在国家地域内经营），而从1973年起，在谈到跨国经济时，国家地域不再是资本的划分依据，而是资本的一个复杂化因素。罗宾逊认为，世界经济在向全球经济转变。在世界经济阶段，国家和地区通过国际市场上的贸易和金融流相互联系在一起；而在新的全球经济中，国家通过生产过程、金融和资本积累循环的跨国化而准有机性地相互联系在一起（Robinson 2020）。

生决定性的转变：一国在国际市场上出口或流通的商品的价格必须从本国货币转换为外币。由于在国际层面上缺乏一个一般货币等价物，因此需要在不同国家的货币之间建立受监管的汇率关系。在理想情况下，这些汇率关系展现了各种国家资本及其国家在国际竞争中真实的经济实力地位。各国产生的贸易逆差或顺差和收支余额使某些汇率调整程序（一国货币的升值和贬值）成为必要，并且应该调整各国在国际生产力规模上的经济实力地位与其货币的国际地位之间的相关性（但通常由于结构性原因无法做到这一点）。自20世纪90年代以来，国际金融体系的演变方式是，以美元计价的资产越来越多，从而积累了更多的资本，并为长期国际收支逆差和顺差提供资金。因此，空间生产下的全球化依赖于金融体系的跨国化和资本的自由流动。同时，福利国家产生的通货膨胀必须保持在较低水平，而央行则向金融市场注入足够的资金，以保证流动性，从而保证证券交易的安全。

为了在全球市场中生存，各国必须至少通过让本国货币具有可兑换性，使本国货币摆脱其有限的本地有效性。这里的可兑换性仅仅意味着各国确认其货币与国家法定货币和一般货币等价物的相同性，从而确立了金融资本所需的安全性，以便通过本国货币的兑换功能对国际资本流动加以利用（cf. Decker et al., 2016: 116f.）。通过实现本国货币的可兑换性，各国在相互信任和相互履行义务的基础上建立了一种关系，但该关系不会消除它们之间的竞争关系。各国一方面申明，资本关系决定了国家层面上的各种经济形态；另一方面，各国的支付手段代表着抽象的资本财富，在法律上被视为本国唯一的一般等价物（ibid.: 120）。因此，各国不接受本国境内的外国货币成为有效货币或一般等价物；相反，它们也不声称本国货币为本国境外的一般等价物。然而，通过货币兑换，各国支付手段可以作为利用外汇、市场和资源的一种手段，超越国界发挥作用。

国内央行通过充当本币兑换外币（反之亦然）的流动性准备金，确认其本国支付手段作为跨境有效货币的有效性。这也保证了外币的货币质量，即央行接受在他国被视为主权货币的货币为有效货币，进而证明外币与其本国货币的相似性；它还接受和提供外汇作为回报，这证实了本国货币在境外的质量和有效性。负责统计外汇盈余的央行通常将这些盈余投资于帝国主义国家发行的接近流动性的债券。因此，德国联邦银行将其盈余主要投资于美国财政部的固定利率证券（ibid.: 144）。通过这种方式，央行确认了所兑换货币的货币质量，但它们绝不保证货币数量相等，因为这些货币受制于金融市场不断波动的可调控汇率。可以用作国际清偿的外币是可以随时变动规模的。货币的特殊性质代表了国家资本积累的生产力和盈利能力，与帝国主义国家的实力相对应，而帝国主义国家的实力长期被国际金融市场评估。帝国主义国家将本国货币的估值交给金融资本和金融市场，并假定其支付手段被赋予了经济上的正确性，它代表着对国家有利的外部价值。

20 世纪 70 年代，克劳斯·布希（Klaus Busch）、克里斯特尔·诺伊聚斯（Christel Neusüss）和克劳迪亚·冯·布劳恩米尔（Claudia von Braunmühl）等一些德国作家使用"全球市场价值法则的修正"（Neusüss 1975: 105ff.）一词，对帝国主义国家之间商品和资本流动的具体模式进行了更详细的研究。在这一背景下，确定了一种平衡全球市场上各国之间不同汇率的机制，特别是在帝国主义国家内部的发达核心国家之间的关系方面，不包括发展中国家。因此，在这一背景下，欠发达国家企业的商品价格由于本国货币贬值而转化为国际市场平均价格。正是由于本币贬值，经济落后国家的出口企业现在可以凭借其更廉价的商品在全球市场上获得新的市场份额，而更昂贵的进口减少了本国外国商品的数量，从而使本国企业在国内的销售额增加。在贸易逆差压力下，欠发达国家被迫让本国货币贬值，同时，本国货币升值导致发达国家的贸易顺差缩小。较发达国家企业的商品价格在全球市场上因本国货币升值而发生变化，并接近国际平均水平。在这一过程中，那些生产率较高的企业的额外利润随着本国货币升值而减少。较发达国家的企业在全球市场上的主导地位现在可能受到欠发达国家当地企业的威胁。欠发达国家某些部门的生产率高于平均水平，正是由于这种汇率机制，它们现在可以在国际贸易中赚取额外利润，甚至在较发达国家也是如此。

事实上，几乎没有证据表明国际货币市场上的货币可以进行这种自发调节，这种自发调节应该通过补偿性汇率变动来实现，这是因为一国经济相对较低的生产率和盈利能力也反映在本国货币的低估值上。相反，与竞争力较弱国家的总资本生产率相比，一国总资本较高的生产率反映在其较高的货币汇率上。较发达国家的大型企业现在毫无例外地融入了全球市场，因此必须通过降低生产成本来提高生产率，这同时会面对不同国家的货币，即货币汇率在一定程度上决定了以本国货币计算的生产价格如何与外国竞争对手的生产价格进行竞争。因此，一国货币汇率对于该国在全球市场上运营的企业来说具有影响企业经营的地位。经济发达国家出口势头强劲的企业通过国际化运营增加了对本国货币的需求，并推高了本国货币汇率，而那些存在出口疲软企业的国家则必须与导致本币汇率下降的外贸逆差进行长期斗争。

货币强势表明一个国家的企业和金融体系具有优越的资本生产率和生产过程质量。因此，国家资本所在地的企业的生产率（其资本并入国家资本总额）也以本国货币的汇率来表示。正如诺伊聚斯等人所描述的那样，欠发达国家企业的低生产率不能单纯通过操纵汇率来消除。相反，本币贬值进一步加重了进口企业的资产负债表负担，只有那些盈利能力高于平均水平的企业才能因本币贬值在全球市场上表现得更好。然而，对于经济发达国家的高生产率企业来说，廉价进口会导致其生产成本降低，而盈利能力低于平均水平的企业的目标是达到在全球市场上取得成功的企业的盈利水平。

因此，汇率变动不能完全消除生产率高和/或单位劳动力成本低的企业的优势。如果具备较高生产率（以贬值之后的外币计量）的强势出口导向型企业的海外销售额下降，这很可能是由于总资本的生产率低和欠发达国家的需求低造成的。这些企业必须确认欠发达国家是否能够完全应对价格上涨。帝国主义国家在全球市场上的成功改变了各国经济之间的竞争条件，而私人银行和其他金融机构则将这些成功转化为汇率的永久性变化。现在对于竞争力强的国家的企业来说，它们能够以更廉价的成本获得世界其他地区的商品供给；而对于竞争力较弱的国家的企业来说，则需要付出更昂贵的代价。

相对稳定的汇率只能在国际市场上实现。归根结底，（全球市场上发达国家的企业之间）生产率和利润率差异的再现对于经济权力中心来说仍然具有决定性意义。因此，国家利润率在国际层面上并不均衡。本币贬值可能会对国家资本产生一定的保护作用，但国际生产率最高的国家的企业有权在国际市场上以低于生产率较低的竞争对手的价格出售其商品。这样它们不仅可以实现额外利润，而且还可以稳步增加其市场份额。这导致生产率较高的国家出现巨额贸易顺差，而生产率较低的国家的贸易逆差则抵消了这一顺差。

是否完全有可能将国际竞争和国内竞争做对比呢？生产率不相同的企业在国内市场上的竞争方式是，资本根据生产率和盈利能力从一个部门流向另一个部门，直到最终确定平均生产价格。这种演变的结果是使所有部门的平均利润率达到理想化水平，这一趋势将朝着消除额外利润和部门内不平等的方向发展，具体通过以下手段来实现：（a）在各部门内部推广更多创新技术；（b）淘汰那些无法使生产技术现代化水平达到平均生产力水平的公司。这种相对无摩擦的理想补偿过程在国际层面上并不存在。①

---

① 传统的国际贸易理论基于大卫·李嘉图提出的两个基本论点：（1）自由贸易受比较成本理论的调节；（2）它使每个国家的国民充分就业。第一个论点指出，如果一个国家出口一部分以低成本生产的商品，并从国外进口同等重量的产品包，那么它就会从国际贸易中受益。从长远来看，进出口贸易额保持平衡，即贸易逆差和顺差总会相互抵消，这同样适用于富国和穷国。当然，从经验上讲，这是完全不可持续的，因为在目前全世界约30亿无产阶级中，有很大一部分人目前处于失业状态（远远超过10亿）。此外，在当今的全球资本主义中，贸易失衡是常态，而非例外。因此，凯恩斯主义者利用寡头垄断、规模经济与差异化需求特性、技术和技术知识，改变了比较成本理论的标准立场。这反过来又为国家干预提供了一定的余地。对于安瓦尔·谢赫来说，资产阶级理论的邪恶本质已经在李嘉图的比较成本理论中得到体现（Shaikh 2016: 507）。

汇率是对作为国际支付手段的货币的经济实力进行评估的结果，这与一国经济的实力有关。衡量一个国家及其企业经济实力的重要指标（通过数值级数和数据获取）包括国家虚拟资本和投机资本的实力，以及一国企业能够实现的资本积累量。国家货币在全球市场上的使用和估值也揭示了一国经济（即国家及其企业）国际实力的政治意义。汇率及其调整在国际证券投资组合管理方面也发挥着重要作用；反过来，考虑到它们产生和监管的风险，允许进一步划分期货交易。

使用不同国家货币结算的贸易导致货币之间的价格差异，这不仅影响货币估值，而且还记载着帝国主义国家的权力关系。因为这些货币在国际金融市场上起着功能性货币的作用，甚至与美元一样，可以作为储备货币。它们不仅代表着将其作为法定货币的国家的信誉度，而且也是全球贸易和信贷的主要货币符号。对于金融资本而言，这些货币本身被视为可以通过国家承诺的货币可兑换功能（按照指定的"价值"）赎回的货币，而其他货币则会相应地变成这些货币的弱势竞争对手，这些货币则被用作现实世界的货币。然而，前者会保持其作为本国唯一法定货币的权利，无论如何都会在本国有用的金融资本中发挥作用。

因此，国际金融交易的首选资金是那些可用于全球金融交易的货币。所有国家的央行也使用这些货币作为其储备货币。金融实力雄厚的货币发行者有权根据需要自行创造国际偿付能力，而这种自由尤其受到此类货币数量的限制，因为原则上每种货币都可以被另一种货币所取代，这意味着其发行者必须为获得国际金融业的支持而竞争。欠发达国家的经济实力往往仅取决于获得由帝国主义国家不断向全球经济提供的财政资源的可能性。

只要汇率可以反映各国平均生产力水平，利润率偏低的企业通常得不到充分的保护，并且有被国际竞争淘汰的危险。如果这些企业想恢复其国际偿付能力，它们必须要么通过提高生产率来降低生产成本，要么依赖于实际工资的降低，要么寄希望于国家和部门保护主义。如果汇率波动能够在一定程度上保护欠发达国家生产率较高的行业,那么欠发达部门仍然相对不受保护。然而,这里所述的变动只影响发达资本主义国家和新兴国家的经济空间。约翰·史密斯(John Smith)指出,约80%的全球贸易(以出口总额衡量)与跨国公司的国际生产网络有关,据联合国贸易和发展会议(UNCTAD)称,约60%的全球贸易由在不同阶段进入用于最终消费的产品和服务生产过程的中间产品及服务贸易组成(Smith 2016)。

这些都不适用于帝国主义国家与发展中国家之间的关系。这些国家只能通过外汇管制、资本管制和银行业国有化等措施,在一定程度上对国家资本积累加以保护。但是,如果发展中国家陷入严重的经济危机,它们不应该完全没有能力与帝国主义国家做生意。因此,帝国主义国家会通过双边货币贷款支持外汇薄弱的国家,以便它们能够继续充当帝国主义国家出口强势企业的出口渠道。随着支付问题的出现,尤其是弱国的破产,损失也威胁到成功国家的商品贸易,以及资本输出国的债权或外国资产损失。维持弱国的偿付能力,拯救甚至恢复它们的信誉度(这可能与对金融市场的贬义性论断背道而驰)符合帝国主义国家的利益,尤其是美国的利益,因为美元仍然在全球金融体系中充当储备货币的角色。无论如何,直接投资额、贸易销售额、外国信贷额和外国资产额最大的国家都会被纳入债务国的经济政策加以考量,决不会把欠发达国家的赤字管理权交给对其负责任的政府。相反,它们准备用财政援助换取国家财产的使用权和经济脆弱发达国家的资本处置权。世界主要经济大国与很多弱国之间保持着严格的等级制权力关系,这些弱国是全球市场上臭名昭著的输家。如果资不抵债的国家无力偿还其对一些国家金融机构的债务,帝国主义国家就会彼此协商债务重新安排和债务削减等措施。最重要的是,这样做是为了确保任何债权国都不会顺利取消债务,也不会从其自身对债务人的信贷援助中获得太多好处。①

9.2 资本输出

发达国家的企业也在通过资本输出来壮大其在全球市场上的经济实力。如今，海外直接投资仍主要由北美、欧洲和日本的企业进行，但中国、俄罗斯、印度和巴西等新兴国家的企业也越来越多地参与其中。主要发达国家的资本输出一方面阻止了国内生产率较低的资本的流失；另一方面，生产率较高的公司通过将货币资本转移到国外，从新的额外利润或超额利润中获益。史密斯认为，超额利润或过度剥削意味着，通过绝对剩余价值和相对剩余价值的扩张，而不是通过将工资降至低于平均劳动力价值的水平，对全球南方劳动者的剥削会更少（Smith 2016: 10）。

对于资本输出企业来说，它通过向国外输出一定数额的资金作为预付资本，并试图使其资本的价值增殖。一方面，相应的交易表明公司有能力在其他国家进行投资；另一方面，它也必须能够考虑到世界各地金融投资者的预期。资本输出有两种形式：一是通过对外直接投资将生产过程转移到国外，但生产过程仍归公司内部所有；二是由公司将部分或全部生产过程外包给独立供应商（"独立"的意思是指牵头公司不拥有任何生产过程，即使它在很多

---

① 虽然政府仍然可以在一定程度上决定国家债务水平，但政府债券的利率是由国际金融市场调控的。如果某些国家及其银行被认为特别容易发生危机，那么资本市场风险就会增加，政府债券利率也会上升。总有一些金融玩家利用所有可用的金融工具推动整个国家的财富贬值，他们押注利率上升、证券价格下跌和货币贬值并从中获利。通过衍生品交易，亏损也可以转变为利润来源。贸易商通过促使企业和国家破产为自身牟利。

方面控制着生产活动)。① 总部仍设在帝国主义国家的跨国公司如今是生产全球化的最强大推动力。因此，它们在低工资国家的生产流程结构有两种基本形式：第一，母公司与其国外子公司之间的"内部"关系；第二，与正式独立的供应商之间的"公平交易"关系。

如今，在很多情况下，只需签署一些法律文件，而不改变工作条件或劳动过程、投入品价格或产品出售时产生的利润，就可以将与子公司的直接内部关系转变为与独立供应商的业务关系（ibid.）。西方公司也可以购买机器，并以机器作为对新兴市场中安装机器的当地公司的出资。当地公司可以使用机器作为抵押品，获得当地银行贷款，并有机会将资金转移出该国。② 然而，这并不是金融优先权改变生产关系的唯一方式，例如，当考虑将转移的利润再投资于金融资产时。

通过资本输出，帝国主义国家凭借其在另一个国家的主要民族公司的经济实力进一步增强了自身实力。通过引进资本，后者认同外国公司在本国的经济实力没有重大问题。这一方面不仅关系到国家的政治主权，因为它们在自己的领土上总是被理解为首都所在地和转移点，即经济权威。资本进出口会导致各国国际收支的相应变动、外汇总额的变化，并需要对负债做出某些规定。如果将在国外赚取的利润转换为本国货币，国内资本的经济实力就会

---

① 史密斯描述了四种类型的直接投资：(a)追求效率型投资，这意味着成本降低，尤其是劳动力成本降低；(b)以市场为基础的投资，它主要在帝国主义国家之间进行，并促使生产地靠近消费者；(c)采掘（化石）行业的资源寻求型直接投资；(d)基于技术转让的直接投资，它几乎完全是帝国主义国家之间的投资（Smith 2016: 70）。

② 史密斯总结，工业品的南北出口与其说是一种贸易，不如说是一种生产全球化的表现。反过来，这不仅是机器和其他生产手段的技术改造，而且是一种社会关系的发展，即资本与劳动力之间关系的发展。公司之间的跨国竞争以增加利润、市场份额和股东价值为目的，呈周期性波动。新自由主义生产全球化的一个重要特征是生产过程各个部分和环节的外包、生产碎片化以及全球供应链被物流手段分裂。因此，成品原料南北贸易作为帝国主义职能的旧观念已经过时（Smith 2016: 267）。

增强，这自然会加强本国货币作为国际支付手段的有效性（在资本外逃的情况下有所不同）。通过资本进口，一个国家自身的外汇存量增加，并根据其在全球市场上的实力，用于进一步的业务或外国贷款，以产生更多的外币债务。

然而，还必须强调的是，今天在全球范围内存在着一个霸权资本派系，即那些推动全球经济的跨国公司和金融公司。这些公司通过跨越国界的网络将市场国际化。尽管它们的总部仍设在原来的国家，但它们基本上在这些国家之外运营。跨国资本将世界各国工具化，但各国都依赖于跨国资本的循环。在这方面，各国必须为这种资本积累提供积极的条件，即创造积极的盈利气氛，并为服务于资本的无产阶级制定压制性（和象征性）规则。

在资本输出由贷款提供资金的情况下，资本输入国不仅转变为外国产业资本的投资地盘，而且也成为金融资本的投资地盘。通过信贷，金融资本为跨国经营企业提供了更多机会，使其能够在国外获得劳动力、生产资料和资源，从而为其自身在全球市场上创造投资机会。已经参与和组织外汇交易的金融资本现在也声称其他国家的经济是一种经济资源和承受者。因此，金融资本不仅可以调节商品贸易并为贸易提供资金，而且还可以为资本输入和输出提供资金；它借助全球市场上所有的功能性浮动货币，成为货币资本的贷款人和借款人。金融资本可以输入和输出货币资本，在全球范围内参与证券和衍生品交易，并将资金转移到国外同时获得回报，从而将全球市场打造成一个特定的金融空间。大型银行和其他金融机构在这个空间中决定使用哪种货币来创造和交易货币资本，无论是信贷资本、虚拟资本还是投机资本。换言之，货币现在不仅参与商品供求关系（这会导致汇率浮动），而且还被赋予支持金融资本进一步扩张的功能。国内银行已经开始利用信贷创造来获取未来财富，目前正通过为资本输出提供资金，将信贷扩展到国外。

通过资本输出，外国公司参与资本增长过程并积累海外财富，同时本国货币作为国际公认的世界货币的地位通过对外投资得到加强。在资本输出方面，公司不仅可以利用外国资源和劳动力来获利，而且还可以帮助这个帝国主义国家增加其外国财富。随着资本输入,尽管发达经济体及其帝国主义政府参与了资本投资,但资本仍然由外国资本输出公司支配。对于帝国主义国家来说,资本输入提升了其偿付能力,从而增加了本国资本主义发展的潜力。由于资本输入仍然依赖于输入国的国家主权,因此往往受到战略政治考虑的影响,有时出于安全政策考虑,禁止对某些部门和行业进行有目的的对外投资。公司之间以及公司与其全球客户之间维持的跨境商业关系在一定程度上也是国家的政治事务,因此公司必须在资本主义商业和金融交易中承担其他国家无法轻易忽视或无法通过法律推翻的责任。与此同时,国际金融市场正在转变成一个准超国家机构。在这里,不仅需要不断地对参与全球市场的公司进行评估和监管,而且还会一直提供关于资本所在地国家经济潜力的信息。如果帝国主义国家的国债作为政府债券在国际范围内广泛交易,那么其功能将与货币资本一样出色,而人们对本国货币的需求也随之增加。

  国家没有责任让国内出口行业的所有公司都变得强大。相反,只有那些盈利能力在国际上可与生产率较高的外国公司进行竞争的公司才值得国家支持,即那些规模(利润量)和盈利能力(利润率)在国际上可与其他群体进行竞争的特定群体。帝国主义国家围绕公司将每一笔借款和投资转化为累计货币资本的潜力,不断地对公司信誉度进行监测。这需要一种增长政策,一方面为国内资本的积累创造有利条件,另一方面向国际金融市场表明,自己国家的虚拟资本是有利可图的,或者至少是安全的。必须避免过于慷慨的货币和预算政策对经济增长的负面影响,因为这关系到本国货币的价值,即促进国家信贷创造必须关注通货膨胀。评级机构和分析师在金融市场上识别、分析并比较评估任何潜在的经济疲软,尤其是一国的预期经济增长,即发生通货膨胀的可能性以及公司和国家债务水平的上升。这也是通过永久性地固定货币汇率以及公司和国家可以在金融市场上获得贷款的利率来实现的。因此,各国早就不再在预算组织、财政资源的使用和采购方面享有自由,因此需要一种永久性货币政策来影响外汇市场上的国家货币贸易,使本国货币在国际上尽可能顺畅地流通，同时确保其外部价值保持稳定。①

向全球南方国家输出资本表现为针对西方公司实施一系列激励措施，如取消管制或特殊形式的监管，准许其占有廉价原材料，以及在劳动密集型行业使用廉价劳动力。目前全球有130多个国家支持"出口加工区"的发展，这暗示了一个事实，即工业发展分布不均衡，但工业在全球南方国家分布广泛。根据世界银行的说法，出口加工区是一个通常被围起来的专门从事出口制造业的10—300公顷的工业区。它为企业提供了自由贸易的条件和宽松的监管环境（Smith 2016: 288）。我们在这里讨论的是原材料、中间品和资本品的免税进口、灵活的劳动法、长期税收优惠，以及这些地区比该国其他地区更发达的基础设施。发达资本主义国家的企业仍在转移部分生产，尤其是向中国这样的劳动力价格相对较低的国家，这意味着大量资本会流入中国，而在那里生产的产品被重新进口到发达国家。这是一种特殊的直接投资形式。这种新的全球化形式还基于主导国家的金融资本与新兴国家经济体之间的隐形契约。虽然新兴国家也有机会进入西方的商品市场，并从大型跨国公司那里获得大量的直接投资，但主导国家已经通过签订协议（TRIPS、Gatt、GATS）来保护本国公司的专利权和产权，创造服务市场并打开国外的公司控制权市场。新兴经济体一直可以利用工资方面的竞争成本优势，主要利用进口技术来生产"低技术"消费品，然后将其出口到核心资本主义国家，并与那里实力较弱的公司进行竞争。但是它们现在也在不断加大研究方面的投资，而研究仍然主要依赖于创造性模仿与适应，但其研究的目的也在于推进创新，

---

① 全球南方国家的工业生产的产品通常具有相对较低的利润率，同时，尽管其自身公司融入了国际供应链（工业品 vs. 原材料或农产品），但与工业化国家的贸易往往是不对等的。萨米尔·阿明发现帝国主义中心与外围根本是不对等的，尤其是不平等的交换更多地与实际工资有关，而不是与不同国家的生产率有关。阿明认为，不同国家行业之间仍然存在不平等的劳动力交换（Amin 2010: 134）。

以帮助缩小高科技核心国家之间的技术差距。在机器人、信息技术、航天、航空、海上旅游、可再生能源和电动出行等关键行业，中国的目标是到2035年在技术上追赶上西方的核心国家。此外，中国企业在仍保持低劳动力成本的同时，提高了劳动生产率。我们现在可以看到新兴市场和周边区域出现了超级资本化中心，而"第三世界"正在全球北部的中心地区出现。总而言之，可以说，21世纪的今天，首都越来越像是全球唯一的经济区，它将贸易、流通和生产融为一体。

9.3 金融行业与全球市场

将金融体系从本国货币壁垒中解放出来是各国经济在全球市场上实现货币相互依存的一个重要因素，并将推动金融体系全面国际化。跨国金融业的兴起可能是全球化时代历史上最重要的发展——这涉及构建一个庞大的全球复合体，将导致社会经济力量的重新集中，包括国家和其他资本派系向金融行业提出的任务。如今，金融公司的所有者、经理和董事都处于全球经济节点的中心。例如，从2003年到2017年，全球股市规模翻了一番多，突破100万亿美元大关。

国家本身必须通过发布国家支付系统间支付交易规则，为金融体系中的国际交易创造一定的条件。它们为某些交易提供保险，或者为出口定期支付提供担保，并向外国金融公司颁发准许其在本国开展业务活动的许可证。此外，国家央行会根据基于本币汇率制定的规则来管理货币交易。为了平抑全球市场上不稳定的价格波动，央行采取了一系列其他措施。对外贸易差额、国际收支平衡和汇率变动是重要的参数，用于表明一国经济及其公司为争夺全球市场上流通中货币资本而不断做出的努力。

由于需求不足，本国市场增长受到限制的公司需要在全球市场上进行扩张,并需要一个发达的银行系统来组织各自国家货币的流通。私人银行向进出口公司提供的服务通过其自身的信贷交易进行扩展。例如,它们根据本国规则向海外业务合作伙伴保证国内公司的信誉度,为开展海外业务的公司承担特殊风险,同时维护国内公司对海外业务合作伙伴享有的权利(Decker, Hecker and Patrick 2016: 126)。私人银行不仅仅是进出口贸易服务提供商,更重要的是,它们可以充当对自身有利可图的信贷交易的组织者。它们通过跨境低价买入货币和高价卖出货币来进行货币套利交易。随着汇率的自由浮动,私人银行通过让货币在国际间流动,不断重新确定货币的估值。

投机不确定性或风险始终是货币资本积累的一部分;这反过来又是保险业务和衍生品交易的资源。各种关键数字、指标和参数可能成为金融投机的对象。各国增长率、利率、国家负债比率、通货膨胀程度、汇率及其波动之间的差异包括通过证券和衍生品交易对潜在风险进行管理,即对货币表现和流量规模进行分子性质的评估。这些因素在发展过程中基本上是不确定的,因此必须使用各种衍生工具进行套期保值(对于某些公司来说,这些工具可以是但不一定是有利可图的业务)。通过这些过程,国际金融体系创造了规模巨大的销售额,推动了全球范围内的资本积累,并评估和影响了各国及其货币的层级结构以及跨国公司在全球竞争中的层级结构。强国和弱国之间是可以区分的,强国经济作为信贷来源和货币资本投资目的地(即作为成功的金融中心)几乎能够顺利运行,而弱国的经济则不具备这种能力。某些金融公司会为对自身信誉度产生怀疑的国家开展投机耐力测试,无论通货膨胀率或公共债务增长等基础数据是否与经济增长相关,或者无论针对相关地区未来增长的投机是否过热。这就是金融机构会对政府债券的高利率做出反应的原因。金融业为自己的利益,使国家和公司功能化的力量总是以货币的形式存在,而货币又深受帝国主义国家的影响。总的来说,所有国家都必须努力为本国公司在国外赚取利润,以创造外汇。

9.4 帝国主义

20世纪，金融资本和金融市场在世界经济中发挥着越来越重要的作用。随着时间的推移，不断监测股票和外汇汇率以及债券收益率（尤其是在国际层面）对大型企业和发达国家来说变得越来越重要。如今，虽然各国在全球数字化基础设施领域取得飞速发展，但虚拟和投机资本交易仍集中在当地场所，比如主要集中在纽约、芝加哥、香港、上海、法兰克福、巴黎、东京和伦敦等主要金融中心。通过为商品国际贸易、资本输入与输出、证券和衍生品交易及全球外汇交易的扩张提供资金，大型私人银行、对冲基金和投资基金正不断为自己和客户创造新的资源，以增加其货币资本。

近年来，"帝国主义"这一概念重新成为争论的焦点，尽管其含义与列宁（Lenin）或希法亭所讨论的20世纪的帝国主义截然不同。在《城市》（The City）一书中，托尼·诺菲尔德总结了他对帝国主义的定义，该定义面向今天全球市场进程的现状：今天少数帝国主义国家在全球市场上形成了等级制联盟，该联盟由大型跨国公司组成，这些公司在全球供应链中生产和交易大量商品和服务，并将各种资本和金融服务资本化。经济学家克里斯蒂安·马拉齐（Christian Marazzi）也谈到了金融与商品和服务生产"共生"的历史时期。威廉·罗宾逊反过来则假设跨国公司（尤其是金融公司）在全球市场上占据主导地位，这些公司还对传媒公司、工业、贸易和全球军工安全复合体进行了大量投资。这种经济力量的高度集中被转化为全球有影响力的政治机构的区域集中，这些机构包括国际货币基金组织、世界银行、世贸组织、七国集团及二十国集团成员国。跨国资本的成员在各国政府中也占有重要地位，特别是在财政部、央行和国防部（Robinson 2020）。

如今，大型国际公司更多地投资于工业生产能力方面，而对本国经济的投资较少。世界贸易自由化、苏联解体及物流业的发展使资本主义核心国家的大型公司能够在全球南方国家创造新的利润来源和投资机会，同时由于从南方国家进口的廉价产品，其投入品的价格下降。因此，全球市场上的经济权力中心是建立在帝国主义国家与大型跨国公司之间复杂的相互作用基础上的。帝国主义国家通过提供物质性和社会性基础设施，成为发达资本的起始平台，而大型跨国公司的货币资本不断在全球流动。最终，国家被跨国资本主义战争机器所支配（Lazzarato 2021）。虽然主要资本主义经济体之间的经济权力关系（总体上）仍然是严格的等级关系，但各个国家及其经济的相对权力总是可以转移的。诺菲尔德认为，其结果是，各国及其大型公司依据跨国公司的超国家权力广泛行使经济、政治和军事权力，从而导致世界分裂（Norfield 2016: Kindle-Edition: 189f.）。

主要帝国主义国家本身必须达到一定的经济规模，以便在国内实现资本的高度集中和创造一个发达和差异化的劳动力市场，并在全球市场上得到获取经济资源的有利机会，同时在一定程度上控制国际资本流动。在国际地缘经济和地缘政治较量中，处于霸权地位的美国仍然领先，这主要是因为其军事实力和美元的主导地位。诺菲尔德特别提到了决定一国在全球市场上的经济和政治权力地位的五个指标：(1)一国的经济规模（一个近似的度量指标是GDP）；(2)一国可支配的国外资产数额；(3)本国银行业的国际影响力；(4)其货币作为国际公认支付手段的地位；(5)军事开支水平（ibid.: 1960ff.）。

最后，只有考虑到一国与其他国家的经济和政治关系，才能确定该国在全球市场上的政治和经济实力地位。诺菲尔德得出结论：今天有20个国家在全球市场上占据重要的领先地位，这尤其得益于其经济实力和潜力。在上述五个指标中，美国有四个指标居于领先地位，只有在自身银行体系的规模和国际化背景下的服务（银行间贸易）方面，才被英国（金融中心伦敦）超越。由于与海外资产相关的银行数量众多，直接投资数额较大，英国排在第二位，甚至排在被视为欧洲主要政治大国的德国（排名第四）之前。中国作为领先的"新兴市场"排名第三,西方工业化国家必须认真对待这一点(ibid.: 2060)。①排名靠后的主要是西方工业化国家和新兴市场感兴趣的国家,它们是廉价原材料、能源、食品和劳动力的供给国(Moore 2015),在商品交易所受到永久监测和评估。由于拥有独特的天然石油产品,石油国家发挥着特殊作用,它们在全球市场上获得了较高份额的抽象财富。现在它们自己也在试图建立新的信贷创造场所,并通过这些场所在国际上进行虚拟和投机资本交易。②

帝国主义国家的大型企业和跨国公司在全球市场上具有重要的经济优势(它们享有定价权,也就是说,它们可以以相对较低的价格提供产品、服务和货币资本,并利用最有效、最廉价的技术生产产品),它们往往被低估,并在国家经济网络和世界经济网络中具有强大的地位,这是因为后者与其本国

---

① 在最近的一篇文章中,诺菲尔德更新了排名,将中国排在第二位。正如他所写:"国际实力的五个维度可以用来衡量国家的地位。这不仅表明美国在层级结构中的地位远比GDP等简单的经济规模度量指标所显示的要突出得多。他们还描绘了其他国家的相对重要性,并为当今一个重大地缘政治问题(中国的崛起)带来了新的曙光。"(Norfield 2021)

② 某些用于稳定国家面临潜在威胁的偿付能力的机制是国家间制度化的产物。对于存在国际收支问题的国家,国际货币基金组织根据既定规则充当贷款人。它从所有参与者都按照一个反映其经济实力的方案存入的基金中获得资金转贷。每个成员国都有权根据其配额量在分配的特别提款权范围内使用特定的支付方式来履行其海外义务。然而,近几十年来,国际货币基金组织特别关注经济疲软的国家,这些国家获得了大量贷款,以弥补流动性不足的问题和恢复其信誉度。对于一些超出短期国际收支困难范畴之外的国家支付问题,国际货币基金组织发放的贷款远远超过通过成员国身份和缴纳的份额获得的提款权数额,以及定期分配的特别提款权数额。作为回报,允许国际货币基金组织向有偿付能力的成员国借款。在国家外债管理中最初被视为快速解决赤字的财政援助,现已发展成为一个超国家制度,它决定货币基金组织众多成员,特别是发展中国家的预算、外贸和债务政策。目标仍然是(重新)树立债权国的信誉,作为帝国主义国家实现利益增长的可用资源的一部分。这些贷款旨在提高国民经济的生产率,但对私人金融机构来说无利可图,这些贷款由世界银行发放。世界银行是国际货币基金组织的姐妹机构,与国际货币基金组织一样,可以确保所有国家融入全球市场。

政府存在密切的关系。事实上，帝国主义国家在大规模保护本国公司的产权（专利权），并通过一系列政治措施，加强其在国际贸易和扩大对外直接投资方面的经济实力。最后但并非最不重要的一点是，它们确保了本国货币的稳定性（尤其是在危机中），从而成为资本的公共保险机构。实力雄厚的金融公司享有其国家基地的永久支持，即使它们通过国内央行获得的只是对本国货币的特许使用权。随着国家资本的差异化积累、跨国公司之间的竞争及不同国家之间的权力斗争，全球市场上的政治经济权力关系有所不同。

今天，大型公司在全球市场上的经济实力尤其通过全球供应链（即通过基础设施、信息、商品和社会行动者构成的密集网络化的横向空间）展现出来，并通过货币资本流流动。物资流、非物资流及资本流横穿这些跨国空间及其节点、线和边界。企业资源规划（ERP）等数字计划将仓储、生产和人力资源方面的信息转换和组合在一起，并将其作为关键数字存储在数据库中，这也为预测公司整合所依据的供应链开辟了新的途径（Lee and Martin 2016: 169）。我们可以在这里考虑外包、不同生产地之间的竞争及海运供给路线的测算，这是基于对公司不同部分的估价而实现的。物流将工厂转变为分散的、遍布全球的生产和流通网络，这并没有消除民族国家的地域限制，只是对其进行了重新设计。

正如我们所见，如果外国供应商在发达工业化国家一家公司的工厂提供零部件，以便在生产过程的最后环节完成产品组装，该公司则无法直接接触供应商。但是，如果它们将工厂设在低工资国家，仍然完全可以与富裕国家公司（如富士康）的生产周期挂钩。根据联合国贸易和发展会议的数据，史密斯认为，今天约80%的全球贸易是通过国际化公司的生产和分销网络进行的，因此只将全球市场关系和全球供应链的分析重点放在有关对外直接投资的可用数据上是错误的（Smith 2016: 50）。据联合国贸易和发展会议估计，约60%的全球贸易由不同生产阶段的中间产品和服务组成。以苹果手机为例，它是在硅谷设计和不断改进的，而单个部件是在亚洲（富士康）制造和组装的，生产成本约为 225 美元，产品组装完成后运往美国（运费为 85 美元），并最终以 650 美元的价格出售。今天，我们正在面对某些跨国公司精心策划的对全球南方国家工人过度剥削，同时利润不断被转移到北方帝国主义国家这一现实。在新兴市场，仍有越来越多的工人正在融入全球供应链。因此，全球工业的大部分产能已经从北方转移到南方，无论是在孟加拉国制造的 T 恤衫，还是在中国生产的最新款数码产品；由中国工人和其他低收入工人创造的抽象财富流维持并增加了全球北方公司和国家的利润和繁荣，这在西方机构和经济学家的经济数据中没有体现。史密斯在这里认为，将业务外包给境外国家是主要帝国主义国家有意采取的资本战略，以此来将创业风险转移给供应商，尤其是工会组织薄弱的国家。因此资本可以成功实施降低工资和社会成本的战略，同时加强发达国家对工人的剥削，这与低工资国家扩大就业的政策保持同步[①]（ibid.: 22）。

一国的实力还取决于跨国公司在全球市场上的经济实力，这些公司拥有广泛的国际贸易和生产网络。反过来，国家通过保护产权（专利权）和达成某些经济协议来支持公司。因此，寡头垄断企业和帝国主义国家相互依赖，而资本将最终占主导地位。一家领先的跨国公司不仅表现在其经济规模和生产力、网络化或市场成功程度、某些产品或服务的全球"价值"，而且还表现在其自身帝国主义国家的支持，以及这种成员资格所带来的优势。但如今问题出现了，一些金融机构不仅仅是规模太大或网络太广的问题；相反，其规模已经大到在危急情况下无法通过国家补贴来挽救的程度。这些巨型公司长期从事重要的国际业务，并在国内外有着势力庞大的政治游说团体。作为跨

---

① 全球 100 家最大的跨国公司之一荷兰皇家壳牌集团（Royal Dutch Shell）在销售额方面领先于埃克森（Exxon）、丰田（Toyota）和大众（Volkswagen），这些公司平均拥有 549 家分支机构，其中三分之二的分支机构位于海外。例如，今天西门子（Siemens）的生产销售遍及 200 多个国家。

国公司，它们大多仍然与单一的国民经济体相关，因为它们只有一个国家总部，并通过敌意收购、兼并和投资从那里向海外扩张。强大的资本主义公司、跨国公司和帝国主义国家是当今全球市场上的关键角色，因为它们几乎可以为国际贸易、金融体系、跨境投资流及衍生品交易设定所有重要条件。然而，帝国主义国家的政府总是对国际公司的市场运作设定一些限制，这些限制有时是由各国相互协商确定的。因此，销往国外的产品可能需要缴纳高额的地方税和进口关税，或者根本无法销售，因为它们无法满足国外的某些工业和环境标准；可能会停止向本国出口，就像美国和欧盟限制从非洲进口某些农产品一样；或者相反，外国工业可能会因其廉价出口而受到削弱。一些公司从本国对外国产品的限制中获利，然后扩大其在全球市场上的地位。但作为回报，它们也为外国创造收入、就业和更高的税收。虽然某些在全球市场上经营特别集中的公司并不一定惦记本国的抽象财富，但帝国主义国家将始终寻求促进作为资本目的地的本国及其公司的扩张，并最终促进本国经济的总体发展。一个国家拥有的经济资源越多，国家就越强大，而这反过来又有利于本国公司，也有利于其民众中享有特权的人群。

在分析全球市场时，必须始终考虑跨国公司进入全球活跃的金融业的机会。事实上，全球化公司需要它们提供的金融服务，这里考虑的是国际支付系统的稳定性、外汇在国际贸易、长期投资、证券和衍生品交易、短期贷款及货币兑换中的作用。今天，只有在国际框架内才能全面评估金融体系对资本经济发挥的重要作用。虽然金融体系内部本身存在着差异化分工（即银行贷款、证券管理、货币交易、股票和债券市场等），但其最重要的组织和业务仅集中在少数发达国家。金融资本通常是由于资本市场经济的必要性而产生的，也是主要帝国主义国家及其公司维持和提高其在全球市场上的特权地位的重要工具，而金融业则负责管理来自各类国家的资产和收入。在经济发达国家，不仅收入前1%的超级富豪受益于本国在全球市场上的金融地位，而且还有更高比例的民众，甚至也有工人和雇员仍然持有金融证券，而这些证券则在全球市场上交易。此外，营业额较高的金融机构，如保险公司和养老基金，大多位于富裕国家，因为那里有经济上有能力投资此类基金的人口群体。

通过当地央行轻松获得本国货币可以显著提高（金融）公司对其他国家的经济影响力。例如，尽管位于法国的美国银行在法国受到某些限制，但由于其与美国金融资本、美联储、美国公司及其他国家的公司存在着某种关系，因此可以在法国以更低的价格获得美元。如果金融公司所属国家在全球贸易、直接投资和证券交易中已经占据主导地位，并且金融交易在很大程度上是以本国货币进行的，那么金融公司就有更好的机会在全球市场上扩张。经济实力也在于有潜力提供大量信贷，并能够轻松进入信贷市场，这反过来意味着能够在世界任何地方以相对较低的利率借贷。总而言之，这意味着需要在全球金融网络中占据有影响力的地位。这还取决于金融公司所属的国家，因为国家可以提供实现公司经济扩张所必需的技术基础设施。

诺菲尔德列举了三个重要因素，用来说明金融行业如何在帝国主义国家经济中，尤其是在世界经济中发挥主导作用（Norfield 2016: Kindle-Edition: 2926ff.）：

（a）利用国外资金转贷给国家和国内公司。今天，这尤其可以通过美国金融公司（由于美元具备全球储备货币的作用）和总部位于伦敦的银行体系来实现。

（b）国内公司为在国外确立剩余价值生产流程而在国外进行的投资融资。这可以通过银行融资或股票市场来实现，从而允许资本进一步跨国集中。

（c）由于帝国主义国家的大型私人银行和投资基金向国家和国内外公司提供贷款和其他金融证券而对全球范围内产生的部分盈余的占用。帝国主义国家公司的每一项财务优势也取决于它们与某些其他特权国家的特权关系。

9.5　主导货币美元

理查德·尼克松（Richard Nixon）于1971年宣布停止美元与黄金的兑换，此行为主要是考虑到德国和日本公司相对于美国公司的效率不断提高，美国在越南战争中的成本不断上升，以及美国作为福利国家的成本。由此造成的美国对外贸易逆差增加导致美元流出日益超过通过出口贸易回流的美元，从而进一步增加了全球对美元的需求，而美国为美元提供担保的黄金储备并没有以同样的速度增长。尼克松废除黄金标准的决定也清楚地表明，黄金等具有实物价值的储备并不是简单地被具有非实物价值的储备所取代。相反，与黄金不同的是，美元可以增殖，因为它们可以不断被重复创造，而无须太多环节就可以增殖。布雷顿森林体系瓦解后，美国政府先后缩减了福利国家的开支，强化了国内企业之间的资本主义内部竞争，然后通过直接投资将美元输出到全球市场，并最终确立了美国金融霸权体系。这对于美国来说至关重要，因为该体系为金融资本流通创造了一个新的全球空间，也使大量过度积累的资本在全球范围内被吸收和有效利用。

今天，美元仍然是全球主要储备货币。2013年，美元占全球支付份额的90%。美国几乎100%的出口和90%的进口都使用美元结算。2013年，欧盟国家在欧洲以外地区三分之二的出口和50%的进口中使用欧元作为结算货币（ibid.: 2954）。因此，全球市场上的各种商品仍然最常用美元定价和支付。对于美国公司来说，这意味着它们与汇率波动相关的风险低于其他国家的公司。公司使用本国货币进行金融交易的成本和风险通常较低，甚至跨国公司通常在业务中只使用一个国家的货币，即公司总部所在国的货币。当货币特别不稳定时，公司必须有一个强势的本国货币进行进出口业务，这一点尤为重要。很多富有的公司和个人反过来会持有大量美元，因为它们本国的货币不稳定，而美元是世界上使用最广泛和公认的货币。因此，2000年后，超过60%的美元在美国境外流通（ibid.: 2984）。这也使美国受益，但当然也使美元更容易受到汇率体系波动的影响。①

---

① 拥有全球储备货币确保在面临通货膨胀和货币贬值的威胁时可以有效地使用这些货币。储备货币可能具有侵略性，因为它可能导致拥有储备货币的国家出现外贸赤字（特里芬困境）和债务泡沫。然而，债务泡沫可能会变成一种爆炸性武器。正如海纳·穆尔曼恰当地指出的那样，尽管有人可能会引爆武器，但你必须确保它不会在你自己的国家爆炸，而是在其他国家爆炸（Mühlmann 2013）。

布雷顿森林体系瓦解后，货币自由浮动导致对美元的需求增加，美元仍作为储备货币，尽管这并不一定等同于美国对商品和服务的需求。最重要的是，全世界仍用美元进行石油和原材料交易，因此对美元的需求仍会持续存在。这在 20 世纪 70 年代的石油美元时期尤为明显，石油美元大量流入华尔街，并在那里直接转换成政府债券、股票和证券。此外，由于美元可以继续在全球范围内作为一种特权支付手段使用，世界各地的公司和个人持有大量美元，他们立即试图将华尔街的货币资本再投资于基金、股票、政府债券，随后又投资于对冲基金和衍生品，这几乎主动提升了美国及其金融业的信誉度。该军事经济综合体也巩固了美国资本的经济霸权。它不断地吸收和反复利用来自其他国家和外国公司的货币资本流，并通过大胆增加本国进口对资本进行反复利用。

只要美元继续作为全球储备货币和流通手段发挥作用，美国经济的全球霸权地位就仍然安全（由军事复合体支持）。然而，2000 年初，美国经济加速下滑，尤其是对中国而言，美元的国际实力也有所下降。尽管在 2000 年世界各国央行持有的外汇储备中美元占比约为 70%，但到 2010 年，这一比例降至 60%。2017 年，各国央行的目标是达到 50%，这样就不能完全排除比例进一步下降会导致美元大规模外逃的可能性。此外，必须提出的问题是，美国通过成功利用其可怕的作战能力和美元作为世界主导货币的地位能够在国际上保持其超主权地位多久（ibid.: 111）。这也使得其本国货币贬值成为可能，导致人们只是在名义上偿还了债务，而不是实际偿还了债务。如果一国市场上充斥着抵押贷款，并在国外出售相应的 CDS，而这些 CDS 是用本国货币支付的，那么这一点尤其重要，因为美元随后会贬值，进而导致 CDS 买家蒙受巨大损失。

今天，债务、政府债券和贷款的发行必须始终由 CDS 保险提供担保。当银行发放贷款时，它们会购买 CDS 保险（也可能是在国外购买保险），这意味着风险可能会向国外输出（ibid.: 59）。正是由于世界储备货币的地位和 CDS 等衍生品的大量使用，使美国能够将危机输出或转移到海外。这种情况会在 CDS 保险泛滥的背景下发生，为扩大业务，它们会继续通过差异化连锁信推销 CDS 保险，进而导致时间延误。在资不抵债等信用事件发生之前进入该链条的最后买家是输家。例如，在次贷危机之前，美国银行在国外大规模出售衍生品/CDS，以对冲无担保抵押贷款，当发生破产和资不抵债（尤其是在美国本土）时，必须支付 CDS 费用。此外，如果美元贬值，那么对之前用后来贬值的货币支付的 CDS 费用，预计也可能会出现外资损失（ibid.: 111）。

今天，美联储的决定继续影响着全球经济，正如国际货币资本流动影响着美国的金融业一样。美国可以通过以低成本借出本币和低风险的金融资产来减少外部赤字，同时实现海外投资资产的高回流率/高回报率。

只要能够使用美联储发行的美元（甚至使用税收）来支付，美国政府债券就是无风险债务。美联储也可以自己全部买进流通中的美国政府债券。同时，政府债务通常可以相对容易地在金融市场上实现货币化（这里在还款方面有所减弱），因此往往会产生对政府削减预算（紧缩）的隐性强迫，因为必须通过发行政府债券不断借入新资金，这意味着私人部门将进行更多相对无风险的投资，以达成更高风险的交易（Lee and Martin 2016: Kindle-Edition: 147）。这种与美元相关的期权也可能会增加与石油相关的金融流动性，因为这些期权可以用来对冲石油价格和美元，从而使石油价格上涨而美元不会贬值。石油储备现在本身已成为一种金融资产，油价波动性越大，其价值会越来越高。

凭借贷款和资产，美国在海外产生的回报高于其支付给外国公司的资金。如果将汇率效应考虑在内，自 1973 年以来，美国在这一领域的超额收益率为 3.3%（Häring 2016: 173）。美国及其公司也可以利用世界各地的金融资源，因此它们比其他国家及其公司更容易获得全球市场上的金融资金，因为美元占全球官方外汇储备的三分之二。许多国家的货币与美元密切相关。然而，从 2000 年起，由于货币资本的大量流入，美国的货币赤字不断增加，特别是亚洲央行大量购买了以美元计价的美国政府债券和证券，主要以美元计价的中国外汇储备大幅增加。这最终引发对美元的需求很大，进而导致美国政府债券利率下跌。这意味着美国证券的利润下降，价格上涨。这是 2008 年金融危机爆发的原因之一，但这也表明了美国在全球市场上的经济主导作用。①

---

① 债务与 GDP 的比率较高是富裕国家的特点，尤其是那些在世界金融体系中享有特权地位的国家。至少就其经济规模而言，较贫穷国家的金融体系不够发达，债务比率往往较低。

通过发行政府债券，美国可以避免承担货币交易本身存在的某些风险。美国政府债券的利率可能不是最低的，但美元在国际信贷市场中所占的份额是最高的，而且美国最容易进入这些市场，本身也不会承担特别高的汇率风险。同样重要的是，美国必须为其持有的大量政府债券支付相对较低的利率。尽管美元在经济危机期间可能会贬值，但美国通常很少持有外汇储备，这再次抵消了美元的贬值。经济实力较弱的国家及其企业，即使其自身的经济指标令人满意，通常也必须在全球市场上为其贷款支付比帝国主义国家及其公司更高的利率，而且它们自己不能以本国货币获得长期贷款。因此，它们经常用美元借贷，支付的利率比美国及其公司高得多。这些贷款反过来可以为美国消费者的额外进口或海外直接投资提供资金。

此外，美国公司支付海外借款利息的成本远低于其海外利息收入产生的利润。尽管外国在美国的投资超过了美国的海外投资，这意味着美国海外投资者持有的美国资产（资产或证券）数量高于美国投资者持有的海外资产，但美国的净收入仍然为正。此外，从海外流向美国的现金流，如购买债券的现金流，主要由美国公司管理。任何重复进行重大海外业务交易的公司今天都必须开立美元账户。此外应该明确的是，美国是世界上最大的金融服务出口国，美国公司的收入最高。从国外获取剩余价值的一种方式是从服务交易中获取费用、收入和佣金，并对金融服务进行管理。

国际股票市场上也会发生占用外在价值的现象。在这种情况下，一家公司的股金用作其他公司的股金支付手段（换股在没有现金流的情况下进行）。除此之外，从这些波动中获得的利润模式取决于一个国家的全球经济地位及其证券交易所的实力。尽管美国股票市场是世界上最大的股票市场，无论是在国内外公司市值方面，还是在交易量方面，但今天也有越来越多的国内外公司在其他帝国主义国家的证券交易所上市。在帝国主义国家大都市的重要证券交易所上市的公司更容易获得国际资金和投资基金，因此更容易获得新的货币资本。金融证券的这种可替代性是帝国主义经济的一个重要特征。美国可以对伊朗和俄罗斯等国实施经济制裁，其他帝国主义国家可能会因反对制裁受到威胁，被切断与美国金融体系的联系。因此，美国在国际金融体系中全面占据主导地位，尤其是在军事力量支持的经济实力和美元仍作为全球储备货币的角色方面。

9.6 全球价值链与全球无产阶级

如果没有信息技术的广泛使用，自动化在今天就不可能得到应用。自20世纪80年代以来，自动化一直是新的国际资本积累动力的重要技术组成部分。在核心资本国家，自动化技术创造了更多新的就业机会（尤其是在亚洲），同时大量生产工人被解雇。如今，全球无产阶级极为被动地融入全球网络化的资本供应链及其流动生产体系，使劳动力在全球范围内为资本所用。但随着自动化和算法软件使用的普及，在某些部门，劳动力越来越过剩，这一差距在今天愈演愈烈。数字金融资本让工人阶级流离失所，通过连接到更全面的机器人和网络系统（网络化机器人和机器人化网络）让工人自动失业，从而将人为因素日益降低到一个可以忽略的变量水平。其技术依据是算法和不可见的软件操作（Dyer-Witheford 2015: 178）。然而，近几十年来，完全融入全球供应链的生产过程的加速自动化只会为某些部门带来更高的盈利能力，因为与新技术相关的经济增长和较大生产力进步的预期往往没有实现（cf. Gordon 2013）。

机器人最早应用于核心资本国家的汽车、钢铁生产和机器制造领域，但也很早就应用于制药、食品和电子行业。除了工业机器人之外，某些全球生产中心的服务机器人数量也在增加，尽管它们不能完全自动化运行，而是协助人类用户。随着控制论基本技术要素微芯片生产成本的降低，自20世纪80年代起，机器价格开始普遍降低。资本技术构成的提高并不一定会导致资本有机构成相应提高，反而可能会保持不变甚至下降，这至少可以暂时抑制利润率普遍下降的趋势。

工业自动化投资目前取得以下进展：利用机器生产机器，通过不断提高速度来执行操作；有吸纳廉价劳动力的机器，也有完全取代活劳动力的机器。根据巴拉德（Ballard）的《水晶世界》（*The Crystal World*），它们是前面提到的机器人和网络，以及机器人网络和网络化机器人的组合体（Dyer-Witheford 2015: 36）。生产这些全球运作的生产结构和流程需要使用广泛和全面的控制论系统和网络。因此，虽然微芯片的生产成本有所降低，但生产芯片和其他产品所需的广泛系统的总成本也有所增加。芯片生产企业规模越来越大，同时也越来越自动化。1966 年，一家新工厂的成本为 1400 万美元，1995 年为 1.5 万亿美元，而今天为 6 万亿美元（ibid.: 75-76）。这对新投资是不利的。一般来说，可以假设在分析单位成本时，除了（额外生产的单位）边际成本以外，还必须考虑固定成本的分配。固定成本涉及现有机器系统的寿命和能力。此外，使用的机器系统在其存续期间需要进行永久性维护、维修、转换和升级。这对于复杂的软件系统及其周期也是有效的，在今天的竞争环境和创新热潮中，复杂的软件系统及其周期会经历一个加速的过程，在必须使用新系统时，这会导致高昂的成本（cf. Fischbach 2017: 36）。随着产量增加，只能在自动化机器系统的生命周期和能力范围内观察到成本的下降。①

---

① 如果自动化真的开启了技术创新和经济增长的新时代，那么我们也应该注意到工业投资和固定资本的增长率。同时，经济学家罗伯特·戈登（Robert Gordon）在《美国增长的起落》（*The Rise and Fall of American Growth*）一书中提到，自新千年以来，美国私人公司的净投资迅速下滑。自 20 世纪 70 年代以来，这些公司的净投资相对于资本存量的比率一直在下降。2002 年以来，这一数字一直在大幅下降（从 1970 年到 2002 年，我们注意到美国净投资与资本存量的比率平均为 3.2%，2013 年仅为 1%）（Gordon 2013）。此外，如果根据最新的统计测量方法，知识产权方面的财政支出也算作是投资，即保护收入流动性的技术的合法所有权，那么根据约翰·史密斯的说法，新的、更高效的生产流程和新的组织方法的投资率应该更低。此时，与需要不断创新的高度密集竞争行业的活力不同，史密斯谈到了非竞争性行业（反市场），在这些行业中，市场份额是通过产权保护获得的（Smith 2016: 63）。

今天，很多生产过程基本上是在微观尺度上运行的，为了获得足够的感知，使用机器人是绝对必要的。然而，即使在这些领域，也不能完全没有人力，因为至少在生产中断和故障期间，技术人员和工程师必须到场纠正。仅仅更新软件就可能产生巨大的成本，甚至可以补偿摩尔定律的成本节约效应，从而使资本有机构成再次提高。通过在全球电子化协调供应链末端开发新的低薪劳动力来源，将生产外包给低工资国家，以及激活无薪数字化工作，可以在一定程度上弥补这一增长缺口。乔治·卡芬特齐斯（George Caffentzis）提到了"资本有机构成日益分散定律"，并假设通过利用新技术来提高资本有机构成会导致出现使资本有机构成再次下降的产业战略和领域（Dyer-Witheford 2015: 37）。通过生产外包可以实现价值的转移，例如，将富士康在中国的苹果手机生产转移到苹果在硅谷的工厂，那里几乎没有员工。当工资水平已经低于全球南方国家工人的再生产成本（超级剥削）且无法进一步降低时，买方和供应商会在国际供应链的其他领域寻求新的成本节约的可能性（投入成本、交易成本、物流、协调成本、需求管理等）。其结果是不同供应商承受的压力在加大，从而降低了总成本，忽略了健康和安全法规，并延长了工作时间（Smith 2016: 69）。

这种所谓全球化形式的一个重要起点是日本出现的丰田主义。戴尔·威瑟福德（Dyer Witheford）将丰田主义的基本要素总结如下（Dyer-Witheford 2015: 49ff.）：

（1）在使用控制论机器的过程中，对劳动力进行重新部署，这些机器现在"知道"自己何时必须停止工作，以确保生产过程更加有效。这项开发中的原型是纺织行业使用的一种自激活机器，它基于反馈循环而设计，将人类的劳动能力融入其节奏中。工人现在可以同时操作多台机器。

（2）对工人进行了重新定义，他们现在不仅必须服从，而且管理层还将其称为"生产的积极参与者"。例如，通过可能改变机器速度（改善系统），而这在原则上并不能降低机器的速度，但可以激励工人对机器流动进行更有效的调整。建立全面的团队合作，而且团队合作的完成不再局限于固定的时间。

（3）将业务外包给某些供应商可以减少库存和运营资源。对于这些供应商来说，创建电子网络和物流结构是绝对必要的，因为这可以确保产品制造所需的零件能够按需（即时）交付给大型工业中心。因此，与这些中心的工厂直接相关的固定资本和流动资本明显减少。

（4）生产更精确地适应需求，使其比福特主义更具异质性，同时也更具适应性。这种适应需要计算工具和机器的使用频率，建立灵活的工作条件和实现伺服机械自动化。工人被整合为机器反馈循环的一部分，作为一个有目的的过程中的感知元素，用于保持整个系统的生物和机械部件处于一定的节奏中。从20世纪80年代起，机器人开始在汽车行业得到更广泛的应用，资本主义全球化生产的同步发展需要构建复杂的物流基础设施，而这反过来又依赖于充分发展的控制论系统。虽然公众对互联网的关注度增长缓慢，但非军事用控制论系统在公司和证券交易所得到最广泛的应用。

通过将波动的信息流整合到数据库和网络中，大大强化了丰田主义的准时制生产逻辑。供应商最初通常在主要生产基地附近设立据点，但由于物流和集装箱运输的逐步发展，在某个时间点之后，这通常不再是必要的。[①] 相反，它需要建立一个全球直接投资与贸易协定体系，并扩大控制论网络自身的基础设施，以便于资本进入墨西哥、东南亚、中国和印度等廉价劳动力资源丰富的地区。此外值得一提的是，2005年，全球汽车行业生产了约8700万辆汽车、公共汽车和卡车。这清楚地表明，今天的资本绝不是纯粹以无关紧要的、非物质化或清洁的方式生产的；相反，它正在不断增加金属和塑料制品的产

---

① 还应记住，物流不仅事关全球资本化和分销，也关系到一个以生物政治和非科学性政治为特征的行业，它依靠一个军事化的安保行业。

量，这也是由地球上循环的化石燃料推动的（ibid.: 54）。①

今天，泰勒主义、福特主义和丰田主义的方法和体系同时渗透在资本的全球化生产中。在这种情况下，还需要分析跨国公司组织其商品生产的全球供应链，即从地缘经济的角度安排每个运营要素，以此来优化劳动力成本，有效管理原材料供应，并建立与销售市场的最佳距离。为了实现这一目标，必须将各种物流链发展成完整的、连续运行的序列。从20世纪80年代起，这些供应链在很大程度上也对全球无产阶级的技术构成负责，尤其是在东方国家和全球南方国家。从技术角度来看，这些链条可以追溯到控制论。在提升计算机性能以及实现大容量传输和更强大的软件功能的过程中，通信成本同时变得更低，因此有必要进一步对工厂进行详细分析，并在全球范围内对工厂进行重新装配。由于供应商公司、总部和客户之间的标准化接口，从遍布全球的供应商公司到通常位于核心资本国家的公司总部的运输路线变得越来越有效。同时，通过电子数据交换（EDI）格式等标准，数据流量正不断得到改善。

全球物流供应链不仅导致全球无产阶级技术构成的变化，还引发当今对

---

① 在传统的资格取消过程中，新的结构化编程技术（面向对象编程）也将软件编写分解为模块或分解为相对简单的单步任务。管理者将任务委托给几乎同时处理这些任务的程序员，而团队同事会观察到这些情况，他们会在定期的受控偏差中比较和审查他们的工作，以发现违规行为。这是一个编程无产阶级，他们不参与黑客攻击，但经常试图通过释放黑客攻击的信号来掩盖其无产阶级地位。反过来，这类无产阶级的工作，也离不开大量其他类型的工作。在计算机生产的工业过程中，人们可以找到允许其在干净洁白的房间里制造半导体的工作，在不太干净的房间里（有时在家里）制造电路板、打印机和电缆的工作，以及低薪服务工作。2000年，硅谷约有6.5万名电子装配工人，4万名非装配岗位工人和20万名服务工人，后两者通常是女性和移民（Dyer-Whiteford 2015: 67ff.）。生产全球化让人们无法想象硅谷梦工厂没有班加罗尔、德里、普纳和海得拉巴的生产基地，那里计算机行业的服务人员每月收入30美元，每天工作12小时或更长时间，没有任何工作保障，住在帐篷里或数码大厦附近的贫民窟。有利可图的高科技资本、专业信息工作和低薪工作的三元格局正在全球范围内复制。

物联网的必然需求。这一发展过程中的决定性时刻是 IBM 在 20 世纪 70 年代推出的条形码；后来，精细的控制跟踪系统、库存控制和基于屏幕的系统加速并优化了运输和通信系统。随着物流链长度和复杂性的增加，它们迅速形成了一个独立的资本生产部门（微软、甲骨文、SAP、Epicor 等）(ibid.: 84)。它关系到利用全球市场上最廉价的劳动力资源，以最低的成本生产商品，并以最快的速度将商品从生产区转移到存储区再转移到销售点，拓展新的运输路线，并尽快解决公司组织当前和未来的问题。[①] 物流和全球化价值链的深刻变革使得北部资本主义国家的去工业化能够得以应对全球南部和东部乡村人口的减少，同时引发了大都市地区新一波的原始积累。在亚洲、拉丁美洲和非洲，移民成群结队地涌向大都市，在新的信息经济体中工作，或者进一步迁移到主要工业化国家，在城市的服务行业找到工作。同时，北美工人越来越多地被外包给分销公司，沃尔玛取代通用汽车成为美国就业最密集的公司。

9.7　全球无产阶级与不同区域

戴尔·威瑟福德详细研究了全球无产阶级的构成（与控制论有关），他将这一构成与卡尔·海因茨·罗特（Karl-Heinz Roth）一起称为"多层面多元宇宙"(ibid.: 126)。多层面多元宇宙由那些仍可以向资本出售或出租劳动力以确保资本再生产的阶层组成，它由过剩人口构成，而这些人口又被分为在

---

① 沃尔玛是将物流与准时制生产相结合的大型供应链的经典范例。2005 年，与沃尔玛相连的数据中心每周跟踪大约 6.8 亿件不同的产品，条形码扫描器和精确的计算机系统每天识别和存储超过 2000 万笔客户交易（Dyer Whiteford 2015: 84）。卫星通信将各业务中心直接连接到中央计算机系统，然后将数据反馈给供应商，以确保自动下单尽可能顺利。最后推出了 RFID 系统。

非正式生计经济部门工作的人群和被剥夺任何就业机会后不仅对资本毫无用处，而且对任何类型的生产也越来越没有用处的人群。① 非正式经济部门和维持最低生计经济部门的过剩人口继续增长，与此同时，分散的服务业的不稳定雇佣劳动者的从业人数正在扩大。例如，动员妇女从事再生产行业的有薪和无薪的工作，以及就业不足和无薪或不安全工作等现象的升级。在边缘地区，除了仍与资本循环有关的非正式部门外，还存在着如奴隶制或自给自足经济等非资本主义生产方式。有些生产将劳动力纳入 C–M–C 循环。第一种商品是劳动力本身，它是用金钱购买的，并被纳入产品的生产过程，如果这些产品在市场上变现，便可以提供足够的资金，用于购买劳动力再生产所需

---

① 马克思已经充分利用了相对过剩人口这一概念。他提到产业后备军是一种周期性现象，其生产或停产取决于资本积累的情况。但马克思相信，从总劳动人口方面来衡量，其增长趋势是长期的。现在，如果这支后备军会长期发展壮大，其中一部分必然被彻底驱逐，并从官方劳动力市场上消失，进而不再被当作可变资本使用。

威廉·罗宾逊假设存在三种形式的过剩无产阶级：流动性过剩无产阶级、潜在性过剩无产阶级和停滞性过剩无产阶级。前两种形式是根据资本积累周期进入和退出生产过程并通过新分工形式（产业后备军）进行整合的群体。第三类是结构上处于生产过程之外的群体。马克思有时试图将这一群体描述为"流氓无产阶级"，尽管他当然无法预料到这些过程。例如，在这些过程中，通过使用技术来取代劳动力，以及其他过程，过剩人口的出现将成为全球经济的一个结构性问题。除了马克思对流氓无产阶级的基本负面限定之外，这目前是世界资本主义体系中不法分子边缘化的结构性条件（Robinson 2020）。

长期以来，过剩人口已成为政治经济学的结构性范畴；这是一个庞大的人群，他们长期遭受就业不足，在大城市贫民窟以非正式经济收入为主，并成为国际难民。这些人群需要逃离战争、镇压和自然灾害，并作为移徙工人居住在全球非场所中。然而，过剩人口与在全球资本主义的新条件下处于危险状态的就业人口相关，这些人群很可能被列为流氓无产阶级的范畴。

正如迈克·戴维斯（Mike Davis）在他的同名书中所记载的那样，全球南方国家的剩余人口并没有迁移，而是集中在"布满贫民窟的星球"，那里有数亿人生活在极度痛苦之中。城市贫民窟的惊人增长也是农村危机严重的结果。正如戴维斯指出的，尽管实际工资下降、物价上涨和城市失业率飙升，但全球南方国家的城市化仍继续以惊人的速度发展（Davis 2006）。

的商品，并为企业家带来少量盈余。这是一个纯粹为了满足工人需求的循环，同时会被纳入盈余积累过程，尽管是最低程度的满足（Sanyal 2014: Kindle-Edition: 5014）。同时，大型公司的全球服务外包和离岸生产正开始成为一种态势。最终，即使是前边缘国家的地区也正在达到工业化的群聚效应，以便于与欧洲和美国的旧资本积累中心（例如金砖国家的一些城市）竞争。

全球"从事经济活动的人口"从1980年的19亿增长到2006年的31亿，目前为35亿。这绝不仅仅是全球人口增长的结果，而是全球资本积累和市场深化的结果。几乎所有劳动力数量的增长都发生在新兴市场，目前占全球劳动力的84%。16亿人为各种形式的工资而工作，其中大多数收入不稳定，超过10亿人是小农场主，最重要的是，有很多人在高度分散的"非正式经济"领域工作（Smith 2016: 113）。

今天，集合著作《共产主义理论》（*Théorie Communiste*）谈到资本主义全球市场的三个区域：（1）在劳动力市场和生产地（金融、技术和研究）领域具有高功能能力的资本超级区域；（2）二级中间产业和技术（物流和通信）区域；（3）以廉价劳动力为特征的信息产业危机区域，或非资本主义区域，或根本没有劳动力的区域。今天，非资本主义生产继续增长，尽管这里的过剩人口与过剩产能之间没有相互联系，因此前者不能被资本有效利用。一方面，资本越来越多地建立在全球化和流通加速的基础上，而另一方面，越来越多的人开始依赖市场，但不可能在工资关系中出卖自己的劳动力。他们被投入流通领域，今天阶级斗争，尤其是暴乱发生的越来越多（cf. Clover 2016）。

虽然资本在全球各个区域（特别是通过竞争）基本上连为一体，但劳动力的构成和流动绝非如此。在第一个区域，这里有拥有良好私人风险保障的高薪劳动者和那些仍受福特主义某些方面约束的工人，而其他工人早已在不稳定的条件下挣扎。在第二个区域，工作不稳定和低薪是常态，这里充斥着合同工、移民和社会风险保障不足等问题。在第三个区域，无产阶级的生存不仅在很大程度上取决于人道主义援助、非法贸易和农业，而且还取决于小型社区。在这些社区中，生产完全是为了满足基本需求（Sanyal 2014）。然而，必须将这一发展理解为一个不稳定的渗透过程，其中夹杂着全球无产阶级不断的迁移性移动和资本具体的经济与技术重组。在这里只简要介绍的这些地缘经济安排中，今天的无产阶级在很大程度上是分散和分裂的，因为社会再生产的条件从一个区域到另一个区域，以及在一个区域内都可能发生变化，而且资本、中间层与无产阶级之间的基本关系会在所有区域表现出来，尽管规模和混合程度不同。

戴尔·威瑟福德总结了当今全球劳动力市场的以下几点趋势（Dyer-Witheford 2015: 133ff.）：

（1）全球农村人口的终结是由于城镇化加速、单一化种植模式引入、工厂化农业中自动收割机和转基因种子的使用，尤其是暴力下的土地掠夺造成的。1980年，全球有50%的劳动力从事农业生产；2010年，全球仅有35%的劳动力从事农业生产。

（2）今天，全世界约有2亿移民；一些是当地的季节性工人，另一些则是长期游民。这些移民流动完全是为了满足资本的需要。帝国主义国家不开放边境，移民被详细调查和/或被最新技术拒之门外；这些国家根据差异（有薪/无薪、合格/不合格、永久/临时）对工人进行监管。

（3）有工作的游民。并非所有的无产阶级成员（现在约有35亿人）都有工资，或者仅仅是工资很低。事实上，世界上约有一半的无产阶级从事的工作，从农村到看似独立的非正式部门的工作，充其量也只能维持生计。即使在首都大都市，自由职业往往仅意味着各种微型企业中不稳定的基于网络的工作，甚至是仍然完全融入全球供应链或连锁机构的独立的、基于合同的工作。这些工作受到自我剥削和/或新形式的超级无产阶级化的严格限制。在全球南方国家，非正式工作通常意味着街头工作、日工、乞讨和廉价的广告宣传工作。

（4）新工业无产阶级的存在。与许多社会理论家想象的相反，工业劳动力在全球范围内并没有下降；在过去40年中，工业产出增加了2倍，从2.58万亿美元增加到8.93万亿美元，而世界人口在这段时间甚至没有增加1倍。[①]

虽然大部分工业劳动力确实是从美国和欧洲外包出去的，但前边缘国家的很大一部分工业劳动力仍然被大量使用，大多数工资较低，工作单位往往没有工会，并且基本上不受管制。

自20世纪80年代以来，实际工资下降或停滞不前、大部分人口不稳定性增加，以及在各种生产和服务水平下劳动弹性化等现象已经出现在最重要的工业化国家。收入不平等迅速加剧、新的需求商品化及工资下降正在导致以宏观经济为导向的总需求管理和阶级斗争监管出现新问题。生产过程分散化和将部分工作分配给法律上独立的公司（外包）通常会导致工人组织薄弱、工资下降、工作条件恶化和增值率上升。产能利用率波动的风险从大型跨国公司转移到依赖型供应商企业，同时创建新的跨国生产网络。

（5）市场上工作倍增和服务业岗位增加。后者属于难以归类的范畴，涉及高度复杂的会计岗位、咨询、门卫、保安及快餐连锁店岗位等多种工作。今天，很多工作（广告、营销、娱乐和通信）都是在循环领域进行的，我们

---

① 然而，这些数字的经济意义需要更仔细的研究。在这种情况下，洛霍夫和特林克勒涉及劳动生产率的物质参数（Lohoff and Trenkle 2012）。他们认为，对于在某一时间点上以总价值集合体现的相关活劳动产出而言，决定性因素不是绝对工作小时数，而是在国际层面上必要的社会平均抽象工作时间。例如，如果中国的五个工作岗位可以被美国的一个工作岗位所取代，那么在全球范围内，只有这一个工作岗位及其相关生产率才会被纳入社会有效的全球价值集合。事实上，实证研究将不得不分析中美两国某些行业的生产率差异。然而，特别是当谈到洛霍夫和特林克勒提出的关于在微电子时代淡化生活价值集合的问题时，不仅需要对物料，还需要对价格类别进行研究，其中包括资本有机构成、利润率、利率与利润率的比率。此外，与美国公司相比，中国公司较低的劳动生产率可以在一定程度上通过中国较低的工资（增值率上升）加以补偿，而这必然与国内和国际范围内的平均利润率和生产率差异有关，最终是价格而非物质指标起作用。

也在处理职场女性所面临的问题，让越来越多的女性参与有偿工作，而工作时间和报酬的差异仍然存在，这对全球妇女不利。[①]

参考文献

Amin, Samir (2010) *The Law of Worldwide Value*, New York.

Clover, Joshua (2016) *Riot.Strike.Riot: The New Era of Uprisings*, London.

Davis, Mike (2006) *Planet of Slums: Urban Involution and the Informal Working Class*, London.

Decker, Peter, Hecker, Konrad and Patrick, Joseph (2016) *Das Finanzkapital*, Munich.

Dyer-Whitheford (2015) *Cyber-Proletariat: Global Labour in the Digital Vortex*, London.

Fischbach, Rainer (2017) *Die schöne Utopie. Paul Mason, der Postkapitalismus*

---

① 这里还值得考虑的是中产阶级的问题，他们尤其参与了机器的设计和与新机器密切相关的工人培训，并且在工资层级中占据领先地位。尽管技术发展重新创造了这样的层级，但它正在日益摧毁这些层级。同时，将全球就业市场划分为农业、工业和服务业三个部门（可能会扩展到信息部门）在今天似乎是不合适的，因为几乎不可能想象一个工作在某种程度上与数字化无关。与控制论系统极为密切相关的员工数量急剧增加，如程序员、软件工程师、网络专家、网页设计师、各类部门（金融、娱乐、营销和管理）的系统管理员以及新创意产业的员工。数字化工作的增长往往与中产阶级及其高薪和高地位联系在一起，但即使是这种夸大其词的说法，现在也可能受到全球化趋势（例如，印度相对低薪程序员的"崛起"）的挑战。今天，大量与网络相关的工作都是标准化的、不稳定的，而且报酬很低。然而，控制论资本的增长催生了一个新的中产阶级，他们主要承担监控任务、心理咨询和资本的技术责任；例如，团队领导、项目协调员和顾问构成了资本管理机构，该机构在全球化过程中在分子水平上进行了重建。

und der Traum vom grenzenlosen Überfluss, Cologne.

Gordon, Robert J. (2013) *Is US Economic Growth Over? Faltering Innovation Confronts the Six*, in: http://www.voxeu.org/article/us-economic-growth-over.

Häring, Norbert (2016) *Die Abschaffung des Bargelds und die Folgen. Der Weg in die totale Kontrolle*, Cologne.

Lazzarato, Maurizio (2021) *Capital Hates Everyone. Fascism or Revolution*, Cambridge.

Lee, Benjamin and Martin, Randy (eds.) (2016) *Derivatives and the Wealth of Societies*, Chicago.

Lohoff, Ernst and Trenkle, Norbert (2012) *Die große Entwertung. Warum Spekulation und Staatsverschuldung nicht die Ursache der Krise sind*, Münster.

Moore, Jason W. (2015) *Capitalism in the Web of Life: Ecology and the Accumulation of Capital*, London.

Mühlmann, Heiner (2013) *Europa im Weltwirtschaftskrieg. Philosophie der Blasenwirtschaft*, Paderborn.

Neusüss, Christel (1975) *Imperialismus und Weltmarktbewegung des Kapitals*, Gaiganz.

Norfield, Tony (2016) *The City: London and the Global Power of Finance*, London.

Norfield, Tony (2021) *World Power*, in: https://economicsofimperialism.blogspot.com/.

Robinson, William I. (2020) *The Global Police State*, London.

Sanyal, Kalyan (2014) *Rethinking Capitalist Development: Primitive Accumulation, Governementality and Postcolonial Capitalism*, London.

Shaikh, Anwar (2016) *Capitalism: Competition, Conflict, Crises*, New York.

Smith, John (2016) *Imperialism in the Twenty-First Century: Globalization, Super-Exploitation, and Capitalism's Final Crisis*, New York.

Sotiropoulos, Dimitris P., Milios, John and Lapatsioras, Spyros (2013) *A Political Economy of Contemporary Capitalism and its Crisis*, New York.

UNCTAD Trade and Development Report (2016) in: https://unctad.org/webflyer/trade-and-development-report-2016.

第 10 章

技术与金融

在过去 20 年中,数字技术系统已经在全球范围内确立了自己的地位,它是技术对象之间功能关系的集合,数字技术可以使这些关系达到元稳定状态。技术基础设施通过其数字化电力网络,并借助全球物流网络(陆、海、空),确保信息和能源,以及货币资本和金融工具的供给和流动。数字技术及其基础设施和特定的数学化和建模形式也早已广泛渗透到全球金融体系中。金融资本的全球化与技术体系的全球化密不可分,因为后者最终由金融资本决定,能够实现城市金融中心的全球联网,并使企业会计更加有效。①

---

① 综合金融中价格系统及其复杂性的交叉意味着金融系统中增加了信息学,这允许将所有东西(即所有有价值的东西或可通过资本来衡量的东西)货币化,并将其作为一种核算模式以信用评分、利率和流动性溢价的形式纳入风险评估。乔纳森·贝尔勒认为,信息本身可以转化为资本资产;事实上,信息是一种货币形式。其量化操作通过社会性和人们理解的计算(无处不在的计算)进行处理,以不断提高的分辨率和粒度对到目前为止所有显著的社会现象进行分支化处理(Beller 2021: 24)。

就像一只拥有无限数位的看不见的手,计算机在全球的普遍推广预示着一种更精细的会计核算方法的诞生。作为这种社会控制论的结果,风险与回报演算伴随着所有知识。信息是计算通用性和问责性的工具性命题;它作为资本计算的媒介,即通过与任何现象进行沟通的控制论界面生成未来收入流,并对其进行贴现的手段。(转下页)

由于高运算效能，卫星信息传输以及实时低摩擦通信网络的存在，极快的货币流通速度正在推动金融交易和实现跨国货币资本流动的电子计算机化。自 2000 年以来，金融市场一直在推行十进制货币制度（资产定价采用十进制数，而不再采用分数），并不断缩小买卖价格之间的价差（买卖价差），这体现出通过数字技术在金融市场上以更短时间转移更高交易金额的必要性，以确保再小的价差也可以得到补偿。交易者通常只在最短的时间内持有各自的交易头寸，同时只实现很小的利差，因此高利润主要来自货币交易的金额和速度。在今天的高频交易中，数字自动量化算法几乎渗透到交易的各个方面，从分析到执行和后端流程。①

（接上页）

贝勒将资本总公式改写为 M–I–C–I'–M'。M 当然代表货币，C 代表代码，I 代表图像/信息。这里的代码不是一个稳定的实体，而是计算机（我们可以说是所有联网计算机和全球计算机）离散状态趋势中的一个离散度矩阵。通过将马克思的商品 C 替换为 I–C–I'，我们通过信息矩阵记录了商品形式的变化。图像代码"网络商品"取代了过去常常被理解为商品的内容（ibid.: 102）。

贝勒认为，信息变动与价格不可分离：它本身就是一种价格变动，是金融交易的结果，它将根据价格演算形成未来的交易。事实上，信息应被理解为一系列离散交易内部状态的一系列运算变化，分为 1 和 0（离散状态），它不仅可以传递某种信息，而且实际上是金融交易。从这个意义上讲，信息实际上是知识的衍生物，其成本是为保持流动性而支付的溢价。

如今，平台公司凭借各种业务优势，对金融投资者具有很高的吸引力。例如，这些公司几乎没有固定资本可以维护，其生产资料主要是软硬件。它们遵循幂律，即网络效应产生的指数式增长。最终，它们可以疯狂地将劳动力成本外部化。

① 算法交易可以分为两个过程：高速交易和高频交易。在这里，我们将算法理解为以一种复杂的结构化方式连接到特定知识形态的动态实体。通过算法黑匣子，从多个输入中产生大量输出。这些算法表现为由于一系列人类与非人类参与者之间的特定关系而产生的多重不透明性。这些算法不太可能被理解为纯粹的代码，但其代码应与递归例程和社会关系的实现有关，即它们不会通过某些处理规则从海量数据中提取和浓缩中性信息；相反，这些过程和输入涉及非常具体的选择、复杂性降低和模式，尤其是对程序员的评估和话语汇总（Mau 2019: 163）。

高频交易系统的功能化包括编程和存储容量微调、个人数据点和数据包操作、数据库维护和输入选择等。今天，数字自动化构成金融资本的技术基础，有时应用在人类参与者所参与的网络中，仅作为连续流动信息流中继技术的一部分。可追溯到1996年的开放源码平台"Iceland"是电子自动化交易发展的一个重要标志。在这种背景下，在交易过程中使用大数据方法、计算机科学和人工智能，以及遗传算法和博弈论定律的量化金融似乎很重要。

高频交易对金融市场的结构和交易量有着重要影响，至少在美国是这样。据估计，高频交易系统（约100家公司）目前约占美国股市成交量的70%，占英国股市成交量的三分之一，目前这一数字还在上升。尽管高频交易目前在美国金融市场的交易中占有很大份额，这一点尤为重要，但由于利润率较低，它仍然只是主导型金融公司的一个子业务。

如今，高频交易中的大部分金融交易纯粹是通过机器对机器通信进行的。由于延迟相对较慢，人类参与者只能部分察觉到这种通信，因此数据和信息流可以通过无形的设备（黑匣子）以人类无法达到的高速流动，甚至机器、身体与图像之间的区别变得不稳定（cf. Wilkins and Dragos 2013）。尽管高频交易系统中人类实体和非人类实体的构成各不相同，但在极端情况下，一些金融公司目前正在消除自动化金融交易中几乎所有的人为干预（编程除外），以便于机器以自参考方式读取的数据不断回流到控制流程的算法。以这种速度在金融市场上成功运作所需的货币资本只适用于大型金融公司，因此这些公司可以投资于计算机化基础设施，当然，这也为投机者开辟了一个非常不公平的金融竞争环境。

在高频交易系统中，金融经济在很大程度上通过算法变得不可见。程序会长期审视金融市场，以查看通过算法显示的指标是否达到特定水平，这些指标作为买入或卖出信号变得有效。"成交量加权平均价格算法"（VWAP）与计量经济学方法结合生成复杂的随机函数，以优化成交量的大小和货币交易的执行时间长度（ibid.）。有人可能会认为，算法随机序列是一个无限二进制数字序列，它对任何算法来说似乎都是随机序列，但这与概率论中的随机思想相矛盾，在概率论中，样本空间中没有任何特定元素被视为随机元素。这些算法试图识别和预测特定的交易，而非自适应、低延迟的算法可以"处理"全球金融网络中传输速度的差异。遗传算法用于优化金融衍生品可能的价格波动组合，并确保金融系统内每个参数得到最佳微调（ibid.）。金融经济中算法系统的实施代表着资本之下机器实际从属的一个重质的新阶段，[①]事实上，它预示着从控制论向现代新科技的转变，我们称之为基于分布式网络和假定无摩擦系统（超导体、泛计算）的"纳米 - 生物 - 信息认知"革命（cf. Srnicek and Williams 2014）。同时，金融市场中的数字交易流程仍然融入强大的主导企业的金融生态，这些企业的员工通过程序和信息"喂养"并控制具有自我参照能力的机器人（那些对大额头寸进行平仓和观察指数的机器人）。

速度对于金融市场来说始终至关重要，但如今信息和电信行业的技术基础设施确保利用机器处理金融交易成为可能，即使是以非人类的速度和相应的加速度处理金融交易。要测量神经元速度与光网络速度之间的差异，必须用前者乘以系数 400 万。我们人体网络中神经脉冲的速度为每秒 50 米，而位于大西洋海底的光纤网络的信息传输速度为每秒 2 亿米。我们可以在这里谈论一种新的 24/7 全天候资本算法治理术，通过这种方式，参与者不再以个体的身份出现，而只以"分割个体"的身份出现。[②]

[①] 资本的实际从属意味着生产过程的各个方面，即技术、研究、市场、工人、生产资料等均由资本利用过程决定。

[②] 分割的个体在机器工作过程中作为独立个体发挥作用，其方式与非人类组件类似，无论是技术机器，还是组织过程、符号学等。人机复合体是生产、通信和消费过程中一个反复使用的部件。在这些人机设备中，机器复合体越来越多地相互通信，甚至独立于人类行动者，这两个组件都是生产、通信和消费过程中反复使用的部件；这些过程通常旨在产生有利可图的投入和产出。人类行动者和非人类行动者（行动者不是人，符号学不具有代表性）在机器工作过程中都作为（移动）点在网络中流动的流量连接、结合和分离中发挥作用，无论是经济网络，还是社会网络或通信网络。（转下页）

在高频交易系统中,利润的实现需要连续加速——今天的财务决策是在毫秒、微秒甚至纳秒内做出的。Fixnetix Trades 的 iX-eCute 芯片交易处理速度达到 740 纳秒。该芯片可以在大约 250 毫秒内处理超过 33 万笔交易。因此,高频交易系统早已达到纳秒级的计时精度(万亿分之一秒)。2005 年至 2009 年间,纽约证券交易所的日均金融交易量增长了 300%,而同期日均交易次数增长了 800%(cf. Durbin 2010: vi–viii)。例如,高频交易使用的程序仅在短时间内保持盈利,因此需要不断更新,最快的计算机系统即使在短时间内也能产生盈利,这为公司在系统重新编程方面带来巨大的成本。尽管与复杂衍生品等其他金融投资相比,高频交易系统交易产生的利润仍然相对较少,但数字计算机催生的投资至少能够提供相对安全的收入。

高频交易的盈利策略必须依赖于速度差的管理。例如,在电子化抢先交易中,特殊程序可以识别市场上财力雄厚的买家,高频交易者则会在几毫秒内亲自在各种股票市场上购买受欢迎的股票,然后以更高的价格将其转售给最初的利益相关方。虽然这里的每股收益并不高,但由于交易金额高,并且交易被重复了数百万次,也被认为是安全的。抢先交易通常由投资基金、对冲基金或养老基金等大型机构投资者提供资金,因此最终是由养老金领取者和小型投资者提供资金。

从某种意义上说,在高频交易中,即使是光速也可能太慢。因此,地理

(接上页)

分离的个体不断改变自身的功能,在机器结构中承担着驱动、传动、转换或工具的功能,作为原材料和产品发挥作用,并作为劳动的手段和对象。在这种情况下,分离的个体的行为并不是静态的;相反,它们在机器工作过程中通过循环和采样功能进行转换和调制,甚至出现噪声干扰,这既指对自身的被动操作,也指通过机器来操作;在某种程度上,股息本身也激活了这些功能。例如,人们会想到自己的人对大规模生产的实体或剖面图的典型化或自激活适应。在这方面,股息始终也是一类……(公民、消费者、患者、生产者等)同时,股息仍然与机器的"外部"相耦合,更精确地说,是与"外部"力量存在密切联系。例如,控制论机器中硅料生产所需劳动力分散,或基因工程外部因素的生命。

距离再次发挥了更大的作用，这意味着在纽约的交易员同时向伦敦和法兰克福的交易员发起的交易中，伦敦的交易员更受青睐。因为与伦敦相比，该交易员以光速发送的信号需要更长的时间才能到达法兰克福。为了超越现有的速度限制，某些公司在可见和不可见的墙上凿洞，使自己在物理上尽可能靠近中央交易中心的"匹配引擎"。今天，为了进一步减少延迟，一些美国公司正穿过长隧洞铺设通信电缆，以进一步减少芝加哥与纽约之间的传输时间。2009 年至 2014 年间，物流公司 Spread Networks 在纽约和芝加哥的交易集散中心之间铺设了一条暗光纤线路，将延迟时间（由于无法以光速进行延迟）减少了 1 毫秒，这表明交易和报价发生的时间维度远远超出人类的感知能力。加速的必要性要求公司日益消除干扰传输和交易的每个时刻。这也是金融公司在世界高度网络化的金融中心存在空间集中化趋势的原因，同时，公司继续采取地方分权战略，而这些战略仍然依赖于数字化同步性。

华尔街通常仍被视为全球金融体系的中心，但实际上美国金融体系中的大部分机构都位于新泽西州和芝加哥这样的城市。高频交易中心（如位于莫沃市的纽约证券交易所的交易场地）是许多最大的"匹配引擎"（利用算法从事全球交易评估、比较和买卖的机器）的所在地（ibid.: 16）。因此，全球数字化金融系统的分销系统具有特定的物理集中度。由于电子信号通过光纤电缆传输，传输速率在千兆比特到兆兆比特之间，因此信息发送方与接收方之间的距离被视为系统时间延迟的关键变量。金融公司之间的竞争导致公司在市场上争相获得最短响应时间，这通常导致这些公司将其高频交易服务器安置在尽可能靠近证券交易所服务器的位置（服务器托管）。另一方面，美国证券交易所 IEX 为金融公司提供了一条 61 千米长的电缆，以此连接到交易所的中央计算机上，确保只需 350 毫秒便可将数据通过电缆传输到证券交易所。这是为了与高频交易者保持一定距离，并保证公平交易。

同时，技术创新需要一个多云和密集的信息结构，以吸收、存储和传递海量的数据和信息。这里考虑与商品价格、汇率、利率、指数、社会因素等相关的数据，分析师、评级机构和金融媒体经常与金融机构和技术部门交流，在某些情况下充当信息营销机器。因此，高频交易系统的技术信息架构可以在最大限度地减少金融系统网络中的延迟方面发挥重要作用。今天，有关当前价格波动的大部分数据和信息都不是通过公共互联网，而是通过世界上最大的网络之一"安全金融交易基础设施"（SFTI）流动。作为纽约泛欧证券交易所的一部分，安全金融交易基础设施为美国、欧洲和亚洲的金融公司提供一个专用高速计算机网络。然而，由于信息传输本身受到光速的限制，物理学家早就开始研究地球坐标以获得最佳交易位置。而其他研究人员认为，用于优化高频交易系统的光纤电缆最终速度太慢，建议使通信信道穿过地心，绕过地表导航。专用粒子加速器随后将生成中微子并对其进行编码，从而在地球上钻出一条亚分子路径，甚至比竞争对手获得最小的时间跨度。因此，高频交易系统的速度维度（Virilio 2008）直接影响其技术、物流、基础设施和位置，并需要将整个地球转变为资本流通的媒介，目前高频交易的技术配置是多种网络结构和算法。[①]

交易系统图由三个主要部分组成：(a) 交易策略；(b) 集成到软件程序中的数学运算；(c) 技术基础设施（Srnicek and Williams 2014）。高频交易被

[①] 统计套利策略和据称基于统计套利策略的无风险利润，建立在同时处理不同地区或市场上类似或相同金融产品的价差的基础上。因此，必须认识到两种金融资产变动的统计意义。今天，这几乎不再是两种金融资产的问题，而主要是复杂系统的问题，甚至关系到由不同部门、地区和市场组织和构建的大量金融资产之间的多组关联。套利应该被用来评估、利用并最终消除市场中的异常现象，以便有助于正确定价并提供足够的流动性。但套利恰恰是计算机化系统的结果，这些系统可以自动同时在所有可能的交易场所下单和拆分大单，以便成功利用特定的价格波动，因此不能排除功能失调的可能性。同时，一旦数字网络通过套利功能进行互联，影响整个高频交易分销系统的风险增加，单一市场上的"错误"价格指示可能导致一波虚假定价。标准化高频交易系统中连通性的增加也对应着波动性的增加，这与高效市场的抽象需求相矛盾，最终导致每笔证券投资在所有交易场所出现相同的价格。

认为是分布式实时系统的一个完美例子，其中使用了复杂事件处理领域的范例，包括成千上万个独立程序，这些程序通过将关键交易任务委托给特殊硬件组件，越来越抵制计算机 CPU 的集中处理模式（cf. Durbin 2010: 8）。高频交易早就采用了 GPU 计算（图形处理器加速计算），其中 GPU 配合 CPU 一起用于加速金融交易。并行化被认为是当前 GPU 的关键概念，它也在金融科学的论述和实践中不断完善。金融系统的软件仍然受到托管组件模块化的约束，同时有助于将公司连接至特定通信网络（ibid.: 101-102）。今天，如果没有数字计算机的模块化，控制论反馈技术将是不可想象的。在这种结构中，所有模块都毫无例外地基于相同的设计，可以重新组装，而不会失去它们的自主性。模块化星群可能的重组模式需要不断接受新的灵活测试，其中连续反馈首先起作用。为此，金融公司的软件工程师开发了此类系统，并以此来观察金融事件的弹性、灵活性和盈利能力。

高频交易系统通过大量有利可图的交易来弥补单个交易的低利润空间。典型的高频交易者主要通过两种策略获得利润：（1）管理买卖价格之间的差异；（2）基于概率的分析，其重点是利用价格变动的差异（cf. Srnicek and Williams 2014）。在金融市场中，被动交易和主动交易是可以观察到的，前者涉及在系统中下单，而不知道另一方是否愿意成为交易的另一方。为此，高频交易系统提供程序（自动报价器）来精确生成这些决策过程。另一方面，主动交易包括使用软件"电子眼"（Electronic Eyes）成为交易委托账本上所列订单的另一方（Durbin 2010: 28-29）。如果利润来自买卖价格的差异，那么风险恰恰在于，在交易者甚至能够完成一次往返交易（买卖或反之亦然）之前，市场价格可能已经对其不利，必然会蒙受损失。

高频交易系统中学习算法的实现能够确保计算机性能越来越高，实现灵活高效的编码，并学到更深层次的专家知识。在这个网络中，未来将实现交易策略的日益多样化和安全性，但与此同时，事故仍继续存在，尤其是在某些事件似乎可以统计预测的情况下（cf. Wilkins and Dragos 2013）。从这个意义上说，事故与其说是意外事件的结果，不如说是系统工作得太完美这一事实的表现。

今天使用的交易策略之一是收集"慢报价"，这意味着高频交易员的决策速度快于做市商根据各自的价格变化调整报价的速度。"塞单"则意味着大量订单被发送到证券交易所，并在下一时刻再次被删除，以便在短期内推动市场价格朝着预期方向发展，然后在下一刻从反向运动中获利。Nanex 公司是研究异常交易方面的专家，也是股票报价实时分析软件的提供商，它对这些策略进行了全面的分析。[①] 算法中的一个错误可能会触发狂热的交易流量，因此系统必须不断接受特定的压力测试、质量检查、定期更新和错误修补。2003 年，由于启动了一个"错误"的算法，一家公司在 16 秒内破产（Srnicek and Williams 2014）。使用特定的算法已经导致大量订单被放入系统中而不被执行。据 Nanex 称，仅此算法就将某个时间所有可用订单的 4% 放入美国证券交易所的中央报价系统中（将各交易场所的现有订单加在一起），这影响了大约 500 种证券，并使用了报价所占用的总带宽的 10%。这表明此算法试图通过使用自身巨大的带宽来增加竞争对手的响应时间。因此，大量订单减少了其他参与者的电子交易系统带宽，以影响定价。一些高频交易员通过对算法进行编程，每秒可为单一股票生成一批四位数的证券交易订单，并将订单发送到证券交易所。因此，只有当订单出现在证券交易所交易委托账本的顶部时，即当它们出现最高出价或最低要价时，订单才可见。然而，大多数交易都是不可见的。

因此，高频交易系统每隔一段时间就会重复产生闪电崩盘或超级黑天鹅等现象（Taleb 2010）。以奈特资本（Knight Capital）为例，这是一家证券交易所算法交易公司，由于交易算法失败，在大约 45 分钟内损失了 4 亿美元

---

① http://www.nanex.net/。

（SEC 2013: 6）。代码的小偏差，即算法反馈过程中的微小偏差，足以导致灾难性事件。这种错误从一开始就是算法系统的一部分。例如，网络内的更新可能会创建一个反馈回路，使整个系统处于不稳定状态，或者子系统之间的算法反馈回路会造成这样一种情况，即相互作用的算法会相互关闭，这会导致无效操作，最终导致"分布式功能失调"。我们现在可以假设，"分布式功能失调"代表一个过程，在这个过程中，算法网络错误地产生了更高形式的最终机器。克劳德·香农（Claude E. Shannon）创造的最终机器的原型只有一个用途，那就是关闭自己。这里有一系列机器通过允许每台机器在完成恢复过程的确切时刻，关闭邻近的机器来实现算法之间的相互作用。尽管简单的最终机器仍然依靠人类来拉动控制杆，但今天在算法上分布的功能失调也可以执行此功能。因此，它们创造了一种稳定的不稳定性，其无效和不正常的例程只能通过非算法干预来终止。例如，某些软件缺陷或反馈回路可能会导致算法在极限值附近摇摆，并使算法处于不断下单和立即删除订单的状态。尽管这些现象很难检测到，但似乎很多不寻常的市场事件都是由于这些无效例程造成的（Cliff and Northrop 2012）。再举一个例子：对 2010 年闪电崩盘的初步分析表明，它可能是由于无效算法之间的相互作用造成的。"闪电崩盘"一词指的是短期但快速的价格暴跌，随后证券价格出现类似的快速反弹修复。

参考文献

Beller, Jonathan (2021) *The World Computer: Derivative Conditions of Racial Capitalism*, Durham.

Cliff, Dave and Northrop, Linda (2012) *The Global Financial Markets: An Ultra-Large-Scale Systems Perspective*, in: Calinescu, R. and Garlan, D. (eds.),

Monterey Workshop 2012, LNCS 7539: 29–70.

Durbin, Michael (2010) *All About High-Frequency Trading*, New York.

Mau, Steffen (2019) *The Metric Society: On the Quantification of the Social*, trans. Sharon Howe, Cambridge.

SEC.gov (2013) in: https://www.sec.gov/.

Srnicek, Nick and Williams, Alex (2014) *On Cunning Automata: Financial Acceleration at the Limits of the Dromological*, in: *Collapse. Volume VIII: Casino Real*, London.

Taleb, Nassim Nicholas (2010) *Der schwarze Schwan*, Munich.

Virilio, Paul (2008) *Geschwindigkeit und Politik. Ein Essay zur Dromologie*, Berlin.

Wilkins, Inigo and Dragos, Bogdan (2013) *Destructive Destruction? An Ecological Study of High Frequency Trading*, in: http://www.metamute.org/editorial/articles/destructive-destruction-ecological-study-high-frequency-trading.

第11章

资本主义经济体金融市场的功能

与一些凯恩斯主义作家不断描述的各种金融化功能失调不同,在本书中,我们假设金融化新自由主义模式及其紧缩政策已被证明是维持资本主义霸权的一种相对有效的战略,至少在一定时期内是如此。事实上,20世纪70年代以来,金融资本成功地在全球范围内调动了大量资金和货币资本,从组织和政治角度来看,它受到以下因素影响:(1)银行和金融业的灵活性和重组,以及货币资本流动从国家监管和税收中解放出来;(2)引导和控制货币资本流入金融体系;(3)部分国家基础设施和国家安全体系的私有化(私有化基础设施运营商通常必须自己借入或发行股票来为其活动融资,这反过来又强化了金融体系。私有化还大规模地扩大了债券、股票等可供出售证券的范围。所有这些都可能对个人资本有利,但不一定表明总资本达到正平衡);(4)信贷体系、政府债券和股票市场的大规模扩张,衍生品交易的大幅增加,以及大量资金集中在投资银行;(5)随着各类衍生品的创造和发行,新的资本化技术正在出现;(6)在这种背景下,传统商业银行的业务也在发生转变,这导致商业银行与保险公司和投资银行等其他金融机构之间建立新的关联。从事贷款和证券中介业务的影子银行系统目前年交易量为200万亿美元,占全球所有交易资产的50%以上。市场主要参与者包括对冲基金、投资银行、养老基金、保险公司和货币市场基金。非传统银行参与者正在发放越来越多的贷款。在这里，流动性的获取是有利的，其限制低于基于银行的信贷系统。短期资产主要用于投资组合融资，因此可以对风险概况和不同期限的资产进行灵活组合。

在影子银行系统中，资金通常通过一天到期的回购交易筹集。回购协议是指以一定价格卖出证券，然后以固定价格外加利息再次回购的交易协议。这些证券也可以转售，因此可以充当债权人的抵押品。证券仍然属于贷款人，而借款人会在借款期限内收到为证券支付的所有利息。然而，借款人必须支付证券风险溢价。在经济繁荣时期，回购交易增加了流动性，即将证券转化为货币的可能性。通常，回购交易由所谓的影子交易商/做市商进行，但他们也可以进行自营交易。这些做市商可以是大型银行、清算所或投资基金。然而，这些类型的金融中介机构不能像私人银行那样创造信贷，而是必须以其他方式提供融资。因此，影子交易商需要进入货币市场，否则他们将不得不使用自有资金为交易融资或获得银行贷款。虽然国家通过各种担保机制（就回购而言，是通过私人机制和担保品）在一定程度上保证了银行贷款的可兑换性，其安全程度各不相同。存款保险可以在一定程度上保护私人银行的存款，而回购业务中的证券则受到证券化贷款或互换交易的保护。回购交易的基础担保品价值由市场决定，价格会有波动，但仍承诺按面值支付。在经济危机时期，由于找不到买家，证券价格可能大幅下跌，这导致美联储也为影子银行系统设定了担保品结构。回购交易增加了金融市场的流动性，政府债券具有最高的市场流动性，而其他证券的价格可能会大幅波动。如果这些证券的市场流动性很高，风险溢价就会增加。由于政府债券市场有限，其他资产越来越多地被用作对冲工具，这些资产本应与政府债券一样具有流动性，但却没有，因此必须通过互换交易进行对冲。

政府债券是最安全的回购对象，其利率和风险溢价也最低。风险溢价的水平和用作担保品的证券的质量在这里起着决定性作用。回购协议用于对冲风险和为风险投资融资。在影子银行系统中，短期贷款大多与长期负债保持平衡，非流动资产通过证券化的形式进行交易，并建立了一个灵活的风险、到期日与对冲体系。与商业银行不同，影子银行系统中的借贷不会创造存款货币，而是通过市场转移资产和资金。在做市商的帮助下，基于资本市场的贷款通过货币市场融资。自疫情暴发以来，各国央行再次向影子银行系统提供回购便利工具，从而形成了一个安全结构。

索提奥坡罗斯、米利奥斯和拉帕特萨里斯（Lapatsioras）通过以下几点总结了国际金融市场的发展情况（Sotiropoulos, Milios and Lapatsioras 2013: 118f.）：

（1）近几十年来，为了推动全面金融化，必须开发新形式的债务保险或支付承诺。债务保险已成为一个对全球金融体系及其危机产生重大影响的重要过程。

（2）在国际货币与资本市场上运行的非银行系统基本上不受传统商业银行所受监管限制的影响，它们也能够以极低的利率出借款项。影子银行的各种策略降低了商业银行的利润，从而也改变了它们的会计核算程序。商业银行现在必须接管投资银行的某些职能，并过分专注于虚拟资本和衍生品的交易。

（3）"实体经济部门"的技术创新与影响衍生品和金融服务的金融部门创新之间存在着新的关联。这为所有潜在公司创造了新的市场调节必要性，这与传统技术结构和经济结构的破坏有关。金融市场上可交易贷款的证券化（cf. Hartmann 2015: 72f.）为创造巨大的流动性潜力、重组和释放风险及拆除旧的银行结构做出了贡献。证券化应被理解为影子银行或投资银行为了在竞争中超越传统大银行而特别使用的一种技术。在这一过程中，贷款和证券被捆绑打包成单一证券，并在特殊市场上出售。通过金融市场不同的运作方式，金融资本在电力、仪器和技术部门领域继续保持自身的差异。

（4）所谓的金融市场解除管制包括取消对某些所有者、资本流动、价格及金融市场准入管制的某些限制，最后，它还影响到公司法律问题。它为衍生品的交易和制造条件提供了便利，并促进了利率自由变动，收支流的跨国化。最后的但同样重要的一点，它促进了基本上不受国家当局控制的离岸中心的成立。即使在发达经济体，负责监管金融市场、复杂监控基础设施和监管组织的机构也有减少的趋势，即使是巴塞尔协议下的控制战略及其资本缓冲也无法阻止"风险评估和贷款主要由私人银行提供"的事实。此外，资产负债表监管朝着自由化方向发展，某些会计准则朝着私有化方向发展。金融市场的自由化进一步导致高度参与国际交易链的大型银行的扩张，使它们不仅在交易规模方面具有系统相关性，而且在国际金融体系网络内部维持的联系和节点方面也具有系统相关性。

（5）场外交易市场、各种离岸金融中心和特殊目的机构、各种货币和资本市场及其工具（债券、证券、互换等），以及对冲基金和投资基金。换言之，他们总结了作为密集组织网络的金融体制以及新的监管活动（合同法的自由化）的总体发展情况，[①]通过这些活动，一些组织能够绕过国家监管机构、信贷实践监控和其他监管——所有这些都使得全球金融体系作为一个整体变得更加复杂。

各国自身推动了影子银行系统的扩张。当政府债券必须投放到金融市场上时，各国会争相购买其债券，并且还会在影子银行系统中找到买家，因此影子银行系统仍然依赖政府债券来确保交易安全。

通过设立离岸中心，主要资本主义国家的政府为大型金融机构提供了一个独立于国家法律空间的法律空间，这使得金融资本几乎无国界。这暗含着某些政策的趋同化，利用非法所得资金进行避税和洗钱，这些资金反过来可

---

① 卡塔琳娜·皮斯托写道，今天主张合同自由原则的正是富有的资产所有者，但他们没有注意到"这些权利是由国家保障的"这一事实，这种资本编码的国际引领者是英国普通法和纽约州法律。当然，这些法律体系与伦敦和纽约的金融中心相关并非巧合，一些有影响力的律师事务所也位于这些金融中心（Pistor 2020: 25–26）。然而，世界上没有一个国家享有中央权利，只能享有由某些规则联系在一起的强大和特殊的民族权利。然后，跨国公司会选择对自身最有利的权利。

以根据规则转移回投资者总部所在国。如果没有法律规则，金融部门就不可能在全球范围内扩张，因为法律规则允许金融机构在国际层面上使用本国法律，或者如果对其有利可图，可以使用外国法律。

希腊经济学家约翰·米利奥斯声称，今天的金融资本过程通过提高资本流动性，有助于加剧公司之间的竞争，无论它们属于哪个行业，其倾向于达到平均利润率和回报率，同时通过加强对公司效率的控制来实现额外利润（Milios 2019）。现代金融体系可以不断地产生新的公司标准化评估、计算与估值程序，提供具体的表述（理论、数据、信息等）、机构（分析师、评级机构）及资本量化数学方法和模型。这些过程一方面包括在金融市场上交易的证券和衍生品的资本化，另一方面还包括控制资本主义企业的新做法，旨在提高其盈利能力并维持整个资本主义世界的权力关系。如果一家公司的资产负债表、市值和价格（在金融市场中观察和评估）显示资产利用率不足，它将很快让分析师、评级机构、投资者/投机者失去"信心"，这可能导致信贷限制、敌意收购的威胁和公司市值的下降。由于对未来盈利能力的预测，公司必须把对金融市场上出现更困难融资机会的期望值降到最低。对于金融系统而言，这种类型的修正还具有以下功能，即利用更高的风险溢价，直接对仍愿意在未来投资于濒危公司的资本主义投资者进行补偿，以此来确认增加的风险，以体现公司未来恶化的经济前景。[①]

[①] 比奇勒和尼灿在这一点上的观点略有不同。他们批评了风险与回报正相关的观点，相反，他们认为风险与回报呈负相关性：一家公司的权力越大，回报越低，因为权力是通过战略破坏活动来行使的，这会产生阻力。此外，股票市场不会顺周期发展。如果市场大规模扩张（资本化的力量很高），股票价格只会与当前利润的方向一致；但如果利润适中或较低，那么股市价格走势和当前利润就很难相互关联。股票市场与基础经济之间的反向运动反映了对资本积累的破坏，即金融投资者并不真正关心实体资本；他们对生产资料、劳动力和知识，甚至对市场效率都漠不关心。他们纯粹对金融资本化感兴趣。对于比奇勒和尼灿来说，即使是金融资本（股票和债券）和实际资本存量（以美元计量）的长期增长率也仅仅呈负相关性（Bichler and Nitzan 2013）。

第 11 章 资本主义经济体金融市场的功能

今天的金融市场主要是二级市场，它对公司当前尤其是未来战略的计算、评估和控制做出了特定的"贡献"，同时强化了工业公司平均利润率的趋势。在这里，合成金融工具的功能是计算、确保和调节效率收入和风险。也就是说，与利率一样，其配置功能正是让货币资本流动合乎规则，以尽可能高的速度流动，并在一定程度上控制营运资本的投资决策。与凯恩斯的假设相反，恰恰是非流动性市场（即仍然与工厂和机器联系在一起的资本）无法满足流动虚拟资本和投机资本的效率，因为资本不一定要在更长的时间内与某个地方联系在一起。正如金融市场所表现的那样，它可以作为虚拟和投机资本不断流通，并寻找更好的使用可能性。恰恰是金融市场为计算个人资本的效率创造了一种流动结构——它们被理解为一种（虚拟）资本流动监管，因此个人资本必须永久性地根据金融市场的有关要求调整其策略。应该注意的是，金融体系对公司的控制，无论其效率如何，仍然是一种虚拟控制，因为分析师、评级机构和金融市场对公司未来复杂生产过程的计算、预测和评估总是必然包括大量的或有事项。但尽管如此，如果我们排除了风险，生产和流通过程可能会进一步交织在一起，从而进一步缩小当前和未来之间的差距。正是为了试图控制这些突发事件，才需要非常具体的风险管理和凝聚的经济力量。重要的是要记住，资本地位不是单一主体所享有的：一方面，管理人或职能资本家扮演着中介作用，他们在工厂纪律维护（他们必须长期监督）和市场纪律认同（这与市值增加有关）之间摇摆不定；另一方面，工厂外的货币资本家经常让他们的机构监控公司的业绩表。在这种情况下，有组织的金融市场发挥着关键作用：它们奖励那些具有盈利能力和竞争力的公司，惩罚那些盈利能力不足的公司。

如今，大型评级机构使用专门开发的差异化量表（例如，标准普尔信用等级从 AAA 到 D）在全球范围内对公司的盈利能力、偿付能力和前景进行长期评估，这些评级直接影响公司的股票和债券价格。对于后者来说，这些评级影响公司支付债券利息和在到期时偿付债券的能力。这是对支付承诺资本化的评估，这些承诺以公司的价格和利息水平（风险溢价）表示。在这种情况下，评级机构应被理解为产生理念、数学和标准化知识的信息机器。今天全球某些市场参与者可以获取这些知识，这反过来又会对公司本身产生惩戒作用。这些公司现在必须在其业务组织、及时核算、偿付能力记录、季度报告、管理战略、贷款估值等活动中遵循特定标准。公司只有永久服从这些评级，并在透明度、经济效率和盈利能力方面表现出足够的信誉，才能在金融市场上生存。这里的重点不是公司的过去，而是公司未来的成功前景。如果一家公司的评级被下调，那么它必须预期贷款利率会提高，债券价格会下降。三家大型私人评级机构，穆迪、惠誉和标准普尔的信用评级费用由公司自己支付，因此公司可以获得其自身业务管理信息的标准化评估结果。这会使公司受到进一步处罚，但如果评级好的话，就会开辟新的成功前景。今天，如果没有这些评级，公司的全球化金融交易几乎是不可想象的。国际投资者社区现在可以很容易地将日本的一家公司与加拿大的一家公司进行比较，以便根据两家公司未来的成功前景来判断是否值得投资。

债券和股票持有人对公司测算的短期盈利能力特别感兴趣，这使得公司管理层更有压力极大地提升生产力和盈利能力。如果一家公司在融资方面依赖于金融市场及其工具、方法和估值，那么无论是现在还是将来，如果怀疑变现能力不足，即使可能没有依据，也会增加其融资成本，降低其股票和债券价格，从而降低其整体的经济控制力（Sotiropoulos, Milios and Lapatsioras 2013: 153）。然后，公司的工人也会受到经济限制，他们可能会面临这样的两难境地，即不得不在集体谈判过程中接受不太有利的结果；或者出于好战的立场，不得不迫使公司破产或被接管。对于工人来说，后一种选择几乎总是伴随着他们自身工作和生活条件的剧烈结构调整。这是一个无条件接受资本权力，或者在更不安全的情况下生存，甚至陷入失业的问题。因此，金融化促进并加快了对资本主义生产过程进行重组的必要性。今天我们目睹了工作时间的延长、劳动强度的增加和失业率上升，而工人对实际工资增长的要求不断被压制。当然，这是由于工人阶级的严重分裂、传统工厂解散和横向不稳定现象造成的。

股东价值这一概念在短期内实现了公司盈利能力的最大化，确保可以相应地在短期内出售其盈利能力不足的业务，不断实施内部重组，并创建一个灵活的机制。通过该机制，金融资本化的运营逻辑渗透到公司自身的组织结构中，迫使它们长期实施业务调整、调节和重组（Windolf 2017）。投机资本现在可以以某种方式从企业主体中提取出来（现在是资本的纯数量扩张），同时在资产负债表中寻找公司中隐藏的利润机会，并寻找可以货币化但尚未反映在股价中的"价值"。股东价值是衍生品对公司环境产生影响时的比率。股价是衍生品，而公司是基础工具。股价期权又是衍生品的衍生品。衍生品比率还包括一些现象，例如，当公司不再满足其所有者的回报预期时，其所谓的核心业务变化越来越快。敌意收购的威胁也是金融资本的策略之一，因此当公司价值低于其市值时，收购对投资基金来说是有利可图的。随后，当投资基金购买公司股份时，它们可以向公司股东提供更高的价格，以取得公司控制权，对公司进行重组，并出售个别部门或整个公司，从而实现盈利。尽管这通常仍然属于恶意收购的威胁，但这也必须被视为对公司管理层的攻击。因为管理者早就知道，如果他们违反了金融市场规定的某些机制，可以预期公司的股价会下跌，从而成为恶意收购的受害者（ibid.）。尽管如此，这些相当虚拟的威胁却全面展现了公司的全球纪律，而实际收购中极少会遇到这种威胁。

金融资本对公司的永久"控制"还包括在内部管理层面对公司绩效流进行分子评估，它是通过使用基于算法的数学和随机模型有组织地完成的。这些算法旨在评估和优化公司生产过程中使用的特定程序，以便于不断制定旨在实现短期利润最大化的具体战略。企业资源规划软件被理解为公司的操作系统，汇集了数据库中有关仓储、生产和人力资源管理方面的信息。它不仅使公司内部的相互关系客观化并可见，而且使跨国公司的整个供应链可以跨大陆布局。我们可以依据该软件剥离公司部分资产、比较生产地点，以及评估公司的雇佣层级。会计核算（即对公司自身绩效流的控制）在公司数字战略处理、会计部门和记账的新标准中发挥作用。这种类型的操作或优化实际上是通过使用各种工具（算法、数学和模型）来实现的。

这些机制不断要求在公司内部形成新的组织形式，它们通常组成正式独立的公司，这些公司仍然是单一金融控股公司的财产。因此，在满足短期利润要求之后，似乎更容易将投资从公司生产效率较低的部门快速转移到生产效率较高的部门，因为法律上独立的部门在短期内可能会缩小、扩大或出售。另一个策略是外包，这也可能是由于某些技术需要（例如，当只有较小的公司能够生产创新产品时，但由于大型公司加剧了它们与供应商之间的竞争，可能会进一步降低成本，以弥补生产过程分散导致的规模经济衰退）（Porcaro 2015: 30）。如今，公司的组织与管理高度依赖于各自的金融控股公司、机构投资者和股东，他们旨在实现短期利润最大化，并不断检查其投资回报率。此外，投资基金或对冲基金等机构投资者本身也受到特定的管制，因为他们的投资者如今更愿意更快捷地提取资金，然后将其投资于其他地方。公司及其某些业务已经高度分散，有时出于成本原因会将业务外包出去，目前已经实现高效资本化：成本结构、建筑物和机器、员工和工人的资质、技术诀窍，尤其是未来的成功前景，都需要不断地对金融市场进行评估和评价。公司管理层以股东价值原则为导向，加剧了公司的垂直分离、生产过程的分散化以及全球生产的分裂。通过"预期盈利能力"参数，公司所有者长期将公司自身的未来再生产置于自己的支配之下，从而使当前的生产过程、公司的一部分或业务领域、工资水平、生产率、工作组织、房地产、研究和固定资本成为非常具体的成本与利润计算对象。

所有这些可以总结如下。股东价值这一概念意味着在金融市场上对公司进行财务决策评估，同时决定它们未来是否适合作为金融投资对象。追求资本回报是为了通过盈余管理来降低投资者和股东的风险敞口（加上所谓的管理者业绩承诺），同时提高公司的盈利能力。随着数字化分销网络发展日新月异（新技术的迅速过时、长期奉行的积极营销策略、消费者偏好的变化等），薪酬分配体系的个性化、工作的灵活性、非典型雇佣关系、浓缩在机器和劳动力中的知识效率，以及公司生产领域的外包等内部参数会不断通过调整来占领新的业务领域。在这一背景下，今天股份公司的业绩必须通过利用结构创新机会和资本市场上的潜在流动性来证明虚拟和投机货币资本积累的有效性，以减少对公司自身行业竞争条件的依赖或建立寡头垄断市场结构，这绝不排除创新也可能被阻止的可能性。此外，工业或贸易领域的大型公司也开始在金融市场上运作，因此它们获得的利润很可能高于实际业务领域的利润。

参考文献

Bichler, Shimshon and Nitzan, Jonathan (2013) *Differenzial Accumulation*, in: http://bnarchives.yorku.ca/323/03/20121200_bn_da_ft_lexicon_web.htm.

Hartmann, Detlef (2015) *Krisen – Kämpfe – Kriege. Band 1: Alan Greenspans endloser "Tsunami"*, Berlin.

Pistor, Katharina (2020) *The Code of Capital: How the Law Creates Wealth and Inequality*, Princeton.

Milios, John (2019) *Value, Fictitious Capital and Finance: The Timeliness of Karl Marx's Capital*, in: http://users.ntua.gr/jmilios/8124-Article_Text-22400-1-10-20200311.pdf.

Porcaro, Mimmo (2015) *Tendenzen des Sozialismus im 21. Jahrhundert: Beiträge zur kritischen Transformationsforschung 4*, Hamburg.

Sotiropoulos, Dimitris P., Milios, John and Lapatsioras, Spyros (2013) *A Political

Economy of Contemporary Capitalism and its Crisis, New York.

Windolf, Paul (2017) *Was ist Finanzmarkt-Kapitalismus?*, in: https://www.unitrier. de/fileadmin/fb4/prof/SOZ/APO/19-019_01.pdf.

第 12 章

金融化风险主体

今天的资本主义风险管理不仅是预测资本主义公司未来能否成功的一种形式，或者是理解金融精英经济知识的一种方式，它还阐明并塑造了全体人口社会经济活动的全新动向。通过金融体系差异化的运作模式，货币资本如今定义了各个社会经济领域中几乎所有重要的社会关系。在这一背景下，美国社会学家兰迪·马丁将金融化这一概念理解为一个过程。在这个过程中，当前的社会和权力关系一直是通过金融行业产生并进行重新校准和重新配置的。马丁对日常生活的金融化进行了详细研究，并对主题的表现和估值进行结构化设计，这甚至会导致感知电算化（Martin 2015）。此外，为了在人群中实现全面的象征性合法化，以执行具体的行动逻辑，金融行业使用非常具体的经济领域模型、度量工具、信息和描述，将其命名为一种霸权的表现形式。因此，金融体系应被理解为一套标准化协议、指标、意识形态和权力技术，以此来长期敦促广大民众通过一种以自我和生产力为导向、积极、灵活且合乎规则的方式来组织其日常社会生活。

在这个过程中，如果投机者知道如何有效地管理其工作与业务安排、客体关系和私人事务，以及如何在必要的自我价值稳定过程中规划、协调并成功实现自己的未来，他们将凝聚成当前社会经济最重要的领军人物之一。如今，自我管理是教练和营销行业的热门词汇之一（由个人理财业务的高层管理人员发明）。这是一个述行趋势词，它要求人们长期接受和通过遍布各地的新自由主义评估中心的测试、评估项目和考试。套利者或投机者在未来项目、功能和举措交叉点上的运作要比传统企业家多得多。例如，当套利者编制或有衍生品合约，计划通过固定价格和预期价格的潜在偏离来获利时，这反过来意味着，一个人也可以从其他参与者的操作损失或贬值中获利。因此，总是有必要从对其他参与者行为的预期中获利，在衍生品交易中严密监视竞争对手，并根据预期利润率不断实现自己投资组合的多样化。在金融战争机器领域和随之而来的预防性安全模式中，人们必须立即做出决定，甚至在行动可能消失之前，最好是现在做出决定，在对手出现之前进行干预，在犯罪之前惩罚某人，在产出实现之前进行衡量，以及在产品生产之前进行销售——所有这一切还涉及声名狼藉、过度活跃、注意力涣散导致的主体障碍，这些主体总是不适当地按照效率要求行事。

从风险管理中获益的可能性在于不断利用套利机会（利用最小的差异），这也可能被视为首选的金融主体化方式之一。这种有动机的套利交易允许否认对社会结构的依赖性，而社会结构现在甚至可能被歌颂为自由竞争。自由竞争可以用个人主权来支配，正如它可以仅仅从主观可控的投入和产出的角度来衡量。然而，当前金融时代的生命政治不仅包括主体对风险的持续调节及其自我管理实践，还包括对收入达平均水平的人群进行统计排序，即将人群分为在风险面前成功的人和不成功的人。这就是处于风险中的含义。今天，所有评级、评分和排名程序都是基于平均值或者平均度量值，当获利盘、表现突出者、亏损盘和表现不佳者相互博弈时，它们会围绕着平均值振荡。尽管经济成功主要是通过特权中产阶级和富裕精英内部集体采用的运作模式来推广的，但工薪阶层、不稳定群体和失业群体长期面对不如意的境况似乎不可避免地被归因于个人错误。这似乎还不够，金融行业还发明了一种长期评估、测算和构建与最弱势群体自身风险状况相关的责任、流动性和策略的方法（从发放消费贷款到获得学校、教育和卫生等领域的私有化公共物品，再到死亡管理）。今天，随着各类服务的度量指标、评级、排名、新建查询和诊断工具的制作，以及基于数字技术和基础设施的处理指标规模不断扩大，它们被用于全面监测、诠释和量化人们的社会生活。这些指标是使用数值级数和数据生成的，它们通过引入控制论应然分析，利用量化信息和资源及构建以绩效为导向的风险预测模型，归纳出非阶层式准隐形（尤其是）远程治理模式，从而实现准确有效的治理。这在历史上是前所未有的，完全可以通过数字系统来实现。

当代风险主体的控制还要求以利润为导向的保险公司长期对其客户进行分类、规范化和评估。这清楚地表明，风险主体是分割的个体，[①] 因为它们被赋予了与消费者特征、交互、健康、教育和信誉度等因素相关的具体数字，这使得它们成为被称为"分割的个体"的分割实体。使用不同形式的风险管理工具和其他金融工具的保险公司，会将以图表形式表示的量化要素转换为

---

① 根据德勒兹和瓜塔里的观点，机器奴役将主体分割并重新组合，从而使主体更具流动性、灵活性和多变性，并将其转变为分割的个体。机器和人之间的这种耦合首先指的是控制论通信图形，它可以调节有机体与机器之间的交互（Deleuze and Guattari 1992: 635）。

在人机交互设备中，组件是通信过程中经常使用的部件，其主要用途是产生有利可图的投入和产出。尽管规训社会是围绕"个体与大众"的关系构建的，但控管社会通过"股息和数据库"二元组来表达自己——一边是封闭式机构，另一边是在开放环境中运作的控制过程；一面是签名和管理编号，另一面是作为访问条件的代码和密码。然而，现在有了第三种技术，该技术既使用签名作为学科政治符号学的一部分，也使用开放环境或受控设备中的代码。这项技术最初更关注被视为不可分割时空实体的"个体"，但当涉及它们的构成时，这些个体仍然依赖于在数据库中聚合并经过算法处理的分割材料的调动。因此，这些技术不完全属于学科个性化范畴，也不完全属于通过各种控制程序产生的分歧。如今，分割的个体主要包括一个由各种私人公司、舆论机构和国家机构记录、控制和监管的统计学实体。人们分别借助统计程序和概率演算将分割的个体归类为生命政治性遗传实体，并将其划分为不同的群体。与此同时，用于指示分割的个体的情感、身体和心理能力的风险概况不断被重新生成、重组并接受各种测试。

更高级的量化类别，以便于不断重组要素，创建新的激励与分配体系，并通过提高绩效来实现更高的利润。根据风险概况记录，这些主体在一定程度上也可以完成这些任务（Lee and Martin 2016: 539）。保险公司最初根据标准化风险定义来收集数据，并根据收入、家庭出身、工作、居住地、性别和教育等标准对风险主体进行分类、分级和定价。尽管风险主体固执地专注于其个人的新形态，以便于不断地以创造性和自由的方式来重塑自己（因此通常只能让自己适应这样一个事实，即他们根本无法改变自身的处境，或者甚至不想改变）。保险公司将他们视为过着很普通的生活的过于刻板的主角，这时"招聘广告通过成功地综合了人事经理和小学教师希望在一个人身上看到的所有性格特征，从而变得更有趣"（Pohrt 1980: 98）。尽管愿意承担风险的主体（尤其是来自中产阶级的主体）不断寻求摆脱身份的束缚，但同时，保险公司和其他控管公司会对这些主体进行极其高效的调查和分类。生活日益富足的中产阶级（经济日益富足，文化日益衰落）甚至享受这一点，他们其中的一些代表可能在保险公司承担着较高的工作职能，并在对冲生活风险方面成功地超越了彼此。在职能部门之外快速传播信息的过程中，套话和口号残忍而绝望地改变了他们自己的生活方式。同时，如果存在愿意承担风险的主体，则需要保险公司采用控制结构（统计学、表格和分类法），它们根据风险类别对客户进行分类和排序，以建立合适的风险概况模型。自我优化过程和控制结构相互依存、相辅相成。今天，公司和个人并不是通过分析具体的个案，而是基于均匀量化指标来审查其信誉度。即不是通过调查个案，而是通过创建标准化风险概况模型来控制信贷。因此，为了对消费者进行评估，人们引入了Fico评分系统，该算法可以被视为控制新自由主义主体的重要统计工具。评分是指将绩效、效率、盈利能力或偿付能力归因于某些实体，以便对其进行分类和分配其他任务，而筛选包括从更大的目标池中选择实体，然后设立价值排名榜。在这两种情况下，目前都是由机器算法处理的。

根据上述标准对主体进行分类，然后将分数分配给主体，通过对结果进行加权组合，形成一个信贷等级，最后根据总分来确定信贷分配额度。统计程序用于通过指定信用等级来模拟偿还贷款或贷款违约的概率，信用等级不仅决定贷款本身的发放，还决定贷款的条件（条款、利率）。今天，到处是有关债务、市场活动和主体的总体经济状况等因素的数据资料，它们可用于风险测算和评估，因此，未来的趋势是通过信贷风险殖民化将越来越多的人口融入这一过程（Mau 2017: 64）。

保险公司使用 Fico 评分系统构建其客户的信用历史记录；公司使用它来检查求职申请和寻找最佳位置；健康保险公司使用它来预测患者是否正确、定期服药；赌场使用它来识别赢钱最多的客人。此外，一个涵盖排名、评级和其他评估机制（通过数值级数来实施，其结果也可以变得可视化）的广泛、密集的网络目前覆盖了所有社会经济领域，并且也涉及主体几乎所有的活动、情绪和情感。对于后者而言，这意味着我们正在处理分割行为和属性的聚合与重组设计（即明确的衍生逻辑），因为主体可以通过用于排名、筛选、评分、量化和货币化其风险概况的机制转化为分割产品，然后由荒谬地将自己视为个体的管理者、分析师和他人进行评估。在这一背景下，产生了一种新的客观性制度，它不仅通过量化使差异和对比变得可见，而且还形成了新的等级和分类。尽管评级是通过某些技术来评估和评价某些对象（即事实、主体和实体），但通过排名可以将对象按一定的优先顺序排列。评级和排名的货币化和经济化导致人们对效率提升方法进行持续的结构调整，即围绕盈利能力增长量化或转化为数字的投入产出矩阵方面，进行所谓基于绩效的资金分配和预算编制。因此，教育、卫生、监禁甚至战争等因素现在也日益受到影响。

此类风险主体不可能一直处于被动状态，但必须在其风险管理框架内不断采取主动性和战略性行动。事实上，它必须以一种深思熟虑的方式来构建自己的未来，因此，奖惩是围绕自身测算出来的风险进行长期管理的结果。米洛夫斯基（Mirowski）将风险描述为"自主创业的氧气"（Mirowski 2015:

Kindle-Edition: 1912）。这本身就是一种小"资本",它应该在所有生活领域和场景中以不同的方式被有效利用,这必然要求将风险理解为个人生命、工作、家庭、保险和消费的组成部分。因此,新自由主义风险主体转变为公司、客户、自身生活的产品和原材料,同时仍旧消除了消费者与生产者之间的区别,转而支持与自有的小资本保持一致的主体。新自由主义风险主体必须将其个人特征、项目、技能和能力视为需要培育、管理和增加的资本和资产,包括当然也需要管理的负债。当然,以债权和资产的形式呈现比以负债的形式呈现要好。在这种情况下,保险公司是一个必要的机构,可以用来调节自我剥削过程和反弹过程中产生的波动和分歧。最后,新自由主义主体转变为衍生品交易模拟"局点",它就像"输液依赖症"一样依附于衍生品交易,并且以最高程度的警惕性或灵活性同时维护、加强和改进衍生品交易。各种需要扮演的角色之间没有固定的层级关系,而是根据短暂需求来决定角色扮演的不同,正是这种灵活性要求主体长期进行自我控制。情绪、技术和程序都会发生变化,尽管还不完全清楚实际上是由谁精心策划的,但如果新自由主义主体不想完全陷入病态和反社会的状态,那么一个整体必须继续存在,无论它多么短暂。

在金融化过程中,几乎所有东西,从爱情、教育到宗教,现在都被放在优化和盈利能力的视角下看待。这是对公司业绩(盈利能力方面)和政府绩效(效率方面)要求的补充,如今,这些要求往往足以首先说服金融市场。最后,它在一定程度上是一个投资主体的构成问题:人们应该让吃饭更有效率,也就是说,人们甚至应该将食物视为对身体的投资。因此,肥胖症这一当今发病率增长最快的文明病之一,被视为对身体错误投资的结果。这里有一条格言:通过风险管理来应对您生活中的不稳定性,通过投资健康保险来提供预防性护理,通过将您的时间投入到集体爱好或志愿服务活动中来应对凝聚力不强的问题。今天,金融化也正在形成横向联合的不稳定型无产者,并为自身问题提供了解决方案。不稳定不仅是一种常态,而且成为一种轻而易举的事情，它使得供资主体有可能通过就业、健康和福利投资，最好是为一切可能的事情提供保险，从而使目标和努力方向着眼于当下，做出快速决策，并将未来私有化。在《金融家》（*Financier*）一书中，我们看到了背负高杠杆的不稳定型无产者的领军人物，所有工人和员工都会（也不可能）不知疲倦地效仿他们。这将开启一种勇敢的新生活，其特点是流动性最大化，并迅速适应最有利可图的环境。①

由于随着衍生品的出现，债务保险手段已成为承诺和盈利能力的目标，因此我们不可能再获得债权人和债务人的固定地位，至少在富裕的中产阶级阶层和发达国家的精英阶层是如此。这样一来，一方面，这里将不再有占据资本头寸的具有绝对主导地位的债权人；另一方面，也将不再有完全依赖工资的精疲力竭的债务人。例如，如果债务人的债务可以从一个债权人转移到第三个债权人，并且这种关联在全球范围内蔓延，那么相关债权人和债务人的地位已经不再像以前的纪律制度和主权制度那样被清楚地区分开来。它们相互波动、振荡和交换，同时不再容易观察到。债务人通常将债务完全理解为债权人与债务人之间的二元个人关系，即债权人借钱，债务人在合同和道德上有义务偿还债务。这种观点忽视了债务链的当前形式，因为它们不仅是一种债务，而且也是可交易资产，它们是多重证券（如 CDO）的一部分。这里不再有任何可明确识别的区域，在这些区域中，寄生式债务人可以与其债

---

① 马克思·海文（Max Haiven）通过各种实例证明了新自由主义金融对文化和社会生活的巨大影响（Haiven 2014）。他审视了这位华尔街银行家，这个备受吹嘘的"风险承担者"对不稳定性持专业态度，这使他成为更广泛金融化进程中极具影响力的代理人。在书的末尾部分，他审查了客观的受害者，此受害者以一种非常具体的方式"处于风险之中"，即成为种族化的次级借款人，据称其有毒债务在 2007 年毒害了全球金融体系。如今，在告别紧缩政策和品牌崇拜之后，就连沃尔玛也在将其客户和员工转变为风险承担者、新自由主义主体和老练的金融参与者，他们将金融风险管理的方法和实践变成自己的东西。此外，在一个生活的方方面面都往往被衡量、量化和投机性管理的时代，"创造力"这个模糊的术语呈现出一种至高无上的现实：它包括一种新的金融化话语形式。

权人精确分离；相反，过去金融危机的模式表明，从某种程度来说，弱小的寄生式债务人甚至可以主宰或至少以某种方式危及金融体系；同时，它也是金融体系中最薄弱和最强大的一环。

如果今天的债务结构意味着主体被治理和自我治理的金融逻辑和策略的延伸，那么衍生品就是同一过程的另一面。尽管资本公理明显要求承担无限债务，但作为回报，它需要构建不断创新的支付承诺和货币资本，尤其是在目前仍然通过新自由主义的生命政治学安排的自治和自我优化模式、技术和方法方面。但是，人们不应该为了想象一个永远都负债累累的人而陷入忧郁之中；相反，我们应该严格拒绝接受这种可悲的辩证法观点，这种观点会长期地来回改变债权人与债务人之间的关系。因此，我们必须坚决反对将债权人与债务人的关系简化为纯粹的资本服从关系。

今天资本化构成了一种金融实践监管制度，并最终形成了风险结构，其中这些实践远远超出区分安全性与不确定性的二元实践。如果过去社会金融化专注于信任和异常现象等重要标志，以避免混乱或意外，那么今天风险则被认为是不可避免的，甚至其存在被认为是可取的，因此我们必须习惯于生活在不断存在风险的条件下。今天，我们必须时刻考虑风险产生的最新现状，同时审查使风险资本化成为可能的社会关系，以便最终将风险视为政府本身及其经济的核心要素。

金融化的主体正是利用现在来预测未来并对未来利润进行投机，同时对冲风险，然后通过再对冲操作来反复阻断这种对冲操作的风险。发生损失的可能性与对这种可能损失的对冲（甚至可能产生利润）是相互联系的：尽管损失和利润不再构成反比例量，但一个量现在可以产生另一个量。这种面向未来的机会产生了一种方法，该方法看似僵化而顽固地着眼于未来、未来利润或对未来的对冲。因此，未来等同于竞争成功，通过保障未来，同时不断重新评估对未来的波动预期，可以长期地重新定义未来。在这种情况下，通过计算价格并将其贴现为现值，预计衍生品将成为未来的价格（当然这尚未发生），这正是利用不确定的未来在当下产生回报的方式。这种管理未来的方式影响着现在，现在本身被分割，不再是唯一的计算起点。为了将其与参与者关联起来，参与者现在必须将未来作为他们自身行动的一个条件，因此当前的行动本身也会被调整。主体性本身产生波动。事实上，主体性评估是在面对赤裸裸的金钱公理的情况下进行的，因此主体没有更多的时间来招致类似道德罪过的东西。因此，当前通过金融化产生货币债务绝不需要一个消极主体，而是需要创造一个积极主体，此主体不再仅仅受财产和合同约束，而是同时不断接受风险评估及支付承诺、评级和排名审查。金融化主体现在必须学会感知、评估和执行各种可能性，以改善自身的生活，以便于在跨越时间的合同和衍生品之间摇摆不定。主体必须不断确认其生活在资本债务与创造自身生活的债权人职能之间不断波动。

债务不是直接压在人们身上的巨石，相反不断增加的债务会在人们心中持续制造恐惧，这是通过生产可能性的持续评估机制来实现的。因此，这不仅是关乎债务本身评估的问题，而且是关乎根据自己的小资本及其可能性和潜力增加债务的问题。因此，在评估未来可能性的背景下，这里评估和分享的不是偿还债务的能力，而是持续支付的能力。通过这种方式，债务作为一种权力技术最终被整合到一种多重处置评估方案：它是一个持续评估主体价值化可能性的过程，由某些权力关系同时进行组织和不断动员。

今天，债务处理过程中的决定性因素已不再是债务的会计核算或数字暴政，而是风险管理，它包括根据主体的潜力对主体进行评估，并确定其未来可能产生或积累的人力资本数量。为此，必须制定风险概况模型，并根据算术和层次分类法对其被访地址进行分类；持续的金融化过程会形成生活和社会关系所有元素的编号（可数性），以便不断地将这两个领域进行组合和比较，从而无休止地重复做同一件事。对债务进行持续管理是有必要的：管理自己的债务并不意味着可以管理自己的资本，这正是资本今天不仅称你为债务人，还称你为资本创造者的原因。通过转变方式干预自己的风险生产，资本创造者旨在成为一个无休止的持续创造者，而他们多半无法得到回报。这类创造者是金融化的副产品，甚至带有原始法西斯主义的独裁倾向。有人告诉优质小额债务资本的创造者，他可以把自己的生活变成一场机会游戏，但在这场游戏中，他从不中奖，因此被迫玩彩票直到死亡，这是背后隐藏的事实。他被告知市场将给他带来和平与繁荣；他看到前面有一片光明的未来，虽然不一定贫穷，但至少长期面对生活条件的压力并对此担忧。这个集债权人和债务人于一身的金融化主体生活在一个漫无目的的未来世界中，这在一定程度上要求他将自己的社会想象力完全集中在自身风险管理上，充分利用风险潜力并实现回报最大化。因此，有关以前未知事物的任何观点都会被公然排除在外。

债权人与债务人之间的单一关系最终可以扩展为一种扩充链状关系，但它也可以是一种立场转变的关系：每个债务人都可以成为债权人，而每个债权人也都可以成为债务人。

这对债务处理阻力意味着什么？我们应该努力利用来自其他地方的可能优势，而不是利用固定立场和隐藏在债权人—债务人关系中的行为人—受害者关系来丰富债务人：取消债务人—债权人关系中存在的任何后果，过度偿还债务，以及创建不同结构的社区。债务人实际上可能表现出对其债务的漠不关心，从而以违反纪律的方式行事。债权人与债务人之间的关系是流动的，因为它们互相吸引，又互相排斥，存在紧张的对立关系，并且这里的边界也在不断变化，也就是说，它是一个没有预定规则的流动领域。每一刻都是一个不可见的、转瞬即逝的决定性时刻。债务不再与道德债有关，而是与不断重新谈判的关系，以及改变战术的战略和谈判有关。这些谈判会一直持续下去而不会停止，只会转变、转向和破灭。如果资本主义下的债务领域要保持开放，这些都是最低限度的理论认知。

参考文献

Deleuze, Gilles and Guattari, Félix (1992) *Tausend Plateaus. Kapitalismus und Schizophrenie*, Berlin.

Haiven, Max (2014) *Crises of Imagination, Crises of Power: Capitalism, Creativity and the Commons*, London.

Lee, Benjamin and Martin, Randy (eds.) (2016) *Derivatives and the Wealth of Societies*, Chicago.

Martin, Randy (2015) *Knowledge Ltd: Toward a Social Logic of the Derivative*, Philadelphia.

Mau, Steffen (2017) *Das metrische Wir. Über die Quantifizierung des Sozialen*, Berlin.

Mirowski, Philip (2015) *Untote leben länger. Warum der Neoliberalismus nach der Krise noch stärker ist*, Berlin.

Pohrt, Wolfgang (1980) *Ausverkauf. Von der Endlösung zu ihrer Alternative*, Berlin.

第13章

金融体系与金融危机

参考金融体系普遍存在的负面特征（过度投机）或其重复出现的错误（发行过多抵押贷款、有缺陷的风险管理、信息不对称等）几乎不能帮助人们了解近几十年来全球资本危机的真正原因。主流经济学家已经查明危机的四个主要原因：高负债、全球失衡、普遍金融化，以及人们未准备好付款就出具承诺书（cf. Das 2015: 33）。有人还反复指出金融市场监管中的错误，例如，自2000年以来，评级机构没有对公司进行正确的评级（当然与其自身利益有关）；他们还提到银行危险地使用信用违约互换，这会导致其资本储备减少；此外还提到了场外交易市场缺乏透明度，以及投资银行有能力使用自己的模型来评估市场风险和自2004年以来风险投资所需的准备金等。他们援引的其他因素包括房价的快速上涨、优质贷款的发行及其证券化、担保品的错误估值、特殊目的公司与货币市场（尤其是在美国）之间的不透明关系。然而，所有这些解释都不是2007年所谓次贷危机的真正原因，充其量只是全球资本主义经济重重危机发展的表现，如今资本主义经济仍以新自由主义模式为代表，即以20世纪80年代以来资本主义社会形态的特殊组织（cf. Milios and Sotiropoulos 2009: 164f.）为代表。另外，即使在2008年金融危机之后，其中很多情况仍然存在：人们只需想想三大评级机构高度集中的权力，政府在金融业监管方面所做的胆怯尝试,以致有人可以通过制造新的"漏洞"和利用监管空白来规避监管;尽管有人发明了新型衍生品和互补风险模型,但它们的成功仍然依赖脆弱且危机四伏的资本积累。最终,2008年的金融危机对工人阶级及其家庭造成了非常严重的打击,洗劫了他们微薄的财富,使他们的处境更加危险。

从某种意义上说,金融体系的深化是资本全球扩张过程中的一个重要时刻。至少在发达经济体,现有的每一笔资金都有可能被资本化并作为一种支付承诺进行有利可图的投资,即在全球范围内调动资本主义生产方式下的某些潜在货币,以此来进一步提高或至少保持资本的盈利能力。一段时间以来,更多的参与者通过国家保险系统的私有化进入了全球市场,从而调动更多的资金参与进来,但这些资金并不一定直接投资于生产领域,而是成为未来收入流资本化和支付承诺的一部分。这将需要在金融体系内部建立一个越来越大的非银行部门。同时,这对所谓的无风险利润造成越来越大的压力,这反过来又促使新金融证券的发行,从而使以前未被发现的市场融入信贷领域,这反过来又增加了目前全球市场不断波动和迁移所带来的风险。

新自由主义模式的一个重要方面是其国际性质,这是因为全球市场往往被转化为单一的利润表。资本的国际性质,以及新市场的扩张和用于防范各种风险的风险管理技术的推广导致自21世纪以来风险的分布越来越广泛。但是,自美国开始出现"抵押贷款担保品不足"的谣言以来,风险管理本身已不再准确发挥作用;相反,这表明风险在全球范围内扩散。如今,大肆吹嘘的"市场智慧"理论假设金融体系可以评估每一种证券,但这正是导致大型参与者之间失去信任的原因。

2008年金融危机期间,信贷市场的流动性实际上就已经蒸发了。因为金融机构在囤积资金,而不是将其投入流通领域。它们担心衍生品业务的交易对手无力偿债,进而导致衍生品定价效率低下。银行业机构破产的风险不仅在于回报率低,还在于持有非流动资产,这可能引发连锁反应,导致"健康"

金融机构的流动资产也可能被毁损。这通常被描述为一种"传染病"，它由一个独立于社会运作，并引发螺旋式通货紧缩的客观的非个人行为主体引起。因此，金融危机表现为因缺乏证券买家而导致流动性大幅减少，而结束危机的唯一手段在于央行的再融资潜力、纾困和量化宽松等措施，以及发行新的政府债券。这些债券充当新贷款的担保，从而进一步增加贷款。在这种情况下，我们需要假设一个分形的风险循环链，以此来确保在最后一个泡沫破裂的地方永远不会出现新的泡沫。投机资本循环链的时间结构表现为两种对立的力量和态势，即增加风险的需要和保持市场凝聚力的需要。同时，这两个方面是相互关联的，它们造成了内在结构性紧张，从投机资本本身的逻辑来看，这正在导致危机（LiPuma 2017: 156）。

就时间而言，流动金融资本使利普马所称的"跑步机效应"持久化[1]（ibid.: 24）。对于机构投资者而言，短期内可能是合理的；但对于整个金融体系而言，可能是非理性的，也是破坏性的。金融体系存在固有错误的可能性不应归结于个体行动或行为主体的倾向。在这一过程中产生了社会集体倾向，引导个体参与者行为朝着特定方向发展。从抵押贷款到衍生品，证券化策略与一段时期的繁荣有着内在的联系。证券化链条的结构动态导致需要通过以

---

[1] 必须指出，时间本身构成了一种抽象风险。或者换言之，时间是一种无处不在的风险，它适用于每种类型的衍生品。在生产过程中，行动主体通过延长投资回报期将外部产生的风险降至最低。相反，一组反向风险条件决定着衍生品流通。由于每种衍生品都有一个到期日，并且所涉及的时间段没有外部参照物，因此时间既是一种风险来源，也是一种可量化的维度。对于投机资本来说，风险最小化意味着缩小或抵消时间的影响，这涉及波动性、市场不稳定性和或有事件的出现等因素。但这种对时间的压缩也能产生一种定性的效果：投机资本通过连通工具（衍生品）达到自身目的；衍生品是利润的来源，也是其自身的复制品。由此产生的金融文化和经济产生了新的社会形式，如抽象风险、通过数学模型和新的自我参照式合约安排对衍生品进行定价等新技术。自我参照性、时间压缩和风险货币化等因素产生了衍生品市场，其时间结构与基础资产市场或机构（包括金融机构）的时间性没有必然关系。

低利率借入短期资金来不断提高投资组合的杠杆率，以更高的利率筹集资金，为长期衍生品融资。这在最近的一次2008年金融危机之前是可能的，因为两个杠杆周期是相关的：房屋所有者将房屋作为金融资产进行杠杆化，而管理者则将其投资组合杠杆化，通过双向动态将这两个紧密相连的市场推向一种相互刺激的不稳定状态。如果各种金融市场达到的每一个高点都代表着一个新的平台，并且投机资本试图以此来消除利润下降的可能性，那么这正是导致危机成为系统性问题的原因。在这一过程中，两种必然的倾向（即需要增加风险和需要保持市场的完整性）发生冲突。这两种对立的倾向造成了一种内在的结构性紧张，这种紧张产生了一个自成一类的社会，同时也成为投机资本自身逻辑所固有的现象。这种内在逻辑并不意味着市场遵循线性逻辑和必然出现系统性崩溃，但它确实代表着金融市场存在固有危机过程的可能性。

利普马所阐述的投机资本时间性的中心论点是，衍生品市场以自我参照的方式启动了一个时间进程。通过这个进程，抽象风险被推升至一定水平，此时即使市场小幅动荡也可能导致系统性崩溃。因此，引发危机的不稳定倾向也建立在市场的时间动态之上。这里有一种方向性动态表明市场日益复杂和不稳定，利普马试图用跑步机效应来解释这一点。这必然关乎时间问题，即（系统）抽象时间与行动主体时间之间的差异，这两个时间有很大的不同。此外，金融领域有多种相互交织的时间性因素（ibid.: 147）。

衍生品市场本质上是不稳定的，以至于其波动性往往会升至极端水平。它们的周期随着杠杆水平（风险增加）、复杂性和不稳定性的增加而变化。这些市场在一个周期即将结束时变得越来越不稳定。实现的利润越高、分布越广，流入市场的投机资本就越多，这迫使金融公司之间展开激烈竞争，进而激发了市场参与者增加杠杆的动机（ibid.）。

如今，市场上有利可图的交易立即会吸引大量的货币资本流入，如果某些市场参与者对头寸有同样的需求，卖方的收益率会随着需求的增加而下降。金融市场的一个特点是，随着交易速度加快，时间会被压缩，公司的利润率和回报率会越来越低。交易者对此的反应是再次加杠杆,反过来,广大交易者必须采用同样的策略来应对。跑步机效应的一个重要方面就是市场的发展需要市场参与者不断提高其风险偏好。

只要投资者预期资产价格会上涨,这些资产就具有流动性,并且可以出售获利。然而,一旦价格停滞不前,投资者就会试图出售这些资产,这可能只能在亏损的情况下进行。如果大型投资者想出售大量资产,或大量小型投资者想出售资产,这可能会导致资产清算过程中出现流动性瓶颈,从而引起恐慌行为和与资产价格相关的下跌。

因此,未预料到的风险、信心丧失及对支付承诺的大规模建构与解构可能会导致波动性朝相互依存的方向大幅摆动。当对冲基金依赖抵押贷款等长期票据,但需要快钱进行短期投资时,波动性会剧烈摆动,因为无论如何对冲基金的杠杆率仍然很高。从结构上看,金融资金流动的时间性侧重于短期主义,实际上侧重于立即可能实现的短期行为。这也反映在投机资本长期寻找新的套利机会上,在这种情况下,反向头寸抵消了风险或者衍生品头寸起始日期与设定的到期日之间的时间差。这些机制激活了时间的方向性和可压缩性,无论是在衍生品头寸方面,还是在尽可能试图优化利用投机资本方面。

正如我们所看到的,在这种情况下,短期内对参与者来说可能合理的方面成为一个困扰整个市场的问题。正如尼古拉斯·塔勒布(Nicholas Taleb)在他的《黑天鹅》(*The Black Swan*)一书(Taleb 2010)中所假设的那样,金融危机不仅仅是随机爆发的结果,而是金融市场时间性固有的结构性紧张、压力或干扰的结果。在这种情况下,外部新闻很可能加快危机进程。反过来,流动性下降的持续时间对应于市场的结构脆弱性,高杠杆衍生品头寸会导致市场结构脆弱性,并且特别容易受到加速清算的影响。

在金融危机时期,人们越来越需要被视为高流动性和高安全性的资产。对资产未来价值的信心变成不确定性,这时就会出现明斯基所称的"流动性幻觉"。由于没有更多买家,资产现在变得缺乏流动性。如果由于利润预期下降，证券卖出量增加，则回购合约需要更多担保品，回购合约的风险溢价也会相应增加。高杠杆投资者陷入支付困难的境地，不得不出售更多证券以获得流动性。随着证券价格下跌、回购合约风险溢价上升，以及对担保品的需求增加，我们看到流动性呈现螺旋式下降。回购合约泛滥，进而出现流动性问题。随着证券价格的持续波动，这种螺旋式下降可能会迅速扩展，这需要使用货币资源和央行资金来弥补现有负债。投资者最终被迫不惜任何代价出售证券。

金融体系特别不稳定。它是顺周期的：要么市场中有大量的流动性并创造了更多的流动性，要么流动性太少并进一步减少。在危机时期，私人金融公司需要国家和央行来稳定整个金融体系。如果影子银行系统在提供流动性方面发挥着越来越重要的作用，那么它也必须具有更强大的稳定性。

衍生品市场创造了一个社会领域，该领域的特点是投资者必须将风险结构纳入其惯习。系统性风险则表现为交易对手对自身偿付能力丧失信心，并被视为对流动性的相互限制。通过保持市场运转，确保实现一定的盈利水平成为未来参照的时间框架基准水平。无论市场具体发生什么，与整个市场相关的系统性风险维度都有可能引发危机。这是金融和衍生品的运作方式，因为风险同时也是一种由社会产生的、具体的投机活动，它使市场充满系统凝聚力。在这种情况下，金融危机期间衍生品的价格下跌绝不是由于错误定价造成的；相反，具体风险的价格反映了系统性风险的时间性。还必须注意的是，市场本身并不总是具有流动性。股票大单的交易量可能达到10万股，但这些订单可能只能在几天或几周内结算。

海曼·明斯基（Hyman P. Minsky）通常与后凯恩斯主义经济理论联系在一起，更准确地说，与美国"学派"联系在一起。温特劳布（Weintraub）、摩尔（Moore）、艾希纳（Eichner）、克莱格尔（Kregel）等作家都属于这一学派。与卡莱斯基（Kalecki）、罗宾逊、卡尔多（Kaldor）、哈考特（Harcourt）等欧洲学派相比，美国学派更关注经济学货币与金融过程。对明斯基来说，投资取决于盈利能力，所谓的"动物精神"取决于利润和利率等变量。这里的关键指标是利润率与利率的比率。

通过明斯基的分析（cf. Minsky 2011），我们可以看出，除了金融市场上存在的投机泡沫之外（亢奋阶段包括激进模仿阶段和过度投机阶段，然后是恐慌阶段、筑底阶段和盘整阶段），还有在总资本层面上触发危机进程的其他因素，这些因素不仅包括债务和信贷经济，还包括损害、破坏和抑制整个资本主义经济本来就不确定的稳定性条件的因素。这与新古典主义经济学家的假设完全相反，根据他们的假设，首先是市场供求的相互作用设定和控制了达到均衡所需的价格信号，或者市场作为自组织系统通过控制论的反馈环努力达到最优均衡状态。

因此，根据明斯基的说法，资本的扩大再生产周期可以表述如下：在稳定的生产期（包括公司积极的长远预期），公司的融资需求和投资规模都会增加，直到完全放弃风险规避的想法；它们更愿意承担新的债务，公司因新增投资而攫取的利润较少用于偿还贷款，而更多用于再投资，在某些情况下，它们甚至通过新贷款为贷款融资。市场价格波动中心的逐渐转移，或这些过程持续的时间（商业周期的持续时间，商业周期本身成为生产价格与市场价格之间关系的一般决定性因素）也是所谓的上升趋势的一部分，同时所有生产部门的市场价格运动重心会发生转移，直到这个重心最终确定与个体资本竞争的供给价格。

偿债能力的需求、价格弹性和债务融资潜力共同决定了利润率和利润总额，以及各部门和个别公司的产能利用率和投资。在繁荣时期，受工资上涨、原材料价格上涨和利率上升等因素影响，成本价格可能会大幅上涨。在这种情况下，斯拉法（Sraffa）强调"应该由利润率来决定价格"这一问题，反之亦然；"应该由价格来决定利润率"是马克思再次提出的问题。

在繁荣时期，银行、对冲基金和其他金融机构不断创造新的金融工具或合成证券，与此同时，公司的债务也在增长。即使在逐步上升的繁荣期，投资增长仍会导致利润增加。然而在一定程度上，这些利润不再足以偿还公司部分到期债务。最终，有效货币供给量会增加，而不断上涨的虚拟和投机资本价格会继续加大对证券投资的需求，而证券投资也由银行提供服务，从而进一步增加货币供给量，加大债务流通，进一步助长公司利用风险投资抵销债务的企图，并促使公司债务融资增加。

从某种程度来说，公司再融资实际上成为一个问题。因为尽管公司的债务融资增长很快，但经济的控制论反馈系统仍然非常乐观，直到非常关键的时刻出现。明斯基将这一时刻定义为"庞氏时刻"，即一家公司因每笔额外借贷而背负的高利息无法再从该公司的现金流和利润中获得偿付，以至于最终必须通过出售资产或借入新资金来单独偿付利息，从而导致债务链产生进一步的级联效应。例如，（预期）回报与预定贷款义务之间的关系从某一点开始似乎变得更加不稳定；它要求要么发放新贷款，要么进一步出售资产，因为银行也在不断减少其流动性，部分原因是因为证券价格下跌加上自身借贷成本上升。由于目前有很大一部分资产是按市值计价的，即资产价格对现有合同有直接影响，因此资产价格下跌会实时影响大量资产。由于资产是回购市场和影子银行系统的中枢神经系统，在危机中无法出售资产会导致所有金融机构的流动性短缺。如果做市商由于无法获得央行资金而遇到支付问题，整个影子银行系统将很快受到影响。

明斯基认为，尽管由于货币政策的总体效果有限，各国央行可能继续向不稳定和失衡的市场提供新的流动性，但支持和稳定有效需求的唯一途径是加大政府赤字开支，这反过来肯定会改善企业状况。

到2008年，次级抵押贷款行业出现了庞氏骗局。银行转移信贷违约风险，并且越来越不关心客户的信誉。此外，次级抵押贷款只有在房地产价格上涨时才得到保障，但实际上房地产价格自2006年以来开始下降。许多次级借款人再也无力偿还抵押贷款。由于出现违约，许多小型次级贷款机构不得不关闭或被接管。早在2007年5月，约有1000亿美元的次级贷款变成了坏账。私人银行彼此之间不再相互信任,货币市场陷入停滞。大型对冲基金不得不申请破产。雷曼兄弟的破产成为最后一根稻草。在影子银行系统的衍生品合约交易中,该行作为做市商占据着核心地位。受其破产影响,许多银行和投资者在华尔街的地位受到威胁。这个故事是众所周知的。为了防止信贷紧缩,欧洲央行、美联储和其他央行以低利率发放了紧急贷款。各国政府开始启动众所周知的纾困和救援措施,其中包括实行低利率和银行国有化,并推行量化宽松的货币政策。设立坏账银行是为了创造流动性和对银行进行资产重组。

正是"资本边际效率的突然崩溃"(Keynes 2018: 281)导致了资本积累的停滞,在繁荣时期尤其如此。这是因为投机交易和债务融资的过度增加人为地推动了经济增长。而在低迷时期,大规模资本贬值迫在眉睫。这对拥有那些所谓的对生产率敏感的固定资产成分的公司的周转时间有很大影响,但同时也为整个经济所需生产设备的新的重要合理化过程奠定了基础。除此之外,明斯基理论令人头疼的论点也涉及股权与债务融资之间关系的模糊界定。明斯基将主要精力放在固定资产投资及资本通过扩大消费信贷规避对投资和国家赤字开支的有效需求依赖的可能性。显然他忽视了这种可能性,但自20世纪90年代以来,这种可能性已经被越来越多的人所认识到。最后,明斯基对国家金融主权执着的信念,以及放弃对"货币资本融入差异化资本积累的结构性变化趋势"进行更详细的调查为这一理论方法带来进一步的问题。

最后,我们应该如何理解金融危机与生产之间的关系呢?有时,金融危机可以开启一段资本积累过剩期,但有时也标志着资本积累过剩危机的结束。有时金融危机自身会显现出来,相对不受实际经济周期的影响。也就是说,它们对工业利润率变动和就业不会产生重大影响。无论如何,正如传统马克思主义理论常常试图证明的那样,金融资本的危机变化不可能与工业利润率的周期完全同步,但金融危机及其泡沫的发展总是具有一定的自主权。卡洛塔·佩雷斯(Carlota Perez)试图解释这些联系:在扩张阶段,创新型企业在融资方面存在问题,因为那些使用成熟技术的企业吸收了可用资本,而当这些技术达到最高效率且缺乏有利可图的投资机会时,有足够的货币资金可用。在经济低迷阶段,金融资本可以通过资助新的创新项目或对现有部门进行现代化改造来实施干预,同时清理无利可图的行业(Perez 2002)。然而,形成新的技术经济范式和生产力仍然是一个不稳定的过程,因为无论是否设立支持新发展的新制度框架,新项目能否实现都要视情况而定。技术创新仍然在资本流动过程中发挥作用(Durand 2017 Kindle-Edition: 1776)。

人们还常常认为,由于需求不足或无法找到新的投资机会,过剩资本只是转移到金融部门。随着时间的推移,金融部门会形成泡沫,或者出现与基于债务的纯粹货币积累相关的无效政策。事实上,自20世纪70年代以来,闲置货币资本一直在向金融部门转移。人们可以想象,闲置货币资本从中西部(俄亥俄河谷)停滞的工业区转移到急需资金的加利福尼亚州,在那里,新科技公司、金融机构和物流业正在兴起。正是所罗门兄弟(Salomon Brothers)等金融公司创建了抵押债券和抵押担保债券(CMO由学生贷款、信用卡债务、购房和购车贷款等各类信贷打包而成)等金融工具,并在美国的自我参照加工市场组织分销业务(cf. LiPuma 2017: 129ff.)。衍生品现在不再直接与生产挂钩,而是与衍生品流动性仍依赖的货币流的流通挂钩,这反过来又刺激了资本的增殖。衍生品的基础资产现已整合为一种抽象关系。衍生品通过交易这种抽象关系的波动性,进而产生这种抽象关系的衍生品(CDS是一种衍生品,是CDO及CMO流的无止境流动)。随之产生了CDS和CMO的投机循环经济,它与"实体经济"的联系是让房主学着将他们的房产视为金融资产。正如萨米尔·阿明所坚持的:"金融化不仅为过剩资本提供了唯一可能的出路,也为美国、欧洲和日本自20世纪70年代以来出现的疲软增长提供了唯一的刺激举措。因此,金融化倒退只会进一步削弱'实体'经济的增长。"(Amin 2010: 65)因此,关于金融业所追求的运营和战略,我们应该注意到,受它们影响最大的不是流通和消费领域,而是投资领域。我们以互联网繁荣和国际股市相应的炒作为例进行说明。这里不仅金融投资成倍增长，而且计算机和电信行业的实际投资也有所增加。一旦股市崩盘，尤其会导致这些行业的投资再次减少，进而造成经济萧条。① 衍生品在随后的金融危机中的作用还包括从某个阶段开始极大地助长了投机繁荣，其交易范围甚至远远超出美国，并克服所有地域障碍。尽管如此，衍生品并不是此次危

---

① 然而，当然不能忽视金融部门对需求的影响。自 20 世纪 90 年代以来，美国一直是世界上最大的资本输入国，资本流入有助于为其不断增长的对外贸易和经常账户赤字提供资金。长期以来，这种资本流入也为美国公民的消费提供了资金。美国公民的工资收入停滞不前，作为补偿，他们目前的消费中有越来越多的份额是通过不断增加的债务来提供资金的。因此，美国的经济增长率高于欧洲或日本。由于消费占美国经济总量的 70%，而美国仍然是世界上最大的经济体，其 GDP 约占全球 GDP 总量的 30%，所以债务驱动的需求也对全球经济产生积极影响。中国对美国出口主要集中在消费品，而日本和德国主要在世界各地提供资本品，而且间接依赖于美国稳定增长的消费品需求。简言之，金融市场投机支撑着美国的债务，从而在全球范围内抵消了经济颓势。2007 年夏天金融危机爆发时，国际资本停止为美国家庭消费提供资金。由于需求减弱，美国经济在 2007 年底陷入衰退。大约 9 个月后，德国出口行业才出现订单和需求疲软态势。

在《赛博无产阶级》(Cyber-Proletariat) 一书中，尼克·戴尔·威瑟福德提到"自动化和业务外包使工资成本降低或停滞成为可能"，这就引出一个问题，即谁应该实际购买从全球供应链流出的产品。自 20 世纪 80 年代以来，美国通过发放消费信贷使这一问题日益得到解决（Dyer-Whitheford 2015: 169）。当实际工资下降或停滞不前时，就和中国一样，通过增加工人数量也可以增加需求，或者和美国一样，通过增加奢侈品消费，创造具有相当购买力的新社会阶层，以及通过增加提前负责商品变现的参与者（经纪人、商业资本、房地产等）的数量来增加需求。这并不能解决变现或资本积累过剩的问题。后者可能会因过高的价格和费用、高税收和激进的紧缩政策而推迟，但这并不能避免生产过剩和缺乏有利可图的投资机会，从而导致资本积累过剩。在资本积累过剩的背景下，正是由于复杂而昂贵的控制论系统和基础设施的技术投资成本不断上升，部分抵消了基于控制论（微芯片）技术创新的利润率下降的趋势。通过房地产行业分析可以说明，当银行向建筑行业发放大量贷款并同时向消费者发放抵押贷款，以便于消费者能够购买建筑公司建造的成排房屋时，会发生什么情况。在这种情况下，金融资本在推迟或抵消相关危机（而不仅仅是那些导致危机的因素）过程中就像魔术师一样扮演着一个极其重要的角色。如今，金融资本配备了最好的集成控制系统，在一个不安全的领域中不断运作。这种不安全也会导致周期性动荡，从而使部分无产阶级获得的新的生活优势在几秒钟内消失殆尽。

机的唯一原因,但它们确实赋予了危机一种特殊的强度和特定的金融形式。

当职能资本因信贷融资而积累过剩时,传统资本积累陷入危机。因此,生产运行因利润率下降而达到极限,并因需求减弱再也不能变现获利,同时表现为生产过剩。资本积累过剩危机可能首先从信贷泡沫破裂开始。在这种情况下,生产的剩余价值量和/或由剩余价值转化的额外固定资本和可变资本会减少,而劳动者投资和就业会放缓。在这场危机中,过度积累的资本和商品资本被摧毁并贬值,直到产能利用率停止下降,投资过程再次稳定。

经济增长一方面需要充足的货币资本,另一方面需要更高的就业率和/或提高劳动生产率,这始终与不断增长且质量有所提高的资本存量(固定资产总额)有关。生产价值质量用生产资料转移价值(固定资本)、就业劳动力价值(可变资本)和生产剩余价值之和来表示。投资增长放缓、投资率和积累率下降(资本增长率)应被理解为衡量资本积累停滞和投资机会减少的重要标准。从个人资本的角度来看,使用的资本来自实际职能资本投资还是金融资产投资并不重要。为了能够评估资本积累倾向,有必要研究各种形式的资本。因为对于公司来说,利润应当作为一个整体来计算,而不是让利润覆盖商品需求。无论是使用实际投资还是金融资产来实现利润,最终都与个人资本无关。

在德国,自1970年以来,宏观经济储蓄率已从20%降至10%左右。这一下降主要是由负债不断增加的国家(负储蓄)和私人家庭造成的,而包括非金融公司在内的整个企业部门的储蓄率都有所上升。公司在生产领域的投资行为发生了变化,这可以解释为金融投资的回报率在相对短期内可能比生产领域的回报率高得多。这意味着,股东和机构投资者以及管理层对快速盈利和奖金的预期要比对变现期较长且不确定的投资更满意。这在很大程度上是由于全球对新兴市场资本的需求不断增长,国际金融市场的自由化,以及高度发达国家生产性资本的超周期性过度积累导致的。

投资率是总投资与国内生产总值的比率。投资率降低可以用分子和分母来说明。如果我们从分子上看固定资本形成总额，德国不会出现长期放缓。自20世纪50年代初以来，德国投资率呈线性增长的趋势，但发生危机时除外。换言之，这一比率的下降是由于国内生产总值的年绝对增长率高于投资的年绝对增长率。在国民经济的重要领域，生产产出与实物资本投入的比率有所提高，即由于资本节约型技术进步和规模收益的提高，一些地区保持每单位产出增长的投资需求略有下降。这一发展反映在资本系数（总固定资产与总增加值的比率）上。与过去相比，资本系数在某些情况下停滞不前甚至下降，特别是在制造业、信息和通信部门及农业领域。在宏观经济方面，这一趋势使资本系数增长减缓，这对投资率有抑制作用。最后，公司海外投资增长幅度大于国内投资增长幅度，因此，1990年至2012年间，德国海外资产存量占国内生产总值的比例从8%增至43%。

发达国家的经济增速普遍较低，各部门盈利能力较低，这也是衍生品交易繁荣和金融创新兴起的重要原因。相反，衍生品与信贷系统的其他方面一起通过降低公司的交易成本、分散风险、释放资金和支付承诺来创造利润，从而刺激了资本积累。然而，一旦大量信贷无法偿还，再加上背后无数其他金融交易的推动，这可能成为金融崩溃的导火索。这也导致人们对金融市场丧失信心，陷入自我强化危机，以致引发集体恐慌，使人们担心预期利润仍将是虚幻的。在这方面，金融危机总是与"实体经济"有关。

与消费不足理论的论点相反，有必要强调因果关系的箭头是从资本生产到需求，反之则不然。因此，有必要坚持马克思的论点"积累率是自变量，而不是因变量；工资率是因变量，而不是自变量"的有效性（Marx 1996: 615）。资本积累的动态最终决定了有效需求和相应的就业水平，尽管马克思对萨伊定律的批判不是说资本主义必然始终存在供给过剩，而是说很难达到供需平衡，这正是因为资本积累的周期性发展。当然，尽管危机总是这种失衡倾向的征兆，但经济危机的本质特征是：一方面，产业资本积累过剩的过程以及与之相关的利润率普遍下降的趋势；另一方面，虚拟和投机资本的过度流通，然后这些资本漫无目的地在金融化的全球范围内流动。

参考文献

Amin, Samir (2010) *The Law of Worldwide Value*, New York.

Das, Satyajit (2015) *A Banquet of Consequences. Have We Consumed Our Own Future?*, London.

Durand, Cédric (2017) *Fictitious Capital: How Finance Is Appropriating Our Future*, London.

Dyer-Whitheford (2015) *Cyber-Proletariat: Global Labour in the Digital Vortex*, London.

Keynes, John Maynard (2018) *The General Theory of Employment, Interest, and Money*, Cambridge.

LiPuma, Edward (2017) *The Social Life of Financial Derivatives: Markets, Risk, and Time*, Durham.

Marx, Karl (1996) *Capital, Vol. 1* [1867], in *Marx and Engels Collected Works*, Vol. 35, London.

Milios, John and Sotiropoulos, Dimitris (2009) *Rethinking Imperialism: A Study of Capitalist Rule*, London.

Minsky, Himan P. (2011) *Instabilität und Kapitalismus*, Zürich

Perez, Carlota (2002) *Technological Revolutions and Financial Capital*, Celtenham.

Taleb, Nassim Nicholas (2010) *Der schwarze Schwan*, Munich.

未被引用的参考文献

Abgabenordnung der Bundesrublik Deutschland (2021) in: https://www.gesetze-im-internet.de/ao_1977/.

Benanav, Aaron (2002) *Automation and the Future of Work*, London.

Bichler, Shimshon and Nitzan, Jonathan (2015) *Capital Accumulation: Fiction and Reality*, in: *Philosophers for Change*, http://philosophersforchange.org/.

Bourdieu, Pierre (2015) *On the State: Lectures at the Collège de France 1989–1992*, Cambridge.

Clover, Joshua (2016) *Riot.Strike.Riot: The New Era of Uprisings*, London.

Davis, Mike (2006) *Planet of Slums: Urban Involution and the Informal Working Class*, London.

Deleuze, Gilles and Guattari, Félix (1983) *Anti-Oedipus: Capitalism and Schizophrenia*, Minneapolis.

Deleuze, Gilles and Guattari, Félix (1987) *A Thousand Plateaus: Capitalism and Schizophrenia*, Minneapolis.

ESRB Report (2016) in: https://www.esrb.europa.eu/home/html/index.en.html.

Fischbach, Rainer (2017) *Die schöne Utopie. Paul Mason, der Postkapitalismus und der Traum vom grenzenlosen Überfluss*, Cologne.

Global Wealth Report (2010) in: https://www.step.org/step-journal/step-journal-february-2011/global-wealth-report.

Gordon, Robert J. (2013) *Is US Economic Growth Over? Faltering Innovation Confronts the Six*, in: http://www.voxeu.org/article/us-economic-growth-over.

Guattari, Félix (1992) *Chaosmosis: An Ethico-Aesthetic Paradigm*, Bloomington.

Heinrich, Michael (2004) *Kritik der politischen Ökonomie. Eine Einführung*, Stuttgart.

Heinrich, Michael (2013a) *Begründungsprobleme. Zur Debatte über das "Gesetz vom tendenziellen Fall der Profitrate"*. Probleme des Beweisens und Widerlegens, in: http://www.oekonomiekritik.de/313Tend%20Fall.pdf.

Heinrich, Michael (2013b) *Wie das Marxsche »Kapital« lesen? Leseanleitung und Kommentar zum Anfang des "Kapital" Teil 2*, Stuttgart.

Krüger, Stephan (2012) *Politische Ökonomie des Geldes: Gold, Währung, Zentralbankpolitik und Preise. Kritik der Politischen Ökonomie und Kapitalismusanalyse, Band 2*, Hamburg.

Laruelle, François (1979) *La Transvaluation de la methode transcendentale*, Bulletin de la societe francaise de philosophie 73.

Luhmann, Niklas (1984) *Soziale Systeme. Grundriß einer allgemeinen Theorie*, Frankfurt/M.

Norfield, Tony (2021) *World Power*, in: https://economicsofimperialism.blogspot.com/.

Sanyal, Kalyan (2014) *Rethinking Capitalist Development: Primitive Accumulation, Governementality and Postcolonial Capitalism*, London.

Smith, John (2016) *Imperialism in the Twenty-First Century: Globalization, Super-Exploitation, and Capitalism's Final Crisis*, New York.

Szepanski, Achim (2011) *Saal 6*, Frankfurt/M.

UNCTAD Trade and Development Report (2016) in: https://unctad.org/webflyer/trade-and-development-report-2016.